説教黙想　アレテイア

ローマの信徒への手紙

説教黙想 アレテイア
ローマの信徒への手紙

目次

ローマの信徒への手紙

序論 佐々木潤 7
一章一―七節 加藤常昭 13
一章八―一五節 徳善義和 19
一章一六―一七節 吉村和雄 25
一章一八―二三節 鈴木浩 31
一章二四―三二節 石井佑二 37
二章一―一一節 橋谷英徳 43
二章一二―一六節 小泉健 49
二章一七―二九節 高橋誠 55
三章一―八節 楠原博行 61
三章九―二〇節 蔦田崇志 67

三章二一―二六節　浅野直樹　73
三章二七―三一節　片柳弘史　79
四章一―八節　徳田宣義　85
四章九―一二節　加藤常昭　91
四章一三―一七節　徳善義和　97
四章一八―二五節　吉村和雄　103
五章一―五節　鈴木浩　109
五章六―一一節　石井佑二　115
五章一二―一四節　橋谷英徳　121
五章一五―二一節　小泉健　127
六章一―五節　高橋誠　133
六章六―一一節　楠原博行　139
六章一二―一四節　蔦田崇志　145
六章一五―一九節　浅野直樹　151
六章二〇―二三節　片柳弘史　157
七章一―六節　徳田宣義　163
七章七―一二節　加藤常昭　169
七章一三―二〇節　小副川幸孝　175

七章二一―二五節　吉村　和雄　181
八章一―一一節　鈴木　浩　187
八章一二―一七節　石井　佑二　193
八章一八―二五節　橋谷　英徳　199
八章二六―三〇節　小泉　健　205
八章三一―三九節　高橋　誠　211
九章一―五節　楠原　博行　217
九章六―一八節　蔦田　崇志　223
九章一九―二九節　浅野　直樹　229
九章三〇節―一〇章四節　片柳　弘史　235
一〇章五―一三節　徳田　宣義　241
一〇章一四―二一節　加藤　常昭　247
一一章一―一〇節　小副川幸孝　253
一一章一一―一六節　吉村　和雄　259
一一章一七―二四節　鈴木　浩　265
一一章二五―三六節　石井　佑二　271
一二章一―二節　橋谷　英徳　277
一二章三―八節　小泉　健　283

一二章九―二一節　高橋　誠　289
一三章一―七節　楠原　博行　295
一三章八―一〇節　蔦田　崇志　301
一三章一一―一四節　浅野　直樹　307
一四章一―四節　片柳　弘史　313
一四章五―一二節　徳田　宣義　319
一四章一三―一七節　加藤　常昭　325
一四章一八―二三節　小副川幸孝　331
一五章一―六節　吉村　和雄　337
一五章七―一三節　鈴木　浩　343
一五章一四―二一節　石井　佑二　349
一五章二二―二九節　橋谷　英徳　355
一五章三〇―三三節　小泉　健　361
一六章一―六節　高橋　誠　367
一六章七―一六節　片柳　弘史　373
一六章一七―二三／四節　蔦田　崇志　379
一六章二五―二七節　浅野　直樹　385

ローマの信徒への手紙　序論

佐々木　潤

ローマ書を読んでみたいと多くの人は思っている。その中の数節が読まれただけでも、よくは分からないけれども何かとても大切なことを自分はいま聞いている、ということが分かる。だから、もっとよく分かりたいし、読み通してみたい。しかし、エチオピア人の宦官がイザヤ書についてフィリポに言ったことは本書にも当てはまる。「手引きしてくれる人がなければ、どうして分かりましょう」。

そこで、おびただしい数の註解が書かれ、説教集が編まれてきた。教会の覚醒と刷新が起こるたびに、ローマ書は大きな役割を果たしてきた。それを知ればなおのこと、読者の期待度は高い。しかし、難解とよく言われる。第二ペトロ書がパウロ書簡のことを「その手紙には難しく理解しにくい個所があって……」（三・一六）と評しているのはローマ書のことかもしれない。難解なものを難解そうに語るのは簡単なことなのだが、それでは読み解いたことにならない。そこでわれわれ説教者は、テルティオのようにその言葉を自分で丁寧になぞり、フェベのように確実に相手に手渡し、あるいは音声化し、聞き手のうなずきを見届けるまでの労苦を負うことになる。

まだ行ったことのない町の、会ったこともない教会の信徒たちに宛てて、自己紹介の目的も含め、自分が説教してきた福音がどのようなものかを書くのだから、力むことはやむを得ないものの、論争したり質問に回答するために書かれた手紙とは違って、ここではパウロの信じる福音の筋道が熟考のすえ総括的に言葉にされている。「福音は、信じる者すべてに救いをもたらす神の力である」（一・一六）。そうでなくさせるあらゆる隔てを神ご自身は超越して来られたのである。われわれがすでに承知したつもりでいる範囲を、福音は越えていくのである。その射程距離の途方もなさ、福音の豊かさを分かってもらいたいとの願いをもって本書は書かれている。そこが分からないと、それこそ難解と感じるのではなかろうか。ところどころの有名聖句や教理的主題を目安に講解する方法もあろうが、連続講解を予定する人は、途中で遭難しないためにも、全行程の一貫性を承知しておく必要がある。

ところで、写本によって「ローマの」（一・七）、「ローマにいる」（同一五節）の語が欠けるものがある。ローマ書はのちに書き写されて広く流布した。パウロ書簡がどれもそうだったとはいえ、とくにこれは、「ローマの信徒への」手紙でありながら、どこの町のどの教会の信徒たちをも当事者にしてしまう普遍性を帯びている。そればかりか、この福音は自分たちだけでなく、自分たち以外の誰かにも向けられている、そう理解させる響きと構造を持っているのである。

プロテスタントの最初の教義学と言われるメランヒトンの『ロキ（神学要綱）』は、ローマ書の構造になぞらえて項目を配列し、『ハイデルベルク信仰問答』など多くのカテキズムもそれに準じてきた。ローマ書それ自体が全教理を網羅しようとしているわけではないが、メランヒトンがこれを「キリスト教の教理の要綱」と呼んだのは正しい。ルターが「この手紙で聖パウロはキリスト教の福音的な教え全体を短く要約し、また、旧約聖書全体への入り口を整えたかのごとくに見える」（『聖パウロのローマの信徒への手紙序文』）と書き、またカルヴァンが「およそこのローマ書を理解する人は、全聖書の理解のいわば突破口・また門戸を持つ」（ローマ書註解に付したジモン・グリネウスへの献呈の辞）と書いたのも大げさなことではない。ローマ書を受けとった者は、その先・その向こう側へと歩み出さずにおられなくなるのである。

執筆事情については「訪問の願い」を綴る一章八―一五節と、巻末近くの一五章一四節以下の記事からおおよそのことが分かる。

今でこそローマはキリスト教の一大拠点と周知されるが、当時は異邦人世界の代名詞のような町であった。そこに教会があると知らされてパウロは驚き喜んだ。異邦人伝道を生涯の使命とし、しかも異邦人はユダヤ教徒にならずともイエス・キリストを信じる信仰によって救われるとの宣教が非難され妨害されてきたパウロにとって、自分の仕事への証印を受けるようなことなのである。その人たちに会いたい。異邦人教会から集めた募金を貧しいユダヤ人キリスト者で構成されるエルサレム教会に届け、相互連帯を形にしていく務めが、福音の内容と軸を一つにすることも理解してほしい。これが通じれば、さらに先に行くことができる。イスパニア伝道ですら夢ではない。これは決して個人的野心ではないのだ。神は、ユダヤ人ばかりでなくギリシア人もローマ人もお救いになるのだから、イスパニア人もお救いくださるであろう。福音に啓示されたその核心を共有したいのである。だから「ユダヤ人と異邦人」問題をうかがわせる言葉が、すでに一章で「挨拶」にも「訪問の願い」にも、主題として「福音」を示す一六―一七節にも繰り返される。

さて、一章一八節から突然に変調する。その厳しい響きは三章二〇節まで延々と続く。これはローマの教会を攻撃しているのではないし、教会外の異教徒を見下しているのでもなく、ユダヤ人を排撃しているのでもない。「ディアトリベー」の形態をとりながら言わんとするのは、すべての人が罪の下にあるからこそ、イエス・キリストの福音はすべての人に向けられている、という主題であり、そのことが一章一六―一七節と三章二一節以下とをつなぐのである。この全貌が見渡せるなら、各節で触れる個別の問題、たとえば自然神学や同性愛についての議論に足を取られて講解のしるべを過つことはないだろう。全体は三章二一節以下と対照をなし、七章の律法問題、また九―一一一章のイスラエル問題にもつながっていく。最後に一五章七―一三節で締めくくられているのも見逃してはならない。ローマ書は反ユダヤ主義ではないどころか、その逆であって、われわれはユダヤ人問題や律法問題を扱ううちに誰かを安易に切り捨ててしまわないように（それはローマ書がいちばん望んでいないことである）注意を払わねばならない。

三章二一―三一節は信仰による義を提示する重要箇所で聞かせどころの一つであるが、従来われわれはどうかするとユダヤ人をどうしようもなく硬くて暗い律法主義者・行為義認論の代表者と見なしがちである。しかしたとえばE・P・サンダース著の『パウロ』はそうした思い込みが実態に沿わないことを指摘し、パウロの意図する力点について読み直しを迫る。その賛否はともかく語り慣れたことに安住せず繰り返し新たにテキストに聞くべきである。そもそも信仰義認とは、正しきはわが陣営、という態度をゆるさない教理である。受動的義という言い方があるくらいで、われわれを義とするものは、われわれの中になく、外側から来る。みな赦された罪人に過ぎない。恵みを受けたのであり、その恵みはすべての人に向けられた恵みなのである。そこにユダヤ人と異邦人の差別はない。罪人たちが、異なる立場と思っていた互いの傍らに並んで立ちつつ、無償でもたらされる義をともに受ける。この信仰の道は万民に開かれているのである。

現行聖書の章区分にこだわる必要はない。四章のアブラハムの話は三章後半を受けついでおり五章一一節まで連なっている。アブラハムはユダヤ人か。割礼が条件だとすれば、彼はそうではない。信仰によって義とされた点でアブラハムは教会の父祖なのである。異邦人のためにも旧約聖書の約束は開かれている。神の義は門外漢のためにも、その救われようのない事情を越えてやって来る。だからわれわれも自分の救われなさしか見えない事情を希望をもって乗り越える。苦難から忍耐・練達を経て希望へと越えていく道が与えられているのである。

五章後半の「アダムとキリスト」は、第一コリント一五章に似ている。ここは一章一八節から五章一一節に至る部分を振り返り、罪の普遍性（三・二〇まで）と恵みの普遍性（三・二一から）を包括的に述べるところである。キリストの恵み・義・命は、アダムの影響下にあった全領域を蔽った。すべての者はキリストに包まれている。

しかし、それならばすべての者が救われてしまったのか。そうではない。恵みのもとにあるとはいえ、罪の力はなお現役であり、われわれはなお途上にある。キリスト者は、現在を越えたところから来るイエス・キリストの約束に拠点を置き、現在に生きる。六章は、洗礼論というよりも、キリスト者の終末論的な立ち位置を語っている。七章も、霊的にキリストに結ばれるのでなければ、自分自身としては救われえない姿であることを描いている。それを受けているからこそ、八章は希望に生きる神の子らの歌を、被造物のうめきのやまないこの世の中から、そのうめきを執り成す聖霊の力に乗って高らかにうたう。

九―一一章のイスラエル問題におけるパウロの悲しみは個人的なものではないし、絶望に涙しているのではない。神がお選びになった以上、選びの目的に向かって現在も進行中なのである。それは神の秘められた計画なのだから、その全貌をわれわれはまだ見ていないのだが、信じないイスラエルと入れ替わって、外側にいた異邦人が信仰によって義とされたことは、外に立つことになったイスラエルもまた脱落に終わるのではなく再生の道が備えられていることを予想させる。イスラエルと教会は互いに、自分の選びと救いの事情が相手の選びと救いの可能性を証しあっているがゆえに、兄弟姉妹として共に立っている。いつも信じる者の傍らに信じない者がいて、信じない者の傍らに信じる者がいる。教会は彼らなしに教会ではありえない。彼らを放念して福音を福音として語ることはありえない。彼らを排する者はキリストを排する者である。

一二章からは、信じる者たちへの勧めが始まる。中には「山上の説教」を想起させる言い回しも聴こえる。われわれの傍らにはいつも自分とは違う他者がいる。それはときには隣人となり、ときには敵となる。隣に立っており、上にも立っている。いずれにせよ彼らもまたキリストの憐れみの中に立っている。これらの他者と共にこの世に生き、いくつもの境界線を踏み越えて主に従っていく道がここに説かれる。

一三章の「上に立つ権威」問題は、引っかかりも格闘もなしに説かれるとかえって困る（と私が思うだけでなく、おそらく会衆もそう思う）箇所であるが、われわれにとっては信仰の通用しない世界に見えるとしても、キリストの支配領域に外側はない、という主題の変奏がここにも表れている。

一四章から一五章六節にかけての食物問題は、第一コリント八章にも出てくる。これは、先の一二章で「神が各自に分け与えてくださった信仰の度合い」（三節）や「それぞれ異なった賜物」（六節）と言われていたこととは区別しなければならない。ローマの教会に実際にこのような対立があったかどうかは不明だが、コリント教会はこれで揉めていたわけで、どこでも起こりうることである。信仰の強い者と弱い者の境界線はどこにあるのか。なぜそうなるのか。越えられないものなのか。当事者はお互いに越えられないと言い合うかもしれない。しかし神の国はそれを越えている。その希望ゆえにわれわれは境界を越える。古代の宗教的禁忌の特殊事情ではあるが、ここにもパウロの主張は一貫している。超越・越境の力のある福音を聞くとき、われわれは自分とは異質な誰かを傍らに伴いつつ共に立つことになるのである。今日の教会が陣営をたがえて悩む諸問題が併せて記憶に呼び起こされることであろう。

一五章後半には再び執筆事情をうかがわせる私信的記事がある。パウロはまだまだ未開拓地があることを念頭に置き、距離や困難を越えてさらに福音を伝えに行こうとしている。それと共に、逆方向に見えるが、教会内部での越えがたい垣根をも越えようとしている。異邦人教会がユダヤ系の陣営から追われるままに履物の塵を払い落として去ることをパウロは望まない。彼は教会の一致のために祈り、教会にもまた祈ってほしいと願っている。イスラエルと教会も、教会内の信仰の強い者と弱い者も、その隔てを越えてほしい。不義なる罪人を義とする神の義、イエス・キリストの十字架と復活にあらわれた神の義がその道を開く。その道を良しとして教会が歩むなら、教会は自分自身のためであることを越えて、すべての人のためにその道を歩むことになるだろう。それは究極には「神の栄光のため」（一五・七）である。教会はその秘義を解く鍵を託されている。

さて、一六章問題がある。註解書によって、緒論で扱うものもあれば、ここに差しかかって付論として扱うものもある。ここで講解が途切れてはいけないので煩雑ながら言及しておく。一六章問題とは、これがもとのローマ書に属する部分かどうかを巡っての議論である。疑う人は、まだ行ったこともない教会にパウロが多くの知人を持つはずがないことを怪しみ、顔ぶれからしてエフェソ教会宛の別の手紙と推測する。しかし、知人がローマに移住することも、ローマと往来した人たちから知りえた人がいることも十分にありえよう。

キー・パーソンはプリスカとアキラの夫妻である。彼らは、紀元四九年クラウディウス帝のユダヤ人追放令によりコリントに一時逃れ、これが解ける五四年までエフェソに住んだ。おそらく彼らをとおしてローマのことを詳しく知ったパウロは、いま第二次伝道旅行の終盤にかかっているが、ローマを目の前にしながらも、まずエルサレム行きを優先させようと考えている。使徒言行録二〇章の「ギリシアに来て、そこで三か月を過ごした」との記述、右の夫妻の名前、手紙を運んだフェベ、ガイオ、といった一六章に登場する名前を手がかりに、紀元五〇年代の終わりごろ、おそらくコリントでローマ書は書かれたと推測される。パウロはこのあとエルサレムで騒乱に巻き込まれて拘束され、裁判となり、上訴したためにローマに護送された。ローマ行きは図らざる形でかなったことになる。遠からず彼が殉教したことを思えば、この手紙は彼の遺言といえるのである。

一六章二五―二七節の「頌栄」は、ローマ書を締めくくる堂々とした神賛美であるが、これがパウロの書いたものかどうかということも問題になる。というのは写本によってその位置があちこちに動かされているからである。ローマ書は（先にも触れたように場合によっては「ローマの」「ローマにある」の語句を削って）回覧あるいは写され礼拝の中で朗読された。その朗読の最後は頌栄で締めくくられた。かなり早い段階でそうなったと考えられる。しかし、そうであればなおのことだが、われわれのローマ書講解は、これを逐語的に説くかどうかは裁量次第であるものの、省くことはしない方がよい。

ほかに一六章二四節の祝禱問題もあり、二書あるいは三書縫合説という議論もあるが、それらは説明が必要とも思われないのでここでは紹介しない。

ローマ書読解のコツと思うことについて、ここまでの文中に込めたつもりだが、自分が完全にとらえたとは思っていないし、大きなものを小さな器に合わせて小さくしてしまうことを恐れている。心得るべきは、「傍観者として冷静に距離をおいてパウロと向かい合って立つ代わりに、事柄そのものに関与しつつパウロと並んで立つ」（バルト『ローマ書』第一版への序。小川・岩波訳。傍点筆者）ことだ。その位置を見出すならば、全行程を読み通し、最後の歓喜の頌栄を、ローマ書を読んだ諸教会と共に歌うことになるだろう。

ありがたいことに、学問的に高度でありつつ説教へと助けてくれるという意味で優れた註解書がいくつも邦訳されている。EKKのヴィルケンスによる三巻本やケーゼマンのものは読み応えがある。ブラックも発見への促しに満ちている。待望されたアクティマイアーの邦訳が出た。ローマ書を教理・命題の集成のようにではなく一つの文書として流れをとらえたいと思っている人には大いに助けとなるだろう。ほかに日本語で書かれたものにも不足はない。

歴史に耐えてきた古典的註解として邦訳で手にすることのできる最古のものにオリゲネスの註解がある。マルキオンによるローマ書改編への言及部分は貴重な史料でもある。マルキオン問題は写本のばらつきの大きな一因と思われる。なお、この件の詳細はヴィルケンスやクランフィールド（邦訳はない）に要領よく整理されている。

アウグスティヌスがローマ書一三章の御言葉に回心を経験したとの『告白録』の中の逸話が知られるわりに、そのローマ書講解は惜しくも未完であるものの、ルターも熟読したという『選釈』は邦訳されている。ルターのローマ書講義をひもとくことは、ローマ書を説く者にとって義務教育のようなものである。カルヴァンのものは、彼が初めて物した註解である。

バルトのものは一九二二年の第二版が抜群に有名であり刺激に富むが、講解説教の下敷きに役立てようと思って読むと難渋するだろう。むしろ『ローマ書新解』（一九五六年）をお薦めする。また九―一一章については、『教会教義学』「神論」の註の講解が有益である。

参考文献

オリゲネス『ローマの信徒への手紙注解』（キリスト教古典叢書14）小高毅訳、創文社、一九九〇年

アウグスティヌス「ローマの信徒への手紙選釈」岡野昌雄訳、著作集26『パウロの手紙・ヨハネの手紙説教』所収、教文館、二〇〇九年

ルター「ローマの信徒への手紙序文」、『ルター著作選集』所収、教文館、二〇〇五年。同「ローマ書講義　上・下」、著作集第二集第8巻（聖文社、一九九二年）第9巻（リトン、二〇〇五年）、いずれも徳善義和訳

カルヴァン『ローマ書』新約聖書註解Ⅶ、渡辺信夫訳、新教出版社、一九五九年

E・P・サンダース『パウロ』（コンパクト評伝シリーズ6）土岐健治・太田修司訳、教文館、一九九四年

カール・バルト『ローマ書講解　上・下』小川圭治・岩波哲男訳、平凡社、二〇〇一年。同『教会教義学』「神論」Ⅱ／1、第34節「教団の選び」註における九―一一章講解、吉永正義訳、新教出版社、一九八二年。同「ローマ書新解」、著作集15所収、川名勇訳、新教出版社、一九八一年

ウルリッヒ・ヴィルケンス『ローマ人への手紙』全三巻（EKK新約聖書註解Ⅵ／1～3）岩本修一ほか訳、教文館、一九八四―二〇〇一年

P・アクティマイアー『ローマの信徒への手紙』（現代聖書注解）村上実基訳、日本キリスト教団出版局、二〇一四年

E・ケーゼマン『ローマ人への手紙』岩本修一訳、日本基督教団出版局、一九八〇年

マシュー・ブラック『ローマの信徒への手紙』（ニューセンチュリー聖書注解）太田修司訳、日本キリスト教団出版局、二〇〇四年

C. E. B. Cranfield, *The Epistle To The Romans*, ICC, T&T Clark, 1975-1979, 短縮版 1985.

ローマの信徒への手紙　一章一－七節

加藤　常昭

小さな困惑

ローマの信徒への手紙の冒頭七つの節を説く。ここだけを単独にテキストとする説教をしたひとは、ほとんどいないであろう。しかし、連続講解説教をここから始めることは多いであろう。竹森満佐一牧師は、当時（一九五〇年代）ほとんど行われていなかった連続講解説教を、これをもって始めると言い、なぜ〈手紙〉なのか、それは何を意味するかということまで語るので、この部分だけで八回の説教をしている。この説教者だけではなくて、ここからローマの信徒への手紙の講解説教をしようとすれば、一回ですませることには無理があるであろう。

説教者だけではない。ほとんどすべての注解書がこの部分にはかなりの文章を費やしている。それは、この部分が、他のパウロの手紙と比較しても、かなり独特のものがあるからである。他の手紙の冒頭の文章と比較すると、例えば、テモテのような共著者名を挙げていない。ルードルフ・ボーレンなどは、パウロが共著者を重んじていることから、使徒が孤立した神学者ではなく、神学者は常に共に歩む者を必要とするという自分の主張のひとつの聖書根拠とする。しかし、ここではパウロが独りである。そこでここでは、パウロの固有性が際立っていると見ることもできる。しかし、明らかにパウロ個人の挨拶のつもりで語り始めながら、途中から「わたしたち」という複数第一人称が用いられるようになる。しかも、そこで用いられる用語なども勘案すると、むしろパウロ個人の言葉ではなくて、当時のキリスト教会に共通の信仰告白の表現が垣間見えてくるという意見が述べられる。そんなふうに多くの考察を必要とする文章である。

こうしたことから考えると、この箇所についてただ一回の説教をするだけでよいのか、むしろ、それは困難だと考えるひともあるのではないか、ということである。それは当然のことである。従ってここに生じる小さな困惑は、ここではひとつの説教のための黙想ではなくて、複数の説教の可能性を視野に入れた黙想をしなければならないということである。実際にどのような説教をすることになるかは、説教者に委ねられる。

パウロの自己紹介

パウロはまだローマに行ってはいない。第一六章を読むと、ずいぶんローマの諸教会共同体を知っていたようであるが、手紙本文は、初対面の教会に宛てたものとして書かれている。その最初に挨拶がなされる。

最も基礎的な部分をなすのは、一節の「パウロ」が、「ローマの人たち一同」へ、「わたしたちの父である神と主イエス・キリストからの恵みと平和が、あなたがたにあるように」（七節）と祝福の言葉を贈っているということである。そしてまず手紙の差出人と、受取手の双方に、それぞれを規定する句がつけられ、更に差出人の言葉が、関係副文章を呼び起こして長くなったのである。このような構造は、たとえば、ワルケンホーストの注解書が原文を揚げ、逐語訳をしてくれているのを見るだけでよくわかる。特にパウロが、自分の名を書いたときに、まず自分をどのような者として受け取ってほしいか、いわば、その肩書きを記したとき、それを更に関係詞、代名詞をもって、関係文章、副文章を追加することによって複雑にしたのである。

日本語には主文章に副文章をつけて、複雑な構造を作る術は乏しい。外国語の文章の翻訳の時には、副文章を先に訳して主文章に戻るが、実際に書いたり、話したりするときに、副文章を先に念頭に置くことは少ないであろう。主文章を述べて、言い足りなかったことを、次々と副文章を加えて、より厳密な表現を求めることが多い。ここでもパウロは、それをしているのである。そのために、長い、複雑な挨拶になったのである。

キリストの奴隷、福音の使徒

①原文ではパウロという固有名詞が先に来る。それに、いわば肩書きがあとから添えられる。竹森は、パウロというラテン名が「小さい者」を意味したことに注意を促している。使徒言行録第一三章によれば、サウロというユダヤ人名があり、そちらを用い続けてもよかったであろうが、異邦人のための伝道者であることを明らかにするために、ラテン名を用いていたのであろうか。

②原文では、次に続くのは「僕」という言葉である。「仕える者」を意味し得る言葉は、ほかにもあったろうが、ドゥーロス、奴隷を意味する言葉をパウロは愛用する。かつて日本の教会では、牧師も信徒も「しもべ」という言葉をよく用いて自分を言い表したが、近頃は聞かれなくなった。意識が変わったのであろうか。自分がキリストによって買われた、つまり贖われた者であること、キリストが、ご自身の存在を賭けて、ご自身のものとしてくださった者であることが、当時のキリスト者間共通のものであったことは、聖書各文書から読み取れるが、パウロには特にその思いが強かったであろう。全く一方的に生きておられるキリストに捉えられ、キリストに仕える者とされたのである。この僕パウロの思いを最もよく伝えるのは、ローマの信徒への手紙第一四章八節である。「わたしたちは、生きるとすれば主のために生き、死ぬとすれば主のために死ぬのです。従って、生きるにしても、死ぬにしても、わたしたちは主のものです」。

③「キリストの奴隷」という肩書きを書いたひとつの大切な理由は、この手紙も、主キリストのご命令によって書いている、ということである。つまり、この手紙の本当の差出人はキリス

トであられるということになる。

④ おそらく「イエス・キリスト」という呼称が一般化していたであろうに、ここでは「キリスト・イエス」という呼称が用いられる。他でも用いられている場合がある。キリスト、つまり、メシアとしてのイエスが強調されているのであろう。つまり、パウロ自身にとって、自分が僕となるに至った経緯において、圧倒的に主体性を発揮されたイエスの働きを強調していると読むことができる。かつては、全く別のメシア理解を持ち、イエスをキリストとしたキリスト者たちを憎悪し、その抹殺を意図したパウロである。だが今は、メシア、キリストがどなたであるかを、身をもって知ったのである。「そこでわたしは、神のために働くことをキリスト・イエスによって誇りに思っています。キリストがわたしを通して働かれたこと以外は、あえて何も申しません」。この第一五章一七節以下の言葉でも「キリスト・イエス」と呼ばれている。

⑤ 自己紹介の言葉は、自己理解を示す。どのような者として自分を知って欲しいかという願いを表す。そこで次にパウロが語るのは、「神の福音のために選び出され、召されて使徒となった」ということである。パウロにとって、自分の救い主、メシアが、あのイエスであったことを知る救いの出来事と、使徒として召し出されるということとは、ひとつのことであった。「しかし、わたしを母の胎内にあるときから選び分け、恵みによって召し出してくださった神が、御心のままに、御子をわたしに示して、その福音を異邦人に告げ知らせるようにされたとき、わたしは、すぐ血肉に相談するようなことはせず、……」。このガラテヤの信徒への手紙第一章一五節以下の文章は、神の選びが神の恵みの計画に基づくものであったことを語る。自分は、他の使徒たちのように、地上を生きられた主イエスによって任命された「使徒」ではない。しかし、キリストによる任職を得ているという確信は明確であった。それを明確に語ったのは、ガラテヤの信徒への手紙第一章一節である。「人々からでもなく、人を通してでもなく、イエス・キリストと、キリストを死者の中から復活させた父である神とによって使徒とされたパウロ」。

⑥ 原文では、「呼び出された使徒」と記したあとに「選び分かたれ」という言葉が続く。われわれプロテスタントの者が「神の召し」と言うのをカトリックでは「神の召し出し」と言う。よい表現である。ファリサイ派の代表的存在であったパウロは、そこでも、他の者から分けられ、選別されている自己を意識したことがあるであろうが、ここで知る選別は特別であったろう。

⑦ その特別な意識をもたらしたと思われるのが、「神の福音」という何気ない表現である。しかし、このような表現が釈義上多彩な議論を呼んでいる。当時、皇帝の後継が誕生すると、その知らせを「よい知らせ、幸せを告げる知らせ」と呼んだことに対応するという説明が、かなり一般的であるが、むしろ、教会固有の表現として、既に育っていたという意見もある。まだ資料段階であったろうが、のちの福音書に凝縮する福音書の素材となる、地上のイエスのお働きを伝える伝承において、主イエスの「神の国の福音」という表現が既に知られていたので

はないかというのである。神の支配の福音である。神が支配者であられるということには、キリストの教会にとっては、復活のキリストの支配をも意味するところがあったろうし、あるいは、その主が再び来られるという意味も込められていたであろう。

⑧ しかし、パウロが「福音」と言った場合、更に込められた意味があることをわすれてはならない。ガラテヤの信徒への手紙第三章で、十字架につけられたイエス・キリストが明示されているのに、それを凝視しないガラテヤの信徒たちを厳しく戒め、こう言っている。「あなたがたに一つだけ確かめたい。あなたがたが〝霊〟を受けたのは、律法を行ったからですか。それとも、福音を聞いて信じたからですか」(二節)。ここでは、明らかに説教を意味している。一般に、新約聖書には、のちに〈説教〉というようになった用語、あるいは概念に対応するものは、厳密には存在しない。そこに〈説教〉の重要な問題点がある。パウロは明確に律法の実践による義の獲得に対する、説教(キリストの言葉)を聴いて従うところに生まれる福音に生きるキリスト者の生き方があると信じた(ローマ一〇・一四以下)。このような神が備えてくださった「神の福音」を伝えるために選ばれた使徒、神から遣わされた者なのである。

⑨ コリントの信徒への手紙二第五章、特に一六節以下で、神から遣わされた和解の使者として語ったとき、パウロは自分が「キリストの使者」(全権大使)であると告げ、「キリストに代わって」、神との和解を受けよ、と願っている。ここで既にそのようなキリストの福音の使者としての自覚を語っていると言えるであろう。

福音・わたしたちの主イエス・キリスト

① われわれは、いろいろ語り得る。しかし、パウロ自身が「神の福音」と言ったときに、それはすぐに説明のつくことであった。それは「御子」に関わるものであり、この御子こそ、「わたしたちの主イエス・キリスト」のことなのである。ここでは「主イエス・キリスト」という呼び名に変わる。呼び名と言うより、最も簡潔なキリスト者の信仰告白が語られていると言ったほうがよい。キリスト者であるならば迎え入れているはずの主である。福音は単なる教理ではない。ひとりの方、その存在を受け入れ、自分は、その僕であることを受け入れることである。神が与えてくださり、その基礎を造ってくださっている「神の福音」は「キリストの福音」なのである。

② まずこの福音には前歴史と言うべきものがあった。「神が既に聖書の中で預言者を通して約束されたもので」とパウロは言う。まだ旧約聖書という概念はない。しかし、「聖書」という表現はあった。その神の言葉の書物の中で、預言者を通じて神が約束しておられた事柄である。「預言者」は特定の預言者とも取れるが、聖書とは、御子を与えるという約束を預言する書物であると理解されていたとすることもできるであろう。

③ われわれの主キリストに対する信仰告白に先立ち「御子」という表現が登場することは興味深い。イエス・キリストとは誰か。まず言うべきは、主が「神の子」であられるということである。ここで、それを言い表す簡潔なキリスト論が展開され

る。いわゆるキリスト論は、後代の、ニカイア信条誕生の時代に初めて生まれたように言うひともあるが、それは違う。パウロ独自のものでもあろうが、既に、この頃、こうしたキリスト論的信仰告白の定式に近いものが形成されていたのか、と思われる。詳細はわからないが、いずれにせよ、キリストとはどのような方であるかを、簡潔に急所を捉えて言い表す努力は行われていたに違いない。パウロが、他のキリスト者たちと共有していたキリスト信仰を語っていることは明らかである。

④ 明確にふたつのことが語られる。後代のキリスト論の構造に似て、「肉によれば」、「聖なる霊によれば」という表現が、それぞれに用いられる。しかし、ここでは単純にキリストがまことの人間であり、またまことの神の子であられると語られるのではない。むしろふたつの出来事が並行して語られる。ある注解書を借りれば、ひとつは、「生まれた／ダビデの子孫が／肉によれば」と語られていることであり、もうひとつは「定められた／神の子としての力において／聖なる霊によれば／死人の復活から」ということになる。語られるのは、約束の成就として起こった出来事であって、存在ではない。十字架は言及されない。中心的な出来事は復活である。「肉によれば」、つまり人間としてはダビデの家系に生まれた。その王の血筋に生まれたひとが、そのことによらず、「聖なる霊」、つまり神の霊の力によって、神の子としてご自身が持っておられた力によって、死人であったのに甦られた。御子が一度は死人となられたことが示唆される。殺されておしまいになったが、しかし、聖霊の力と、ご自身の神の子としてのお力によって、神の子であることを、世において明らかにされたと読むことができる。今、キリスト者たちは、聖書の約束に基づき、神の子と明白に定められている方こそ、わたしたちの主イエス・キリストであると告白するのである。

異邦人のための使徒

① ユダヤの地でユダヤ人の間で起こった主の出来事は、熱心なファリサイ派のパウロまで巻き込んで、主キリストを信じる群れを呼び起こした。そして、そこに明示された神の恵みが、パウロを異邦人の世界、ローマに至り、そこを足がかりにスペインにまで足を延ばさせる力、エネルギーとして働かれる。冒頭に述べた、キリスト・イエスの僕として主に仕える使徒としての自分を再び語る。私を使徒としているのは、キリストであり、そこで力強く私を捉えた神の恵みによるのである。伝道者パウロを動かしたものが何であったかを改めて思う。そして、このことは今日の教会においても同じことではないかと思う。異邦人の使徒としてキリストを告白をする。キリスト者の仲間とともに。そこで伝道することによってのみ生かされる自分であることを認識する。そのように自己を紹介する。ローマの信徒への手紙を説教するということは伝道者のわざなのである。この観点からすれば、「その御名を広めて」という新共同訳よりも、たとえば青野訳（岩波書店刊）のように、「ゆえに」と訳したほうがよいように思う。

② ここで特に私のこころを惹くのは、「信仰による従順へと導くために」という五節の言葉である。ただ単に信仰に導くと

は言わない。伝道は信仰の従順への導きである。御子を信じた者は、キリストの言葉を聴き、これに従う。〈聴従〉という言葉で言い表してもよい。信じた者はキリストの言葉に従う歩みをする。パウロと同じように。

③ここに至って、この枠の中でローマの教会に言及する。「この異邦人の中に、イエス・キリストのものとなるように召されたあなたがたもいるのです」。ここで手紙の差出人と受取手が深くつながる。あなたがたも召し出されている。神に呼ばれている。キリストのものとなるために。キリストの僕となるために。だからこそ、信じつつ従順に従うことが求められている。パウロは、恵みの絆を深く思ったであろう。

使徒の祝福の挨拶

「神に愛され、召されて聖なる者となったローマの人たち一同へ。わたしたちの父である神と主イエス・キリストからの恵みと平和が、あなたがたにあるように」。

最近は呼び名を変えている教会も増えているが、われわれの教会では礼拝の最後を「祝禱」で終えるとしている。しかし、伝統的な教会では「祝福」で終えるとする。神の祝福を祈り求めるのではない。祝福を告げるのである。

われわれがする祝福の特質は、祝福の言葉を告げる者が、祝福を与えるのではないというところにある。「わたしが祝福する」とは言わない。パウロ自身の短い自己紹介の言葉の中でも語ったのは、神の恵みのわざ、神の愛のわざであった。これからも語るのは神の愛である。それは何よりもキリストにおける恵みのみわざによって明らかにされた愛である。その愛の父である神、恵みそのものである主キリストから祝福は来る。使徒はそれを取り次ぐだけである。

その祝福を聴く教会の者たちは、既に神の愛の中にある。神は愛し、召し出し、聖なる者たちにしていてくださる。「一同」という表現は、相手の「すべての者たち」が、例外なく、この愛のわざの中にあるということを強調している。そのみわざが、恵みと平和をいよいよ確かなものとするように祝福するのである。

「平和（エイレーネー）」を、「平安」と訳すべきだという強い主張を、既に地上の生を終えた隅谷三喜男氏から聴かされたことがある。死と戦いつつ生きていた隅谷先生にとっては、切実な願いであったろう。単なる平和な関わりなどというに止まらず、死に対しても安らかでいられる確かな平安を望んだのであろう。常に死と戦っていたパウロもそうであったろう。

参考文献

「序論」で紹介されている参考文献のうち、特にアクティマイアー、クランフィールド、ヴィルケンスを今回は用いた。それ以外に恩恵を被ったのは、K・ワルケンホースト『信仰と心の割礼――ロマ書の解釈一―四章』（中央出版社、一九七八年）、竹森満佐一『ローマ書講解説教I』（新教出版社、一九六二年）である。

ローマの信徒への手紙　一章八―一五節

徳善　義和

ルター『ローマ書講義』のグロッセで説教黙想

一九九〇年の頃、私は長い間の念願が叶って、WA56に拠ってルターの『ローマ書講義』（一五一五―一六年）のグロッセ（全章）とスコリエ（第一―三章）を全訳していた（一九九二年、聖文舎から「ルター著作集」第二集第八巻として発行）。これまでスコリエの全訳は松尾喜代司訳があったが、グロッセは部分訳に過ぎず、いずれもミュンヘン版ドイツ語訳の影響を強く残していたから、私としては両者の、ラテン語本文からの全訳を試みたいと思っていたからである（ちなみにルターのこの自筆原稿は現在ポーランド南部のクラクフ大学図書館にある。第二次大戦中ベルリンから疎開させたものが、今もそのままそこに大切に保管されているのである。一九九八年夏その近くでルーテル＝ローマ・カトリック国際神学対話委員会が開催された折に、訪れて、手に取って見てきた）。

グロッセは漢籍を読む際の「注《ちゅう》疏《そ》」に当たるが、ルターの初期の四聖書講義では、この講義用に行間を十分取って印刷されたラテン語ウルガタ版のローマ書本文の行間にルターが書き込んだ行間注と、欄外余白にさらに詳しく説明した欄外注とがある。私の訳の試みでは、行間注に関してはローマ書本文をゴシック体で印刷した後に、行間注を明朝体で挿入するという試みを繰り返して、ローマ書本文自体も通読していけるし、全体としても流れに沿って読めるようにできるだけの試みをしておいた。残されている学生筆記（WA57 Rm）と比べてみると、ルターは講義の際にスコリエの部分を必ずしも原稿通りに読み上げてはいないようだが、グロッセの部分はほぼ自筆原稿どおりに読み上げ、学生もほぼ忠実に筆記していたことがうかがえる。

このグロッセがなかなか読み応えがあるのである。これだけで自分で説教黙想を試み、説教したこともあったから、いつの機会にか、この説教黙想シリーズで執筆の依頼があった場合には、ルターのこのグロッセに応じて説教黙想を試みてみたいものだと思っていた。今回その機会が与えられたわけだから、執筆を続ける限り、その線で試みてみたいと思っている。

この手紙における使徒の目的と意図

第一章の冒頭に付された欄外注は当時のルターにとって決定

的なことだったろう。スコリエ本文もほとんどこれと同じ文章で始められていることからもそれはうかがい知ることができる。「この手紙における使徒の目的と意図は、自らの義と知恵のすべてを打ち壊し、存在しなかった（すなわち、あの義［訳注：行いの義］のゆえにわれわれには存在しないと思われた）罪と無知とを増大し、大きくし（すなわち、罪と無知が存在し、多くまた大きくあることが認識されるようにし）、こうして、真にこれを打ち壊して遂に、キリストとその義がわれわれにとって必要であることを示すことである」と断言するのである。これはこのローマ書本文の各節、各段落において確認されることだろうし、逆に各段落の理解と黙想とを導くものであろう。人間自身の義を無とし、自らはないと思っている罪を大きくし、神の恵みによるキリストの義と、それによる罪人の救いを確立させ、自ら確認することがこの手紙の目的と意図だと言っているのである。

ローマ訪問はこの目的と意図をもって

パウロのローマ訪問はもちろん、挨拶して握手するだけの形式的、儀礼的なものではない。心からの、信仰の兄弟としての訪問である。主にある平安を問い（文字どおり「問安」）、信仰に生きる喜びを分かち合い、確認し合う、信仰的、牧会的訪問である。しかしそれだけでもない。それは使徒的訪問であり、福音的訪問であることが明らかになる。すなわち、福音宣教の訪問なのである。この段落はこれを明らかにするのである。

若い求道者だった頃訪問を繰り返した老牧師の姿が意味するものに後になって気付かされた。座敷の床の間の前に座って、「元気ですか」と問い、聖書を読み、祈りをして、出されたお茶を飲み、お菓子をつまむと、伝道新聞を出して「これを読んでみてください」と言って帰っていった。風呂敷に聖書と讃美歌と伝道新聞の小さな束を包んで、このように一日中、決して教会に近くはない会員や求道者の家を次々と訪ねて歩いたのだ、と後で聞いた。生意気な大学生だった私が（確かキリスト教入門の本だと勘違いして買った岩波文庫のフォイエルバッハ『キリスト教の本質』を読んでいる途中だったろう）、たまにややこしい質問をして少し困らせてやろうと思うと、手で顎をするっと撫でて、「まあ、今日はええでしょう」と言って帰っていった。ややこしい質問から逃げたな、とこっちは思うのだが、実に平然かつ飄々としていた。この大学生にはこれがいいのだと確信しているような振る舞いだった。そして祈り続けてくださったことだろう。結局これに負けた。これにというよりむしろ当然だが、その後ろにある福音の知らせに、時間をかけながら、気付かされていったからである。この老牧師の訪問と祈りがその扉を開くひとつのきっかけになっていたと、後で自ら知ることになる。牧師へと導かれて、この訪問と祈りと、あの「まあええでしょう」が心に刻まれている。

だから私たち牧師の訪問も、パウロのローマ訪問の願いに比ぶべくもないかもしれないが、それでもなお、使徒的、福音的訪問であること、あるべきことを示されるのではないか。引退牧師として、自分の属する小さい教団の若い牧師たちを見ていると、どうもこうした訪問があまりにも少ないのではないかという気にさせられる。病床訪問でも欠席者訪問でも、長話の訪問でも、玄関先訪問でも、牧会的訪問でも、伝道的訪問でも、牧師の訪問が、ここでパウロが自ら確認している使徒的、福音的訪問の務めと課題を負っていることをあらためて考えて欲しいものだ、と思う。この段落をめぐる各自の説教黙想も、この「牧師の訪問」という恵みの働きと課題とまた密接に関わっていると思うからである。

願いは神への感謝から始まる

ルターの行間注はこうである（「　」内の本文引用の**ゴシック体**はウルガタ版、明朝体はルターの書き込みの訳であって、漢字表記などはその訳のとおりである）。「**第一に私は、イエス・キリストをとおして、あなたがたすべてのために私の神に感謝する。**彼こそわれわれの唯一の仲保者である。これら、また、すべてのよいものはこの神からくるからである」。パウロの、そして信仰者の願いのすべてについてそうであるが、その原点となり、出発点となるのは神への感謝にほかならない。そう願い、かつ願いの実現へと動かすのは神ご自身であるから、どんなに切迫した現実の理由があろうと、願いに当たってはなにをさておいても神に感謝するのである。

しかもパウロはここでも、願いにおいてもその実現においても「キリストをとおして」を忘れることはない。ルターはさらにこれを強調し、重視して、「彼こそわれわれの唯一の仲保者である」と繰り返すかに見える。しかしこの講義の時期の彼にとって、これは決定的な信仰的認識と実践になっていたことを私たちは認識しなければならないだろう。神に祈るときは当たり前のように、深く考えずに、習慣的に「イエス・キリストによって」と結びがちな私たちだからである。当時のルターは違った。中世末のカトリック的信心世界の中で、人々はマリアや諸聖人を通して祈ることを当然のこととして生きていた。ルターも子供の時から「鉱山で働く家の者の守護聖人は聖アンナ様、それにおまえにはその聖人の日に洗礼を受けて名をいただいた聖マルティン様がいる。なんでも困ったことがあったら、このお二人におすがりしてお助けを祈るのだよ」と言われ、そのように育ち、生きてきた。野中で雷に打たれて死にそうになったときも、口をついて出た祈りは「聖アンナ様、お助けください」だった。それが第一回詩編講義の途中で、罪人を義とする神の恵みのただ中に仲保者キリストがおられることを知って（いわゆる宗教改革的認識への到達により）、徹底的にキリストに出会って、その時から彼の祈りまでがキリスト中心に変わったのである。この短い行間注に込められたルターの思いを、逆にこともなげにキリストを通して祈っている私たちは心に刻まねばならないのではなかろうか。神学的ばかりでなく、信仰実践的にも、神の恵みの働きの、キリストにおける集中に注目しなければならないであろう。

そのうえ、「**あなたがたすべてのために**」に欄外注を付して、「一三　これこそ愛の本性である。すなわち、他の人々のよいもの、特に霊的なものについて喜び、それゆえに神を崇めるのである。反対に、他の人々のよいものを悲しみ、呪うのは、ねたみの本性である」と述べる。こうしてパウロのこの手紙にお

ける ローマ人のための祈りを超えて、霊と肉との相克という大きな神学的主題を早くも指し示していることになる。

さらに自らの願いに言及するパウロの心の内を推し量って、願いに伴っては「すべてのよいものは神からくるからである」と、ルターは注記する。神にある願いの実現が、人の心にも適い、目にもそう見える場合であろうと、あるいは全くその逆であろうと、それはすべてのよいものとして神からくるのだという信仰なのである。

ローマの信徒たちの信仰に注目

パウロがここでこのローマ訪問の願いのゆえに神の前に捧げる感謝は具体的に、ローマの信徒たちの信仰に関わることである。ローマを訪問したいという願いにおけるパウロの、唯一と言ってよい、究極の関心事がここにあるということである。訪問して挨拶があり、交わりがあり、話し合いが行われ、その実状に即したいろいろな助言や対応が示されるということもあろうが、パウロの関心事はローマの信徒たちの信仰の事柄、その内実にほかならないのである。「その信仰が全世界に言い伝えられている」という事実に率直に注目しながら、彼らとその内実について深く語り合いたい、使徒としての福音宣教の務めを果たしたいということである。

先に牧師としての私たちの訪問に触れたが、この訪問がいかなるものであるべきかに、パウロがこの冒頭の部分から言及して、私たちに迫ってくるものがここにあるのではないだろうか。

霊において仕える

パウロは神を証人とする。ルターはこれに付して、神が「私のために誓ってくださる」と行間注を付す。ルターのローマ書本文は「**このかたに私の霊において**」と続く。新共同訳が「心から」と訳しているところである。そもそもパウロのローマ訪問の願いは単に「心から」と訳して済むものだろうか。この段落はパウロの訪問の願いが優れて霊的なものであることを強く訴えているものではなかろうか。**私の霊において**、という訳に添えて欄外注では、福音にふさわしく教えて、これに仕える使徒としてのパウロの自己理解にもルターは注目している。

だからパウロは**間断なくあなたがたのことを思い**と続け、ルターは欄外注で「一五　祈りは自分の救いのためではなくて、すべての人の共通の救いのために、広く祈られる時こそ、最も完全であるからである」と付す。祈りの視座を示す言葉と言えるであろう。

パウロは**あなたがたに会いたい**のである。行間注は「好奇心をもった人たちがするように、ローマの町や人を見たいというのではなく、『あなたがた』、すなわち、信仰者たち、キリスト者たちに会いたいのである」と続け、さらに少し後の欄外注ではこの好奇心についてこうはっきり書いてもいる。「一七　肉の好奇心は他の人において自分の快楽を求める。しかし霊は、自分のことにおいてさえ、他の人の益を願う。彼は自分の実例によって司教区民に対する司教の訪問が……いかにあるべきかを教える」とある。この前半はやがて以下の章の展開に即して、罪の本性は concupscentia（肉の欲）であると断言し、この肉の欲がすべてのことにおいて自分の利益を求める、自分の利益のためには神すら利用して止まない、と告げる発言においてもっと深刻な指摘、断罪をすることにつながっていくのである。こうして一〇節の「**あなたがたのところに行けるように願っている**」につづく行間注には、「このように忠実な牧者であればみな、羊のものであるものではなく、羊自身を求めるよう促されるのであり、愛がすべてのことを行うのである」と注記する。死者のミサをあげて献げものを求めることに既に鋭い目を向け、やがて年ならずして贖宥状販売の問題に直面して鋭い批判を問いの形にし始めるルターの視点は明瞭である。時として宗教者たちが、また教会人たちでさえ、ここで言われている「羊のものであるもの」に目を奪われて、羊自身を養い、牧する務めを忘れる実例もまた人ごととして見過ごしにはできまい。折々に耳にする、牧師やその家族による教会の私物化と思われる例なども例外ではないのである。

霊的な恵みの分け合い

パウロのローマの信徒訪問はこうして霊的な訪問である。「**霊的な恵みの、**霊的な賜物、すなわち、教えの務めの、**何ほどかをあなたがたに分けて、**肉の欲がするように私の益や喜びを求めてのことではなく、あなたがたの益や喜びを求めてのことである。**あなたがたを強めるためである**」と続く。人間の肉の念《おも》い、肉の欲がいかほどばかり深いかを既に知らされ、その罪の身をみ前に投げ出してキリストの贖罪と救いに身を委ねざるを得ない存在であることに心開かれたルターの、パウロに対する共感のエールでもあろうか。だから行間注はさらに続けて、「あなたがたは既に信仰において植えられているから、さらに加えての教えによって強められるためである」と、その生涯にわたって続く信仰の歩みと深まりへの注目さえ促していると、ルターは言いたかったのだろう。こうしてお互いの信仰が慰めを分け合うことになる。

さらにこう続く。「**すなわち、あなたがたの中で、**むしろ、あなたがたと共に、である。**お互いのものである、あなたがたの信仰と私の信仰によって、**お互いに、**慰めを受けたいのである。**なぜなら、神にあっては、慰めは信仰によってわれわれのものとなるからである」。この箇所の欄外注もまた興味深い。「一八　彼は彼らを自分より前に置く。『私の』よりも『あなたがたの』を先に言う。ローマ一二章（一〇）で教えているとおりである」とある。いささか東洋的な謙譲の気持ちすら感じるが、こうしてパウロの訪問が一方的なものではなく、まだ会ったことはないながらも信仰の仲間同士の、互いの信仰の強め合いにほかならない、とルターは注目しているのである。

ギリシア人にも未開の人にも負い目

パウロはユダヤ人にも異邦人にも福音宣教という果たすべき責任を負うと感じている。ウルガタ版はこれを「**負い目がある**」と訳す。果たすべき責任はまた、負債のように、果たさねばならない負い目だとすら感じていたことを言い表しているかのような訳だ。「使徒としての務めのゆえだ」と行間注は続ける。私たちが牧師、説教者であることに積極的に主の召しを感じるのであれば、それはまた私たち自身の負い目でもあることも心に秘めなければならないであろう。

そして用意完了！

「負い目がある」との発言は一五節になると一転して、新共同訳の「ぜひ福音を告げ知らせたいのです」という発言になる。これは、ルターの手中のウルガタ版では「**このように私の内には用意ができている**」と訳されている。ローマ訪問にすぐにも行きたい、私の内にはいつでも訪問する準備が整い、用意ができているという積極的な姿勢に転じる。ここにもルター特有の使徒の務めに伴う「同時にsimul」の理解があろう。使徒の福音宣教という務めは「負い目であって同時に、自ら用意のできている」ものにほかならないのである。この場合パウロにとって、用意のできている相手は明瞭にローマのキリスト者である。だから、「**ローマにいるあなたがたにも福音を伝えたいのである**」とウルガタ版は続ける。福音宣教の具体的な相手、また同信の（まだ見てはいない）友なのである。事実上はいつ会えることになるのか分からないこの人々に対して、パウロは責任と負い目、同時に用意のできている様をこの手紙で鮮明に書き出すことになる。

説教者、牧師の務めもまた使徒的なものとして同じ線上にあろう。それは果たすべき責任という積極的な面で考えられるばかりでなく、同時に主に召されて負わされている負い目の側面をもつ。しかもまた同時に、いつも用意ができている、いつでも出動可能の状態にある、ということなのである。

パウロの状況を手紙のこの部分で読みながら、一方で宣教責任と負い目、他方同時に用意完了の姿に触れて、ルター自身は既に福音の再発見に基づく確認をパウロのこの手紙で始めながら、痛いほどに福音宣教への導きに直面していたであろう。この福音宣教の具体的な姿は『九五箇条』とそれに続く賛同と反対の嵐の中で、自らに与えられたウィッテンベルクという具体的な状況と、その町に住む民衆とのために具体化していく。既にこの講義の途中で、ドイツ語の説教が始まったこと、さらに具体的には一五一六年の、恐らくドイツ語による週日説教の、カテキズム説教に当たる「十戒の説教」（出版されたものはそのラテン文だった）が語られた事実にも通じるだろうか。

この宣教（具体的には説教と魂の配慮）の務めは、私たちにとってもまた、責任と負い目、そして同時に準備完了であることを期待され、求められよう。この「同時に」という緊張した脈絡の中で、説教準備が一人ひとりの説教者において十分に整えられることが必要であり、また、「マケドニアの声」が届くときには緊急にそれに応じて出発可能であらねばならないことをあらためて感じさせられている。

主な参考文献

ルター「ローマ書序文」（一五二二年）、『ルター著作選集』教文館、二〇〇五年、三六一―三七八ページ
ルター「ローマ書講義」（グロッセ）、『ルター著作集』第二集第八巻、聖文舎、一九九二年、八―一三ページ

ローマの信徒への手紙　一章一六―一七節

吉村　和雄

与えられている箇所は、パウロがローマの教会に対して、自分の伝道者としての使命と、それに対する自分の思いを吐露している箇所に続く部分である。すなわち、自分にとって福音とは、「ギリシア人にも未開の人にも」、あるいは「知恵のある人にもない人にも」、宣べ伝える責任を負っているものであって、そのような責任を負わされている者として、ローマの信徒たちにもぜひ自分の言葉で福音を語りたいと言うのである。そしてそれに続いて、自分が福音をどのように捉えているかを述べる。自分の言葉で語る福音は、自分の心が捉えた福音である。同時に、自分がそれによって生かされてきた福音でもある。それ故に、これらの言葉は伝道者であると同時にひとりのキリスト者でもあるパウロの、信仰者としての体験に裏打ちされているものである。

福音を恥としない

その初めにパウロが語っていることが「わたしは福音を恥としない」という告白の言葉である。

いったいなぜ、パウロはこの言葉でもって自分の福音を語り始めたのであろうか。まず何よりもこれが言いたかった、あるいは言わずにおれなかったということであろうが、それはなぜか。第一に考えられることは、この言葉をもって、自分自身と、ローマの信徒たちとが、同じ所に立っていることを示したかったということであろう。福音を恥としないということは、それを恥とする危険性を自覚しているということである。つまり自分自身、そのような誘惑の中にあることを知っているのである。そしてその点で、ローマの信徒たちもまた同じ所に立っているだろうと想像する。あるいは彼らの中には「福音を恥としない」と断言できない状況の中にある者もいたかも知れない。そういう者たちをも含めて、同じ所に立ち、そして同じものを見ようとする。自分と同じものを見て欲しい。同じものを見上げ、そして同じ力を受けて、信仰者の歩みを確かなものにして欲しい。そのような願いが、このひと言の中に、こもっているのではないだろうか。それはローマの信徒たちに対するパウロの思いであると同時に、今、この言葉を通してわたしたちに語りかけてくださっている方の思いでもあると思う。

福音を恥とする危険性、あるいはその誘惑はどこから来るのか。これはわたしたち誰もが感じ取っていることである。マルコによる福音書八章三八節には「神に背いたこの罪深い時代に、わたしとわたしの言葉を恥じる者は、人の子もまた……その者を恥じる」という主イエスの言葉がある。この言葉からは、「神に背いたこの罪深い時代」に生きているという現実を知ることができる。これは主イエスの時代やマルコ福音書の書かれた時代だけでなく、わたしたちの時代の現実でもあるだろう。ハイデルベルク信仰問答の言葉が明らかにしている通り、わたしたちは「生まれつき、神と隣人とを憎む傾向にある」(問五)のである。神を憎むことについて言えば、知識が増し、技術が進歩することによって、その傾向はますます明確なものになり、神を不要としたり、問題外の存在と考えるようになっているように思える。

もうひとつは、神が人間と関わられる、そのなさり方の問題がある。主イエスは「わたしと、わたしの言葉を恥じる者は」と言われた。ここでは、主イエスとその言葉を恥じることが問題になる。なぜ主イエスを恥じるのか。それは何よりも主が「神の身分でありながら、神と等しい者であることに固執しようとは思わず、かえって自分を無にして、僕の身分になり、人間と同じ者に」(フィリピ二・六―七)なられたからである。主は周囲を圧倒するような仕方でこの世に来られたのではなかった。その姿勢は最後まで貫かれて、十字架の上でご自分の命を犠牲にするという形で、わたしたちの救いを成し遂げられたのである。

このことは神の深いご配慮から出たことであって、神はわたしたちが力で圧倒されて有無を言わさず主イエスを信じる道を選ばされるようなことを願われなかった。あくまでもわたしたちが、自分の自由な意志によって、救いを受け入れ、主に従う道を選ぶことを願われたのである。

コリントの信徒への手紙一、一章二三節において、パウロはキリストについて「ユダヤ人にはつまずかせるもの、異邦人には愚かなもの」と言っている。なぜなら、ユダヤ人はしるしを求め、ギリシア人は知恵を探すからである。すなわち、ユダヤ人はしるしの中に神の確かさを見出し、ギリシア人は知恵の中にそれを見出すのである。しかし神はそのどちらを与えることもなさらず、十字架につけられたキリストを差し出された。ユダヤ人にはつまずきであり、ギリシア人には愚かさ以外の何ものでもないと思われるものの中に、ご自分の御心を示されたのである。もちろん、それこそが神の知恵であり、神の強さなのであるが、それを受けとめるには、何よりもまずそれを信じる信仰が必要なのである。そのためには、しるしを求める心、知恵を求める心を捨てなければならない。それができない者にとっては、キリストもその業も無意味なのである。

最後に、キリストによる救いが、わたしたちの信仰によってしか受けとめられないものであることも、福音を恥とする誘惑をもたらすだろう。救いは神からの一方的な賜物として与えられるのであって、わたしたちの功績によるのではない。律法の行いによるのではなくて、キリストの福音を信じる信仰によって、わたしたちは救われるのである。それはつまり、わたしたちの中には、救いを確信させるものは何もないということである。ガラテヤの信徒への手紙六章一四節でパウロが言っている通り、キリストの十字架のほかに、誇るものがあってはならないのである。しかし人間には、自分の中に何らかの確かさを持ちたいという深いところからの願いがある。ユダヤ人がしるしを求め、ギリシア人が知恵を求めるのも、そのことと関わりがあるだろう。またユダヤ人が律法の行いによって義を立てる生き方が捨てられなかったのも、初代教会のキリスト者の中にもその考えに動かされる者が多くいたことも、それと関わりがあると思われる。わたしは初めてイスラエルを訪れ、二千年前と同じ服装をし、同じ生活をしているユダヤ人を見て衝撃を受けたことがある。その時に、アブラハム以来の信仰の伝統を生きている者と、ただイエス・キリストの十字架にのみ依り頼んでいる者との違いを、改めて感じさせられた。福音を恥とすることはなかったが、なぜ初代教会の中に、割礼を受けようとする者や律法の行いに生きようとする者が現れて、パウロが全力を注いでそれと戦わなければならなかったのか、その理由がわかったように思ったのである。

しるしという目に見えるものの中に、あるいは知恵の豊かさの中に、伝統や荘厳なものの中に（マルコ一三・一）確かさを見出そうとする誘惑はどこにでもある。それはローマの教会の信徒たちにとっても、同じであっただろう。だからこそパウロはここで「わたしは福音を恥としない」と告白し、その告白の中に、教会を招き入れようとするのである。

福音は神の力

それに続いてパウロは、「福音は、ユダヤ人をはじめ、ギリシア人にも、信じる者すべてに救いをもたらす神の力」だ、と言う。「ユダヤ人をはじめ」とは直訳すれば「第一にユダヤ人」ということである。これは第九章以下で述べられるような、救いの歴史の中でのユダヤ人の特別な位置を示している。しかしそれは、福音の前では、もはや決定的な意味を持たないことも明らかである（Ｉコリント一・二四）。

パウロはここで「信じる者すべてに」と語って、わたしたちの救いのためには信仰が不可欠であることを明らかにしている。それは、キリストの十字架のほかに、誇るものを持たないということである。ユダヤ人はユダヤ人の誇りを、ギリシア人はギリシア人の誇りを捨てることである。ローマ人はローマ人の誇りを、日本人は日本人の誇りを捨てることである。いかなる意味においても、キリストの十字架以外に、自分の中にも外にも、確かさを求めないことである。福音は、そのような者すべてに、救いをもたらす神の力だと言うのである。

ここでパウロは福音を「神の力」だと言う。それは、一五節にある「福音を告げ知らせたい」という言葉と無関係ではないだろう。つまり、自分が福音を告げ知らせる時に、それが救いをもたらす神の力になる、ということである。この「力」は、ギリシア語ではデュナミスである。ダイナマイトの語源になる言葉である。それほど強力に働いて、聞く者に救いをもたらす力なのである。

従って、ここで言う福音は、語られた福音である。説教された福音と言い換えてもよい。福音が説教される時に、それは聞く者に救いをもたらす神の力となる。説教は、そのように語られなければならないし、そのように聞かれなければならないのである。

事柄は明らかに現在のこととして語られている。つまり、福音が説教される、その時に起こることである。その時に、信仰をもって説教を聞く者に、救いがもたらされるのである。確かにわたしたちの救いは、キリストが十字架において勝ち取ってくださったものである。しかしその、過去の出来事によって勝ち取られたものが、現在のわたしたちの生活の中で形を取るのである。第五章一〇節においてパウロは「敵であったときでさえ、御子の死によって神と和解させていただいたのであれば、和解させていただいた今は、御子の命によって救われるのはなおさらです」と言っている。この言葉によれば、キリストの十字架によってわたしたちに神との和解の道が拓かれたのであるが、その和解が与えられている今は、御子の命によって救われるのである。この場合の「救われる」も現在のことであるが、それは、神との和解がわたしたちの生活に具体的な変化をもたらすことを言っている。それをもたらすのは御子の命である。その命は、何よりも説教を通して与えられるものであろう。すなわち福音の説教を通して、聞く者はキリストに触れる。あるいはキリストに触れていただくのである。それがその人を動かす力となり、救われた者の生活を歩ませる。福音はこのようにして、ユダヤ人をはじめ、ギリシア人にも、信じる者すべてに救いをもたらす神の力となるのである。

神の義

一七節に入ってパウロは「福音には、神の義が啓示されていますが」と語る。この「神の義」は、「神が義でいます」ということである。福音には、神が義でいますことが啓示されているのである。この「神の義」を「神の神らしいあり方、もしくは振る舞い」と理解した時に、神の義は、単に神が義でいますということでは終わらないことになる。神の義は人の義とは全く違うものだからである。

ルカによる福音書一八章九節以下に、自分を正しい人間だと（義人だと）うぬぼれて、他人を見下している人々に対して、主イエスが語られたたとえ話が書かれている。この言葉の中に、すでに人間の義の特質が明らかになっている。すなわち人間の義は、本人以外のものにとって何の意味もないのである。ここでは、自分を義人だと思って他人を見下している人々に、と書かれているが、その人の義は、自分を誇りにして、自分と同じような義に生き得ない他人を見下げるようにしか働いていない。それはこの言葉に続いて語られたファリサイ派の姿勢にも明らかであって、彼は心の中で自分の義であることを神の前に申し述べながら、同時に「この徴税人のような者でもないことを感謝します」と言う。この人の義も、自分と徴税人とを区別し、分離するように働く。義に生き得ない者がこのような義人の前に立ったならば、圧倒され、萎縮し、自分を恥じてその場を去るか、あるいは反発をするかのどちらかであろう。いずれにしてもその人の義は、義に生き得ない人間には何の益ももたらさない。これが人間の義の特質であると言えるだろう。

しかしながら神の義は、それとは全く違った姿を示す。マルコによる福音書二章一五節には、大勢の人が主イエスに従っており、その中には多くの徴税人や罪人がいたと書かれてある。そしてルカによる福音書一五章一節によれば、彼らは主イエスの話を聞こうとして主に近寄って来たのである。これはもちろん主イエスが彼らを差別したり排除したりしないで受け入れてくださったということであるが、それだけではないだろう。主イエスの義は、これらの人々をも義の中に招き入れてしまうような義であったからだろう。ファリサイ派の傍にいても、自分は義にはなり得ないが、主イエスの傍にいると、自分もまた義に生き得るとそれらの人々が考えたからであろう。ルカによる福音書五章三二節に主イエスの言葉として「罪人を招いて悔い改めさせるため」とあるのは、そのような事情を言っているのではないだろうか。主イエスと共にいると、悔い改めに導かれるのである。これは、心の奥底でそのことを願っている者にとっては、大きな恵みであっただろう。

このような神の義と人の義の違いは、パウロにとって決定的であったと思われる。ローマの信徒への手紙五章七節でパウロは「正しい人のために死ぬ者はほとんどいません」と語っている。正しい者のために死んでもいいと思う人は殆どいない、というのである。続いて「善い人のために命を惜しまない者ならいるかもしれません」と語って、その点で義人は善人に及ばないことを明らかにしている。これはかつて「律法の義については非のうちどころのない者」（フィリピ三・六）として生きてきたパウロにとっては、痛切なことであったに違いない。つまり、自分の義を誇りとして生きていたその時に、そういう自分のために死んでもいいと思う人は、殆どいなかった、というのである。

ローマの信徒への手紙一五章一節においてパウロは「わたしたち強い者は、強くない者の弱さを担うべきであり、自分の満足を求めるべきではありません」と語っている。その中に、かつては自分の義を誇り、それに満足して生きてきた自分の生き方を変えて、自分の義や強さが、共に生きる人をも義とし、あるいは強い者とするような、義や強さに生きようとするパウロの姿を見ることができるのではないだろうか。

正しい者は信仰によって生きる

そのような神の義は、福音の中に啓示される。これは具体的には、すでに述べたように、福音の説教を通して啓示されるという意味である。それは説教の言葉を通して啓示され、聞く者をその義の中へと招き入れてしまう。彼らに、義なる者として生きる力を与える。それが説教の務めである。そのためにも、単なる字句の説明では終わらない説教の語り方が求められるのである。

そしてそのような義は、徹頭徹尾信仰を通して実現される。すなわち、しるしの確かさの中に生きるのではなく、知恵の豊かさを誇りとして生きるのでもない。律法の行いにおいて完璧であることに依り頼んで生きるのでもなく、神の民の伝統の中に加えられていることを力として生きるのでもない。そのようなものをすべて捨て去ったところで（フィリピ三・八）、神がキリストを通して成し遂げてくださった救いの恵みのみを喜び、感謝し、誇りとして生きる。その時に初めて、福音の中に啓示されている神の義が、それを聞くわたしたちをもその義の中に招き入れ、義としてくださる。そしてその時に、わたしたちは、人を見下し、排除する義ではなく、周囲の人々をもその中に招き入れてしまうような義に生きることができるのである。

「正しい者は信仰によって生きる」と言う時、「正しい者」とは、そのような正しさを生きる人のことである。それは主イエスが生きられた正しさであり、パウロが救いの賜物として受けた正しさである。今日の箇所を通して、パウロは、わたしたちをもその正しさの中に招き入れようとするのである。

参考文献

C. E. B. Cranfield, *A Critical and Exegetical Commentary on the Epistle to the Romans*, International Critical Commentary, T. & T. Clark Limited, 1980.

K・ワルケンホースト『信仰と心の割礼――ロマ書の解釈一―四章』中央出版社、一九七八年

竹森満佐一『ローマ書講解説教Ⅰ』新教出版社、一九六二年

加藤常昭『ローマ人への手紙1』（加藤常昭説教全集17）教文館、二〇〇五年

ローマの信徒への手紙　一章一八―二三節

鈴木　浩

神の怒り

この段落は「啓示されている、(なぜなら)、神の怒りが」と始まる。「啓示されている」と「神の怒りが」の間には、「なぜなら(ガール)」という理由や根拠を示す単語が挟み込まれているが、ここでは、次の一九節にある「なぜなら(ディオティ)」よりも弱いのだろう、口語訳でも新共同訳でも訳されていない。いずれにしても、この段落は「神の怒りが啓示されている」という強い言葉で始まっている。直前の一七節には「福音には、神の義が啓示されています」とあったが、ここでは同じ「啓示されている」という言葉で、「神の怒り」に言及される。神の義は「福音の中に」啓示されるが、神の怒りは「天から」啓示される。神の義は「信仰」に対して、つまりは信じる人に対して啓示されるが、神の怒りは、「人間のあらゆる不信心と不義に対して」啓示される。神の義が啓示されることは、神の義が「明らかになる」という意味である。すると、その義は必然的に、その義に背く事柄も明らかにする。それが「人間のあらゆる不信心と不義」である。その不信心と不義とは「真理の働き」、つまり信仰に対して働きかける福音の働きを妨げる。神の義が福音の中に啓示された結果として、その義の告知(福音の宣教)を妨げる「人間のあらゆる不信心と不義」も明らかになり、そこに神の怒りが「天から」明らかになる。

だから、「神の義」の啓示と「神の怒り」の啓示とは、別個な二つの啓示というのではなく、神の義の啓示には、その裏面として、神の怒りの啓示も伴っている、ということだと思われる。ここでの対応関係は、「信仰に対して啓示される神の義」、「不信心と不義に対して啓示される神の怒り」ということになる。どちらも、それを啓示するのは、神である。

神認識の問題

神の怒りが啓示されるのは、「神について知りうる事柄は、彼らにも(不信心で不義な者たちにも)明らかだからです」(一九節)というのが理由である。「神について知りうる事柄」とは、神を神として崇めるのに必要な神認識という意味だと思われるが、「知りうる」という言葉は、言外に「知りえない」という側面をも暗示している。東方教会の伝統に脈々と流れる「否定神学」は、「神が何であるか」は人間には知ることができず、人間に「知りうる」ことは、せいぜい「神が何でないか」でしかない、という認識のことである。それは、神の絶対的超越性とその超越性の前での人間の理性的能力の限界を示している。それは同時に、神認識の伝達の限界も示している。われわれの認識はその多くを言語に依存しているが、どんな文豪もカレーライスの味を完全に言語表現化することはできないように、そもそも人間の言語には初めから限界がある。カレーライスの味を本当の意味で知るには、それを食べることしかないのである。同様に、神を本当に知るためには、神を信じる信仰による以外に道はない。パウロもそう思っているはずである。そう思えばこそ、イエス・キリストの福音を、つまり本当の意味で神を知る道を、全力で宣べ伝えていたのだ。その一環がローマ教会に宛てられたこの手紙である。

しかし、それにもかかわらず「神について知りうる事柄」もある、というのがここでのパウロの主張である。そして「神がそれを示されたのです」とパウロは続ける。ここにも「なぜなら」(ガール)があるから、「なぜなら、神が(それを)彼らに示されたからである」となる。新共同訳には、口語訳にはあった「彼らに」が欠けている。両方の訳文にある「それを」は原文にも、ウルガータにもないが、あった方が分かり易いことは確かである。

しかし、神はそれをどのようにして示したのか。どのようにして「神について知りうる事柄」をわれわれは実際に知ることができるのか。パウロは「世界が造られたときから、目に見えない神の性質、つまり神の永遠の力と神性は被造物に現れてお

り、これを通して神を知ることができ」るからである、と指摘する。これが、人間は自然界を通して、つまり被造物を通して、神を知ることができると主張するいわゆる「自然神学」である。

中学生の時に、伯父が無線長を務めるカツオ船が新造され、伊勢神宮でその船にお祓いを受ける際に、伯父から「一緒に乗ってきていいよ」と言われて、初めての航海に出かけた。一四歳の時である。当時の伊勢はまだ今ほど観光地化されておらず、外宮の境内も内宮の境内も神秘的な森に深く抱かれ、あくまでも澄み切った川の流れにはアユが勢いよく泳いでいた。その時、圧倒的な自然界の中で不思議な神秘感に包まれた記憶がある。何かある種の「聖なる雰囲気」がそこには漂っていたからである。それより先、下船すると、船が係留された港の岸壁からは、透明度の高い海水の中で、日の光を受けてコバルトブルーに輝くソラスズメダイの群れが泳いでいるのが見えていた。だから、何気なく過ぎていく日常とは切り離されたそうした手つかずの自然の中で、人間を超えた何かある超越的なもの、聖なるものに触れたという感覚を持つことは、実際にありうる。この航海は船が駿河湾の中にいたときは良かったのだが、いったん太平洋に出ると百数十トンの船は大揺れに揺れて、経験したこともないような強烈な船酔いに襲われ、船乗りには絶対ならないと決意した思い出と、伊勢神宮である種の神秘体験をしたという思い出が鮮明に残っている。

だから、「神の永遠の力と神性は被造物に現れており、これを通して神を知ることができます」と語るパウロの言葉は一応理解できる。しかし、それはわたしの場合、「何かある種超越

的で神秘的な雰囲気に触れた」という感覚で、「神を知った」という感じではなかった。その後しばらくして聖書に出会い、やがて教会にも通うようになると、「神を知る」ことがどういうことであるのか、少しずつ分かるようになった。それは、超越的で神秘的な雰囲気に触れたと感じた伊勢神宮での経験とは明らかに異質なものであった。

弁解の余地がない

「世界が造られたときから、目に見えない神の性質、つまり神の永遠の力と神性は被造物に現れており、これを通して神を知ることができ」ると語るパウロは、「従って、彼らには弁解の余地がありません」と続ける。パウロが「神について知りうる事柄」という言い方で「自然神学」を認めているのは、「従って、彼らには弁解の余地がありません」と指摘するためである。「何も知らない」場合には、その無知を理由に申し開きができるかもしれない。しかし、被造物を通して「神を知ることができ」るのなら、そして実際に「知りうる事柄」を知っていたら、確かに論理的には「彼らには弁解の余地」はない。しかし、彼らは本当に神を知っているのだろうか。

　パウロは、彼らは神を知っている、と思っているように見える。「なぜなら、（彼らは）神を知りながら、神としてあがめることも感謝することもせず」（二一節）と言っているからである。「彼らには弁解の余地がない」と非難するためには、彼らが神を知っているという前提は不可欠である。だから、パウロは「彼らは知っている」と指摘しなければならない。しかし、「世界が造られたときから、目に見えない神の性質、つまり神の永遠の力と神性は被造物に現れており、これを通して神を知ることができ」る、と確かにパウロは言っているのだが、彼は本当に「これを（被造物を）通して神を知ることができる」と思っているのだろうか。「彼らには弁解の余地がない」と主張するためだけに、つまり便宜的に「自然神学」を援用しているだけではないのか。

　パウロは、アテネのアレオパゴスで「アテネの皆さん、あらゆる点においてあなたがたが信仰のあつい方であることを、わたしは認めます。道を歩きながら、あなたがたが拝むいろいろなものを見ていると、『知られざる神に』と刻まれている祭壇さえ見つけたからです」（使徒一七・二二―二三）とアテネの人々の信仰心をいったんは持ち上げていた。パウロは彼らの信仰心を「認めます」と語っているし、「これは、人に神を求めさせるためであり、また、彼らが探し求めさえすれば、神を見いだすことができるようにということなのです」（二七節）とも語る。しかし、彼の言いたいことは、「それで、あなたがたが知らずに拝んでいるもの、それをわたしはお知らせしましょう」という点にあった。「知らずに拝んでいる」アテネの人々が、その信仰心から具体的に「主の名を呼び求める」ようになるためである。

　同様に「主の名を呼び求める者はだれでも救われる」（一〇・一三）とローマの教会員に語るパウロは、「ところで、信じたことのない方を、どうして呼び求められよう」と続ける。パウロは更に「聞いたことのない方を、どうして信じられよう。また、宣べ伝える人がなければ、どうして聞くことができよう。遣わされないで、どうして宣べ伝えることができよう」（一〇・一四―一五）と畳み掛ける。派遣があって、福音の宣教があり、福音の宣教があって、信仰が呼び起こされ、信仰があるところに、真の神認識がある、とパウロは言っているのだ。

「神もどき」

だから、「これを（被造物を）通して知ることができる」神は、神ならぬ「神もどき」ではないのか。アユに一見似ているところから、標準和名で「アユモドキ」と名付けられた魚は、実はドジョウの仲間である。よく見るとドジョウ特有のヒゲを持っている。だからコイ科魚類である。

パウロは、「彼ら」を非難して、「神を知りながら、神としてあがめることも感謝することもせず」と言っているが、彼らが知っているのは実は神ならぬ「神もどき」でしかなく、その結果として、彼らは「むなしい思いにふけり、心が鈍く暗くなった」（二一節）のではないのか。

宗教改革者マルティン・ルターは、「神を知る」とは、「わたしのために（プロ・メ pro me）存在する神を知る」ことだと主張する。仮にスコラ神学のように自然神学で神について一定の認識を持つことができるとしても、「それがわたしの救いにとってどんな意味があるのか」と彼は一蹴する。ところで、自然神学を前提にすれば、「他宗教との対話」の理論的根拠を持つことができる。なぜなら、自然神学の立場からすれば、どんな宗教も自然神学に基礎を置いており、どんな宗教の教えにも一定の真理契機を見いだすことができるからである。だから、自然神学は他宗教との対話の際の「共通の土俵《どひょう》」になりうることになる。ローマ・カトリック教会が他教派との対話だけでなく、他宗教との対話にも熱心なのは、あるいは自然神学がその大本にあるのかもしれない。

スコラ神学のように、自然神学が積極的に容認される環境で、それと対立的に「聖書のみ」、つまり「啓示のみ」と語ることはきわめて論争的な姿勢であるが、ルターの場合には、それ以上にはるかに刺激的、論争的であった。「しかし、神は苦難と十字架の中にしか決して見いだされない」（『ハイデルベルク討論』命題二一の説明）。イエス・キリストの十字架の苦難と死の中以外には、神は決して認識されない、というのだ。ルターからすれば、「これを（被造物を）通して知ることができる神」は、どう見ても「神もどき」であって、真の神ではないことになる。なぜなら、真の神は、イエス・キリストの十字架の苦難と死の中にしか見いだされないからである。しかし、十字架の上で死んだのは、しかも「わが神、わが神、どうしてわたしをお見捨てになったのですか」と叫んで絶望のうちに死んだのは、ナザレ出身の一大工であった。そのどこに神が認識されるというのだろうか。だから、ルターの言葉によれば、神は十字架の苦難と死の中に、「啓示されていると同時に隠されている」のである。イエス・キリストの十字架の苦難と死が、わたしのための（pro me）苦難と死であること、そして、そのイエス・キリストこそが真の神であること、それを知ったときに人は初めて神を知ったのだ、というのがルターの確信であった。

倒錯

「むなしい思いにふけり、心が鈍く暗くなった」彼らは、「自分では知恵があると吹聴しながら愚かにな」る（二二節）、とパウロは非難する。「自分では知恵がある」と自認しても、実際には愚かなのは、「むなしい思いにふけり、心が鈍く暗くなった」人の中では、その判断基準が倒錯しているからである。知恵があると思っても、実は愚か。善であると思っても、実は悪。パウロが「知恵」と「愚かさ」について語るとき、コリントの信徒への手紙一、一章一八節以下ほどに見事な箇所はないであろう。

十字架の言葉は、滅んでいく者にとっては愚かなものですが、わたしたち救われる者には神の力です。それは、こう書いてあるからです。「わたしは知恵ある者の知恵を滅ぼし、賢い者の賢さを意味のないものにする。」知恵のある人はどこにいる。学者はどこにいる。この世の論客はどこにいる。神は世の知恵を愚かなものにされたではないか。世は自分の知恵で神を知ることができませんでした。それは神の知恵にかなっています。そこで神は、宣教という愚かな手段によって信じる者を救おうと、お考えになったのです。

（Iコリント一・一八―二一）

原理的に言って、「世界が造られたときから、目に見えない神の性質、つまり神の永遠の力と神性は被造物に現れており、これを通して神を知ることができ」る、と自然神学を一応容認しても、現実問題としては、この「世は自分の知恵で神を知ることができ」なかった、とパウロは断定する。神の前では（コーラム・デオー coram Deo）、人々の前での（コーラム・ホミニブス coram hominibus）賢さは愚かさだからである。しかし、この世の知恵はそれを決して悟ることはない。だから、この世の知恵は、イエス・キリストの十字架の苦難と死の中に「隠された神（デウス・アブスコンディトゥス Deus absconditus）」を知ることができない。

この倒錯から、「彼らは」つまり「この世は」、「滅びることのない神の栄光を、滅び去る人間や鳥や獣や這うものなどに似せた像と取り替えたのです」（二三節）とパウロが語る倒錯した事態が生じる。それが、「神もどき」を「神として」崇める偶像崇拝である。しかし「神もどき」は、「人間や鳥や獣や這うものなどに似せた像」だけではない。ありとあらゆるものが、偶像になりうる。ほかならない教会の中でも、偶像崇拝は起こりうる。

「そこで神は、宣教という愚かな手段によって信じる者を救おうと、お考えになったのです」とパウロは指摘する。「宣教という愚かな手段」とはずいぶん思い切った言い方であるが、「救われる者には神の力である」ほかならない十字架が、「滅んでいく者にとっては愚かなもの」（Iコリント一・一八）であるとしたら、その十字架を宣べ伝える宣教も同様に「愚かな手段」ということになる。それが、人々の前（coram hominibus）での価値判断である。しかし、神の前（coram Deo）では知恵と愚かさが逆転しているから、その愚かさこそが神の知恵なのである。

福音には、神の義が啓示されている

この段落の直前、一六節と一七節には、パウロがこの手紙で言おうとしている内容が凝縮されて詰め込まれていた。「福音は、ユダヤ人をはじめ、ギリシア人にも、信じる者すべてに救いをもたらす神の力だから」（一六節）である。そしてその「福音には、神の義が啓示されて」（一七節）いる。

福音の中に啓示されている「神の義」は、逆に倒錯したこの世の有様を照らし出す。この「照らし出し」（照明）の中に「神の怒り」が啓示される。その照明によって照らし出されるのが、「人間のあらゆる不信心と不義」（一八節）であり、それによって「真理の働き」が妨げられている。それがこの世の姿であった。その結果、人々は「むなしい思いにふけり、心が鈍く暗く」（二一節）なって、「自分では知恵があると吹聴しながら愚かになり」（二二節）、その結果、「滅びることのない神の栄光を、滅び去る人間や鳥や獣や這うものなどに似せた像と取り替え」るという倒錯した事態が起こった。それがこの世のあらゆる場所に見られる「偶像崇拝」である。

「偶像崇拝」は、神ならぬ「神もどき」を崇める行為である。サタンが光の天使に偽装するように、この「神もどき」は、あらゆるものに変身しながら、人々の間に広く深く浸透する。「そこで神は、宣教という愚かな手段によって信じる者を救おう」（Iコリント一・二一）と決断をした。宣教は、その中に神の義が啓示されている福音を宣べ伝える手段である。パウロは、「福音は……神の力」だと語る（一・一六）。コリントの信徒への手紙一、一章一八節では、それは、「十字架の言葉は……神の力」だと言い換えられている。史上最初の「十字架の神学者」パウロは、「死に至るまで、それも十字架の死に至るまで」（フィリピ二・八）貫かれたイエス・キリストの真実を死に至るまで宣べ伝えようとした。十字架こそ、真の神を知る場所だからである。そこに「それを（被造物を）通して」知る神ではなく、その苦難と死の中で自らを啓示する神がおられるのである。

参考文献

マルティン・ルター『ローマ書講義　上』徳善義和訳、聖文舎、一九九二年
パウル・アルトハウス『ローマ人への手紙』（NTD新約聖書註解6）杉山好訳、ATD・NTD聖書註解刊行会、一九七四年
北森嘉蔵『ローマ書講話』教文館、二〇〇七年
松木治三郎『ローマ人への手紙――翻訳と解釈』日本基督教団出版局、一九六六年
Karl Barth, *The Epistle to the Romans*, trans. Edwyn C. Hoskyns, Oxford University Press, 1933.
Anders Nygren, *Commentary on Romans*, trans. Carl C. Rasmussen, Muhlenberg Press, 1944.

ローマの信徒への手紙　一章二四―三二節

石井　佑二

一　私訳

二四節　それゆえ、神は彼らを任せられた。すなわち、心の欲望、そして汚れのままに。彼らは互いにその体を辱めた。
二五節　彼らは神の真理と虚偽とを取り換えた。そして彼らが拝み、仕えたのは、造り主に換わって、造られたものであった。造り主こそ永遠にほむべきものである。アーメン
二六節　それゆえ、神は彼らを任せられた。すなわち、恥ずべき情欲に。つまり、彼らの中の女は、その自然の関係と不自然の関係とを取り換えた。
二七節　男も同じく、女との自然の関係を捨てて、互いにその情欲を燃やし、男は男に対して恥ずべきことを行い、その乱れた行いの、必然的な報いを身に受けている。
二八節　そして彼らは認めなかった。すなわち、神を認識することを。神は彼らを任せられた。正しからぬ理性に。してはならないことをするために。
二九節　彼らはあらゆる不義と悪にあふれ、貪欲と悪意、妬み、殺意、争い、欺き、邪念に満ち、また陰口を言い、
三〇節　悪口を言い、神を憎み、大言壮語をし、おごり高ぶり、高慢で、悪事をたくらみ、親に逆らい、
三一節　無知、不誠実、無情、無慈悲な者となっている。
三二節　彼らは神の定めをはっきり知っている。これらを行う者どもが死に値するということを。そうでありながら、自らそれを行い、それどころか、彼らは是認さえしている。それを行う者どもを。

二　文脈　神の救いの福音と一体である、神の怒りの啓示

パウロは、第一章一六―一七節で、救いの福音として神の義が現れたこと、その啓示を語り、その内容を第三章二一節以下にて続けて語っている。しかしその救いを宣べ伝える前に、第一章一八節―第三章二〇節において、この世の暗闇、罪の支配の恐ろしさを、厳しく摘発している。ユダヤ人も異邦人も罪によって滅ぶべきものであり、神の怒りにおいて生きている。そのことを語る中で、第一章一八―三二節で、異邦人の生活が糾弾されている。そのことによって、人間がどのような立場から裁かれるべきなのかが語られ（二・一―一六）、そのような裁きのあり方から、ユダヤ人が裁かれる時に何が行われるのかを

明らかにする（二・一七―二九）。このことが語られる際、パウロは、異邦人が心の内に神の御旨を知り、これを実行する可能性を、ユダヤ人の不従順と誇りに対立させている（二・一二―一六）。更にパウロは、このようにユダヤ人も異邦人も共に裁かれる、それゆえに、ユダヤ人の選びを無視することはできないと語る（三・一―八）。そのことを語った後、パウロは罪の叙述に戻り、結論として、「ユダヤ人もギリシア人も皆、罪の下にあるのです」（三・九）と語るのである。誰も神の御前で、自分を義人として保つことはできない（三・九―二〇）。問題は、この箇所で語られている消極的結論が、第一章一六―一七節と第三章二一節以下で語られている、積極的な救いの福音としての神の義の啓示の語りとどのように結び付けられるのか、ということである。

K・ワルケンホーストは、この問題の解決のために、第一章一七節と一八節の結び付き、特にその中の「啓示されている」という言葉（新共同訳では一八節のそれは「現されます」になっているが、原語は同じく「啓示されている」である）に注目する（ワルケンホースト『信仰と心の割礼』一三〇頁以下）。内容的に一六―一七節と、一八節以下は対立することを認めざるを得ない。しかしそれは、救いの福音としての御業の叙述から離れているわけではない。すなわち、一七節の神の義の啓示を見る者は、キリストの十字架にそれがあることを知らなければならない、ということを明確にしようとしているのである。その十字架は、一八節以下、神の怒りの啓示でもある、と語りたいのである。一八節の最初で「不義」と語る。それは神の義に対しての人間の不義である。やはり関わっているのは神の義なのである。この神の義の啓示は、一六―一七節の救いの福音としての啓示なのであり、それと同様に神の義の啓示は、一八節以下では、その神の救いの福音に向き合わない、不義なる人間に対しての神の怒りの啓示なのである。それゆえに、ここで言う、神の救いの福音と神の怒りは、神の義の啓示において一体的なことなのである。救いの福音と神の怒りの一体性を語る中で、一八節以下の言葉はあるのである。竹森満佐一は、このことについてこう語っている。「神の怒りにさらされた生活は、ローマの時代だけではありません。今日も、全く同じでありまず。パウロは、このすぐあとに、その実情を、驚くほど正直に書き立てるのであります。それは、醜悪でありましょうか。確かに醜悪であります。しかし、それは、われわれの今日の生活と同じであります。十字架の光に照らし出されるところ、いずこも同じ情景が展開されるのであります。それをあばき立てる神は、冷酷なのではありません。冷酷というのは、運命のように、何がどうあろうと、何の反応も示さないもののことでありまず。運命は、石のように冷たく、したがって、怒ることもないのであります。十字架の神は、そうではありませんでした。まことに、愛を持っておられる神は、運命のごとくに冷淡ではなく、真に怒ることをなさるのであります。『この世の悪に対して、最後の血の一滴まで戦うお方が一人だけある。それが神である』（リュティ）」（竹森満佐一『ローマ書講解説教Ⅰ』一五〇―一五一頁）。

ここに、我々のテキストである第一章二四―三二節は存在する。神の義の啓示において、救いの福音と一体となっている、神の怒りの啓示を語るのである。このテキストは神の怒りの結果としての人間の悪を語る（後述するが、人間の悪の結果としての神の怒り、と言っているのではない、ということが重要である）。そして裁きを語る。このテキストを黙想する際、我々はいささかも、神の怒りを減じたり、甘いものにしたりしてはならない。しかし同時に、その神の怒りそのものが神の救いの福音、すなわち神の愛に強く結びついていることを明らかにしなければならない。いや、神の怒りそのものを語れば語るほど、神の愛が明確にされるのだ、ということをいつも意識しなければならないのである。

三　「任せられた」――自由という裁き

第一章二四節以下で語られる神の怒りの啓示、それは、人間に報いとして与えられている裁きとして示されている。そしてその神の裁きの行為は、悪に対して「神は彼らを任せられた」（二四、二六、二八節、私訳）ということによって言い表されているのである。つまり、神は人間を、その汚れた欲望のままに任せ（二四節）、恥ずべき情欲としての性関係の混乱のままに任せ（二六節）、そしてあらゆる不義と悪をもたらす、「正しからぬ理性」（新共同訳「無価値な思い」）のままに任せられた（二八節）。そうしてそれは人間自身に、神の真理と虚偽との「取り換え」（私訳）を果たす、人間の悪を生み出させ、偶像礼拝に走らせる。またその人間の悪は、本来は神の善き創造の業として存在し、神の祝福のもとにある「自然」な性関係（創世記一・二八）と、乱れた「不自然」な性関係とを「取り換え」させてしまうのである。このことについてワルケンホーストは言う。「すなわちパウロは、神の怒りの結果として人の悪行を述べたわけである。それで人の悪行は、神の怒りの啓示と言える。……神が人をその悪に任せたことは、神のさばきをあらわしている」（ワルケンホースト、前掲書一七六―一七七頁）。これは通常、私たちが考える、人間の悪と神の怒りの関係、その順序としては反対であろう。人間の悪の結果として神の怒りがある、と考える。しかしここでそうは言っていないことが、ここでのパウロの言葉の特徴である。人間の悪がこの世に存在し、神が人間をそのままに任せておられること、それが神の怒りの啓示である。神の怒りの結果として人間の悪がある、と言っているのである。このことは私たちに何を語るのであろうか。

大木英夫は、この箇所を説教する際、この「任せられた」という言葉を「自由」という概念と結び付けて言葉を紡いでいる。そうして、そこにある神の怒り、裁きを見出している。「任せられているなら、自由ではないか、しかし、そこには、神によって引き渡されているということが潜んでいるのであります。……自由、何をしてもよいという自由、それには、よく考えて見ると、処刑のような恐ろしさ、神の裁きの匂いがあるのではないでしょうか」（大木英夫『ローマ人への手紙　現代へのメッセージ』四九頁）。その説教がなされた当時、巨額の賄賂を受けた容疑で逮捕された政治家の例を出し、与えられた権力、その「自由」が、その者を賄賂へと走らせ、転倒、破滅に陥れたのではないか、と言うのである。更に大木は、ジョナサン・エドワーズの説教「怒れる神の手の中にある罪人」の言葉を引用して言う。人間の「自由」の状況は、氷のような滑りやすい所に立つ、ということであり、「彼らが他者の手で投げ倒されるのではなく、ひとりでに倒れるのを免れない。というのは、つるつる滑るところに立っていたり、そこを歩いてたりする人が転ぶには、自分の体の重みだけで十分だからです」。ここでの人間の自由とは、神が人間を放置なされることだ、ということを見出し、それが人間の転倒を招くと語る。そしてこう言う。「この転倒は、自由の中にその原因があります。自由が人間を転倒させるのであります。そこに一切の悪の源泉があります。……そのような仕方で、すべてそれは否定的に『神』と関わっているのであります。そこに神のさばきがあります。そのさばきにおいて、神の直下で、人間は転倒するのでありまず」(大木、前掲書五一頁)。

私たちは「自由」に生きている。確かにそうだ。しかしそこには、「自由とは人間が人間として持っている権利であり、何ものにも束縛されないのだ」という自己主張が存在している。自然態の「ありのまま」で良いのだ、と語るヒューマニズムが素晴らしいことであるかのようにして、一般的に語られている。そのような自由の賛歌が溢れている。人間は、己が思うがままに生きるよう神から「任せられた」。しかしまさに、パウロはその人間の「任せられた」自由に、神の怒りの啓示を見るのである。そして待ち受けている転倒、いや既にそこにある「必然的な報い」(二七節、私訳)としての裁きの真実を語っているのである。

四 「正しからぬ理性」の是正としての神認識——自由の規準

パウロは、神が人間を自由に「任せられた」という裁き、神の怒りの啓示を示した。神こそまことの自由なるお方であられる。それゆえに、人間の自由をどのような形で人間に手渡すか、それは神だけが定めることができることである。では、我々人間の自由とはいったい何なのだろうか。究極的な意味で人間には自由はない、常に神の定めの中にあるものであり、それならば、人間の悪や罪、それもまたそのような存在へと定めた神の責任ではないか、と言いたくなるかもしれない。ここで言っている神の怒りとはそういうことなのだろうか。いいやそうではない。パウロはそのことの説明を含めて、二八節の言葉を語るのである。「そして彼らは認めなかった。すなわち、神を認識することを。神は彼らを任せられた。正しからぬ理性に。してはならないことをするために」(私訳)。まず注目したいのは、後半にある「正しからぬ理性」という言葉である。竹森満佐一によれば、「正しからぬ」の「正しい」という言葉は、鉱石の純度を測定するときに用いる言葉である。手に取った石に、求めていた鉱物がきちんと含まれている時に、この「正しい」という言葉が用いられるのである。何度も試してみた後に、これが良い、と認めるとか認めないとか、そういうことを言い表す言葉なのである(竹森、前掲書一八二頁)。すなわち、この「正しさ」とは、規準をも意味するのである。これ以上が正しい、これ以下が間違っている、と言い得る規準。二八節のこの「神は彼らを任せられた。正しからぬ理性に」という言葉は、のである。「規準なき理性」の状態に、神は人間を任せると言っているのである。規準なき理性の状態にある時、人間は「任せられた」その自由において、まさに「してはならないことをする」ようになる。人間は続く二九節以下で言われる様々な悪を行うようになる。それは自由において、何が良いことであり、何が間違っていることであるか分からないからである。ではやはり、そのような「正しからぬ理性」という、規準を失った理性の状態に人間を導く神にこそ、人間の悪の責任があるのだと言うしかないのであろうか。そうではないであろう。二八節（私訳）の前半でこう言う。「そして彼らは認めなかった。すなわち、神を認識することを」。ここで言うのは、人間は、神認識を認めないがゆえに、言い換えれば、神を神として見つめようとしないがゆえに、「正しからぬ理性」、規準なき理性に「任せられた」のである、ということである。このことに一八節の「不義」やその内容としての一九節以下との重なりがあるとも言えるであろう。ワルケンホーストは、この「28節に１・18以下で三度目に出てくる『任せられた』が、ロマ１・22～32の頂点であると思われる」と言う（ワルケンホースト、前掲書一八四―一八五頁）。なぜこのような言い方をパウロはするのか。それは、パウロはここで、人間がその「任せられた」自由を誤用し、より巨大な悪を生み出すと語りながら、同時にそこに陥らないようにするための秘訣をも語ろうとしているからである。それは、「正しからぬ理性」に人間を導くと言うが、誰がそれを為すのか、ということを認識することを求めている、ということである。それを為すのは怒りの神、裁き主としての神である。そして、その裁き主としての怒りの神をきちんと見つめる時に、人間は神認識という「正しさ」を、規準を得る、と言いたいのである。怒りの神、裁き主を裁き主として明確に見つめた時にこそ、人間はその「任せられた」自由を、正しく生きる、生きられる規準を得るのである。神の怒りの啓示は、同時に救いの福音と愛の啓示なのである。第一章一六―一七節と一八節の一体性を捉えることの意味が、ここで明らかになる。十字架の怒りと愛が、裁きと恵みが、まさにここに一体となって存在するのである。

五　全人類に関わる、神の子のパラディドーミ

Ｐ・アクティマイアーは、我々のテキストをひもといた上で、このように語っている。「この箇所には、明らかに、今日の社会に向かって福音を宣教するという説教者の課題に関わることが、多く含まれている。われわれがこの社会で直面している問題は、パウロが直面し、書き記している問題と著しく類似しているのだ。この箇所は、恵みと罪とはどのようなものかということを明らかにするための機会であり、またパウロが述べているように、それらが、われわれの通常の考えとは正反対のものである傾向にあることを指摘する機会となっている。われわれが自分の思い通りにするに任せられていることは、神の恵みの手段ではない。それは、神の怒りの訪れなのである」（アクティマイアー『ローマの信徒への手紙』七九頁）。ここで注目したいのは、我々の「自由」の問題、「われわれが自分の思い通りにするに任せられていることは、神の恵みの手段ではない。

それは、神の怒りの訪れなのである」という、「神は彼らを任せられた」の問題は、今日の社会、今日に生きる全ての人間が直面している問題である、と明らかにしていることである。神の怒りとしての「任せられた」、それはギリシア語で「パラディドーミ」である。その言葉は、キリストが十字架に「引き渡された」という時にも用いられる言葉である。説教者はここで拙速に、「引き渡された」キリストの身代わりの犠牲において、人間は滅びから免れられると、安易に語ることはできないであろう。このテキストにおいては、そのように「自由」の現実が言い表す神の怒りの啓示の厳しさを弱めてはならない。しかしそれを承知の上で、「任せられた」自由と「引き渡された」キリストとを結びつけて黙想ができると思う。それは、キリストの十字架、神の怒りの啓示は、自由を謳歌する全人類に関わっている、ということである（本書「序論」一〇頁参照）。イエス・キリストの権威、イエス・キリストの支配など知らない、として自由を生きる人類の危機的状況がある。にもかかわらず、その自由は、神が「任せられた」ものである。その同じ神が、同じく滅びに向かわせる事柄として、イエス・キリストを十字架に「引き渡した」と聖書は語るのである。我々説教者はこの聖書を語り、このイエス・キリストをご紹介する。全人類に対して、自らの自由の正体を、イエス・キリストにおいてもう一度見つめ返すべきだと語るのである。啓示されている神の義は、人間の「不義」に対する神の怒りとして、「正しからぬ理性」、規準なき理性によって立つ人間が、滅びの道に生きてしまっていると語る。そのことについて、神は怒りの啓示として、人間を「任せられた」。しかし同時に、神はイエス・キリストを、同じ神の怒りの啓示としての十字架に「引き渡した」のである。そこには私たちと同じ、いや私たち以上の滅びの経験をし、その上で、私たちと同じ道を共に歩んで下さっている救い主イエス・キリストがおられるのである。説教者はそのことを語るのである。語ることができるのである。イエス・キリストのご支配は、私たちの滅びの中にも及んでいる。この事実によって私たちは、私たちの滅びの道は最終的な事柄ではない、と信じられるのである。むしろ、このイエス・キリストのご支配に生きる信仰は、私たちが滅びの道の中にあるにもかかわらず、最終的な事柄としてのイエス・キリストによる救いの福音へと、私たちの心を高く挙げさせるのである。

参考文献

K・ワルケンホースト『信仰と心の割礼——ロマ書の解釈一—四章』中央出版社、一九七八年
大木英夫『ローマ人への手紙　現代へのメッセージ』教文館、一九九八年
竹森満佐一『ローマ書講解説教Ⅰ』新教出版社、一九七二年（第二版）
P・アクティマイアー『ローマの信徒への手紙』（現代聖書注解）村上実基訳、日本キリスト教団出版局、二〇一四年

ローマの信徒への手紙　二章一―一一節

橋谷　英徳

一　はじめに

「教会全体が一緒に集まり、皆が異言を語っているところへ、教会に来て間もない人か信者でない人が入って来たら、あなたがたのことを気が変だとは言わないでしょうか。反対に、皆が預言しているところへ、信者でない人か、教会に来て間もない人が入って来たら、彼は皆から非を悟らされ、皆から罪を指摘され、心の内に隠していたことが明るみに出され、結局、ひれ伏して神を礼拝し、『まことに、神はあなたがたの内におられます』と皆の前で言い表すことになるでしょう」（Ⅰコリント一四・二三―二五）。

使徒パウロは、コリント教会の人びとに、異言ではなく預言の言葉を語るように命じる。教会の門をくぐって来た求道者がいる。この人が、礼拝の席に座って、そこで説教に耳を傾ける。御言葉が御言葉として、預言として、語られる。そこでこの人に何が起こるか？　パウロはこう言う。「罪が明らかにされ、その罪を言い表し、ひれ伏して神を礼拝する」と。「神はあなたがたの内におられる」と言い表し、神をここに見いだすに至る。教会の礼拝のあるべき姿はここにある。

与えられたテキストは、ローマの信徒への手紙二章一―一一節であるが、このテキストからの説教の課題もまた、説教が預言の言葉として語られることにある。ここでもパウロは、預言の言葉を語って、教会に連なる人々を、ひれ伏して神を拝むことに招こうとしている。

キリスト者の思想家であった森有正氏があるとき、ある教会の礼拝に出席して帰り際に、「今日は、久しぶりに罪の話を聞くことができた」と感謝の言葉を述べられたことがあったそうである。教会は人を罪人呼ばわりばかりしているなどと言われることがあるが、本当の説教の問題というのは、むしろ罪ということが真実に語られているか、ということにあることを、このエピソードは気づかせてくれる。

しかし、罪を語るということはどういうことであろうか。それは罪について説明するということではない。罪を暴いて責めるということでもない。パウロがコリントの手紙で語っているように、ひれ伏して神を拝むことに導くように、罪を語ることである。要するに律法主義的にではなく、福音的に罪を語る。そこでは、罪はいささかもあいまいに語られることはない。罪は他の誰かの罪としてではなく、私の罪として語られる。そのとき、そこに神への礼拝が起こされる。森有正氏が罪の話を聞くことで感謝したというのも、ひれ伏して神を拝む言葉として、預言の言葉としてこのときの説教の言葉を聞くことができたということであろう。このテキストから、預言としての説教の言葉を語ることを求めたい。

二　ユダヤ人への語りかけ

与えられたテキストの直前の一章二九節以下には、人間の罪が列挙され、容赦なく糾弾されている。「あらゆる不義、悪、むさぼり、悪意に満ち、ねたみ、殺意、不和、欺き、邪念にあふれ、陰口を言い、人をそしり、神を憎み、人を侮り、高慢であり、大言を吐き、悪事をたくらみ、親に逆らい、無知、不誠実、無情、無慈悲です。彼らは、このようなことを行う者が死に値するという神の定めを知っていながら、自分でそれを行うだけではなく、他人の同じ行為をも是認しています」。まことの神から離れ、神を知らないがゆえに、このような悲惨の中に生きているとされる。このようなまことに容赦ない糾弾の言葉を聞いたとき、一体、人はどのような反応をするであろうか。一つはこのような言葉を自分の言葉として聞いて、受け入れるということである。しかし、私たち人間はそのように素直ではない。頑なであり、賢しらなものである。このような言葉を聞いたときに、それを自分に対しての言葉としてではなく、これをあの人のこと、この人のこととしてしか聞こうとせず、かえって他者を裁く。パウロは、そのことをよく知っている。だからこそ、ここでこのように語り始める。「だから、すべて人を裁く者よ、弁解の余地はない。あなたは、他人を裁きながら、実は自分自身を罪に定めている。あなたも人を裁いて、同じことをしている」（一節）。

多くの註解者たちは、ここでパウロはユダヤ人たちのことを念頭に置いて語っていると指摘する。ユダヤ人たちは自分たちを神の民とし、自分たちは異邦人のような罪人ではないと信じて、疑うことはなかった。そのユダヤ人たちが、一章一八節以下に記されているパウロの言葉を聞くとき、これは神を知らないで偶像礼拝をしている異邦人のことであって、自分たちのことではないとしか考えなかったであろう。そこでパウロは、「そうではない。これはあなたのことである」と語る。確かに、ユダヤ人たちは、唯一の神を礼拝し、立派な生活を形作っていた。表面的には二九節以下に記されている異邦人のような生活を送ってはいなかった。それなりに立派な正しい生活をしていたであろう。しかし、彼らはその内なる心においては、「同じことをしている」（一節、三節）と言う。パウロは表面的なことではなく、より深奥にあるものを見ている。それは神との関係である。ユダヤ人たちは、異邦人のように、偶像を拝んでいたわけではない。しかし、現実には、彼らは異邦人と同じように、神との正しい関係に生きることはなかった。彼らは、自分自身の義により頼むことによって生きた。つまり、自らの肉に頼み、自分で自分を義とし、神から裁かれることはないとして生きていた。神との関わりにおいて異邦人もユダヤ人も変わることはなかった。パウロ自身もまたかつて、このようなユダヤ人のひとりとして生きていたのである。だからこそ、ここでパウロは言う。「このようなことをする者を裁きながら、自分でも同じことをしている者よ、あなたは、神の裁きを逃れられると思うのですか」（三節）と。

三　あなたがその人だ

先にここでパウロはユダヤ人を念頭に置いて語っていると言ったが、それを踏まえて、さらに思い巡らしたいことがある。「すべて人を裁く者よ」（一節）の「者」という言葉は、アントロペ、人間を意味する。このテキストでは、ここ以外にもアントロペ、あるいはアントロポスという人間を意味する言葉が繰り返して用いられている（三節、九節）。ワルケンホーストは、ここでパウロは、確かにユダヤ人のことを語っていると認めつつ、同時にここでは「人間」のことが語られているとも言う。つまり、ユダヤ人だけではなく、ギリシア人も、キリスト者も、およそ人間のすべて、一人の例外もなく、ここで語りかけられているとする。心惹かれるのは、パウロがここで終始、「あなた」と二人称単数で呼びかけていることである。「ユダヤ人たちよ」でも「あなたがた」でもない、あくまでも「あなた」なのである。まさにこの「あなた」ということにおいて、ユダヤ人もギリシア人もなく、およそ私たちすべての人間がここで語られる「あなた」である。

「裁く（クリネイン）」は、最終的判決を他者に下すことを意味する一種の法廷用語である。「私たちは毎日のように、心のうちで、法廷を開いて」とある人は言った。家族、友人、同僚など周りに共に生きる人々を法廷に引き出して判決を言い渡す。自分のことは棚に上げ、自ら正しいとして、他者を裁く。このようなことが私たちの本性に染みついてしまっている。本来、裁くことはただ神にしかできない。私たちは裁く側にではなく、裁かれる側にある。にもかかわらず、他者を裁く。それは自分で自分を神とする、偶像礼拝にほかならない。そのような私たちこそ、裁かれるべき者である。しかし、そのことを見ようとはしない。さまざまに「弁解」をして、そこから逃れようとして生きているのである。竹森満佐一はこのテキストからの説教で、このような私たちの罪の現実を指摘して、それは「巧妙を極める」仕方であると語っている。竹森のこのテキストからの説教は一読していただきたい。息を飲むほどの仕方で、この私たち人間が自分を正しいとし、他を裁く、巧妙な仕方が暴き出されている。

たとえば、二節の神が「正しく」お裁きになるという言葉は、「真理に基づいて」とも訳すことができる言葉であることを指摘して、このように言う。「神のさばきが、真理にもとづいているということは、誰でも知っています。いや、さばきというものは、真理によることを、われわれはよく知っているのであります。真理によるさばき、何という魅力のあることでしょう。そこにまた、われわれの口実ができるのであります。自分は駄目なことは分かっているがとか、自分はこんなことを言えた義理ではないがとか言って、殊勝らしいことは言っているのですが、結局は、自分のことは、棚に上げて、同じことをやりながら、他の人をさばいているのであります。しかもその上に、自分がさばくのではない、真理の名においてさばくのである、と思っているのであります。真理があるから仕方がないと言って、自分をごまかしていることになるわけであります。真理によってさばきうる者は、神の外にはないはずであります。それなのに、さばかれるはずのわれわれが、いつの間にか、さばく側に立って、罪の上塗りをやっているわけであります」。

竹森の説教を読むとき、自分がまさにここで語られている「あなた」であることが突きつけられてくるように感じられる。自分自身でも気づいていないような自分自身の罪の姿を見させられると言っても良い。立ちすくむような思いが与えられる。どうしてこのような説教の言葉をこの人は語りうるのだろうかとすら思う。この説教者が、聖書をよく知り、その人生の経験のなかで人間というものをその深みにおいてよく知っているからであろう。

このテキストを語る多くの説教者たちがここに姦淫の罪を犯したダビデに対して、預言者ナタンが語った言葉に触れている。「あなたがその人です」（サムエル記下一二・七、口語訳）。

確かにこのテキストは、まるで不意打ちをくらわせるようにして、「あなたがその人です」と語りかけ、私たちを途方にくれさせる。このテキストからの説教を語るということは、この「あなたがその人です」ということを語ることにある。

ここまで見てきたように、私たちは他を裁くことによって、自分に対する神の裁きを実に巧妙に免れようとする。言い換えるなら、私たちはその真相においては、神の裁きを非常に恐れているということであろう。どうしても安心がないのである。だからこそ、他を裁いてなんとかして安心を得ようとする。しかし、そのことによっては、本当の安心を得ることはできない。神の裁きを逃れることのできる道はそこにはない。ではどこにあるのか。いかにして私たちは神の裁きを逃れることができるのか。

その道をローマの信徒への手紙はその全体で、福音として語っているのである。その意味ではまさに私たちは、すでにここで、ローマの信徒への手紙の主題、その心臓に触れはじめている。

忘れてはならないことがある。パウロはこのように裁き語るところで、自分自身をどこに置いているかである。自分の身は安全なところに置いて、言葉を語っているのではない。自分もまたこの裁きの前に立たされているものとして言葉を語っている。今日の説教者にも同じことが求められる。テキストの語る「あなた」は説教を語る「わたし」であることが見失われてはならない。説教が立つか、倒れるかはここにかかっていると言っても過言ではない。

四　生き様を問う

パウロは四節で「あるいは、神の憐れみがあなたを悔い改めに導くことも知らないで、その豊かな慈愛と寛容と忍耐とを軽んじるのですか」と言う。注意したいのは、ここでパウロがあなたはそれを「軽んじるのか」と語っていることである。神の怒り、裁きに対して、私たちにはなんと言っても切迫感がない、呑気なのである。それは私たちに見えるものではないし、手で触って確かめることもできない。私たちは、このことを、ただ信仰によって、御霊と御言葉によって認識するほかにはない。このことを見なくても、私たちの人生の日々は、何事もないかのように過ぎていくであろう。しかし、だからこそ、そこでこの神の憐れみを軽んじるということは容易に起こりうる。

青年時代の教会生活で、仲間の一人の姉妹からあるとき、こんなことを言われた。「ローマ人への手紙に『神の慈愛と峻厳とを見よ』（一一・二二、口語訳）と書いてある。橋谷くんは、この『神の峻厳』ということを見ていないと思う」と。ずいぶん、きつい言葉であった。しかし、当たっていると思ったので何一つ、言い返すこともできなかった。私の生き様を見て、このようなことを語って、諭さずにはおれなかったのであろう。この姉妹は若くして、信仰のうちに召されたが、このとき語られた言葉は、長い時を経た今もなお記憶に留まり続けている。言い換えると、それはここで語られている神の裁きを、よく見ていないということである。また神の憐れみを軽んじることの中に生きていたということでもある。

言いたいことは、このテキストで語られていることを私たちが受け止めることは、生き様にまで深く関わるということである。逆に言うならば、ここがわかるとき、人の生き様まで変えられるのではないか。

パウロは、「今の与えられている時を無駄にすることなく、イエス・キリストを拒むことなく、福音の恵みを生きよ」とここで語っているのである。それは十字架にかけられた主イエス・キリストの招きである。切々たる、深みから聞こえてくるような招きである。説教者は、先立って、その招きの声を聞き取り、それを語る。

五　神は分け隔てしない

「神は人を分け隔てなさいません」。この一一節は、口語訳では、「なぜなら、神には、かたより見ることがないからである」と訳されている。このような言葉は、ともすると人間はみな等しい権利を有するという平等性を語る、やさしさに満ちた言葉として受け止められるかもしれない。しかし、このテキストはそのようなやさしいことではなく、まことに厳しいことを語っている。人間の平等性は、神の裁きの前における平等である。人は、神の裁きの座の前に立たされるということにおいて等しいのである。一番の問題は、神の裁きの前に私たちが立つことができるかどうかということである。

「分け隔てしない（プロソーポレームプシア）」を、バルトは「神は仮面を見給わない」と解釈している。つまり、表面ではなく、内側を神は見抜かれ、真実を明らかにされる。それ故、誤魔化しはきかないのである。また、そこでは私たち人間の立てる義は、全く意味をなさない。

しかし、まさにそこで、テキストはこの私たちに、神の憐れみがあることを語り、招く。イエス・キリストこの方において、「神の憐れみ」、「豊かな慈愛と寛容と忍耐」が現されている。

それならば、言い逃れは止めて、十字架にかけられたキリストを仰ぎ、神の御前に、罪を言い表し、ひれ伏して祈るほかない。神への礼拝はここに起こる。

バルトの広く知られた次のような礼拝の祈りがある。

主なる神さま、あなたは私たちがどのような人間であるかを、よくご存じです。良心の鋭い者もいれば、鈍い者もいます。満足している者、不満をいだいている者、確かな信仰をもっている者、あやふやな者、実にさまざまです。ゆるぎないクリスチャンもいれば、慣習上のクリスチャンもいます。心から信じている者、半ば信じている者、まったく信じていない者、ありとあらゆる人々がいるのです。

……（中略）

けれどもそのように異なっている私たちがいま、ひとしくあなたの前に立っております。それぞれに異なってはいますが、あなたに対し、お互いに対して、罪を犯しているという点では、また、いつの日か死すべき者であるという点では、みな同じです。あなたの恵みがなければ、私たちはことごとく失われた者でありますが、あなたの恵みは御子イエス・キリストによって、私たちすべてに約束され、値なくして差し出されているのです。私たちはいま、ここに集まり、あなたが私たちに語りかけて下さるのを待つことによって、あなたを讃美しようとしております。どうか、この目的が成就しますように。あなたの御名によって。

（ヴェロニカ・ズンデル編『祈りの花束』中村妙子訳、新教出版社、二〇〇四年より）

このテキストはこのような祈りを生むのではないかと思う。

ここから心深くに届く説教の言葉を与えられたい。

参考文献

カール・バルト『ローマ書』吉村善夫訳、新教出版社、一九六七年
K・ワルケンホースト『信仰と心の割礼――ロマ書の解釈一―四章』中央出版社、一九七八年
ウルリッヒ・ヴィルケンス『ローマ人への手紙（1―5章）』（EKK新約聖書註解Ⅵ／1）岩本修一訳、教文館、一九八四年
竹森満佐一『ローマ書講解説教Ⅰ』新教出版社、一九六二年
加藤常昭『ローマ人への手紙1』（加藤常昭説教全集2）ヨルダン社、一九九〇年
安田吉三郎『ローマ人への手紙』いのちのことば社、一九八二年
松木治三郎『ローマ人への手紙――翻訳と解釈』日本基督教団出版局、一九六六年

ローマの信徒への手紙　二章一二—一六節

小泉　健

テキストの区切りと前後の文脈

ローマの信徒への手紙は一章一七節で「福音には、神の義が啓示されています」と告げた後、三章二一節がこれを受け継ぎ、改めて「神の義が示されました」と語ることになる。その中間に置かれた一章一八節—三章二〇節は、神の義の啓示をどうしても必要とする人間の罪を語る部分である。

この部分をさらに区分すると、一章一八—三二節が三人称複数で異邦人の罪を扱っているのに対して、二章に入ると二人称単数に変わり、ユダヤ人の罪を取り上げている。この小区分が三章八節まで続いていると見ることができる。わたしたちの箇所はこの小区分に含まれている。内容的にはとくに直前の一一節と深く結びついている。「神が正しい裁きを行われる怒りの日」（五節）のことが一六節に再び出てくるし、今回の箇所の中心と言える一三節で語られていることは、すでに六節で語られていた。新共同訳が（すなわち底本のUBS版が）そうしているように、一—一六節をひとまとまりとして読んだほうがよいのではないかとも思われる。

それでは、一二節から新しい段落にする意味は何だろうか（ネストレ二八版はそうしている）。前後と異なり、一二—一六節には二人称単数の人称は出現しない。また「罪を犯す（ハマルタノー）」（一二節）、「律法（ノモス）」（一二節ほか）、「義とする（ディカイオー）」（一三節）などの重要語が、ローマ書で初めて用いられている。そうしたことからすると、ユダヤ人の罪を語る文脈の中にありつつも、三章九節以下のまとめの部分を先取りして、ユダヤ人も異邦人も含めたすべての人間の罪の普遍性、裁きの必然性を語っていると言える。

罪の普遍性

ユダヤ人の罪について語る二章全体（さらには三・八まで）の文脈を強く意識して読むなら、この箇所もユダヤ人の罪について語っていると読むことができる。すなわち、「神の裁きにおいて、律法を持っているユダヤ人が有利になるわけではない。律法を持っていること、律法を聞いていることによって義とされるわけではなく、律法を持っていようが持たなかろうが、律法を行うことによって義とされるからである」と語られていることになる。しかし（一二節以下のみを区切って読んでいるわたしたちはなおさらのこと）この箇所がもっぱらユダヤ人に焦点を絞っていると読む必要はない。「罪を犯す」こと、そしてそれゆえ神に裁かれなければならないことは、ユダヤ人と異邦人の区別なく、人間に普遍的なことなのだと語っている。

律法の下にある者にとっては、律法に違反することが罪である。なぜなら、律法は神の言葉であり、神のご意志を示すものであるから、律法に違反するとは、神の言葉に背き、神のご意志に従わないことを意味するからである。

律法がたんなる規定なのであれば、律法を持たない者はその規定を知らないのだから、違反のしようもなく、罪を犯さないことになる。しかし律法は生きておられる神の語りかけなのだから、律法を持たない者は神の語りかけを聞かず、神なしに生きていることにおいて、やはり神に背き、罪を犯している。違反について律法によって裁かれることはなくても、神なき者として滅んでいくしかない。

「原罪」という神学的概念は、罪の全体性（人格全体が堕落していること）、徹底性（罪を犯さないことができないこと）、そして普遍性（すべての人が罪を犯すこと）を示すための概念である。一章一八節―三章二〇節はまさに人間の原罪を語るが、わたしたちの箇所だけを見ても、人間の「隠れた事柄」（一六節）が問われ（全体性）、律法を持っているか否かにかかわりなく罪を犯してしまうことが語られている（普遍性）。律法の実行によって義とされる道がこの箇所ではなお残されているように見えるが（この点については後述する）、心の思いはまず「責める」ことにおいて律法に代わる働きをすると言われているところからして（一五節）、罪を犯さないわけにはいかないこと（徹底性）がすでに示唆されている。

罪を語るという課題

説教に向かっていくにあたってのわたしたちの問題は、「罪」と言い、さらには「原罪」とまで言うときに、それらが概念化し、抽象化してしまい、現実との結びつき、わたしたち自身とのかかわりを失ってしまうことである。しかし、罪が現実的なものとして名指しされなければ、赦しを現実的なものとして受け取ることもできない。このこととの関連で、少し長くなるが、ルードルフ・ボーレンの文章を引用してみたい。

> 赦罪の代わりに罪の抑圧が生じている。わたしたちは罪と恵みについてたくさん語ってはいるのだが、罪が教会共同体の中のどこで具体的になるかについては、避けてしまっているのである。……
>
> お行儀のよい伝統的な教会共同体においては、今日、罪は理論的にしか存在しない。実際には罪は生じていないかのようなのである。名ばかりのキリスト者に対応しているのが、名ばかりの罪人である。彼は進んで自分のことを罪人と呼ぶ。しかし罪を告白しないし、自分自身の罪に向かって語りかけてもらおうともしない。彼は自分の罪を否定しているのだし、それと同じだけ自分の信仰を否定しているのである。……罪の告白なしには、この世にキリスト告白は存在しない。イエス・キリストは罪人の救い主なのだから。……

……教会共同体は、わたしが自分の罪を持って出かけていく場所、罪と《手を切る》ことを学ぶ場所、わたしが神の民の一人として、すなわち実際の罪人として赦しを受け取り、さらに今度は自分が赦しを与えることができるようになる場所でなければならない。
（ルードルフ・ボーレン「説教への問いとしての信徒問題」）

ボーレンは「理論的にしか存在しない罪」、「名ばかりの罪人」について語った。わたしたちの説教においても、言わば罪の仮現論が生じているのではないだろうか。罪の仮現論が生じるところでは、キリスト論も仮現論に陥ってしまう。

説教者も会衆も、すでに洗礼を授けられた者も新しく教会の門をたたいた者も、皆赦しを必要とするみじめな罪人として神の前に立つ。罪に対して怒りを燃やし、罪人を裁かれる神の前に立つ。「生ける神の手に落ちるのは、恐ろしいことです」（ヘブライ一〇・三一）。このことへの真剣さを欠いてしまうと、「安価な恵み」を語ることになる。

罪を語り、神の怒りを語ることは、厳しいことである。しかし、このことはすでに福音を準備している。律法を持っているかどうかに関係なく、神との関係において人はだれもが罪ある者とみなされ、裁かれなければならない、とわたしたちの箇所は語る。それはすなわち、神はすべての人間と関係を持つことをお望みになり、一人一人が神の語りかけに応えることを期待していてくださるということである。神を神とすることができない人間の罪を放置し、罪人が滅んでいくままに任せることをなさらず、ご自身の神たることをもって立ち向かってくださることを意味しているのである。

神の正しい裁き

人間の罪に立ち向かうのは神の裁きである。神の裁きの話はすでに二章の初めから始まっている。五節では「神が正しい裁きを行われる怒りの日」と言われていた。一六節では改めて「人々の隠れた事柄をキリスト・イエスを通して裁かれる日」と言われている。一―一六節全体が、神の裁きのもとにある罪人のことを語っていると言える。

旧約聖書の時代、「主の日」は、主なる神が到来し、すべての敵に対して勝利を収めてくださる日を指しており、もともとイスラエルはこの日を待望していたものと思われる。しかし王国が繁栄していた紀元前八世紀に、すでに預言者アモスはこう語った。「災いだ、主の日を待ち望む者は。主の日はお前たちにとって何か。それは闇であって、光ではない」（アモス書五・一八）。それはたしかに主の到来の日、主の裁きの日だが、裁きはイスラエルに対しても向けられるからである。他の預言者たちもこの使信を受け継ぎ、とりわけ王国の滅亡に主の日の到来を見つつ（「怒りの日」はゼファニヤ書一・一五から）、同時に終末における被造世界全体にかかわる神の決定的な介入の日を予告している（たとえばイザヤ書一三章）。

新約聖書にとって主の日は、キリストが「かしこより来りて、生ける者と死ねる者とを審き」たもう再臨の時である。それとともに、初代教会が日曜日をも「主の日」(黙示録一・一〇、「ディダケー」一四・一)と呼んだことは意味深い。キリストの復活を記念する日曜日は、すでに成し遂げられた神の裁きを覚え、わたしたちの身代わりとして裂かれたキリストの体と流された血を受け取り、裁きを通しての赦しにあずかりつつ、それによって来るべき主の日に身を向け、その日を待ち望む時である。キリストの十字架と復活によって主の日はすでに始まっている。教会は、日曜日ごとに来るべき主の日を先取りし、すでに主の日を生きている。裁き主の前に立つのである。

預言者たちは、主の日を迎えるイスラエルの立場を逆転させた。その日は、敵が滅ぼされ、自分たちが救われる日ではなく、自分たちもまた神の敵として滅ぼされなければならない日なのだと告げたのである。預言者が告げたことは正しい。しかしわたしたちは、まるで主イエスの十字架上での死がなかったかのように、相変わらず主の日を「闇」だと思い、主の日の到来を恐れ、最後の審判を恐れているところがないだろうか。主の日の意味がもう一度逆転されなければならない。そうでないと、「御国を来らせたまえ」との祈りが真実の祈りでなくなり、「主イエスよ、来てください」との祈りが失われてしまう。

神は正しく裁かれる。聖なるご意志を貫いてくださる。人間の罪と堕落、社会の悪と悲惨、世代を越えて続く憎しみと対立、慰められることを望まないほどの嘆きと後悔、被造世界の混乱と歪み……こうしたことのすべてにおいて御心を行い、解決を与え、わたしたちが期待しているよりもはるかにまさった締めくくりへと至らせてくださる。罪がとがめられず、隠されたままであることは、決して救いではない。明るみに出され、罪として名指しされ、正しく裁かれ、解決がつけられなければならない。救いは裁きを回避したところにではなく、裁きの先にあるのである。

神はまた「人々の隠れた事柄」をも裁かれる(一六節)。「おのおのの行い」(六節)、「律法の実行」(一三節)が問われるが、それだけではない。だれにも知られていないことも、自分自身にさえ隠されていることも、神は知ってくださる。わたしのすべてを隅々まで知り、わたしの醜さも愚かさも知り、知らないうちにわたしを苦しめている傷も破れも知り、そのすべてを御手の中に包み、胸に抱きしめ、汚れはきよめ、傷はいやし、歪みは正そうとしてくださるのである。

「裁き」という言葉は、聞く者の耳に否定的に響く。説教はそこから始めざるを得ない。しかし説教の言葉の流れの中で、その響きが変わり、待望されるもの、なくてはならないものとして聞こえてくるようにしなければならない。

行いによる裁き

神の裁きについて、その基準について、とくに語られているのが、「神はおのおのの行いに従ってお報いになります」(六節)という言葉であり、「律法を実行する者が、義とされる」(一三節)という言葉である。これは、行いによって義とされる道が開かれていると言っているのだろうか。もしそうだとすると、三章二一節から語られる信仰による義と矛盾しているのではないだろうか。

まず心に留めるべきは、一三節で「実行する」ことは「聞く」こととの対比で述べられているということである。律法を聞くだけでなく、実行しなければならない（申命記四・一）。しかも、すでに述べたように、律法とは、たんなる文字で記された規定ではなく（律法をたんなる規定とみなし、その文字を順守しようとすることを、「律法主義」と呼ぶことができるだろう）、生きておられる神の語りかけである。わたしに向けられている神の語りかけを聞き、それを通して神のご意志を受け取ることが肝要である。それが、神の義を受け取ることである。そうであれば、「律法を実行する」とは、神の心を自分の心として、神のご意志に従って生きること、神の義を受け取って、神の義を生きることを意味することになる。生きることのすべてが問われることになる。それを果たすことができれば「義とされる」。しかし、（ここではまだ明言されていないが）だれもそのような意味で「律法を実行する」ことはできない。
一四、一五節の異邦人は「律法の命じるところを自然に行う」場合があると言われている。自然的な神認識を語っているようにも見える言葉である。アウグスティヌスやルターはそのような理解に反対し、ここでの「異邦人」は異邦人キリスト者のことを指しているとみなした。現代ではカール・バルトの『ローマ書新解』が同様の理解を示し、注解者ではクランフィールドがその説を採る。しかし多くの注解者たちが言うように、この箇所自体には、ここでの「異邦人」がキリスト者であることを示す言葉はない。異邦人キリスト者に限定してしまうのは読み込みとなろう。
異邦人が「律法の命じるところを自然に行う」ことがありうるとは言っても、それは律法のいくつかの戒めを行うことがあると言っているだけで（「タ・トゥー・ノムー」である）、律法の全体を満たす場合があると言っているわけではない。まして や、律法が語ろうとしている神のご意志を行うわけではない。この箇所では、自然的な神認識について何ごとかが語られているわけではない。むしろ全体の文脈は、異邦人の心に律法が記されていても、それに従うことができず、良心に責められて生きており、異邦人もユダヤ人と同様神の裁きのもとにある、ということを語っている。この文脈から目を離して、一部の字句だけを読んではならない。

もう一つ心に留めるべきことがある。この箇所で自然的な神認識が言われているのではなく、また「行いによる義」の可能性が語られているわけでもないが、しかし「行いによる裁き」は語られていることである。「わたしたちは皆、キリストの裁きの座の前に立ち、善であれ悪であれ、めいめい体を住みかとしていたときに行ったことに応じて、報いを受けねばならない」（Ⅱコリント五・一〇。ローマ一四・一〇－一二も参照）。主イエスも再臨して栄光の座にお着きになるとき、もっとも小さい者の一人にした行いに従ってすべての者を裁くと言われた（マタイ二五・三一－四六）。

わたしたちは自分の行いによって救われるわけではない。しかしだからと言って、わたしたちの行いが神の御前で何の意味も持たないわけではない。それどころか、わたしたちがしたどんな小さなわざも神に忘れられることはない。神は一つ一つのわざを覚え、どんなにつたないわざであっても、御心にかなうものはそれをよしとし、益としてくださる。御心に背くものは裁き、滅ぼしてくださる。神の国は神のもとから到来するのであって、わたしたちが建設するのではない。そうであるにもかかわらず、わたしたちの行いが神の民の召集のために用いられるし、どれほど未熟で不十分な行いであっても、神が完成をもたらしてくださるのである。

「わたしの福音」

終わりの日に神が裁きを行われることについて、使徒パウロは「わたしの福音の告げるとおり（わたしの福音によれば）」と付け加えた（一六節）。すでに明らかになったとおり、裁きを避けることができるのが福音なのではなく、裁きが貫かれることが福音なのである。

さらにパウロはここで、ただ「福音」と言わず、「わたしたちの福音」とも言わず、大胆にも「わたしの福音」と言った。「わたしの福音」という言い方は手紙の末尾でもう一度使われ、そこでは「イエス・キリストのケーリュグマ」と言い換えられている（一六・二五）。「わたしの福音によれば」とは、「わたしが福音として告げ知らせてきたように」ということであるとともに、「イエス・キリストを伝えるときにはどうしても語らなければならないところによれば」ということなのであろう。そして神の裁きは、パウロ自身にとって「わたしのための良い知らせ、わたしを生かすもの」なのであった。

参考文献

*「序論」で挙げられているもの以外の注解書ではとくに、Peter Stuhlmacher, Der Brief an die Römer (NTD 6). 14. Aufl. Göttingen 1989（邦訳されているアルトハウスに代わり、第一四版からシュトゥールマッハーになった）。

*本文中に引用したボーレンの文章は左記のものである。
Rudolf Bohren, Die Laienfrage als Frage nach der Predigt. in: ders., Geist und Gericht. Neukirchen-Vluyn 1979.

*「主の日」については、G・フォン・ラート『旧約聖書神学Ⅱ』（日本キリスト教団出版局）一六一―一六七ページ参照。

*バルトの「ローマ書新解」は『カール・バルト著作集15』（新教出版社）に収められている。

*自然的な神認識について、右記のシュトゥールマッハーは付論を立てて論じている。この箇所を取り上げた教義学の議論としては、たとえば左記を参照。
Friedrich Mildenberger, Biblische Dogmatik: eine Biblische Theologie in dogmatischer Perspektive. Bd. 2. Stuttgart 1992, S. 14-18, 166-168.

*説教集（とその類のもの）の中から、
加藤常昭『ローマ人への手紙1』（加藤常昭説教全集17）教文館、二〇〇五年
関根正雄『ローマ人への手紙講解　上』（関根正雄著作集18）新地書房、一九八八年
大木英夫『ローマ人への手紙　現代へのメッセージ』教文館、一九九八年

ローマの信徒への手紙　二章一七―二九節

高橋　誠

テキストの響きと説教の構想

《ユダヤ人》が、私たちの教会とどうかかわるかということが、さしあたり私たちのテキストにおける問題となる。そこで、展開されているのは、「神を侮っている」（二三節）ユダヤ人に対しての批判なのであって、パウロがそう語るしばしの間、異邦人たちはパウロのまなざしから漏れてしまっているのであろうか。もしそう考えるならば、このテキストの説教は、ユダヤ人問題についての説明や解説にとどまることになる。それゆえに、この説教のためにどうしても捉えておかなくてはならないのは、パウロがユダヤ人を指して語る「あなた」を私たちがどう聞くかということである。パウロのまなざしはユダヤ人から始められ、世界に及ぶ神の救いの歴史に向けられているのであって、この「あなた」に確かな神の救いの御手のあとを見ている。そこで、パウロが語り、聖書が展開しているのが、歴史に働く神であることがわかる。パウロが本格的にユダヤ人問題を語る第九章から第一一章で、その彼の言葉を締めくくるのが、「すべてのものは、神から出て、神によって保たれ、神に向かっているのです。栄光が神に永遠にありますように、アーメン」（一一・三六）のまことに意義深い頌栄である。ユダヤ人から始められた救いの歴史が、まさに「神から出て」、異邦人を巻き込みつつ「神によって保たれ」、終末的な救いの完成を目指し「神に向かっている」のである。救いの歴史は、異邦人とユダヤ人と別々に展開されているのではない。そうすると、ユダヤ人かどうかを問わず人間の罪は世界をこうした神の救いの歴史とは別のところで理解して、「神を知りながら、神としてあがめることも感謝することもせず、かえって、むなしい思いにふけり、心が鈍く暗くなったからです」（一・二一）というところに根を持つ。K・バルトはこれについて「今やわれわれの障壁はただわれわれの障壁であり、神の否は、否であり、否を意味する。人間は無意味に自己自身に頼って、無意味に支配するこの世の諸力に対立する。というのは、われわれの生は、この世においては、ただ真の神に対する関係によってのみ意味を獲得する」と言う。これは異邦人・ユダヤ人に共通の、人類の罪の問題である。

パウロの論述の順序からもこの問題を人間の基本的な問題として扱っていることがわかる。「わたしは福音を恥としない。

福音は、ユダヤ人をはじめ、ギリシア人にも、信じる者すべてに救いをもたらす神の力だからです」（一・一六）という、まさにユダヤ人にもギリシア人にも共通の福音についてのファンファーレのような高らかな宣言のあとに、パウロがまるでその影を語るように神をあがめない世界を、人類について（一・一八―二・一六）、そしてユダヤ人について（二・一七―三・八）と展開しているのである。

改めて言い直すと、このテキストの説教が問うべきであるのは、私たちの歴史のなかに救いを行い給う神を認めるのか、認めないのか、という事柄である。私たちのテキストは一方では確かに、「内面」（二・二九）を問う。しかし、これは敬虔主義的に個人的な内面化を意味しない。むしろ、問題となっているのは、世界に働き給う神であり、それを神の民ユダヤ人が存在するということにおいて展開している。バルトがここでユダヤ人の律法や割礼を「神の痕跡」と言うが、批判的響きのなかで提示するのは、それでも神の痕跡は歴史にははっきり付けられている神の手の跡だということでもある。神の救いの歴史が展開されている世界を私たちは生きているのである。〝霊〟（二九節）は、私たちの歴史にも、私たちの肉体にも、そして生活にも深く関わる。この「神から来る」「誉れ」（二九節）に満ちた召しを受けとめるとき、人はユダヤ人か異邦人かを問わずまことのユダヤ人（ほめたたえる人）になる。

次のような説教の構成を提案する。

一　ユダヤ人から始まる救い
二　言葉と行為の乖離の原因――誇り
三　心の割礼――霊と生活

一　ユダヤ人から始まる救い

ユダヤ人は神が歴史に、世界の現実に関与しておられる明らかな証しである。神の救いの物語はおとぎ話ではない。実在の民族、ユダヤ人を神は召されたのである。民族の存在自身が神の召しそのものであるというのが、この民族の存在の仕方である。民族の実在という召しの形態は、私たちの信仰にとって救いの実在について決定的に重要な意味を持つ。

ユダヤ人から私たちへと継ぎ目のない神の関与を、パウロは「ユダヤ人を《はじめ・プロウトン》」（一・一六）、「ユダヤ人は《もとより・プロウトン》」（二・九）と語っている。神の関与にユダヤ人と異邦人の差はないのであるが、しかし世界の現実に明確な接点として、「ユダヤ人をはじめ」なのである。聖書が示す救いは、人類全体を救うという思想体系ではない。テレビドラマの最後に流される「フィクションであって実在の団体とは異なる」というのでもない。水面に投じた石がある一点から波紋をつくってゆくように、世界の歴史への関わりのはじめとしてユダヤ人から神の救いは始まってゆく。

したがって、先述したとおりに「神の痕跡」としては、律法は確かなものなのであり、それを有するユダヤ人に対してのパウロの糾弾もいたずらにユダヤ人を否定するものではなく両義的なものである。その意味で一七節から二〇節でパウロがユダヤ人について語る言葉をたどってみれば、一七節、一八節が律法に教えられているユダヤ人を、一九節から二〇節が教えるものとしてのユダヤ人を語っている。このパウロの言葉は明確な肯定的響きを有している。「あなたが使命を持っていると感じるのは不当ではない。あなたは、あなたと、あなたの啓示の刻印とを、このような刻印を持たない多くの人々と比較する。あなたはこの対立の中に自分の召命を感じる。……あなたがきわめて真剣に、感動して受けとめたあなたの啓示の刻印、あなたはそれを、目の見えない人、暗闇の中をさまよう者、無知な者、未成年者である他人にも伝えたいと思う」（バルト、一四九―一五〇頁）。もちろん、二一節からは、こうした神の召命に対しての応答の不十分さについて、すなわち、言葉と行為が乖離しているユダヤ人の姿を厳しく糾弾する。しかしそれでも、「神の賜物と召しとは、変えられることがない」（一一・二九、口語訳）のである。ユダヤ人の歴史的な不信仰を見つつも尽きることのない神の働きへの全面的なたたえが、ローマの信徒への手紙でパウロが献げる頌栄の高らかな響きを支えるものである。『ユダ』という名は『イスラエル』よりも神の恵みに答える信徒の態度をあらわしている。すなわち『イスラエル』という名は、『神と争う』『神に対して強い』（創32・29）という意味で伝えられているが、『ユダ』という名は『主をほめたたえる』ことをあらわしている（創29・35）」（ワルケンホースト、二七七頁）。「内面がユダヤ人である者こそユダヤ人」（二・二九）と彼が言うのは、まさにこのユダヤ人に始まった神へのたたえを引き継ぎ、心をあげて神をたたえるのが、まことの神の民であるという意味である。

そうであるとすれば、教会が告げる福音の説教も、ユダヤ人の「感動」と動きを一つにしている波紋である。神がこの世界に確かに触れてくださったことをたたえるのである。主の日の喜びとは、歩んできた一週間と歩みゆく一週間が、ユダヤ人に始まる神の救いの歴史のなかに確かに刻まれていたし、刻まれていると聴き取ることである。

二　言葉と行為の乖離の原因――「誇り」の問題

こうした神の召しとしてユダヤ人の存在そのものへの神の関与が見失われるところに、パウロは《誇ること（カウカオマイ）》を見ている。この誇りも、ユダヤ人にとっての律法が両義的であったのと対応する形で両義的である。一七節の「神を誇りとし」については、皮肉を読む学者もあるが、ワルケンホーストもバルトも、ここでの言葉に積極的な響きを聴き取っている。たしかに、コリントの信徒への手紙二において、パウロはカウカオマイを何度も使うが、そのほとんどが、彼の使徒権を否定する人々への反論として彼自身が誇りを積極的に語るものである。彼の誇りは、彼が神に召され派遣されたことの証しであり、彼の存在に食い込んでいる神の現実であり、使徒として委任された神の全権の履行のためにどうしても必要なものである。それは使徒職だけではなく、信仰者が自分を召し給う神を指し示しつつ胸を張って誇らしく立つというのは健やかな姿である。神の霊は人間を正しい意味で誇りに立たせる。

その反対をなすのが二三節の「律法を誇り」という言葉である。ここでは神を誇るのではない。「律法を誇」るのである。つまり問題は、神を誇るのか律法を誇るのかという問題である。

これに関して、パウロの考えを端的に読み取れるのが、コリントの信徒への手紙一第一章二九節と三一節の両節にあらわれる二つの「誇り」である。二九節は神の前での人間の誇りを否定していて、三一節は「誇る者は主を誇れ」と言われている。

「誇り」は、パウロがよく語る言葉であり――自身の使徒権の主張を別にすれば――人間の誇りを否定的に扱ったものが多く、《律法を誇りにおいて捉えるユダヤ人たちは律法との出会い方を間違っている》と考えている。そこに、律法の言葉が行いと乖離してしまうという問題が生じる。神を誇るところ以外に神との真実な出会いはない。律法は罪の悲しみを明らかにし、悔い改めの祈りへと人を駆り立てるものである。その悔い改めにおいてこそ、人間は神と真実の意味で出会う。すなわち、律法は罪の悲しみと深くつながっているものであって、誇りとつながっているのではないのである（ルカ一八・九以下参照）。そのように、律法が人間の誇りをその内容としてしまっているときに、人を変革する神の霊の関与を締め出しており、単なる「文字」（二七節他）に終わってしまう。

誇りは共同体を形成しようとするパウロを悩ませる。そこに生じるのは、たとえそれが民族愛というものであったとしても、結局それは自分に巡る血を愛する自己愛である。自己愛は、他者を愛せよと言われる神との関わりの分断である。つまり、誇りのあるところには、神並びに他者との分断が生じる。この自己愛を巡り続けるところでは、律法を含めたすべてが悪化する。まことのよき方である神との関わりが切れているからである。その姿を、パウロは「盗み」（二一節）「姦淫」（二二節）「神殿を荒らす」（同節）という言葉で展開している。共同体的な観点から、民の一部に生じる罪について民の全体に責任を問いかけているという見方もある（ワルケンホースト）が、それとは別に「律法の義については非のうちどころのない者」（フィリピ三・六）というようなファリサイ的な自信も実際にはあるのであって、自信の背後に進行する罪という線で読むこともできるだろう。つまり、自信満々の態度であってもまことのよき方と切れたところでは、隠れたところで律法にもとることが進行するのである。律法を表面上遵守した裏側で違う形の違反が進む。たとえば、信心深さで衆人の耳目を「盗む」偽善も考えられる。旧約で、神に注ぐべき信頼を他国に向ける非本来的な依存を姦淫と呼んでいるが、これを個人に展開すれば、異性との清い関係にありつつ神に献げるべき信頼関係を依存的に人に向けることなども考えられる。偶像を嫌いつつ、その実貪欲が偶像化（コロサイ三・五）することも考えられる。表面上の誇らしい遵守の裏側で、こうした抜け道は封じられない。ユダヤ人が律法に向き合うときのなによりの問題とは、自分たちの誇りで律法を満たしたつもりになり、その背後で神を失っているということである。

神を失った誇りは悪につながるというのは、このテキストが示す世界的な帰結である。「あなたたちのせいで、神の名は異邦人の中で汚されている」（二四節）。ユダヤ人が示すべき、神を得ている共同体やその文化の姿を、示し損なうからこそ、世界は本当の共同体や文化の姿を知らないままだというのである。これは、現代において正義や叡智を誇りつつ、否、誇るからこそ、善や正義が破壊的な方へと歪むという姿を取ってあらわれている。国家、民族、宗教などの誇りは紛争を激化させる。他者に誇れるきらびやかな生活の実現のために環境は破壊され続ける。誇らしい人類は、その誇りの生む悪に追い詰められていると言って良いだろう。二一世紀において、神を見失った人間の誇りは、傲慢と化して世界存続の危機とすらなっている。

三　心の割礼――霊と生活

ユダヤ人が自らの誇りとして律法を考えるところで神を見失い、そこでは律法が生き方にまで食い込んでくることにいたらないということを見てきた。そこでパウロが改めて光を当てているのは「内面」（二九節）であり、「霊」（同節）において、律法と割礼が実を得ることである。

霊（プニューマ）についてパウロが本格的に語り始めるのは、第八章からであって、私たちのテキストはその素描と言えるだろう。そこで前もって、第八章の記述からパウロが霊についてどのように受けとめているのかについて見通しを得て、ここで語り始められていることを見ておくべきだろう。特に重要なのは、パウロが第七章の終わりの部分で「わたしはなんと惨めな人間なのでしょう。死に定められたこの体から、だれがわたしを救ってくれるでしょうか」（二四節）と語りはじめ、同時に「わたしたちの主イエス・キリストを通して神に感謝いたします。このように、わたし自身は心では神の律法に仕えていますが、肉では罪の法則に仕えているのです」（二五節）と感謝することである。「心では神の律法に仕えて」いるということが、「肉では罪の法則に仕えている」ことを凌駕するのである。それゆえ、「従って、今や、キリスト・イエスに結ばれている者は、罪に定められることはありません。キリスト・イエスによって命をもたらす霊の法則が、罪と死との法則からあなたを解放したからです」（八・一―二）と続くのである。このことは、あとで「死ぬはずの体をも生かしてくださる」（八・一一）と霊と肉の関連を明確に語ることにつながる。そうして律法を守り得ない人間が、「命をもたらす霊の法則」（八・二）に生きるようになるのである。感謝のなかで律法を行うようになるのである。私たちのテキストでは同じ関連で、「律法の要求を実行する」（二六節）ことと「文字ではなく〝霊〟によって心に施された割礼」（二九節）が、密接なつながりを持って考えられているのである。すなわち、霊は肉体も生活も捕らえると考えられているのである。この肉にまで及ぶ霊の働きについての信仰を失った割礼という礼典は空無化する。それは教会の聖礼典も同じことなのである（バルト）。そしてこの霊との出会い方は、パウロの惨めさの嘆きから始まっていたように、律法に問われ、悲しみのなかで神を呼ぶこと、そこに霊が訪ねてくださるという仕方で起こるのである。その意味では、ユダヤ人が誇りにおいて律法をとらえたのとは全く反対の道、律法によって自らの惨めさを悲しむ道において、命をもたらす霊に出会うのである（ジュネーブ教会問答、問二四三参照）。

「心に施された割礼」はいったい何を意味するだろうか。旧約の関連については、申命記第一〇章一六節が考えられる。先立つ第九章から第一〇章一一節までは荒野においてかたくななイスラエルの民が回顧されて、一二節からの神が求められることが改めて語られる部分に、「心の包皮を切り捨てよ」という言葉が出てくる。回顧されている民のかたくなさは、荒野の現実や約束の地の先住民がいるということで、この現実には神はおられないと思い込むかたくなさである。「心の包皮」とは心がそのような現実の厳しさに覆われて、神が現実のなかに生きておられることをぼやかして見てしまうことである。そこで心の包皮を切り捨てるとは、厳しい現実とそれによって生じた不信仰にも挫けず神の関与を認めることである。それをモーセがイスラエルの民に求めているのである。パウロの「〝霊〟による心に施された割礼」もそれと重なっていて、現実のすべて、罪深さや惨めさの底にあっても、そこに神の関与を見ているとである。高嶺の一角にある殊勝な律法の遵守の境地に至れる誇りにおいて、神の霊に触れることができるようになるというのでは全くない。霊的な生とは、その罪深さを含めた生のすべてが神の関わりのなかにあると受けとめることである。

『魂への配慮の歴史』第一二巻（日本キリスト教団出版局）に収録のミュンスターの霊的指導司祭ヨハネス・ブールスを評してパウル・デゼラエールスはこう言う。「ヨハネス・ブールスは、基本的なところで、聖書に導かれながら、霊性を……神に召し出された生活の総体のことだと理解したし、それを、ひとにも伝えたのである。このように理解された霊性の特質は、それにふさわしいことであるが、生きることのすべてを注ぐことであり、常に全体に関わるいのちの動きをすることである。霊性とは、信仰をもって、いのちの現実のすべてに深く関わって生きることである」（一三五頁）。歴史や生活から離れて、霊に耽溺することは霊的なことではない。歴史と生活のなかに神の関与を受けとめようとし、それを発見してたたえの声を上げる。ヤコブの生き方をすることと言っても良い。罪深さに追われる荒野の彷徨のあの暗黒に天と地をつなぐはしごを見る。そして罪深さに立ち尽くす荒野のただ中で「まことに主がこの場所におられるのに、わたしは知らなかった」と言って神の関わりを見出し、驚きに満ちたたたえを献げる。それが霊的な生である。そこで神からあるはずもないただ恵み故の「誉れ」（二・二九）に与る。この「誉れ（エパイノス）」について、神からの誉れという恵みを受けた人が神に対して「誉れ」を献げるという全体的な意味の「誉れ」が考えられており、その意味で「ユダヤ＝主をほめたたえる」との関連がある（ワルケンホースト）。罪深さの現実を丸ごととらえ込む神を見出し、たたえの声を上げる、こうしたパウロはキリスト者を指して、「内面がユダヤ人である者こそまことのユダヤ人」なのだと言うのである。

参考文献

K・バルト『ローマ書講解　上』小川圭治・岩波哲男訳、平凡社、二〇〇一年

ウルリッヒ・ヴィルケンス『ローマ人への手紙（1―5章）』（EKK新約聖書註解Ⅵ／1）岩本修一訳、教文館、一九八四年

K・ワルケンホースト『信仰と心の割礼』中央出版社、一九七八年

C・メラー編『魂への配慮の歴史12　第2次世界大戦後の牧会者たち』加藤常昭訳、日本キリスト教団出版局、二〇〇四年

ローマの信徒への手紙　三章一―八節

楠原　博行

一　キーワード

a　優れた点、利益（一節）

ト・ペリッソン・トゥー・ユーダイウー（ユダヤ人の優れた点）。「『通常を越えている』の意味のペリッソスから派生する名詞ペリッソン（＝『優れた点、利益』〔W・バウアー。箴言一四・二三、マタイ五・四七参照〕）。パウロが言う『ユダヤ人』とは、二・一七の観察からパウロが典型的なユダヤ人、民族としての『ユダヤ人』のことを言っていることが確認できる。ひとつの民をそのように描写することは、どの時代においても目立つところであり、批判したり、普遍的に適用することをしなければ、適当でありまた有効であり得るのである……

　オフェレイアは『有益、利点、利益、優れた点』を意味する。二つの問いかけとも、ユダヤ人であることが優れた点であり、『ユダヤ人』の前提である、割礼を受けることが価値あることと今まで見なしてきた人の立場を前提としている。二つの問いかけの緊密なつながりはまた、割礼が『ユダヤ人』のアイデンティティと緊密に結びついていたことが確認されるのである」（J・D・G・ダン『ローマ書一―八章』一三〇頁）。

b　「あらゆる面からいろいろ指摘できます」（二節）

ポルー・カタ・パンタ・トロポン。「あらゆる仕方でたくさん」（ダン）。カタ・パンタ・トロポンは慣用句として「あらゆる仕方で」、「あらゆる観点において」（バウアー）。

c　神の言葉（二節）

「タ・ロギアという語によって（パウロにおいてはここのみ）、パウロは、（彼はより詳しくは語らないが）モーセと預言者によって与えられ、今は聖書が制定する（一・二）神の言葉を意味しているのである」（ダン、前掲書一三〇頁以下）。

d　ピスティス（アピスティアと）（三節）

ピスティスとアピスティアの訳語に幅があるようである。誠実と不誠実（新共同訳）、真実と不真実（口語訳、新改訳）、faithfulness と faithlessness（NRSV）、Glaube と Unglaube（ルター訳）、Treue と Unglaube（エルバーフェルダー）。

ピスティスの語はローマ書に集中して現れる。それは新約全体の二百四十三回中三十九回（三、四章および五章冒頭までに二十一回、ちなみにヘブライ書は三十一回）。さらにそのピスティスの欠如を意味するアピスティアは新約全体の十一回中四回がローマ書に現れている。

ピスティスは言うまでもなく「信仰」、「信じること」の意味で、またアピスティアも「不信仰」の意味でパウロが繰り返し用いるのであるが、その用法、意味については「信仰」を主題とする別の箇所で指摘されるであろう。むしろこの三章三節ではこれらの語は「誠実／不誠実」と訳されているのである。

それはまたギリシア語の古典的な用法として、ピスティスが（a）人、関係性、また物事に対する「信頼」、「信用」、さらに「確信」を、また（b）「信頼性」を意味し、特に、（c）「具体的に、信頼し、あるいは信頼を確約するような、その信頼の可能性を生み出す『保証』を意味するのである……とりわけピスティスは人間の信頼性を、『誠実』を示す」（G・キッテル他編、G・W・ブロミリ訳『新約聖書神学辞典』第六巻、一七六頁以下）。

他方欽定訳がするような言葉遣い「信じなかった者たちがいたらどうなるか？　彼らの不信仰が神の誠実（faith）を無効にするのだろうか？」に心惹かれる。ちなみにルター訳では「彼らの不信仰（Unglaube）が神の誠実（Glaube。信仰と訳せる言葉である。エルバーフェルダー訳ではTreue、忠実、誠実という言葉が用いられる）を破棄するのだろうか？」。

e　決してそうではない（メー・ゲノイト〔ギノマイ〕）（四節）

十五回の用例中ローマ書に十回現れる。「メー・ゲノイト、直訳で『そうはならないだろう』は、強い否定であり、パウロがレトリックで問いかけた後、しばしば用いる表現であって、主にローマ書に現れている（ローマ三・六、三一、六・二、一五、七・七、一三、九・一四、一一・一、一一。加えてⅠコリント六・一五、ガラテヤ二・一七、三・二一）……その考えに対するパウロの強い反感を表すために、『決してそうではない！』、『神が禁じられる！』、『あり得ない』等と柔軟性を持って訳されるのである。パウロが（a）神のイスラエルとの契約が今なお効力を持っており、（b）契約についての現在の典型的ユダヤ的な理解が誤解であって、（c）自分の福音は神がイスラエルと契約を結ばれた御意志の続きであり、また成就であることを、どれだけ確信していたかを、ここでの力強いパウロの言い返しの言葉がはっきりと示しているのである。この三重のテーマが、この手紙の構成の中で最も重要な決定的ファクターとしてはっきりと理解されないなら、ここでも、他の箇所でも、パウロの言葉遣いはむなしいレトリックのように思われるだろう」（ダン、一三二頁）。

f　「善が生じるために悪をしよう」（八節）

カール・ワルケンホーストはこの言葉を、おそらくパウロに対しての悪口として使われたであろうアラム語の言葉に戻してみる。ギリシア語の表現では弱いと言うのである。つまりアラム語では「平行的に動詞が先に置かれ、それに続いてそれぞれの目的語とする主語が置かれている」（K・ワルケンホースト『信仰と心の割礼』三一八頁）から非常に強い表現なのである。

すなわち、

「私たちがしましょう、悪を

彼らが来るために、もろもろの善は。」

となり、ギリシア語の翻訳ではアラム語の表現の持っていた力を大いに失うこととなった。彼はさらに、その中の「ために」という言葉は申命記の言葉であり、善い物が来る「ために」悪をするという申命記と全く対立する表現を用いて、「パウロの説教に反対しながら、パウロのことばをこのようにして申命記の説教に対立させたと思われる」（同）と推測している。

二　四節の引用

四節の「人はすべて偽り者であるとしても」がすでに「人は必ず欺く」（詩編一一六・一一、七十人訳一一五・二）の引用と考えられる。「このような短い言及においても、引用することを特に意図しなくてもパウロが聖書の言葉遣いを用いることはあり得ることなのである」（ダン、前掲書一三三頁）。

ワルケンホーストは「（詩編一一六編の）11節はすべての人間が偽りを言う者であると、人に対して全体的な失望を述べているが、人間とは反対に神のみ真実であるという信仰が人間に対する失望のことばの中に含まれている」（ワルケンホースト、前掲書二九九頁）と言う。ローマ書と詩編一一六編は「内容の点で同じではないことは認めなければならないが、全く違っているとも言えない」（同）。「真実は絶対に神の指導の側に見られる」（同三〇〇頁）のであり、そのことが詩編五一編六節に示されるのである。

「あなたは、言葉を述べるとき、正しいとされ、裁きを受けるとき、勝利を得られる」は詩編五一編六節（七十人訳五〇・六）からの引用である。詩編五一編六節は「あなたに、あなたのみにわたしは罪を犯し」で始まる。「このことばの意味は、すべて人に対して犯した罪を実際に神に対して犯した罪として認めるという、『主に立ち返る』ことであると思われる。つまりパウロがロマ３・４で引用しなかった詩編51・6の前半が、パウロの念頭に浮かんでいたのかもしれない。すなわち釈義すれば、『すべての人は偽りを言う者だ。主よ、私はあなたに、ただあなたに、罪を犯す。それゆえ、あなたが恐ろしい罰を与ええ、それを受けた人間によって訴えられるとき、あなたは正しく清いと賛美されるであろう』ということであろう。この詩編51編のことばは、神の絶対的な義を賛美している」（同）。また言うまでもなく詩編五一編はバト・シェバ事件の際の王ダビデの悔い改めの歌なのである。

三　五―八節

「（人間の）不誠実のせいで、神の誠実が無にされる」（三節）の議論はとんでもない話に進み行くと竹森満佐一は言う（『ローマ書講解説教Ｉ』二四六頁）。それが五節から八節に記されているのである。「わたしたちの不義が神の義を明らかにする」（五節）なら、「その不義を罰する神は怪しからんではないか」ということだと竹森は言う。そしてそこに「もっともらしい理屈があるように見えるところに、問題がある」（同二四七頁）。これはまさに、「居直った言い方」、「まるで自棄になったような話」、「どこまでも、人間の気持だけを通して、神の意志は少しも考えない言い方」（同）であると言って、「ユダが居なかったら、十字架はなく、われわれの救いもなかったはずである」（同）という議論について、そのことにより分からなくなって信仰を捨てたという人と話し合った経験について述べる。しかし「このような人は、信仰の第一歩から見当ちがいをしている」（同）。「キリストを裏切ってみて、罪はやはり罪で、罪が神の義をあらわすなどとは、到底考えることができなくなって（同二四八頁）ユダは自殺した。ユダの方がまだよほど信仰的であった。ユダの行為から、神の業が生まれることはありえない、と言う。

まして「善が生じるために悪をしよう」（八節）と言うにいたっては、話のほかと竹森は言う。しかしこれは、われわれの心にさえ、時として襲いかかる悪魔の声であって、パウロの本心だとは誰も思わない。それでも「人間の論法に従って言いますが」（五節）とか「わたしたちがこう主張していると中傷する人々がいます」（八節）と言って誤解を避けたのである。

四　説教のために

われわれの箇所の説教の中で竹森は繰り返し、われわれにも起こるべきこと、われわれにも同じような問題が起きると言う。「われわれには、割礼などはありません。……しかし、割礼を、かりに洗礼とおきかえてみれば、われわれにも、同じような問題が出て来るのではないか」（同二四二頁）。なぜパウロは「律法」の語で済まさず、「神の言葉」をゆだねられたと言ったのか。それを受けたことの尊さが、一そうよく分かるためと竹森は言うのであるが、それならなおさらに、ここで語られる言葉はわれわれの問題である。

「神から与えられたものでありますから、信仰をもって受けるはずのものであります。それを逆にして、それを与えておきながら、責任を問うということは何だというように、反対に、神に対して責任を問うているのと同じことである、とパウロは言いたいのであります」（同二四三頁）。もう既にキリスト者の問題である。それは今日の信仰者にも起こりうること。信仰が弱くなると、いろいろな点で不平を言うようになる。「洗礼を受けても、自分は少しも変りはしない」（同）と得意そうに話したりする。「自分の方に用意しておくべき信仰のことは忘れてしまって、洗礼を受けたのだから、神は何とかしてくれそうなものではないか、というような、まるで不貞くされて居直ったような言い方であります。ここでも、自分のことは棚に上げて、神の責任を追究する者がいるのです」（同二四三頁以下）。それは自分の中にある不平や不満をそういう形で吐き出しているのだと竹森は言う。われわれにも起こりうる不信仰の問題である。しかしながら信仰を最もよく知っている人は、信仰の悪口も言わない。信仰について悲観的なことは滅多に口にしない。「正しい信仰を持っている人は……このような事情を見ると、一そう神の真実にのみ信頼しようとするのであります。事態が危険に見えれば見えるほど、かえって、神の御力が発揮される時が近づいたことを知るのであります」（同二四五頁以下）。

加藤常昭は、この箇所が、特に五―八節が「自分が信仰を持つことができないのはなぜか」(『ローマ人への手紙1』三三〇頁)という問い、「むしろ自分の不信仰を正当化しようとする」論争を反映していると言う。そして「屁理屈を捨てて」という説教題をつけた。これは人間的な言い方であり、「人間のレベルの言葉、人間の知恵のレベルの言葉、神には届かないところでの言葉、そういう言葉でしかない」(同三三一頁)。そしてこのことについて加藤は上記竹森のユダについての議論を紹介して、竹森の言葉はとても激しい言葉であるとし、「ユダにも劣る論理をもって、私どもは自分の不信仰を正当化する。正当化してどうするのか。不義の中に立ち続ける。罪の中に立ち続ける。罪が神の義を表すから、その罪をさばく神は間違っている……それを聞けば屁理屈だということは誰だって分かります……けれども他人の理屈の問題ではない。私ども自身が実にしばしば、この屁理屈をもって自分を正当化するのでありますす」(同三三三頁)と言う。竹森も加藤も「では、ユダヤ人の優れた点は何か」(一節)の言葉に導かれつつ、われわれの、この私にも起きうる事態として説いているのである。

パウロは「ユダヤ人の優れた点は何か」と議論を始めた。しかしワルケンホーストや竹森が指摘したように、パウロの説教に反対した悪口の言葉を、おそらくその攻撃の言葉をそのまま用いて語っているのである。ワルケンホーストは五節、七節にもそのような言葉が保存されていると考える。「わたしたちの不義が神の義を明らかにする」(五節)、「なぜ、わたしはなおも罪人として裁かれねばならないのでしょう」(七節)がそれである。敵はパウロの説教の言葉を使った。特に七節後半で「わたし」と言って、さらにパウロを攻撃しながら「どうして私は最後のさばきのとき、神の栄光になった私の罪のために神によってさばかれるのであろうか、神が不義ではなかろうか」と主張した(ワルケンホースト、前掲書三一七頁)。それが三章に記されているのである。八節の「中傷する」はブラスフェーメオー、「冒瀆する」という固い表現だと彼は言う。ローマ書二章二四節で「神を冒瀆する」という意味で使った語である。「すなわち、パウロに対して悪口を述べる人々は、実際には彼らにその偉大なあわれみをあらわした神を冒瀆するのである。そういう意味でパウロは、『こういう者たちが罰せられるのは当然である』という8節の最後のことばによって、その悪口を述べた人々を神の怒りに任せたのであろう」(同)。

こういう議論に対して立ち向かう、一番よい回答が、繰り返される上記の「決してそうではない」だとパウロは思っていたようだと竹森は言う。「伝道者パウロが、腹背に敵を受けるように、前後左右を不信仰な人々に囲まれて生活しながら、一生に何回、あるいは一日に何度、『断じてそうではない』と言いつづけるかと思うと、その熱心さに感心し、またほほえましくも思うのであります」(竹森、前掲書二四九頁)。

この箇所において神の誠実も語られるべきだと思う。ダンによれば一章一八節—三章二〇節には「人間の不義に対する神の怒り」が記されている。特に二章一節から三章八節では、ユダヤ人が矢面に立たされているが、例外なくすべての人に、神の怒りと裁きがおとずれることに変わりはない。そしてその議論の中で神の誠実とは何か?と問われるところが、三章一―八節なのである。

これは、われわれの信仰の問題である。罪の問題の深刻さから目をそらし、時には、真剣に信仰を問うことをやめて、建前論に走ってしまうわれわれなのである。ヴァルター・リュティは「神なしで、人間がどう立ちゆくか、考えてみようではないか」(『ローマ人への手紙』六八頁)と問いかける。そんな時、人間というものは、自分自身について、まったく楽天的になるか、それとも悲観的になるか、そのどちらかだと言うのである。

われわれの箇所に続くところでパウロは、人間の弱さ、みじめさについての言葉を聖書から抜き出し、示しさえする。それはパウロが、われわれを神の前に立たせようとしているのだと思う。われわれの罪を明らかにしようとしているのである。

リュティは、ある重犯罪人の回顧録を読んだ経験を述べる(同七一頁以下)。捕らえられ、服役した時、この犯罪者がもっともこたえたのは、刑務所に入れられた時だと言うのである。看守の前で、少ない持ち物を、ひとつひとつ取り出して、目の前に出さなければならなかった。櫛。鏡。鉛筆。万年筆。メモ。ナイフ。財布に腕時計。そして最後に、自分の着ているものすべてを脱がなければならなかった。そして裸になってそこに立たされると、今度は、見たことのない、冷たい囚人服を着なければならなかった。この裸になるまで、持ち物のさいごのひとつまではがれてしまう痛み。それが、この人が、囚人として服役した間で、もっとも辛かった出来事であったと書いてあったと言う。

リュティはローマ書三章こそが、われわれにとって、まさにそういう章だと言うのである。ひとかけの屈辱も、ひとかけの苦々しさも、減らしてはもらえない。われわれのまとう宝石がいちどにはぎ取られてしまう章、それがこの章である。彼はローマ書三章を指して、ここが天国の門だ、多くの人々が、この天国の門の前に立ちはするのだが、その多くは、その前で立ち去ってしまうと言う。

しかしただひとつだけ、最も大切で、最も美しい宝石ひとつだけは残してもらえた。それこそ「人は皆、罪を犯して神の栄光を受けられなくなっていますが、ただキリスト・イエスによる贖いの業を通して、神の恵みにより無償で義とされるのです」(ローマ三・二三―二四)である。このひとつが残されて、われわれが着るのは冷たい囚人服ではなくて、キリストという救いの着物であったと言うのである。

参考文献

K・ワルケンホースト『信仰と心の割礼――ロマ書の解釈一―四章』中央出版社、一九七八年

竹森満佐一『ローマ書講解説教I』新教出版社、一九六二年

加藤常昭『ローマ人への手紙1』(説教全集2)ヨルダン社、一九九〇年

J. D. G. Dunn, *Romans 1-8* (Vol.38A), Word Incorporated, Dallas 1988.

Walter Bauer, Wörterbuch zum Neuen Testament, 6., völlig neu bearbeitete Auflage von Kurt und Barbara Aland, de Gruyter 1988.

G. Kittel & G. Friedrich (Eds.), tans. G. W. Bromiley, *Theological Dictionary of the New Testament Vol.6*, Eerdmans, Grand Rapids 1964.

Walter Lüthi, Der Römerbrief, Friedrich Reinhardt AG., Basel 1955.

ローマの信徒への手紙　三章九―二〇節

蔦田　崇志

「正しい者は信仰によって生きる」。ハバククのことばを借りて、聖徒が神の御前を歩む姿を描くパウロであるが、本書はそれ以前に神ご自身の義を訴える。前段落（三・一―八）にて「人はすべて偽り者であるとしても、神は真実な方であるとすべきです」とあるとおり、神の正義と真実とが主題となっている。そもそも「福音には、神の義が啓示されています」と紹介され、続けて神がその義に基づいて正しくお裁きになると戒められる。その公正と正義のもとに人は皆、分け隔てなく罪人であることが厳しく突きつけられる。

分け隔てなく罪の下に

神の義、またその真実が人の不義や偽りによって測らなければ判別できないようなものでなく、圧倒的でまた絶対的であることをパウロは三章の第一段落にて論じる。人はとかく自らの物差しを持ち出して、それを規準に他者を測り、自らを測り、世界を測り、そして神を測る。ローマの信徒たち、特にユダヤ民族に属する信徒たちにとって律法がその物差しであった。神から賜わった確かな規準をパウロは持ち出して、彼らに他の民族と比較して優れた点、あるいは劣った点があるか問い質す（九節）。想定される返答は当然「否」である。神の圧倒的な正義と真実の前に、人の持ち合わせるものは何も意味を持たないのである。三章冒頭にてユダヤ民族を視野に入れて「では……何か？（ティ・ウーン）」と問い質したパウロは、再びここで「では、どうなのか（ティ・ウーン）」と迫る。しかもこの度視野に入っているのはユダヤ民族のみではない。彼らを指さすことで全人類に迫っており、従って我々をも巻き込む問いかけとなっているのである。私たちはだれに対して優っていると誇ることができるだろうか、あるいはだれかに対して劣っていると失望するだろうか。その判断はどのような物差しで下したものなのか、そしてその物差しは有効か？

さて、この問いかけをもって初めて罪（ハマルティア）が表舞台に現れる。すべての人は「罪の下にある」とは大胆な断罪であるが、これこそがここまでの議論の結語であり、これから始まる新しい主題への導入である。やがて六章、七章で十分に展開されるが、パウロは人類の致命的な課題、神との関わりにあって絶望的な問題を「罪の下にある」と言い表している。パウロはこの手紙の中で罪をサタン等のような人格的影響力としてよりも、世にあって人を悪へと引き込む抗し難い力として描いている。神についての知識や神の御旨に対して応答することについて人を全く非力なものとし、滅びと腐敗とに人を縛り付ける力(一・二一—三二他)こそが罪であり、その下で人はあらゆる罪を犯す(二・一二等)。この絶望的な現実は、パウロ自身の洞察からもたらされた真理なのではなく、神の聖言がくだす判決であることを明らかにするのが一〇節以降に続く一連の聖句引用である。一章一七節のときと同様に彼の綴る真理が聖言に「書いてあるとおり」であることを示してパウロは矢継ぎ早に信仰者共通の土台である聖書を開く。

聖書は迫る、正しい者はいない

一〇節後半から一二節にかけて詩編一四編がまず想起され(同五三編)、天から見下ろされる神の御目の前に人の義は全否定される。厳密な引用ではないが、「正しい者はいない。一人もいない」との聖句によって引用は始まり(一〇節最終行)、同様の訴え「善を行う者はいない。ただの一人もいない」によって括られる(一二節最終行)。もっとも、J・ダンは第一行目の引用が詩編ではなく、コヘレトの言葉七章二〇節からの引用だと論じる。というのもギリシア語訳で比べると、鍵句となる「正しい者(ディカイオス)」が明確に綴られているのは詩編ではなくコヘレトの聖句の方だからだ。因みに詩編一四編三節には「正しい者」ではなく「善を行う者」とある。細かいこだわりなのかもしれないが、検討に値するこだわりであるように思われる。パウロは一連の引用の冒頭で、「正しい者」だと自負する資格のある人は神の御前に一人も見出されない絶望を打ち出そうと試みている。単に「善を行う」というだけでなく自らが「正しい者」だと是認する人々の物差しを取り上げ、目を覚まさせたいのである。そう、福音はこの絶望を出発点としている。人は神の義について洞察を有することはできず(悟る者もなく)、またそのような動機を持つ者も一人たりともいない(神を探し求める者もいない)。それゆえ人は本質的に迷う存在であり、益をもたらす術をしらない。パウロが受け入れ、生き、そして伝える福音を今日に至るまで変質させることなく語り継ぐことを願うならば、人についてのこの絶望に至らないことには福音がもたらす救いのわざは始まらない。彼は詩編からこの厳粛な真実を突きつける。

ここで一点考察に値するのは、悟らず、探し求めず、迷い、役に立たない者とは、詩編一四編によれば「神などない」と不敵にもつぶやく「神を知らぬ者」であり、神が「わたしの民」と慈しみ(同四、七節)、「神に従う人々」と称される(五節)神の民すなわちユダヤ民族とは対照的な異教世界の人々なのである。そのような詩編をパウロはここで引用し、敢えて同胞ユダヤ民族に突きつけ、またローマの信徒に突きつけているのである。彼らが異教徒を断罪して来たその物差しで彼ら自身も測られる戒めである。

聖書はさらに迫る、神への畏れがない

一三—一四節にはさらに三つの詩編からの節が引用されている。開いた墓のような喉、そして人を欺く舌は詩編五編から引き出され、さらに一四〇編からは蝮の毒を持つ唇が引用される。一四節には今ひとつ詩編一〇編が取り上げられて呪いと苦みで

溢れた口が人の本性を明かす。正しい者がいないというのは、決して単に粗野で邪気のない不義などを意味している訳ではない。悪意と罪の力によって押し出された人の思いとことばがここに暴かれている。

ここでも再び引用された詩編の文脈が光を投じる。開いた墓の如き喉や滅びの淵になぞらえられる腹を持ち合わせているのは、神を恐れ敬う「わたし」（五・八）を「陥れようとする者」（同九節）であって、神とその民にとって反逆の者（同一一節）である。一四〇編の引用も然り、蛇のように鋭い舌、蝮の毒のような唇の持ち主は「不法の者」（同二節）と呼ばれている。詩編の中では「正しい人（わたし）」（一四節）と「不法の者」（二、五節）が対照的に描かれているが、パウロはその「不法の者」と「正しい者」とを新約の光、福音の光のもとで同一視している。詩編一〇編の引用についても呪いと苦味で満ちているのは「神に逆らう者」（一〇・三、四）の口であって、神の裁きの対象となる人々である（五節）。これら一連の詩編引用を通じてパウロは、神の民として慈しまれて来たイスラエルの民にではなく、異教徒・神に逆らう輩に下されて来た神の裁きが、今は一切の差別や区別なくすべての人に下される現実を突きつけているのである。

引用はさらに続く。一五―一七節はイザヤの預言よりそのイメージを得たと思われる。五九章にはイスラエルの民のための悲痛な哀歌が綴られている。七―八節には

「彼らの足は悪に走り
罪のない者の血を流そうと急ぐ。
彼らの計画は災いの計画。
破壊と崩壊がその道にある。
彼らは平和の道を知らず
その歩む道には裁きがない。
彼らは自分の道を曲げ
その道を歩む者はだれも平和を知らない」

と歌われている。この章は「主の手が短くて救えないのではない」と始まり、九節以降は「正義はわたしたちを遠く離れ、恵みの業はわたしたちに追いつかない」と続く。これほど絶望的な民族の描写は他にあまり例を見ない。パウロはこの哀歌の中から数行を引用することで十分にその意図を伝えた。引用が詩編からイザヤ書に変更されたことに意義があるとすれば、詩編では正しい者と不正の者、神の民と異教徒、というような対比の中で、パウロ自身が解説を加えることで異教徒のみならずユダヤ民族にも神の裁きが下される可能性と必然性が唱えられたのに変わって、イザヤ書ではそもそも預言がイスラエルの民に向けられたものであるために、神の語りかけが何を介することもなく彼らに突き刺さる。イスラエルの罪の数々が数えられ、彼らから失われた正義が鋭く指摘される哀歌である（五九・一二―一四）。神の迫りを肌身に実感する聖言である。

一八節で引用の連続は再び詩編に戻り三六編の冒頭部分が要約されて、神に対する恐れの欠如に光が当てられ、旧約聖書からの責めが締め括られる。ユダヤ教にとって「神への恐れ」は殊更に重んじられた神への姿勢であることはよく知られたこと。であるならば、最後に彼らの急所を射抜いた聖句を取り上げた

ことになる。神を畏れる、という姿勢について私たちは果たして十分な弁《わきま》えと理解を得ているだろうか。確かに「オソレ」がもたらす響きは、ともすると人を怯えさせるもの、恐怖を味わわせるものであるかのような印象を与え、福音とは相容れないように感じるであろう。確かに聖書が啓示する神は、人々を脅して従順や、忠誠を求める方ではない。それで「恐れ」ではなく「畏れ」と訳出されている。つまり畏敬の念を持つ意味での「オソレ」だと理解するのである。確かに説得力があり魅力的な説明ではあり、その中に真理が込められていることは間違いあるまい。しかし、斯くして「オソレ」から「人を震撼させるようなイメージ」を取り除いてしまってよいものだろうか。恐怖や圧倒的な威圧が私たちを従わせる術となっていないことは頷けるにしても、神ご自身がもはや恐れるに足りない存在となられてしまったかのような捉え方は果たして健全な理解なのだろうか。神は依然として末恐ろしい、圧倒的な存在であられるのではないか。私たちはあからさまに神を冒瀆するような言動に走り、神を恐れない態度を取ることはないかもしれない。しかし、神の本質を弁えず、言ってみれば神に馴れ馴れしくなってしまってはいないだろうか。自問する価値のある問いかけであるように思われる。主イエスもヨハネ福音書によれば弟子たちに「わたしはあなたがたを友と呼ぶ」（ヨハネ一五・一五）と語りかけなさった。しかし、弟子たちは最後までイエスを主と仰いだ。その弁えに神を畏れる姿の一片を見る。

一つ一つの引用が一丸となって、神の義に対して人が実に非力であることを突きつける衝撃は著しい。

律法が果たす役割

続けてパウロは律法の果たす役割について解説を加える。「律法の下にいる人々」と言われてユダヤ民族は間違いなく自らをそこに当てはめるであろう。特に数節前に「罪の下にある」人々について言及があるだけに、彼らは再び広げられた律法の翼の陰に身を寄せて安堵を取り戻そうとするかもしれない。しかし、パウロにはそのようなつもりはない。確かに律法はその下にいる人々に向けられているには違いないが、それは律法の下にいる人々を安堵させるためとは限らない。律法は断罪する役割を厳粛にも果たすことを知らしめる。それで「すべての人の口がふさがれて」相互に責め合ったり、あるいは自らの正義を主張する声を一切退けるのである。口を塞がれるのは不敬虔な異教徒だけではない。自らの物差しを取り出して他者を裁き、自らを律法の保護下に置こうと勇む者たちに対しても分け隔てなく、容赦なく律法はそのつとめを果たす。

ここでパウロが律法と呼んでいるのは言うまでもなく狭義での律法、即ちモーセ五書を指しているのではなく、その他神のことばとされるすべての書物を含めての律法である。実際、三章一〇—一八節にて引用されている聖句のうち、モーセ五書からのものは一つもない。ユダヤ教において「律法」という語の守備範囲の広さを見ることができるが、それ以上にここで教訓となるのは、たとい厳密な意味で「律法」に分類されない書物であっても、神はそれを用いて律法の役割を担わせなさることがある事実であろう。斯くしてパウロは自由に詩歌や預言書から全人類に判決が下されていることを明らかにした。

最後の文節に目を留めたい。

「神の裁きに服するようになるためなのです」（一九節）

言ってみればここに来て、すべてを司る存在が明らかにされる。この裁き、律法がもたらす裁きは神の裁きに他ならない。全人類の手から、各々が握る物差しは分け隔てなく取り上げられた。神の民の手からさえ律法がもぎ取られた。もはや何をもって善と悪を判別し、益と害を見分け、相応しい報酬と刑罰を下すのか、途方に暮れるところである。しかし、無法と混沌が支配することは断じてない。神の裁きが間違いなく下される。人の物差しは分け隔てなく取り上げられたが、神の正しく公正な裁きも分け隔てなく下される（二・一二）。ここまでのすべては他ならない神ご自身の手によってなされてきたみわざなのである。「神の裁き」とはそのことを意味している。ちなみに「神の裁き」という句であるが、「裁き」は訳者による補足である。無論文脈からして神の「お沙汰」が意味されていることは明らかでこの補足は適切ではあるが、明文化されているのは「裁き」ではなく「神」の方である。ここにきてようやく希望の光が見えて来る。そしてその希望は二一節以降益々輝きを増し、いよいよ明瞭になってくる。ただ、この段落では新しい展開を見る前になお押さえなければならない要点が残されている。

一つは「裁きに服する」ということ。この辺りはことばを丁寧に扱うパウロの微調整が施されていて、「神に裁かれるようになるため」とは言わず、「神の裁きに服するようになるため」と言い表している。服するとは「ヒュポディコス」という語の訳語であって、新約聖書中でもここにしか使われていない形容詞であるが「説明責任を果たすべき／ような」あるいは「応答すべき」という意味合いである。すなわちここで下されるのは、神の御前にあって相応しい応答をすることが求められる、そのような裁きであり、その応答を引き出す律法の役割が描かれているのである。

結語

二〇節は大きな図を見るなら、一章一八節から三章一九節まで続いた一連の議論の結語である。それで節の前半は詩編一四三編二節の告白をなぞらえた鍵句だとしばしば指摘がなされる。

文頭の「律法を実行することによっては」という一句は詩編にはなく、パウロがこれまでの論述の結論として必要であるために挿入している。ユダヤ人にとって律法こそが信仰の軸であり言動の物差しであったことを取り上げて論じて来たので、その律法が人を義とすることとの関わりでどのような貢献をするのか（あるいはしないのか）を明確にすることがここでの目的である。そしてその結論は厳粛なもので「だれ一人神の前で義とされない」というものである。ちょうど詩編においては全人類を指さして「命あるものの中には（パス・ゾーン）」（ギリシア語訳）と言い表しているように、パウロは「だれ一人（直訳では、肉なるものの中には［パサ・サルクス］）」といって見渡し、ギリシア語訳の詩編と同じ文言で「正しいと認められる者はいません／義とされない」と断言する。詩編は祈りの形を取っているので二人称単数で「（あなたの）御前に」となっているところローマ書では「神の前で（直訳では彼の前で）」となっている。逐語的な引用ではないが、例外なく全人類が神の前に立たされるときに義とされる物差しから遥かに及ばない存在であることを、痛切に訴える詩編のしらべに乗せて結論を述べている。

「律法を実行すること」については本来は多くが述べられなければならない。これは当時のユダヤ教が律法の実践について逸脱していた諸点を指摘するのにパウロが用いた語彙であって、文脈や意味合いに応じて使い分けがなされてきたものである。ごく一般的な意味で人が律法を遵守する、律法の定めを守るというときには動詞ポイエオー（「営む、～する」の意）と併せてノモス（律法）が使われる。例えば二章一三節に「律法を……実行する者が」という聖句があるが、そこでは一般論として律法に従う者の姿が描かれている。ところが三章二〇節ではポイエオーではなく、エクス・エルゴーン・ノムー（ノモスの単数属格）となっていて、漠然とした律法の行いよりも遥かに意図的な律法の実践という意味合いになっている。如何にユダヤ民族が律法の要求を満たすことに重きを置き、彼らの信仰と生活の物差しとして確固たるものと位置づけていたのかを彷彿させる「律法を実行すること」なのである。

最後に律法の役割が端的に述べられている。直訳は「というのは、律法によって罪の認識が（もたらされます）」というものである。前文では律法（の実践）によって何がなされる（なされない）のかが述べられているので、最後の一文の動詞も前文との並行性を想定して、律法がなす、あるいはもたらす何か、という意味の動詞を補足することが適当であろう。それから「自覚」と訳されているエピグノーシスは「知識（グノーシス）」に「～の上に／へ」の意を持つエピという接頭辞がついた形の語で、一章二八節（「認める」と訳出）と一〇章二節（「認識」と訳出）にしか用いられていない稀な語である。「罪」については既出九節の解説を参照のこと。わずかな語彙でまとめられているだけに、そのニュアンスを捉えるのは必ずしも容易ではない。例えば新共同訳聖書では「（罪の自覚）しか生じないのです」と訳しており、律法の果たす役割が制限されているのか、あるいは不足なのか、という意味合いを持たせている。新改訳聖書では「かえって（罪の意識が）生じるのです」と訳されて、律法が本来の目的とは反する役割を演じているような訳出である。本文にて不透明なままに残されている以上、補足されたニュアンスに重きを置いて解釈や適用をするのは賢明ではないかもしれない。要は、律法には神から託された役割があるが、それは決して特定の人々を他の人々から区別して福音の特権階級を設けるものではなく、その福音にすべての者が招かれるよう、分け隔てのない備えをするものだということである。私たちは確かに旧約聖書を、当時のユダヤ人たちのような意味で信仰や生活の物差しとはしないかもしれない。しかし、それに代わるような定規をもって自他の在り方を測り、神を測るようなことがあれば、その物差しはきっと没収されることであろう。しかしそれは私たちを路頭に迷わせるための仕打ちではなく、神の正義のもとで正しく、また相応しく導かれるための備えであることを覚えておきたい。二一節以降にパウロはいよいよ神の義の全容を明かす。

参考文献

James. D. G. Dunn, *Romans 1-8* (Vol.38A), Word Incorporated, Dallas 1988.

ローマの信徒への手紙　三章二一―二六節

浅野　直樹

手紙の本論に入る前、パウロは見知らぬローマの教会に対して、冒頭で自己紹介と挨拶、それに初訪問の希望を伝えると、さっそく手短に福音の核心をつく。「わたしは福音を恥としない。福音は、ユダヤ人をはじめ、ギリシア人にも、信じる者すべてに救いをもたらす神の力だからです。福音には、神の義が啓示されていますが、それは、初めから終わりまで信仰を通して実現されるのです。『正しい者は信仰によって生きる』と書いてあるとおりです」（一・一六―一七）。以後この核心メッセージを詳しく説明すべく本論が展開されていく。ここで取り上げる三章二一―二六節は、キリスト教神学上でも極めて重要な位置を占めている。

ここに至るまでにパウロはまず、人間の罪がもはや弁解の余地がないレベルにまで達してしまい、神の怒りを招いてしまっているという現実を述べる。次に、人類の中でもユダヤ民族だけを取り上げて、ユダヤ人は特別で、そうした罪の現実も律法の実行によって克服できるのではないかとする見解に対して、律法の無効性を訴えて容赦なくこれを退ける。「ユダヤ人もギリシア人も皆、罪の下にある」、「正しい者はいない。一人もいない」（三・九―一〇）。

新しいアイオーン

そうした絶望的状況の終わりと新たな救済の始まりの鐘を鳴らしたのが、二一節の「ところが今や」、原語の「ヌニ・デ」である。この二語は、それ以前の記述、罪と神の怒りから逃れられない人類の断末魔と、それ以後に登場するキリストの福音を鮮明に切り分ける。ペトロの信仰告白「あなたはメシア、生ける神の子です」が、イエス・キリストの公生涯の分岐点としてそう言われたように、この箇所もまたパウロの義認論における分水嶺と呼びたい。「ところが今や……神の義が示されました。すなわち、イエス・キリストを信じることにより、信じる者すべてに与えられる神の義です」（二一―二二節）。こう述べることで、人間と神の関係性が神の側から全面的に見直され、新しい時代（アイオーン）を迎えたことを告げる。「神の怒りの下にあった古い時代は、神の義が支配する新たな時代へと引き継がれた」（A・ニグレン）のである。そして新しいアイオーンを歴史の中に持ち込んだのがイエス・キリストであった。「キリストと結ばれる人はだれでも、新しく創造された者なのです。古いものは過ぎ去り、新しいものが生じた」（Ⅱコリント五・一七）。

キリストがもたらした新しいアイオーンは、歴史的次元の時間軸ではなく終末論的次元の時間軸として理解する必要がある。ゴルゴタで起こった十字架は、歴史的時間軸においては天地創造から始まり終末へと向かう、無限に広がる時間の中で起こった、ただ一回限りの事件に過ぎないのだが、終末論的に見た場合、無限に広がる時間は、この出来事の一瞬の中に収縮し封じ込められた。唯一回のキリストの十字架が過去も未来も現在をも取り込む。そして「律法とは関係なく」（二一節）すなわちユダヤ人異邦人の区別なく、「何の差別もなく」神の義が普遍的に「信じる者すべてに与えられる」（二二節）。したがってパウロが言う「今や」というのはキリストが十字架に架かった時のみを指すのではない。パウロが生きていた時も、わたしたちが生きる現代もこの「ヌニ」の中に含めることができる。

パウロから現代の「今」へ

「今や」が告げる新しさは、終末論的次元だけでなく歴史上でも生起した。それが宗教改革だった。ルターが九十五箇条の提題を掲げて公開討論を呼びかけたのは一五一七年、ルターが三十四歳のときである。当時ルターは、ヴィッテンベルグ大学の神学部教授として教鞭をとる新進気鋭の神学者だった。その二年前の一五一五年、一回目の詩編講義を終えたルターは引き続きローマ書、それを終えるとガラテヤ書を講義する。一五一七年一〇月というのはこれらの連続講義を終えて半年後のことである。ローマ書とガラテヤ書の研究からルターの義認論が深化していったことを考えあわせると、これらの研究と執筆活動が九十五箇条の提題という歴史的事件に帰結していったとも言える。「ヌニ・デ」の二語は、やがて人類の歴史の潮流を大きく変えるに至らしめる口火とでもいうべき神の言葉なのである。

説教というのは歴史時間（クロノス）を生きる人間に対して、神の時（カイロス）を到来させ、人間を神の時間・時代・世界（アイオーン）へと誘う作業ではないだろうか。クロノスは、キリストの十字架はその時限りのひとつの事件に過ぎず、うたかたと消えた歴史の一コマなのだと語る。それに対して説教は、そうしたクロノスのうたかたからキリストの出来事を呼び戻す。そしてどっこいそれが現代のわたしたちの命とも密接につながっていることを示す。キリストの出来事がわたしたちの今をも支配していることを、聖書の言葉を用いて提示する。パウロは「ところが今や、神の義が示されました」と語り、ローマの教会に対してそれを示した。現代の説教者は、パウロの言葉を用いて、キリストを呼び戻すのだ。パウロが示した「今」と現代のわたしたちの「今」はクロノスは違っても、同じアイオーンの中にいる。

神の義と律法

二章において「ユダヤ人はもとよりギリシア人にも」と述べたあと、その後も何度か両者を等しく併記して言及する。パウロが民族意識を乗り越えて普遍主義に徹し、福音がすべての民族に届けられたことを、ユダヤ人と異邦人が混在するローマの教会の人々に訴えるのである。

二二節の「そこには何の差別もありません」は、二章一一節の「神は人を分け隔てなさいません」とも呼応し、そうした普遍主義を裏打ちする。さらに二一節で「律法とは関係なく」神の義が示されたと語るパウロは、律法を有するユダヤ人をもはや特別視していない。もう一歩踏み込むと、それどころかパウロは、律法を神の義から切断してしまう。そうすることで律法の実行によって神の前で義とされるというユダヤ教の教義を無効にし、パウロがユダヤ教と決別したことをも物語る。キリストの十字架によって「今や」、そう断言できるのである。

その一方でパウロは、ユダヤ人としてファリサイ派として、同胞のユダヤ人を強く意識しながら、律法がたとえ神の義とは切り離されても、依然としてその有意性を一部認める。すでに二〇節において、律法によって罪の自覚が生じること、いわゆる律法の教育的用法としての意義を示すのに加えて、二一節にあっては、神の義が「律法と預言者によって立証された」と述べる。律法は古いアイオーンに属しており、キリストによって新しいアイオーンに入った今、神の義に人を接続する役割はもはや持ち得ないが、律法と預言者すなわち旧約の御言葉は、新しいアイオーンの到来を告知してきた。パウロが一章一七節に引用したハバクク書二章四節の言葉、「正しい者は信仰によって生きる」をはじめ、このあと四章に登場するアブラハムの信仰義認などが立証の具体例といえよう。

ふたつの神の義

いかなる神の義が示されたのか。それが次なる問いとなる。「神の」という属格（所有格）だけで語ることは簡単だが、その神学的解明が伴うことが必要だ。当該箇所テキストからは、ふたつの神の義をみてとれる。第一に、「信じる者すべてに与えられる神の義」（二二節）、すなわち神が、信じる者に与えたもう義である。神が我々を義とするという神の能動的な義である。人間が律法の実行によって獲得する義ではなく、「イエス・キリストによって啓示された、神からの義」（ニグレン）、「神の」というよりも「神からの」と訳すべき義なのである。さらには「神の恵みにより無償で」（二四節）、すなわち神から無償で賜る義が、まずもってパウロが伝えたい「神の義」である。義は神から恵みとして無償で与えられることが第一の神の義である。

「今この時に義を示されたのは、御自分が正しい方であることを明らかにし」（二六節）とパウロが語るとき、ここにもうひとつの「神の義」がある。すなわち神御自身が義なるお方だということである。この事実は、第一の神の義の陰に隠れて見過ごされがちであるが、これが明確に示されなければ神に対して大きな誤解を生みかねない、とパウロは思ったはずである。ともすると「人が犯した罪を見逃す」（二五節）という神のわざは、神が人間の罪を問題視しないという事態を連想させ、義であるはずの神が罪を放任してしまうという自己矛盾を招きかねない。そうならないためにもパウロは、神「御自身が正しい方であることを明らかにし」なければならなかった。パウロの語る神が、正真正銘のユダヤ人にとっての神ヤハウェであることを納得してもらわなければならなかった。義である神御自身から「罪を償う供え物」としてのイエス・キリストの贖いが語られることで、第一の神の義も初めて成立してくる。

同時にパウロは「神は忍耐してこられた」と語ることで、神が人間を義とする際に、罪を克服していかなければならなかったという「痛み」を語る。この点においても、神が罪の問題を軽視せず、御子の贖罪という苦渋の決断をしたと強調することで、慈愛に満ちた神御自身の義をパウロは示している。

キリストの贖罪

二四―二五節は、キリスト教における贖罪論の原点ともいうべき箇所である。信者たちが口伝で伝承してきた信仰告白文の中に、この文言が含まれていたと考えられている。フィリピ書二章の信仰告白同様、パウロがこれを手紙に引用したことで、キリスト教信仰の贖罪論として確立するに至った。特にこの贖罪思想に関しては、ユダヤ教の祭儀神学の影響を多分に受けた表現としてまとまっている。ただしパウロはそこにディア・ピステオウス（「信仰によって」、新共同訳では「信じる者のために」）を付け加えたとされる。キリストの贖いを信仰を通して、すなわちただ信じてそれを受けとることを、定型文をいじってでもパウロは要求したのだ。キリストの贖罪を律法から切り離すこと、そしてそれを信仰によって受容することは、前節の「律法とは関係なく」と「信じる者すべてに与えられる神の義」と同じく、パウロが力を込めて強調したかったのである。

「イエス・キリストの贖いによって、人はだれでも罪が赦される のです」。こうしたフレーズを教会ではよく耳にする。説教者が講壇から語る。何度も聞いているうちにいつの間にか会衆もそれが頭に入る。今日でもこうして細々とだが、口伝伝承が起こっている。そして福音伝道のために、今度はこれを人に語る。そのまま語る。それはすばらしい伝道に違いない。ただこうした定型表現には一般には、耳慣れない言葉づかいや思想が実はいっぱい詰まっている。伝えるときに、今度はそれを自分の言葉に置き換えて人に語れるようになるとなお良い。そのためにもパウロが伝えようとしているイエスの贖罪論を、語る者も聴く者もより深く理解する努力を惜しんではならない。

たとえば、ここでは「贖い（redemption）」と「償い（atonement）」が連続して出てくるが、この二語の意味が大変紛らわしい。キリスト者でもほぼ同義語のように考えて使ってしまうことが多い。けれども本箇所のように二つが立て続けに出てくるところでは、定義の明確化が必要がある。「贖い」とはそもそも何かを得るために代価を支払って買い求めることである。誘拐犯に身代金を払って人を救助することも贖いである。一方「償い」は、犯した罪が対象であり、その埋め合わせのためのわざである。これをキリスト教贖罪論に当てはめると次のようになる。イエス・キリストは、わたしたちの罪の償いを引き受けてくださった。その償いの方法が十字架であり、身代わりとしていのちを献げ、それによってわたしたちを取り戻すべく、代価を支払ってくださった。すなわち贖い解放して（救って）くださった。本来弁償しなければならないはずの人間は、弁償なしで義とされたのだ。二四節を言い換えるとこのようになる。

　二五節に「罪を償う供え物」とある。これはヒラステーリオンの訳語であるが、この単語もまた非常に厄介である。新約聖書ではこことヘブライ書九章五節にしか使われていない。ヘブライ書では新共同訳で「償いの座」と訳されている。一方、七十人訳をみるとレビ記と出エジプト記に同じ単語が出てくるのだが、新共同訳は、いずれもそこを「贖いの座」と訳している（同じ単語の訳が旧約と新約で違っているのだ。贖いと償いの混乱がこんなところにも出てしまっている！）。そもそもヒラステーリオンが何かというと、十戒の板を納めた契約の箱の蓋のことである。蓋といっても単なるカバーでないことは明らかで、レビ記一六章によると、祭司アロンが屠った雄牛や雄山羊の血をその上に振りまく。動物のいのちで償い、自分自身とイスラエル人の罪を贖うためである。「贖いの座」は、その祭儀を執り行う場なのである。

　そうした理解をもって二五節を訳すと、「神はキリストをその血により、信仰を通して（信じる者のために）贖いの座として立てた」となる。新共同訳ではヒラステーリオンを贖いの座とは訳さず、「罪を償う供え物」となっている。「供え物」からは、キリスト御自身が犠牲となっていのちを献げ、人類の罪を償いそして贖いを果たしたことが示唆されており、この場合ヒラステーリオンを贖いの「手段」として解釈していることになる。

座か供え物か？

キリストが「座」なのか「供え物」なのか。換言するならパウロはキリストを場所としてか、それとも手段としてたとえているのか。これが議論の分かれるところとなっている。主日礼拝説教においてそこまで敢えて立ち入って講解する必要はないであろう。辞典類で調べてみても一応両方の解釈が紹介されている。祭儀的な説明をする必要がないことを考慮すれば、キリストを供え物と解釈したほうが説教の組み立ては確かにしやすい。そうした理由で新共同訳は「供え物」と訳したのかもしれない。

　ただ、ルターはローマ書講義において「場」の解釈をとっている。そのためかルター派神学者ニグレンも原義にこだわり「座」と理解する。ニグレンは、キリストが「蓋」という物にたとえられることに躊躇しない。なぜならばその座において、神御自身が啓示することが出エジプト記に記されているからである。「わたしは掟の箱の上の一対のケルビムの間、すなわち贖いの座の上からあなたに臨み、わたしがイスラエルの人々に命じることをことごとくあなたに語る」（出エジプト記二五・二二）。

歴史の中の普遍性

いずれの解釈をとろうとも説教の際に重要なのは、キリスト自身が血を流したということ、それによって贖いが成し遂げられたということである。贖いの座に振りまかれた血はキリストの血であり、贖いの手段としての犠牲はキリスト御自身であった。パウロの主張もここにある。

二六節は、ここまで述べてきた二一節から二五節までのひとつひとつのエッセンスを、中にギュッと押し込んだような節である。「今まで人が犯した罪」は、そもそも神の義に相反する。これまでは律法が養育係（ガラテヤ三・二四）、あるいは「後見人」「管理人」（同四・二）として戒め導いてはきたが、人の罪はいっこうになくならない。けれどもそのまま放置しておくわけにはいかない。そんな神の思いを擬人化した表現が、「忍耐」である。

神の忍耐は、やがてキリストの到来によって終わりを告げる。「今この時に（エン・トゥ・ヌーン・カイロウ）」、新しいアイオーンを迎えたことで神の忍耐は必要なくなったのだ。ここでパウロが意識した「今」というカイロスは、もちろん彼が生きていた今、手紙をしたためていた当時の今を直接には指すのだが、その瞬間だけに当てはまるわけではなく、それを越えて以後の歴史の時間すべての「今」でもある。即ち、点としての一次元的な今でなく、直線の広がりをもつ二次元的な今である。そして「今この時」示された神の義は、とりもなおさず唯一回の出来事、キリストの十字架によって示されたのである。わたしたちが生きる「今」もまた、パウロがいう「今この時」というカイロスの中に含まれているので、キリストの十字架は、たった一度の過去の出来事ではなく、わたしたちの今にも及んでいる。パウロの「今」とわたしたちの「今」は、神の時間・カイロスの中という同時性を共有している。

たった一度の十字架が、神の義を示した出来事でもあったことをパウロは明らかにしてくれた。同じカイロスに生きるパウロとわたしたちは、十字架によって必然的に神の義をも共有しているのである。「ユダヤ人もギリシア人も罪の下にある」と言い切るパウロは、今というカイロスを持ち出すことで、パウロ以後を生きるすべてのキリスト者たちをもつなげてしまう。即ち空間的にも時間的にも普遍性をもつ十字架と神の義を示しているといえよう。

二六節の最後のところで、パウロは再度、神の義の二義性を明確に示す。「御自分が正しい方であることを明らかにし、イエスを信じる者を義となさる」。神は本性においても行為者としても義なのである。キリストの十字架が成し遂げ、そして啓示した義なのである。

参考文献

Anders Nygren, *Commentary on Romans*, Fortress Press, 1949.
小川修パウロ書簡講義録刊行会編『小川修パウロ書簡講義録1　ローマ書講義I』リトン、二〇一一年
Luther's Works, Volume 25, Lectures on Romans, Glosses and Scholia, Concordia Publishing House, 1972.
「ローマ書講義　下」、『ルター著作集』第二集第九巻、聖文舎、二〇〇五年

ローマの信徒への手紙　三章二七―三一節

片柳　弘史

はじめに

「正しい者はいない。一人もいない」（一〇節）の言葉で知られる通り、パウロはローマの信徒への手紙三章において、誰一人、自分の行いによって義とされる者はないという原則を示し、人間の義はただイエス・キリストを信じることによってのみ与えられると主張している。この主張をさらに展開し、人間は律法の行いによってではなく、信仰によってのみ義とされると主張するのが今回取り上げる二七―三一節である。人間の誇りを完全に拭い去ってすべての栄光を神に帰し、ただ純粋な信仰を持って神の前に立ちたいというパウロの願いは、すべてのキリスト信者、とりわけ牧会・司牧の役務に着く者に共通するものだろう。わたしたちは、自分を立派な者とするため、自分の栄光を手に入れるために働くのではない。イエス・キリストによってもたらされた救いの偉大さを告げ知らせるため、「神の大いなる栄光」を告げ知らせるためだけに働くのだ。

一　行いの法則と信仰の法則

二七節においてパウロは、人の誇りは「信仰の法則」によってすべて取り除かれたと述べる。「行いの法則」によれば、人は自分を誇ることができるかもしれない。しかし、「信仰の法則」によれば、誰一人自分を誇ることなどできないというのだ。

「行いの法則」とは何だろうか。自分の意思と決断、力によって何かを行うことで、自分自身を立派な者、価値ある者にできると考える人類に共通の心の動き。「自分は優れた人間だから神から義とされて当然」と考える人間の傲慢のことだろう。この法則に立つときにのみ、人間は自分を誇りうる。この法則からは、自分と同じことを行えない隣人に対する軽蔑、自分よりもより多くのことを行える隣人への劣等感が生まれる。この法則に従って生きる人は、絶えず人と競争し、自分の義を自分の行いによって証明し続けなければならない。行いによって自分の価値を証明できなくなれば、自分で自分に自信を持てなくなってしまうからだ。行いによって自分を高い所に置くこと、誰かを自分の下に置くことによってしか自分に自信を持つことができないようにする「行いの法則」は、人類にかけられた一つの呪いと言ってもいいだろう。そこから、争いや妬み、悪意、陰謀、侮蔑、誹謗中傷など、人間を苦しめるさまざまな悪が生まれてくる。

パウロは、「人が義とされるのは律法の行いによるのではなく、信仰による」と考える「信仰の法則」によって、人間の苦しみの源とも言うべき「行いの法則」を断固として拒否する。この法則は、人間の誇りを切り倒すためにパウロが振りかざした斧と言っていいだろう。この法則の前に立つとき、誰も自分を誇って立ち続けることはできない。

そもそも、信仰とは何だろうか。信仰とは、イエス・キリストによって示された神の愛を信じ、神の手に自分のすべてを委ねることだとわたしは考えている。恵みとして無償で降り注ぐ神の愛を受け止め、その愛に答えること、神の愛に答えて自分を無条件に差し出すこと、換言すれば、神を愛することこそが信仰の本質なのだ。神からどれほど愛されているかを実感するとき、わたしたちは神を愛さずにいられなくなる。愛さずにいられなくなって愛するのだから、わたしたちはその愛を誇ることができない。常に神の愛が先行してあり、わたしたちはその愛に突き動かされているだけなのだ。それゆえ、誰も信仰を誇ることはできない。「わたしが福音を告げ知らせても、それはわたしの誇りにはなりません」（Ⅰコリント九・一六）とパウロが述べているとおり、そうせずにいられないことをしても、自分を誇ることなどできないのだ。

信仰をそのように解釈した場合、義とは何だろうか。信仰によって神の愛に立ち返った人間が、「神の子」としての尊厳をとり戻すことこそ義だと考えられる。「放蕩息子の譬え話」（ルカ一五・一一―三二）を思い出せば分かりやすいだろう。放蕩息子の父親の愛は、どんなときにも息子に注がれている。息子が父から離れ、父を悲しませるようなことをしたときにもその愛は変わることがなかった。息子が回心し、「もう息子と呼ばれる資格はありません」と父に告白したとき、父は息子に服や指輪、履物などを与え、どんなことをしても息子は息子であり、父の愛は変わらないことを知らせた。これを神とわたしたちの関係に置き換えるならば、神の愛はどんなときにもわたしたちに注がれている。自分の罪深さに気づいて神のもとに立ち返るとき、わたしたちは「神の子」としての尊厳をとり戻して救われるということだ。信仰による救いとは、神の愛に気づいて神に立ち返ることによる救い。父なる神の愛の腕に抱かれて、父を抱きしめ返すときにもたらされる救いだと言っていいだろう。

自分の力でどれほど大きな業績を上げ、立派な行いをしたとしても、神に背を向けている限り、わたしたちはついに神の愛がなんであるかを知ることがなく、「神の子」としての尊厳をとり戻すこともない。放蕩息子の兄は、自分がこれまで父の言いつけどおりに働いてきたことを誇り、弟を見下している。しかし、この兄が父の愛の深さを知り、父を心の底から愛していたかどうかは疑問だ。「わたしが友達と宴会をするために、子山羊一匹すらくれなかったではありませんか」という兄の言葉には、自分のよい行いに報いを求める兄の心がはっきり表れている。罪人でありながら父に愛され、父の下で働くことができること自体への感謝がない。この兄が父の本当の愛を知るのは、自分が罪人であることに気づき、それでもゆるし、受け入れてくれる父の愛に触れるときだろう。罪人の自覚がない限り、自分の行いを誇っている限り、わたしたちは神の愛の本当の意味を知ることができないのだ。何も知らずに自己義化の虚しい試みを続けるわたしたちに、父なる神は、「そんなことをしなくても、ありのままのあなたでいい。あなたをありのままに受け入れるわたしの愛に気づいてくれさえすればいい」と呼びかけている。

信仰によって義とされる者、神の大いなる愛の中に抱かれた者は、自分を誇ることが決してない。むしろ、神の愛の大きさの前で、どれだけ自分が小さいものかを思い知り、わたしこそ「罪人の中で最たる者」だと告白するだろう。生きているあいだに、「自分は神の子だ。すみずみまで、神の子にふさわしい生き方をしている」と誇れる者など誰もいないはずだ。このようにして、「信仰の法則」は人間のすべての誇りを取り去り、人間の心をただ神のみに向かわせる。人間は行いによってではなく信仰によって義とされると宣言し、わたしたちが人間らしく、幸せに生きられるのはひとえに神の恵みによることを思い起こさせる「信仰の法則」の前で、誰も自分を誇ることができる者はいない。

二　神の手の中の鉛筆

信仰によって生きる者、神の手に自分を委ねて生きる者は、決して自分を誇ることがない。その例として、貧しい人々の中で苦しんでおられるイエスに自分のすべてを捧げ、「スラム街の聖者」と呼ばれたマザー・テレサを挙げたい。彼女は、人から賞賛を浴びるたびに、「わたしは神様の手の中の小さな鉛筆です。神様が考え、神様が描くのです」と答えていた。画家が小さな鉛筆を使って立派な絵を描き上げたとき、画家を賞賛する人はいても、鉛筆を賞賛する人は誰もいないはずだ。自分は神様という画家の手の中の小さな鉛筆で、ノーベル平和賞などの業績は神様が描いた絵なのだから、自分は誉められるに値しない。もし賞賛するなら、自分ではなく、神を賞賛すべきだというのだ。

神の手の中の鉛筆は、自分の行いによって自分を立派なものに見せようとすることがない。もし鉛筆が画家の手の中で勝手に動きはじめれば、絵は滅茶苦茶になってしまうだろう。神の手の中の鉛筆は、ただ神の御旨のまま、右に左にと動いていくだけだ。自分の力で動くわけでもない。神の手の中の鉛筆は、神の手でがっちりと握られているからこそ動くことができるのだ。こうして、神の手の中の鉛筆には、何一つ自分に誇るものが残らない。自分の思ったままに動きたい、自分の力で動きたいと望むとき、鉛筆は鉛筆としての資格を失ってしまう。

信仰を生きる、神の手に自分を委ねて生きるとはこのようなことだろう。わたしたちは、自分で描きたい絵を勝手に描き、それによって自分が賞賛されることを求めていないだろうか。自分の力で勝手に動いて、「もうこれ以上は動けない」と音をあげていないだろうか。そのことを改めて問い直したい。自分が勝手に動いていた、自分の力で動こうとしていたと気づいたならば、そのときこそ、神の手の中に戻るときだ。あきらめてすべてを投げ出すのではなく、「もう駄目です。これから先は、あなたが私を使ってしてください」とすべてを神の手に委ね、

「神の手の中の小さな鉛筆」であることに徹したいと思う。

三　行いの意味

人間は、行いによって義とされるのではなく、信仰によって義とされる。このことには何の疑いもない。しかし、だからと言って「行いはなくてもよい」ということにはならない。信仰が、父なる神の愛に答えて神を愛する営みであるとするならば、それには必ず行いが伴うからだ。むしろ、愛は、その人の行いの中にこそあると言ってさえいい。口先でどれだけ愛の言葉を並べたとしても、その中に真実の愛はない。愛は、自分自身を、愛する相手のために差し出すときにのみ真実なものとなる。愛するとは、愛する誰かのために自分のすべてを投げ出すということに他ならないのだ。

恋に落ちた若者は、好きな誰かのために自分の生活をすべて整えていく。恋する若者にとって、一番大切なのは恋人と一緒に過ごす時間であり、彼が考えているのは、どうしたら恋人を喜ばせることができるかということだけだ。もし、そのようにならないとすれば、その若者は恋人を本当に愛してはいないのだ。神を愛する者にも、このことが当てはまる。神を中心として生活のすべてを整え、神とともに過ごす時間を何としても作り出そうとする。神を愛する者は、どうしたら神を喜ばせることができるかということだけを考え、神を悲しませるようなことだけは絶対しないようにする。もしそうならないとすれば、その人は心の底から神を愛しているわけではないのだ。このようにして、神への愛としての信仰は、わたしたちの生活をすみずみまで整えるための規範となる。

神を愛する人は、何をするにしてもまず「わたしがこのことをしたら、神は喜ぶだろうか、それとも悲しむだろうか」と自問し、祈りの中でその答えを神に問いかける。神を愛する人は、自分が話したいことではなく、神が自分を通して話したいことだけを話そうとする。神を愛する人は、自分が見たいものではなく、神が自分に見せたいものだけを見ようとする。神を愛する人は、自分が行きたいところではなく、神が自分を遣わしたいと願うところにだけ行こうとする。神のためには、自分の持ち物もプライドも欲望も、自分自身の命さえも差し出してしまうのが愛なのだ。「神よ、あなたを愛します」と聖堂で祈ったとしても、外に出た途端に誰かの悪口を言うなら、その人は心の底から神を愛しているわけではない。愛の掟に従って自分のプライドを差し出すことを頑なに拒んでいるからだ。困っている人の手助けをするのを拒む人も、神を真剣には愛していない。愛の掟に従って自分自身を差し出すのを拒んでいるからだ。こうして、神を愛する人は神への愛ゆえに自分のすべてを差し出さずにいられなくなり、自分の手元には何も残らない。神への愛は、わたしたちからすべてを奪い取っていく。わたしたちに残るものがあるとすれば、それは神からどんなときにも無条件に愛されていると実感し、神に感謝する喜びだけだ。

「大切なのは、どれだけ大きなことをするかではありません。小さなことに、どれだけ大きな愛をこめられるかです」とマザー・テレサは言う。自分がしている仕事を「大きい」「小さい」で判断し始め、「小さなこと」を面倒だと思うようになったなら、それはわたしたちの心が神への愛を失ったしるしだと考えていい。神への愛を失ってしまえば、どれほど「大きいこと」を積み上げたとしても、神は決して喜ばないだろう。むしろ、自分の栄光だけを追い求め、神のこと、隣人のことをすっかり忘れてしまっているわたしたちを見て悲しまれるに違いない。どれほど大きなプレゼントであったとしても、それが空箱ならば誰も喜ばない。神への捧げものとしての信仰の行いにおいても、そのことが当てはまる。

四　割礼の本来の意味

三〇節においてパウロは、「神は、割礼のある者を信仰のゆえに義とし、割礼のない者をも信仰によって義としてくださる」と述べ、人が義とされるのは、律法の行いによってではなく、信仰によってであることをより明確にする。

割礼は、神からアブラハムに与えられた指示に基づくものであって、ユダヤ人に対する神の愛のしるしとしての重大な意味を持つ。そのしるしによって、自分が神の民とされたことを思い起こし、常に神への感謝を忘れないならば、割礼はユダヤ人の救いのために神が特別に与えた恵みだとさえ言える。

しかし、割礼が何のために与えられたのかを忘れ、割礼を行うことそれ自体に意味を認めるなら、そして割礼を行う自分たちを誇るなら、それは本末転倒である。割礼は、ユダヤ人たちを自らが罪人であることの自覚へと導き、神以外に救いがないことを思い起こさせる限りにおいてのみ意味がある。もし割礼を行うことによって自分たち自身に正しさがあると思い込むならば、ユダヤ人は神への感謝を失い、神の愛から遠ざかるだろう。神の前に、すべての罪をゆるされた「神の子」として立つ義から遠ざかるだろう。割礼を受けた者が義とされるとすれば、それはただ、神への信仰、神への愛のみによるのだ。

人間は、神の前で遜《へりくだ》るようにと与えられたしるしさえも自らの義として誇ることがある。それほどまでに罪深い存在であることを忘れないようにしたい。例えば、わたし自身はカトリックの司祭として叙階の秘跡を受けている。この秘跡において、すべての司祭は、自分の罪深さをはっきりと認め、これ以後はただ神の力によってのみ生かされる者となることを決意する。誰も、自分の力で司祭職を担い抜くことができる者などいないし、初めからすべては神の手の中にあるのだ。しかし、それにもかかわらず、自分が司祭であることを誇り、傲慢に信徒を見下すということが起こってくる。司祭職を続けているうちに、まるで自分自身に司祭職を執行する力があるかのように思い込んでしまうのだ。司祭が司祭として生き続けられるとすれば、それは日々、自分の罪深さ、弱さ、不完全さを思い起こし、ただひたすら神の恵みにより頼むことによる。日々、回心して神に立ち返ることによってのみ、司祭は司祭たることを得るのだ。自分の力を誇る司祭は、司祭の名に値しない。

おそらく、イエス・キリストを信じて集まるすべての人々のあいだで同じことが起こりうるだろう。教会の役務や儀礼さえ、自分を義とするための行いになりうる。人は信仰によってのみ義とされるということを、教会生活のあらゆる場面で思い起こしたい。

五　律法の確立

人が義とされるのは、律法の行いによるのではなく信仰によるという主張を繰り返してきたパウロが、本章の最後、三一節においては「わたしたちは信仰によって、律法を無にするのか」と自らに問い、「決してそうではない。むしろ、律法を確立するのです」と、意外とも思える答えを与えている。「わたしが来たのは律法や預言者を廃止するためだ、と思ってはならない。廃止するためではなく、完成するためである」（マタイ五・一七）というイエス自身の言葉とも深く響きあうこの発言の真意は何であろうか。

そもそも律法とは何か。「神の民」として選ばれたものの、まだ右も左もわからないユダヤの民を導くために神が与えた掟であり、目的は、その掟を守ることによって人々が神の前にとどまることにあると考えられる。律法は、人間が人間にふさわしい姿で、すなわち自分自身を誇るのではなく罪人として神の前に立つための指針だと言っていいだろう。その本質は、罪人であって神の愛に値しない自分たちが、神の一方的な恵みによってゆるされ、愛されていることを絶えず思い起こし、神を愛することにある。

しかし、人間はその目的をないがしろにし、自らの罪深さ、神の恵みへの感謝を忘れて、律法の行いによって自らを誇るという愚挙に出た。そのため、イエス・キリストが現れ、律法に本来の目的をとり戻したと考えられる。律法を「完成する」とはその意味であろう。「安息日は、人のために定められた。人が安息日のためにあるのではない」（マルコ二・二七）というイエスの言葉に端的に表れているように、律法は、それを守ること自体に意味があるわけでなく、人間が神の前に立ち、神によって義とされるために役立つ限りにおいて意味があるのだ。折に触れて自らの人間としての分際を思い起こし、傲慢を打ち砕かれるため。遜って神にゆるしを求め、神の前に立つために役立つことにおいて、律法はその意味を全うする。「信仰の法則」によって人間の心に潜んだ「行いの法則」を徹底的に打ち砕くとき、律法は「確立される」のである。

まとめ

人は、律法の行いによってではなく、ただ信仰によってのみ義とされるとするパウロの主張は、すべてのキリスト教徒にとって信仰生活の出発点に置かれるべきものである。人間は、どうしても目に見える人からの評価を求めてしまいがちなものであるが、人からの評価がどれほど高くなったとしても、わたしたちがそれだけで救われることは絶対にない。その評価は行いによるものにすぎず、行いがなくなれば消えてしまうからである。どれほどの賞賛も、所詮、「……を行った人だから」という条件付きの賞賛にすぎないからである。父の元に帰った放蕩息子のように、ただ自らの罪深さに打ちひしがれ、神の無償の愛、無条件の愛に包まれて安らぐときにだけわたしたちは救われる。そのことを、改めて心に深く刻みたい。

ローマの信徒への手紙　四章一―八節

徳田　宣義

文脈的考察

当該箇所は、創世記と詩編の引用があり、旧約聖書との関わりを持つ。それだけではない。他のローマ書の箇所とも深く関係している。ワルケンホーストは、第三章三一節の結論は、第四章の説明文を必要とすると語り、ヴィルケンスは、第三章二七―三一節は当該箇所と密接につながっているとしている。

たとえば、ヴィルケンスが指摘する第三章二七節においてパウロは、「では、人の誇りはどこにあるのか。それは取り除かれました。どんな法則によってか。行いの法則によるのか。そうではない。信仰の法則によってです」と語る。この節は、当該箇所と密接につながっている。この信仰の法則が、信仰の父・アブラハムにも適用されるからである。

第三章二八節も同様である。「なぜなら、わたしたちは、人が義とされるのは律法の行いによるのではなく、信仰によると考えるからです」。当該箇所第四章二―三節には、「もし、彼が行いによって義とされたのであれば、誇ってもよいが、神の前ではそれはできません。聖書には何と書いてありますか。『アブラハムは神を信じた。それが、彼の義と認められた』とあります」とある。「行い」、「信仰」、「義」が、第三章二七節以下と当該箇所の問題とされている。したがって第三章二七節以下のパウロの主張は、第四章においてアブラハムの事例を用いて裏付け作業がなされ、同じ主題が続いていると観察することができる。当該箇所は、その観点の下で読まれるよう配置されている。我々は、当該箇所の固有性を知るために、ここに至るまでのパウロの文脈を踏まえる必要があるであろう。

信じることで義とされる道。旧約時代から続くこの道に立ちながらパウロは、唯一の神によって創造されたすべての民と神の民イスラエルは、キリストの十字架の贖いというただ一つの道によって、キリストの名を信じることで、アブラハムのように義とされ、ダビデのように罪赦されると語る。パウロは、神の救いの事実を、アブラハムとダビデという肉体を持った人間をとおして明らかにしようとする。アブラハムとダビデに、信仰の本質が現れているからである。

アブラハム論がはじまる

一節「では、肉によるわたしたちの先祖アブラハムは何を得たと言うべきでしょうか」。

当該箇所直前の第三章二七節以下の裏付けのために、旧約聖書の代表的人物アブラハムが用いられる。「得た」と訳されているエウレーケナイは、「見出した」「手に入れた」とも訳し得る。プロパトラには「最大の先祖」という意味が含まれている。ユダヤ人たちは、アブラハムを最も偉大な先祖としていた。「肉による」は、ユダヤ人の血筋ということである。我々キリスト者は、アブラハムについてどのように考えるべきであろうか。理解の鍵は、アブラハムが何を「得た」のか、どのように「見出した」のか、いかにして「手に入れた」のかというところにある。このことは、我々キリスト者が「得た」もの、「見出した」もの、「手に入れた」ものとは何かということと当然重なるからである。

＊一節には、本文の問題がある。(ⅰ)プロパトラ(先祖)とする写本とパテラとする写本が存在する。クランフィールドは、プロパトラは新約聖書のどこにもないことから、より難しい読みを本来のものとする。新共同訳も同様の結論である。(ⅱ)エウレーケナイ(得た)が、(a)エルーメンの後に位置する写本、(b)へモーンの後に位置する写本、(c)欠落している写本が存在する。口語訳は(c)を採用するが、新共同訳と現代の多くの学者たちは(a)を支持している。

神の前で誇ることはできない

二節「もし、彼が行いによって義とされたのであれば、誇ってもよいが、神の前ではそれはできません」。この未知の教会の協力を得て、スペイン伝道を考えていた。しかし、パウロは献金をエルサレムに届ける必要があり、すぐに行くことができなかった。そのような中で、パウロは、パウロの異邦人への伝道を巡る論敵が、ローマ教会に対して、何らかの影響力を持っていたと推測していた。皇帝クラウディウスによるユダヤ人追放令(紀元四九年)の際、ローマ教会は対象となるほど異邦人とユダヤ人による混成教会であったようである。ローマ教会は、ユダヤ教的影響を受けながら、追放令後、異邦人教会として発展したと考え得るであろう。しかし、皇帝クラウディウスの死後、紀元五四年に追放令が解除され、ユダヤ人たちの帰還に伴う異邦人キリスト者とユダヤ人キリスト者の信仰理解の問題がローマ教会に起こったのであろう。これらの状況を視野に入れながら、パウロはローマ書第四章において、パウロに反対するユダヤ人キリスト者たちの主張を予測し、批判に答えるためにユダヤ教的な問題を論じているという側面も無視することはできない。アブラハムが「行いによって義とされた」は、パウロの想定しているユダヤ人キリスト者の主張なのである(Ⅰマカバイ記二・五二参照)。

創世記第二二章にアブラハムが、息子イサクを神に献げるために祭壇を築き、屠ろうとする物語がある。ユダヤ教では、ひとり子さえ献げるアブラハムは自分の行いと功績によって義とされたと理解されている。アブラハムは人間の内で最も誇り得る存在である。「神の友」(歴代誌下二〇・七、イザヤ書四一・

八）とさえ呼ばれている。義とされる理由を持つ。しかし、このようなアブラハム理解は、聖書の語る内容と重ならないとパウロは考える。創世記第一五章五節において、アブラハムは、神の言葉を聞いたとき信じたのであり、同六節において、義と認められた。イサクを献げる前の出来事である。したがって、イサクを献げる物語は、行いによって義とされたという物語ではなく、信仰が行為となってあらわれた結果であることがわかるのである。

「誇る」とある。パウロはローマの信徒への手紙第二章一七、二三節でユダヤ人の律法の誇りについて言及していた。人間の誇りについては、第三章二七節で、次のように記していた。「では、人の誇りはどこにあるのか。それは取り除かれました。どんな法則によってか。行いの法則によるのか。そうではない。信仰の法則によってです」。ユダヤ人の律法の誇りと人の誇りは、取り除かれたとある。当該箇所の「義とされる」は、裁判用語である。神が、人の行いをご覧になって裁かれるとき、アブラハムには、神の前に誇るものはないというのである。

パウロは、第三章までで語った義の問題を論証するために、そして、行いによって義とされると信じるパウロに反対するユダヤ人キリスト者たちの主張を崩すために、続く三節において創世記第一五章六節を引用する。

信仰の義・アブラハムの模範

三節「聖書には何と書いてありますか。『アブラハムは神を信じた。それが、彼の義と認められた』とあります」。

年老いたアブラハムには、子供が生まれる可能性はなかった。アブラハムは、神の力に期待することを止めて、自分の力で問題を解決しようとした。奴隷に子供を産ませ、養子にすることを考えていたのである。そのようなアブラハムを、神は天幕の外に呼び出された。神が星の数のように子孫を与えると約束してくださった。アブラハムは、自分の現実だけを見つめることを止めて、神を見上げ、神だけが導いてくださると神の言葉を信じた。その信仰が、義と認められたのである。

三節のエロギスセーは「認められた」と訳されている。原形はロギゾマイである。「計算する」「勘定に入れる」「算入する」「考慮に入れる」「評価する」という意味がある。ここでは、受身として使われていることが重要である。義を作り得ないアブラハムに値打ちがなくても、計算が不釣り合いだとしても、等しいかのように神が認めてくださった。計算してくださった。考慮に入れてくださった。評価してくださった。神がすべてをしてくださった。アブラハムは徹底的に受身なのである。

「義」は、法廷で用いられると同時に、家族、部族、国家における健全な関係の回復をも意味する。人間関係が、我々の幸せと不幸に大きな影響を与えることを否定することはできない。ここでは、神と人間との関係が回復するという意味を持つ。我々の存在に関わる最も大切な関係である。神の前での罪が無罪とされるだけではなく、間違っていた関係が正され、神との関係が回復されるというのである。フォン・ラートは、「義と認められた」という表現について、神の前で行われる祭儀的な宣言であると説明している。アブラハムは自分の業を義と見積もられたのではなく、ただ神を信じその信仰を義と認められ、祭儀における正しい犠牲のように神によって義と認められたのである。したがって、アブラハムの血筋を受け継ぐのではなく、アブラハムの信仰を受け継ぐことで、異邦人キリスト者とユダヤ人キリスト者は、アブラハムを信仰の先祖とすることができるのである。

アブラハムが義とされたのは、割礼と律法の前である（ローマ四・九―一二参照）。信仰による救いこそが、律法の民にも、異邦人にも及ぶ救いの源となる。アブラハムが得たものは、信仰による義であり、割礼を受ける前に、律法を得る前にこの幸いを得、信仰の先祖の頭となったのである。

報酬は恵みではない

四節「ところで、働く者に対する報酬は恵みではなく、当然支払われるべきものと見なされています」。

パウロが、創世記第一五章六節をどのように理解しているのか、この四節と続く五節の論述によってわかる。「働く者に対する」と訳されている言葉には、宗教的な報いのために働く者、その権利を誇る者という意味が含まれている。労働に対する正当な報酬が支払われるとすると、それは恵みではなくなる。労働に対する賃金という仕方で、アブラハムの信仰を理解することはできない。どんなに優れた行いも、神の御前に義と認められることを求める権利はない。我々は、どうあっても義を取り戻すことのできない罪人だからである。

「当然支払われるべきもの」には、「責務」という意味がある。神が我々の行いに対して、責務を負っておられ、我々が、それを取り立てる側になるということはあり得ない。神の前に、これだけよいことをしたのだから、神は我々を救わなければならないという権利は、人間には一切ない。神が提供くださるものを、我々はいただくだけなのである。

信仰が義と認められる

五節「しかし、不信心な者を義とされる方を信じる人は、働きがなくても、その信仰が義と認められます」。

四節「働く者」の自分の行いが義とされることを信じるという信仰に対して、五節では、「不信心な者を義とされる方を信じる」信仰が対立的に記されている。

「不信心な者」と訳されているアセベーは、七十人訳の申命記第九章五節において、神に逆らう民族を一般的に特徴づける語として使用される。ローマの信徒への手紙第一章一八節では、アセベイアンとアディキアン（不義）と二詞一意的に結合され、罪に満ちた異邦人の世界を告発する言葉として用いられている（太田を参照）。したがって、神に義とされる前のアブラハムは、第一章一八節以下にある異邦人のように「不信心な」、つまりまことの神を失っている状態であった。このような「不信心な者」が働きなく、「不信心な」ままに、「不信心な者を義とされる方」を信じる信仰によって義と認められるとパウロは語るのである。

七十人訳聖書の出エジプト記第二三章七節によると、「不信心な者」を義とすることは、イスラエルの裁判所において禁じられていることであった。人間の裁判でさえ、罪人の罪をそのまま赦すことは有り得ない。しかし、神が行われる裁判において、我々のためにキリストがおられる。アブラハムが信じて義とされた信仰による義は、キリストによって全く新しい深みが与えられるのである。

神から義とされた人の幸い・ダビデの祝福

六節「同じようにダビデも、行いによらずに神から義と認められた人の幸いを、次のようにたたえています」。

ダビデの作とされている詩編第三二編の言葉を引用して、行いなしに義とされ、罪の赦しを受けた幸いな人としてパウロはアブラハムと同じようにダビデを紹介する。旧約聖書の律法において、一つの事柄を証明するためには、二人の証人がいるからである。先祖アブラハム、そしてイスラエル十二部族を統一し、王国を建設したダビデ、この二人が証人としての説得力を持つのである。

それだけではない。六節の「認められた」は、三節の創世記第一五章の引用「認める」と同じ語である。ユダヤ教のラビの釈義では、ある節の言葉を解釈する際、同じ言葉が使われている他の節を用いて解釈するという方法をとる。パウロは、その原則に倣う。三節でアブラハムが義と「認められ」、六節でダビデも義と「認められた」事例を用い、自らの検証作業が旧約聖書においても確かなことであると強調するのである。さらに五節「不信心な者を義とされる方を信じる人は、働きがなくても、その信仰が義と認められます」の「認められます」も同じ語であり、八節「罪があると見なされない」の「見なされない」も、原形は同じ語である。四節でもこの語が使われている。当該箇所に五回用いられている。神に罪を認められず、罪があるとみなされず、神に義と認められたのが、アブラハムであり、ダビデであるとパウロは読み手に強く伝えるのである。

サムエル記下第一二章一三節にこのようにある。

「ダビデはナタンに言った。『わたしは主に罪を犯した。』ナタンはダビデに言った。『その主があなたの罪を取り除かれる。あなたは死の罰を免れる』」。

ダビデの罪の出来事はサムエル記下第一一章以下にあるが、この罪の告白・悔い改めに対して、預言者ナタンは主があなたの罪を取り除かれると宣言した。当該箇所六節の「行いによらず」は、コーリス・エルゴーンの訳語であり、ローマの信徒への手紙第三章二八節ではコーリス・エルゴーン・ノムー（律法）となっている。ここから「行いによらず」とは、律法の行いによらずということがわかる。罪の赦しは、人間のどのような行いによってもできない。パウロは、神が罪を取り除かれるために、キリストを遣わしてくださったことを信じている。したがって「行い」ではなく、すべてが神の恵みである。このことを具体的に述べるため、パウロは、七節と八節においてダビデの詩編を有力な証言として引用する。

七節「不法が赦され、罪を覆い隠された人々は、幸いである」。

八節「主から罪があると見なされない人は、幸いである」。

罪は、自分でどうこうできる問題ではない。だからこそ、罪によって我々は苦しむ。ダビデは、罪を神に告白するまで、苦しみ続けた。神に罪を隠すということは苦しいことであるとダビデが示している。その苦しみの由来を、七節の「不法」と「罪」を複数形にすることで表現する。そのような不法と罪が「赦される」と続く。「赦される」には罪を「取り上げて、背負って運ぶ」という意味がある。そうやって罪が自分のものではなくなるというのである。同七節に「覆い隠され」とある。神が罪に覆いをかけてくださるというのである。八節の「見なされない」は、裁判用語である。罪は、罪としてもう見なされないというのである。我々が、償いきれない罪を犯しているにもかかわらず、取り上げて、背負って運ばれ、罪と関係ないものとされる。それは、神が罪を覆い隠してくださり、罪とみなされないからである。神が、そのように判定くださる。神にそのようにされたダビデは「幸い」である。神に罪を告白したダビデは神を信じていた。この信じている神によって罪の赦しを受けた人の代表、それがダビデなのである。

イスラエルに与えられた神の言葉が、キリストによって実現した。キリストをとおして、神は我々をご覧になる。我々が救われるために神は働いてくださる。アブラハムのように我々の信仰を義としてくださる。ダビデのように我々の不法が赦され、罪が覆い隠され、罪があると見なされなくなる。キリストを信じる。そのことだけが罪の解決される唯一の道である。今、我々が生かされているアブラハムに与えられた恵みの中でなら、ダビデと同じ祝福の中でなら、神の恵みに支えられ、我々は生き続けることができる。我々は神の言葉によって、自らの試練を捉え直すことができる。自己に頼るだけの生き方から目をあげて、神の言葉の力を信じる生き方ができる。それが、神に造られた人間らしい生き方となる。罪の赦しをもたらしたキリストへの信仰が異邦人にも、イスラエルにも共通の救いの源泉となったのである。

参考文献

K・ワルケンホースト『信仰と心の割礼——ロマ書の解釈一—四章』中央出版社、一九七八年
P・アクティマイアー『ローマの信徒への手紙』（現代聖書注解）村上実基訳、日本キリスト教団出版局、二〇一四年
ウルリッヒ・ヴィルケンス『ローマ人への手紙』全三巻（EKK新約聖書註解）岩本修一ほか訳、教文館、一九八四—二〇〇一年
太田修司『パウロを読み直す』（聖書学・論文双書2）キリスト教図書出版社、二〇〇七年
関根正雄『ローマ人への手紙講解　上』（関根正雄著作集18）新地書房、一九八八年
加藤常昭『ローマ人への手紙1』（加藤常昭説教全集2）ヨルダン社、一九九〇年
榊原康夫『ローマ人への手紙講解2』教文館、二〇一〇年
C. E. B. Cranfield, *The Epistle To The Romans*, vol. 1, ICC, T&T Clark, 1975.

ローマの信徒への手紙　四章九―一二節

加藤　常昭

一　テキストと出会う

私は学生時代、竹森満佐一牧師の吉祥寺教会で過ごした。竹森牧師から与えられた教えは今も生きている。あるとき、教会員に聖書の読み方を説いていた時、竹森牧師は、聖書を読みながらアンダーラインを引かないようにとかなり厳しく言われた。理由は、その後、線を引いたところしか読まなくなるであろう、ということであった。異論もあるであろうが、そのときはなるほどと思った。それ以後、傍線を引いて読んだことはない。

傍線を引きながら読むひとにとって、ローマの信徒への手紙は傍線だらけになる文書であろう。しかし、そのようなひとの聖書をのぞいてみると、この区分のところに、どれだけ線が引いてあるであろう。第三章、第五章が、線でいっぱいになっているであろうと思うだけに、ここはさびしくなるのではないか。説教をする者にとっても最初の印象はそうであるかもしれない。連続で講解説教をしていなかったら、ここは無視されるかもしれない。少々くすんだ色彩のテキストと思われるかもしれない。しかし、果たしてそうであろうか。よく聴き取ると、ここにも宝の山が隠されていることに気づくのではなかろうか。

言うまでもないが、この箇所は、より大きな区分の一部である。第四章の一節から、アブラハムについて語り始める。その途中である。新共同訳では、一二節で区切られるが、一三節以下もアブラハムを語り続けているのである。

九節が既に「この幸いは」と語り始める。前節を受けている。ダビデのこころを歌うと理解される詩編第三二編の引用を受けている。詩編が二度繰り返した「幸い」という言葉をそのまま受け止める。それはただそれだけのことではないであろう。当時の代表的なヘレニズム哲学はストア派のそれであった。パウロとほぼ同時代人であった小セネカもまた幸福についての著作があるが、当時の人びとも当然幸福を願い、哲学者たちも、それに答えようとした。幸福をこそひとは願い、それに応えることが哲学者の務めであった。しかし、皇帝ネロの名とともに記憶される政治家でもあったセネカも、最後は風呂に入って血管を切って自死したように、地上の歩みに幸福を見出すことはできなかった。福音を伝道する者も、幸福論を排除しない。三谷隆正の『幸福論』が示す通りである。パウロも幸せに生き、幸せを語った。福音に生きるということは、主イエスご自身が山上の説教を、幸いを告げることからお始めになったように、幸いに生きることとであった。

詩編第三二篇を、ダビデが自分の幸いを歌ったと理解したとき、ダビデもまた幸いなひとであった。それは、不法が赦され、主なる神から罪人として審かれることがなかったからである。バト・シェバを無理やり妻とし、その夫を間接的に抹殺した王ダビデの生涯は、竹森牧師が『ダビデ』と題して説教集を出したとき、「悔いくずおれし者」と副題を付けたように、赦しがあったからこそ生きられた罪人の生涯であった。そして、まさしくそれ故に幸いなものであった。

もともとこのテキストが語っているのは、アブラハムのことである。ただ六節で「同じようにダビデも」と言って、ダビデ論を挿入しただけである。そのとき、アブラハムとダビデとどこで同じかと言えば、「行いによらずに神から義と認められた人」（六節）という点であった。自分の義の行いによらず、神の憐れみによって義人と認められたのである。信仰によってのみ義とされたと、こちら側の条件も述べ得たであろうが、全く神の側の行為のみを語っている。全くただ神の憐れみによってのみ義とされたのである。第三章二一節以下で既に詳論したことであり、第五章一節以下でまた喜びを込めて告げる神の憐れみによってのみ既に生かされた信仰の祖が、アブラハムとダビデであった。

そのような神の義認の恵みに生かされる幸福、これこそ、ローマの信徒への手紙の主題である。ここで私どももまた、このテキストが告げてくれる福音を聴く。そこでテキストそのものとも出会うのである。

二　割礼を問う

パウロは、主題をここでは割礼論として展開する。しかも、手紙の読み手に問うている。ローマの教会の人たちに問うている。「では、この幸いは、割礼を受けた者だけに与えられるのですか。それとも、割礼のない者にも及びますか」。

使徒言行録第一五章が伝える使徒会議、それにはパウロも出席していたが、その頃、おそらくユダヤ人でキリスト教会の伝道者になっていた者のなかに、無割礼の異邦人がキリスト者になるに際して、洗礼のみならず割礼を受けることを求める者がいた。その是非をめぐり、使徒たちが会議を開いたのである。そして、そのような「重荷」を異邦人に負わせることはないと決議した。このときに弁論に立ったペトロは、使徒言行録第一五章一〇節以下によると、こう述べている。「それなのに、なぜ今あなたがたは、先祖もわたしたちも負いきれなかった軛を、あの弟子たちの首に懸けて、神を試みようとするのですか。わたしたちは、主イエスの恵みによって救われると信じているのですが、これは、彼ら異邦人も同じことです」。これで決着はついていたのである。だが教会のなかでは片付いていたものの、ユダヤ教との戦いにおいて、常に、これは大きな主題であったろう。割礼無用との態度決定は、ユダヤ教との間に決定的な溝を作ったであろう。ローマの教会でも割礼は問題になっていたのか。詳細はわからないが、推測し得ることである。

私ども日本のキリスト者の間で割礼そのものが、切実な問題になることはない。そのために説教のなかで割礼を論じることに少々困惑を覚える説教者もいるらしい。しかし、私どもが愛するパウロにとって割礼は大きな問題であったし、私どもにとっても簡単に軽視できることではないのではないか。

問題は、ダビデが知ることを許された幸せの根拠は何であるかということである。選民イスラエルの王ダビデも、もちろん割礼を受けている。神の民の一員であるとのしるしを体に帯びている。祝福を受けるべき根拠を肉体に持っている。イスラエルの人びとは、異教徒の知らない確かな幸せの根拠を得ている。これが歴史を貫いて生き抜く支えになっていた。そうではなかったか。そのようにパウロは問うている。

このことをめぐって、パウロに一大転換が起こっていた。フィリピの信徒への手紙第三章二節以下で、こう書いている。「あの犬どもに注意しなさい。……切り傷にすぎない割礼を持つ者たちを警戒しなさい。彼らではなく、わたしたちこそ真の割礼を受けた者です。わたしたちは神の霊によって礼拝し、キリスト・イエスを誇りとし、肉に頼らないからです。とはいえ、肉にも頼ろうと思えば、わたしは頼れなくはない。……わたしは生まれて八日目に割礼を受け、イスラエルの民に属し、ベニヤミン族の出身で、ヘブライ人の中のヘブライ人です。律法に関してはファリサイ派の一員、熱心さの点では教会の迫害者、律法の義については非のうちどころのない者でした。しかし、わたしにとって有利であったこれらのことを、キリストのゆえに損失と見なすようになったのです。そればかりか、わたしの主キリスト・イエスを知ることのあまりのすばらしさに、今では他の一切を損失とみています」。パウロの過去も誇りに満ちていた。割礼を誇った。割礼を受けているが故の幸福感を知っている。だが、今は違う。

九節後半の表現は不思議である。「わたしたちは言います。『アブラハムの信仰が義と認められた』のです」。明らかに創世記第一五章一六節の引用である。しかし、「聖書が言う」と言って引用せず、「私たちは言う」と言う。原文にはガルという接続詞がある。証拠を挙げるときの言葉である。それならばなおさら、自分たち以外の客観的証拠を挙げればよいが、わたしたちの言葉として聖書を引用する。言い換えれば、わたしたちの信仰告白となっている。信仰の告白として聖書の出来事を受け止め、聖書の言葉を反復している。そう理解すべきではなかろうか。アブラハムにおいて起こったことは、わたしたちの出来事であったのである。

三　アブラハムの信仰

一〇節は、九節後半で語った自分たちの聖書の受け止め方の解き明かしである。どのように聖書を読んでいるかとの表白である。創世記第一二章の旅立ちに始まるアブラハムの生涯のなかで、特に第一五章、第一七章が問われる。

ここでよく注意したいのは、いずれの物語も、ただアブラハムの信仰が語られているのではないということである。いずれも神の言葉が先行している。星空を仰がせながら語られた神の約束の言葉が先行している。そこで既に祝福が告げられる。幸福の約束が与えられる。その神の言葉を受け入れたとき、契約が成立するのである。

しかも、この神の言葉は、多くの罪を赦すものであった。アブラハムも、その旅の途中で、幾たびも愚行を繰り返し、不服従の罪を犯した。しかし、これを義とする神の恵みの言葉は変わらず、アブラハムの旅を導き、その信仰の支えとなった。その生涯において、割礼が求められたのはずっとのちであった。このことは、パウロの時代のラビたちも認めていたことであるとクランフィールドは語っている。

「どのようにしてそう認められたのでしょうか。割礼を受けてからですか。それとも、割礼を受ける前ですか。割礼を受けてからではなく、割礼を受ける前のことです」。

割礼によって支えられる義認、祝福、幸せではなかったのである。

四　割礼の意味

「アブラハムは、割礼を受ける前に信仰によって義とされた証しとして、割礼の印を受けたのです」。

ここでは、フィリピの信徒への手紙第三章と違い、割礼を単なる肉の傷などとは言わない。ファリサイ派とは異なり、アブラハムにおいては、もっと積極的な意味を持ったのである。

割礼を、新共同訳では義とされた「証し」と呼んでいる。これは、「しるし」と訳されることが多い言葉である。ワルケンホーストは、これはギリシア哲学でも多用されたとしながら、レングストルフに従い、まずこの語の背景に、ヘブライ語の「オート」があると考える。これは五感の対象となるべきものである。ノアが仰いだ虹のようなものである。それが「しるし」、「証し」と呼ばれるのは、目に見えていない、霊的現実とも言うべきものの所在、働き、出来事を目に見えるものとして語るからである。特に旧約聖書においては、神との間に成立した契約を語るしるしとなった。ワルケンホーストは、カトリック司祭らしく、このしるしは、「秘跡にも比較される」と書いている。

しるしは、それと認識されればよい。しかし、パウロは、そうは単純には言わない。アブラハムは、しるしとしての「割礼の印を受けた」と言っている。松木治三郎は、しるしが外面的に語りかけるのに対し、印は内面的に語りかけることを意味する、と説く。しかし、むしろ、外から語りかけるしるしを、自分の内面のこととして受け止めることを意味するとするべきであろう。ワルケンホーストは、しるしに対してアーメンということだと説くが、そのほうがわかりやすい。信仰の告白をしていると見ることもできる。信仰をもって受け入れた神の言葉、そこで告げられた神からの契約の言葉を、自分の内面のこととして受け入れ、自分の存在に、その記念の刻みを入れるのである。

このように、アブラハムの信仰を高く評価し、その上で割礼に積極的な位置を与えているということは、どういうことなのであろうか。キリスト者にも割礼を勧める根拠にもなり得るであろう。そうとすれば、われわれも入信に際して割礼を求められ、ユダヤ人ないしはユダヤ教との関係も全く別のものになっていたであろう。

既に第三章で、パウロは割礼についてきちんと書いていたのである。「では、ユダヤ人の優れた点は何か。割礼の利益は何か。それはあらゆる面からいろいろ指摘できます。まず、彼らは神の言葉をゆだねられたのです。それはいったいどういうことか。彼らの中に不誠実な者たちがいたにせよ、その不誠実のせいで、神の誠実が無にされるとでもいうのですか。決してそうではない。人はすべて偽り者であるとしても、神は真実な方であるとすべきです。……実に、神は唯一だからです。この神は、割礼のある者を信仰のゆえに義とし、割礼のない者をも信仰によって義としてくださるのです」。割礼は神の真実を証しするものであり続けた。そしてコロサイの信徒への手紙第二章一一節以下には、このような言葉が出てくる。「あなたがたはキリストにおいて、手によらない割礼、つまり肉の体を脱ぎ捨てるキリストの割礼を受け、洗礼によって、キリストと共に葬られ、また、キリストを死者の中から復活させた神の力を信じて、キリストと共に復活させられたのです。肉に割礼を受けず、罪の中にいて死んでいたあなたがたを、神はキリストと共に生かしてくださったのです。神は、わたしたちの一切の罪を赦し、……」。

このローマの信徒への手紙のテキストを語るとき、「キリストの割礼」としての洗礼を語ることにも意味があると私は思う。洗礼を受け、新しいイスラエルである教会の仲間のひとりとなるときにも、まず求められるのは、神の約束の言葉にアーメンを言う信仰である。そして、神の約束を証しする洗礼を受ける。自分で神との契約にサインをする。洗礼を受けるということは、もちろん、信仰告白を前提とする。そこで起こった信仰の出来事のしるしであり、印であるのが洗礼である。しるしを受け入れる行為である。

五　アブラハムを父として

「こうして彼は、割礼のないままに信じるすべての人の父となり、彼らも義と認められました。更にまた、彼は割礼を受けた者の父、すなわち、単に割礼を受けているだけでなく、わたしたちの父アブラハムが割礼以前に持っていた信仰の模範に従う人々の父ともなったのです」。

このテキスト区分を締めくくる言葉は、とても丁寧に語られている。「こうして」という言葉を導入としているが、それに留まらない。「こうして」どうなるかと言えば、アブラハムが父となってくれるのである。アブラハムはユダヤ人の祖先であった。「アブラハム、イサク、ヤコブの神」と神を呼んだように、アブラハムは民族の先祖の最初に立つひとであり、パウロにとっても大切な存在であったろう。だが、ここでは、信仰に生きるすべてのひとの父となる。私どももまたアブラハムの子となるのである。キリスト者の哲学者森有正は、アブラハムを愛し、アブラハムを語ってやまなかった。それは明らかに、アブラハムに信仰者の原型を見ていたからである。今生きる私どもの信仰の生活の原型をここに見たのである。

私どもは日本人である。ユダヤ人ではない。その意味で、アブラハムと血のつながりはない。だが、割礼のないままに、ただ信仰に生きた原型をアブラハムに見ることはできる。しかし、それは、私どもがアブラハムを父とするということであって、アブラハムが父となることではない。

私はこう思う。ここでも主役は主なる神である。アブラハムを生かしてくださり、祝福してくださったのは、アブラハムを選び、召し出してくださった主なる神である。そこで始まった救済の歴史の主であられる神は、アブラハムと同じ信仰に生きて、神の恵みを受け入れる者の神となってくださる。あのアブラハムを選び、召し出してくださった神が、今「わたしの神」となってくださる。そしてアブラハムと私を繋いでくださる。その時、私は、深い親近感をもってアブラハムを知る。信仰の系譜が、神の救済のみ手によって支えられて、アブラハムから今日に至ることを知るのである。このことは、アブラハムに与えられた「約束」を主題とする、これに続く一三節以下でも考察されるべきことである。

ここにおけるパウロの叙述の言葉は興味深い。割礼を受けていなくても、信じて生きる者すべてに当てはまることであり、アブラハムは、そのすべての者の父になると言う。しかし、パウロはそこで書き終えていない。割礼を受けている者が、この神の約束から排除されることはない。その意味で、割礼を受けていることが否定的条件になるわけではないのである。ただそこで求められるのは、割礼を受けているという条件に安住しないということである。そうではなくて、「わたしたちの父アブラハムが割礼以前に持っていた信仰の模範に従う」ことが明白な条件となっている。新共同訳がフランシスコ会訳と同じように「信仰の模範」と訳している言葉は、口語訳が「信仰の足跡を踏む人々」とし、文語訳も「アブラハムの無割禮のときの信仰の跡をふむ」としたところである。塚本虎二訳、前田護郎訳も同じである。原文が文字通り訳せばそうなるからである。そして、ここでは、それが特に意味を持つ。アブラハムは割礼を受けた者にとっても父となる。ただし、その人びとが、割礼以前のアブラハムが歩んだ歩みに自分の歩みを重ねるということをはっきり条件としている。創世記第一二章から語り始める、つまり、住み慣れた故郷を離れて未知の道、ただ神の約束の言葉のみを信じて歩み続け、道を踏み続けた、その歩みに自分の歩みを重ねるのである。このイメージは消してはいけないと私は思う。「信仰によって、アブラハムは、自分が財産として受け継ぐことになる土地に出て行くように召し出されると、これに服従し、行き先も知らずに出発したのです」。ヘブライ人への手紙は、第一一章八節に、こう語り出して、アブラハムの「信仰の歩み」を語っている。その足跡を踏むのである。そのとき、アブラハムは私どもの父となり、信仰に生きるすべてのキリスト者の父なのである。

参考文献

クランフィールド、ヴィルケンス、K・ワルケンホースト『信仰と心の割礼――ロマ書の解釈一―四章』（中央出版社、一九七八年）などのほか、今回は松木治三郎『ローマ人への手紙――翻訳と解釈』（日本基督教団出版局、一九六六年）を参照した。

ローマの信徒への手紙　四章一三－一七節

徳善　義和

ルターの講義した場所を見下ろしながら

二〇〇四年の春から夏、半年の間わたしはウィッテンベルクにいた。その頃この町にあったルターセンターの国際研究員としていた。ルターの頃に建った「古い市役所」の一室を研究室としていた。わたしの部屋の窓から見下ろすと、市役所前の広場にメランヒトンの銅像と並んで立つルターの銅像の頭が真下に見えた。宿泊していたのは「ロイコレア」（ウィッテンベルクのラテン名で「白い砂［の山］」の意味）と呼ばれる、かつてのウィッテンベルク大学の一角を占めるゲストアパートの四階だった。暫く中断せざるを得なかったルター『ローマ書講義』スコリエ第四章以下の翻訳をわたしは、到着して生活が軌道に乗り始めてすぐ、朝の五時起きで始めた。もちろん既刊の上巻（グロッセの全訳とスコリエ第三章までの訳）も机上にあった。今回この説教黙想で一部を取り上げる第四章もそうだが、そこから第八章に至るまで息もつかせぬような、ローマ書との激しく、厳しいルターの取り組みが続いていた。明けるのが早いドイツの初夏のある朝、一段落して息をつき、窓の外に目をやり、当時から一部が存在した古い大学の建物を見下ろしていて、ふと気が付いた。まさにその建物の一室でほぼ五百年前、毎週二回か三回、朝早くから、ルターは主として修道士たちからなる神学部の学生たちにこの講義をしたのである。五百年後になってその屋根を見下ろしながら、ひとりの日本人が毎朝その講義を日本語に翻訳することがあろうとは、もちろんルター自身考えてもいなかったろうと感慨ひとしおであった。歴史を超えてルターの息吹に触れながらの、スコリエの翻訳だったわけである。その時開いていたグロッセの頁を読みながらの、今回の説教黙想である。またまたある種の感懐をもっての学びと黙想となる。

グロッセ「第四章の要約」には

各章に関してそうであるように、ルターは第四章に関してもグロッセの冒頭に、この章の短い要約を掲げている。「使徒はアブラハムの例によって、信仰が救いのために求められること、また、古い律法は救いに役立たないことを示す」とある。信仰と救いとの、他のものの介在を許さぬ密接な関係を説き続けてきた第一章から第三章までの論述の線上でのことである。それだけにこの要約タイトルでは、第四章の論述の積極的な意味については特に指摘されていないということにも気付かされる。

　ほぼ五年後、ルターが新約聖書ドイツ語訳の際に付した「ローマ書序文」においては各章の要約的な解説にもかなりの行を割いているから、第四章に関してもより一層論旨の展開が明瞭に示されていると言ってよい。「第四章では、いまや最初の三章によって罪が明らかにされ、義に至る信仰の道が教えられた後で」と、先ず第四章の位置を特定してみせる。そこではよい行いをすべきではないのかと、多くの人が共通に考える問いに答えようとしていると言う。これに対しルターは、アブラハムが割礼の行い以前に、すでに信仰によって義とされていた、と結論する。そこでは割礼は神が彼にお命じになったものであり、服従というよい行いであったのであれば、他のいかなるよい行いも義に向かってはなにもなし得ないのだ、と論じる。「アブラハムの割礼が、信仰における彼の義を知らせる外的なしるしであったように、すべてのよい行いもまた、信仰から出て、人間がすでに神の前で内的に義であることをよい実として証明する外的なしるしに過ぎない」と断じつつ、一方でよい行いの意味もまた確認してみせている。ルターが行を割いて示すこの脈絡が第四章全体、そしてわたしに託されているこの数節の説教黙想の指標となるであろう。この数節が、アブラハムの、信仰による義を、律法によらないで、ユダヤ人ではない異邦人も受け継ぐことが告げられているからである。

この相続は律法によらない

　アブラハムの子孫に対する、世界を受け継がせるという約束は律法に基づいてではない、とこの段落は始まる。一三節のグロッセにおいてルターはすぐさまこれに反応を見せて、こう注疏する。「すなわち、律法のゆえの、また律法の受容による、また、律法の義や行いによるものではない」と。律法それ自体は確立している。しかし神と人間との関係において律法が問題となるとき、問われるのは律法の行いであり、その行いによって人間が自らの能力をもって律法を神のみこころに適って完全に成就しうるか、という問い掛けである。若いルターが神学的に身を置いた環境だったオッカム主義はこれを結局肯定していた。人間は恵みなしで自ら義に向かって身を整えることができると断じ、神の恵みはその途上で随伴的な助けでしかなかった。ルターが直接深く触れることのなかったトマス主義でも、神の恵みは初動的ではあっても、結局は随伴的に留まる限界をもっていた。自らの修道生活をこの神学世界の中で生きて、葛藤し、自己自身に絶望したルターは、詩編七〇編とこのローマ書一章一七節から、人間の義ではなく、神の義こそが人間を罪から解放する、義とするという信仰的、神学的認識に至ったのだった。この『ローマ書講義』はいわばその確認と確証の歩みだったと言うべきだろう。律法ゆえの義ということであれば、それは「この世の肉的、一時的な所有になってしまう」と続け、「むしろ逆に、**信仰の義による**、信仰の義のゆえである」と断言して、この節を結ぶ。まさしく「恵みのみ、信仰のみ」の確認であり、いささかの神人協力的な理解の介入も許さないのである。

pistisを考える――（神の）真実そして（人間の）信仰

そこでpistisの意味するところをわたし自身が聖書から、またルターをとおしてどう受け止めているかということに触れないわけにはいかない。わたしは少なくとも新約聖書全体において繰り返し出てくるpistisをこう理解すべきだと考えている。そのためにはローマ書は確かによい機会となる。一章一七節のek pisteōs eis pistinなどはこれを考えるのに適切な機会となる。「浅い信仰」から「深い信仰へ」というくらいに教えられていたのに、かつてわたしもバルトの『ローマ書』を読んで「神の真実から人間の信仰へ」という読みに感銘を受けたことがあった。今わたしはこのpistisを少なくとも新約聖書では常に「（神の）真実そして（人間の）信仰」と一息で読みたいという信仰的理解の状況にある。

顕著な一例を挙げておこう。福音書で繰り返して出てくる「あなたの信仰があなたを救った」と訳される箇所である。いかにも救いは信仰の深い浅いのいかんに関わるかのごとくに理解されがちな箇所である。わたしの理解ではこれは「あなたへの（神の）真実（それだからこそあなたの信仰）があなたを救った」となる。hē pistis sou sesōken seのsouという二格を「あなたへの」と読んでいるわけである（このような読みはほかに例がないわけではない。なんの気なしに読んでいることが多いのではないかと案じるが、ルカによる福音書一九章四四節のtēs episkopēs souを、新共同訳で、原文の「あなたの」を省略して、原文にない「神の」を補って「神の訪れてくださる」時と訳しているのに並行する、二格の用法の一つである）。

つまりわたしはpistisを「信仰」とだけ訳し、理解しないで、常に「（神の）真実／（人間の）信仰」と訳し、そう徹底的に理解することにしているのである。そこでは徹底的に「神の真実」が先行し、人間は「信仰」をもってこれに応えるのである。そうしないと、「信仰によって義とされる」は本来神の恵みのできごとであるのに、あなたの立派な信仰があなたを救うとしばしば考えられるようになり、この際の信仰は結局よい行いと同じことになってしまって、行いと同様、立派な信仰こそが救いを勝ち取る、ということに堕してしまうであろう。事実そのように読み、あるいは聴き取れる理解に接することがないわけではない。

わたしたちは徹底的に罪人である。自らにおいてはすべてのことを行って、罪なしではありえない存在である。律法がよいもの、正しいものでありながら、罪人である人間の救いに向かっては無力であるのはこの一点に掛かる。まさしく律法によって罪を知り、認識するのである（ルターはこれを「律法の第一用法」と考えた）。だからこの罪人を義とするのは、すぐさま「人間の信仰」ではありえない。恵みによる「神の真実」に基づく以外には、罪人が義とされ、救われることはないのである。キリストのできごとにおいて示され、差し出され、与えられる「神の真実」こそが罪人を義とし、救う。人間はいわば空っぽの手を、それもおずおずと差し出して、この神の真実の恵みからくる義、救いの賜物を受け取る。だからバルトのように「神の真実」から「人間の信仰」ではあるまい。「神の真実／人間の信仰」のできごとは常に繰り返して新しく、神の恵みのできごととして起こり、これによってこそ人間は生かされるかぎり生涯にわたってこの恵みをそれとして受け続けるのである。これが人間の信仰の姿にほかならない。ルターの生涯の終わりの言葉として一葉の紙の結びに記された一文、「わたしたちは神の乞食である。それは真だ」は、このようなパウロ的 pistis に生きた者の証しとして読むべきだろう。

pistis（神の真実／人間の信仰）は約束を伴う

律法はそれ自体正しいが、それを行う能力を人間に与えはしない。律法は人間が自らの能力によって行ったところに従って、律法の成就の程度を判定するだけである。その判定の基準は人間の基準ではなく、神の基準であるから極度に高いので、律法（の行い）によって義とされ、神に受け入れられる人間はひとりもおらず、結局律法背反のゆえに、すべての人は例外なく罪人であって、罪に定められるのである。この徹底を前提にしつつ、一四節ではパウロは、「律法に頼る者が世界を受け継ぐことはない」と断じ、もしそういうことがあったとしたら、それはその個人の行いに相当するものでしかありえないから、そこでは約束は無となり、意味をなさないと断じている。pistis（神の真実／人間の信仰）の文脈においては、この pistis と、神の真実ゆえの人間への約束とは切っても切れない結び付きにある。

それゆえ、信仰によるのである

「**それゆえ、信仰によるのである**。彼らこそ相続人であり、信仰の実が神の約束を有効とする。**それは恵みに従って**、律法により功績を得る者の行いによらず、神の認定により、すべての裔に、すなわち、霊的な者にも肉的な者にも、ユダヤ人にも異邦人にも、すべての裔に（とわたしは言う）」。ここで信仰 pistis が意味していることは明瞭であろう。行いとそれによる義のように、人間から神へと向かい、神からの報いを当然の報酬のように受け取る、人間の行いとその業績としての信仰ではなく、徹底的に「神の真実」が終始働いて、この恵みを人間がからっぽの手を差し出して、いただき、受け取るのである。

こうして「律法をただひとりもつユダヤ人の中からの者だけでなく、異邦人の中からの裔、**アブラハムの信仰による者にも**、その信仰によるゆえに、また、その信仰によってアブラハムの裔であるがゆえに、**この約束が確かとされる**、すなわち、成就され、確立され、有効とされ、確認される**ためである**」。こうして「**アブラハムこそ**、ユダヤ人も異邦人も、**われわれすべての**、信仰における霊的な**父である**」。神の永遠の律法とその時々の人間の行いとその自己評価による認定要求とは全く異なる、神の永遠の恵みに基づく「神の真実」が徹底的に差し出され、賦与されているできごと、事実の確認にほかならないと言えよう。

約束と信仰

ところで約束と信仰とは相即関係にある。ルターは一七節の冒頭で二つの欄外注を立てて、パウロが創世記第一七章（七十人訳）によって引用し、主張するところを、自分なりに補強していると思われる。ひとつはこうである。「神が約束なさり、しかも、約束なさる方を信じる者がいなければ、確かに神の約束もなくなり、成就されない。なぜなら、だれもこれを受け取らないので、だれにも約束されなかったわけだからである。それゆえ信仰は約束を有効とし、約束は、それが向けられた者における信仰を要求する。それだからもし信仰なしに相続の約束が理解されるならば、そのときすでに約束もないとは、彼はうまく語っているものである。また、もし約束が律法によって与えられたものと理解されるならば、信仰によらないわけであって、律法に従う者は信仰を斥けるのだが、これに反して律法は『怒りを招く』（一五節）のである」。神の約束はそれ自体常に存続するとしても、その約束の内容が実現するためにはこれを受け取る者がいなくてはならない。こうしてパウロからルターが聞き取るのは、神の約束と人間の信仰との相即関係にほかならないことになる。神の律法がそれ自体よいものであっても、それが人間の相応じるところによって、人間の側での行いの義の傲慢を招き、結局それは神の断罪に至るのと誠に対照的と言わなくてはならないであろう。

さらにあい続くいまひとつの欄外注ではルターは「あたかも彼（パウロ）は、どのようにして『彼は父として立てられたのか』、人々の前でか、いや、『あなたが信じた神の前で』と言っているようである。それゆえこれによって彼は肉の父性を取り除き、霊の父性を定める。すなわち、神の前で、また、霊によって彼は、肉に従い、人々の目には父に当たらない者の父となるのである」と続ける。さらにこれに続く欄外注でも、ユダヤ人による肉の相続を否定して、こう明らかにする。「ところが、全世界が今やアブラハムの信仰に従い、彼を父と告白し、その裔（すなわちキリスト）をその主といただくという具合に、それは、霊における、すなわち、信仰における相続なのである」と。

存在しないものを呼び出す

こうしてアブラハムにおいてそうであったように、このアブラハムによる相続は、死から命への、存在しないものから存在するものへの、無から有へのできごとである。まさしくこれはアブラハムにおいてそうであり、アブラハムからの相続においてそうであるとおり、わたしたち一人ひとりに至るまで、いわば無からの創造のできごとにほかならない。わたしたちの信仰はこのように、わたしたちのうちにすでになにか存在する宗性のようなものが呼び覚まされて生じるものではなくて、わたしたちの思いを超えて、人知では到底量りえないこととして、無から有へと生起するものにほかならないのである。

ルター自身もこの点に注目してのことであろう。行間注も欄外注も、無から呼び出されたものの存在の喜びに注目し、信仰においてこれを喜びをもって受け止めているように思える。行間注はこう展開される。「**この神は**肉も霊もあげることにより、**死人を生かし**、自然によっても恵みによっても**存在しないものを、存在するものと呼ばれた**。それは強いるのではなく、優しく引き寄せられたのである」。まさに恵みによる存在への召しである。わたしは最近、宗教改革五〇〇年に向けての企画の一つとして、わたしの属する教会からの求めに応じて、ルターの『小教理問答』の新訳を、その大枠である『エンキリディオン』の全訳という形で試みて、いくつもの新しい信仰の学びを深めた。使徒信条第一項の問答も、わが子の「これはなんですか」という問いに、父さんは信じているよ、と答えて、「わたしは信じている。神がわたしをお造りになったことを」と父親がわが子の前で信仰告白するとき、肉においてばかりでなく霊においても、恵みによって無から呼び出されて存在しているという厳粛でかつ喜ばしい事実をすでに内包しており、親子の信仰の問答であっても、牧師と求道者の信仰の問答であっても、問いと答えの中で次第に展開されていくという思いを深めたのだった。

だからこの行間注のこの部分に付したルターの欄外注では、「これらのことばは信頼へと促すものである」と並記して強調する。「主は『あなたとあなたの後のあなたの裔とに』と言って、約束なさった。だがわたしが生きているうちに与えられるならば、もはやわたしの（肉の）裔はみなこれを所有することはありえない。このように、神の約束は肉の知恵には常に逆らって、不可能なもののように見えるのである」と。神の約束は常に、「神の」約束にほかならないのであって、人間の知恵（これはどんなに謙虚で、敬虔のように見えても人間生来のものに過ぎなければ肉の知恵に過ぎないから）、これを神の約束として受け取ったり、正しく理解することはできないであろう。

死人を生かし

これまではルターの『ローマ書講義』からグロッセのみを引用してこの説教黙想の展開を試みてきたが、今回の説教黙想を結ぶに当たって、ルターが一七節の「死者に命を与え」（新共同訳）、「死人を生かし」（ルター）に付したスコリエを見てみることにしよう。「これは歴史的に真実であるが、しかし先に言われたことの確認として霊的に理解されるべきである。すなわち、諸国民はあなたの子らとなるであろう、まだそうではないし、そうなるには遠く離れてはいるが、主は強力であって、彼らを支え、呼んで、そうなるようにしてくださるであろうと、言っているかのごとくである。洗礼者ヨハネも（中略）神は強力であって、この石からすらアブラハムの子らを起こすことがおできになる、と言っている（ルカ三・八）。これはアブラハムの信仰の強化であり、多くの国民の父となりうるという神の約束の確認である。しかしこれは彼の力によるのではなく、神の力によるのである」とある。これまた信仰の事柄として、神の終末論的希望の確かさのできごとにほかならないのである。

主な参考文献

ルター「ローマ書序文」（一五二二年）、『ルター著作選集』教文館、二〇〇五年、三六一―三七八ページ

ルター「ローマ書講義」（グロッセ）、『ルター著作集』第二集第八巻、聖文舎、一九九二年、五六―六一ページ

ルター「ローマ書講義」（スコリエ）、『ルター著作集』第二集第九巻、リトン、二〇〇五年、四〇ページ

ローマの信徒への手紙　四章一八―二五節

吉村　和雄

与えられている箇所は、パウロが割礼に代表される律法の行いによって義とされるのか、それとも神を信じる信仰によって義とされるのかを議論している箇所の最後の部分である。

わたしたちが救われるのは、律法の行いによるのか、それとも信仰によるのかという議論は、信仰の基本に属することであり、わたしたちも何度も聞いてきたことである。それ故に、もうこういう議論が必要ないほどに、わたしたちはこの問題を承知しており、すでにそれを克服していると考えがちであるが、果たしてそうであろうか。割礼の問題は、初代教会にとって大きな問題であり、例えばガラテヤの信徒への手紙第五章にあるように、パウロも激しくそれと戦っていることを、わたしたちは知っている。そして当時の教会にとって誘惑であったことは、今のわたしたちにとっても誘惑であるに違いないのである。したがってここでなされているような議論を過去のものとしてしまうことは、危険なことである。わたしたちも同じ過ちに陥らないという保証はないからである。

割礼の問題が大きいのは、それが、信仰の確かさをどこに求めるかという問題だからである。確かさを求める思いというのは、誰の中にもあるもので、それ自体が間違いというわけではない。ただわたしたちの中には、それを不思議なしるしの中に求めたり（マルコ八・一一）、荘厳な建物に求めたり（マルコ一三・一）する弱さがある。割礼もまたその弱さに働きかけるものなのである。

ユダヤ人の間で割礼が重んじられるようになったのは、捕囚期以後のことであると言われる。自らが神に選ばれた民であることを示すしるしとして、彼らは割礼を重んじ、安息日の戒めとならんで、これを厳守するようになった。このことによって、神の民のアイデンティティーを失わず、厳しい捕囚の歴史を耐えたことは事実であって、ユダヤ人はそれを誇りとしたのである。そして、キリストを宣べ伝える伝道者の中にも、異邦人のキリスト者に対して、割礼を受けることを求める者がいた。そして教会の中には、それに動かされる者がいたのである。ただキリストを信じる信仰だけでは不安だったからであろう。割礼を受けることによって、ユダヤ人が築きあげてきた神の民の歴史の中に加えられることが、自分には必要だと考えたのである。

このように、わたしたちはいつでも、目に見えるものの中に、あるいは自分が所有しているものの中に、救いの確かさを見出したいと願う弱さを持っている。一方的な恵みを信じているだけというのは、不安で仕方がないのである。だから、割礼や律法の行いにそれを求めることはないかも知れないが、それに代わるものを見つけ出して、いつの間にかそれを頼みとしていることがあるのである。自分の信仰生活の長さを誇りにしたり、聖書の知識や、祈りの深さ、教会の中での自分の働きの大きさ、人びとから受ける尊敬の中に、確かさを見出していることはないであろうか。知らず知らずに、それに依り頼んでいることは、ないであろうか。パウロの戦いは、過去のものではない。いつでもわたしたちが戦うべき戦いなのである。

希望するすべもなかったときに

そのように考えたときに、与えられた箇所の最初の言葉の意味が明らかになる。アブラハムは、希望するすべもなかったときに、なおも望みを抱いて信じた、というのである。この「希望」は、人間の目が見出す希望である。人間の常識的な判断によって見出せる希望である。アブラハムの場合で言うならば、自分が若くて健康であり、妻のサラも十分に子を宿す可能性のある年齢であることが、このような希望を支えるであろう。もしそのような状況の中で、アブラハムが神の約束を聞いたとしたら、彼は安心して、その約束を信じることができただろう。自分の中に、約束を保証する確かさを見ることができたからである。しかし、事実はそのようではなかった。彼はおよそ百歳になっていて、すでに自分の体が衰えており、妻のサラの体も子を宿せないと知りながら、つまり自分の中にはその約束を保証する確かさが全くないときに、それでも彼は、望みを捨てることなく、子が与えられるという神の約束を信じたのである。ここで「体が衰えており」とは文字通りには「体が死んでいる」であり、「子を宿せない」は文字通りには「胎が死んでいる」という意味であって、それは一七節の「死者に命を与え、存在していないものを呼び出して存在させる神を、アブラハムは信じ」たという言葉に対応している。

しかしながらこのことは、アブラハムが望んでそのようになったのではないことを、わたしたちは知っている。彼が最初に神の呼びかけを受け、その約束の言葉を聞いたのは、七十五歳のときであった（創世記一二・四）。妻のサラは彼よりも十歳若いので（創世記一七・一七）六十五歳である。その時であるならば、人間の可能性として、あるいは子が生まれることも望み得たかも知れない。しかしながら神はその時には子を与えることをなさらなかった。アブラハムはそれから二十五年の間、待たなければならなかったのである。それはつまり、人間の可能性が全くなくなるまで、神は約束の成就を待たれたということである。それは、アブラハムに子が与えられるという出来事が、全く神の力によることであり、人間の可能性から出てきたことでないことを、示すためであった。

多くの民の父となる

そのことは、子が与えられるという約束が、通常の家庭に子供が与えられるという約束とは違うことを示している。つまり神は、アブラハムの家庭に子がなく、それ故に血筋が絶える悲しみの中にあることを憐れんで、彼に子をお与えになったのではなかった。最初の語りかけの言葉の中にあったように、彼が「祝福の源となるように」（創世記一二・二）、子をお与えになったのである。それは、彼から数十代の後に、神のひとり子であるイエス・キリストがアブラハムの子としてお生まれになる（マタイ一・一）ことを指し示しており、さらに、キリスト以後は、アブラハムの模範に従って、信仰によってキリストに結びついた者たちが、アブラハムの子となったからである（ローマ四・一二）。アブラハムの子は、ユダヤ人という血筋の中に留まることなく、イエス・キリストを通して、今や全世界に広まっている。このようなことを、アブラハムは予想し得たであろうか。もし、子が生まれるということが、彼の人間的な可能性の内に起こった出来事であるならば、このようなことには、ならなかったであろう。せいぜい、地上の片隅で生きる小さな民族の父となるだけであっただろう。しかし彼は今や、世界中に広まる信仰者の父となったのである。「多くの民の父となり」（一八節）という言葉は、文字通りの意味で、彼の予想を遙かに超える形で実現したのである。この場合の「多くの民」は「多くの民族」の意味であって、単に一つの民族の数が多いという意味ではないからである。

このことは、一二節に詳しく書かれている。「彼は割礼を受けた者の父、すなわち、単に割礼を受けているだけでなく、わたしたちの父アブラハムが割礼以前に持っていた信仰の模範に従う人々の父ともなったのです」。ここでは、割礼のあるなしは問題ではなく、信仰が決定的な意味を持っていることが明らかである。マタイによる福音書一章一節は、イエス・キリストをアブラハムの子としているが、正確にはマリアの夫ヨセフと主イエスの間には血のつながりはない。つまり、血のつながりという点から言えば、主イエスはアブラハムの子ではないのである。しかし、聖霊によってマリアの胎に宿られたという出来事を、神の業として信仰をもって受け入れたときに、ヨセフと主イエスの間がつながったのであった。つまり、主イエスがアブラハムの子であるのは、血のつながりによるのではなく、信仰によるのである。創世記一三章一五節において神が「見えるかぎりの土地をすべて……あなたとあなたの子孫に与える」という約束をされたことを、パウロはガラテヤの信徒への手紙三章一五節以下において、この「子孫」が複数ではなく単数であることを取り上げ、これはキリストのことだと主張している。主イエスがアブラハムの子孫であるのは、血のつながりによるのではなく信仰によるのであるから、アブラハムに対して与えられた約束においても、信仰が決定的な役割を持っていることは、明らかである。すなわち「多くの民の父となる」という約束は、彼が単にユダヤ人という一民族の父となるという約束ではなく、ローマの信徒への手紙四章一二節が語るとおり、彼が割礼以前に持っていた信仰の模範に従う人々の父となる、という意味であり、それはすなわち、主イエスを死者の中から復活させられた神を信じるわたしたちの父となる、という意味なのである。

信仰によって強められ

アブラハムのこの信仰は、内容的には「神は約束したことを実現させる力も、お持ちの方だと、確信していた」（二一節）ことである。この信仰によって、彼は強められたと言うのである。この部分のギリシア語の解釈としては「信仰において強められ」という読み方も可能であり、それ故に新改訳聖書では「信仰がますます強くなって」と訳している。あるいはこの方が原文の意味に近いかも知れない。しかしながら「信じなければ、あなたがたは確かにされない」（イザヤ書七・九）とあるように、信じることがわたしたちを確かなものにするのであるから、信仰が強くなるということは、その人の生き方やその姿勢を、ますます確かなもの、揺るぎないものにするのである。このような意味で、アブラハムもまた信仰によって強められたのであろう。

ところで信仰には「わたしどもの信仰を増してください」（ルカ一七・五）という主イエスの弟子たちの言葉にあるように、大きいとか小さい、あるいは、深いとか浅いという、量的な捉え方をされる部分がある。主イエスも、「信仰の薄い者（文字通りには、信仰の小さい者）」という言葉を用いて、そのような考えが間違いでないことを示しておられる（マタイ六・三〇他）。わたしたち誰もが、小さい信仰ではなく大きい信仰、浅い信仰ではなく深い信仰を持ちたいと願うのであるし、そういう点で成長することが求められるのであるが、同時に主は、先ほどの弟子たちの願いに対して「もしあなたがたにからし種一粒ほどの信仰があれば」（ルカ一七・六）と答えて、信仰は多い少ないの問題ではなく、あるかないかの問題だと言っておられる。これはその通りなのであって、「わたしについて来なさい」（マルコ一・一七）という招きに対しては、従うか従わないかのどちらかしかない。マリアの夫ヨセフにおいても、天使が彼に告げた言葉を信じて受け入れるか拒否するかのどちらかしかなかったのである。それはアブラハムにおいても同様であって、彼には神の約束を信じるか、それを拒否するかのどちらかしかなかったのである。

このことは、この箇所におけるパウロの言葉を理解するためには重要なことである。何故なら、創世記を知っているわたしたちは、神の約束に対するアブラハムの姿勢が、いつも確信に満ちたものではなかったことを、知っているからである。神の約束を受けて十年後に、彼は妻サラの提案を受け入れて、エジプトの女ハガルを妻として迎え、彼女との間に子を持つことを試みる。結果的にそのことが彼の家庭の平安を失わせ、ハガルとその子イシュマエルが家を出るという悲劇を生み出して、それが神の御心ではないことが明らかになるのであるが、これは神の約束を自分たちの業で実現しようとしたことに他ならない。

さらに彼が百歳になって、改めて神の約束の言葉を聞いた時には、ひれ伏しつつ笑ったのであった（創世記一七・一七）。これは妻のサラも同様であった（創世記一八・一二）。百歳の男と九十歳の女に子供が産めるだろうかと思ったからである。

このようなことがあるにもかかわらずパウロは「その信仰が弱まりはしませんでした」（ローマ四・一九）と言い、「彼は不信仰に陥って神の約束を疑うようなことはなく」（二〇節）と言うのである。それはすなわち、アブラハムもまた「不法が赦され、罪を覆い隠された人々」（ローマ四・七）のひとりであり、「主から罪があると見なされない人」（八節）であったことを示すものであると同時に、ここで言われる「不信仰」（二〇節）とは、神の言葉を積極的に拒否し、捨て去ることであって、アブラハムもサラも、子が生まれるという人間的な可能性が少なくなっていくことに戸惑いを覚え、不安を感じたとしても、なおも神の約束を捨て去ることなく、そこに留まり続けたことを示すのであろう。わたしたちは自分の信仰がいつも揺るぎなく確かなものであることを願うのであるが、しかしたといそうでなくても、神の約束を拒否し、捨て去ってしまわない限り、わたしたちもまたアブラハムの信仰に生きるものと見なしていただけるのである。

義と認められる

この信仰によってアブラハムは義と認められた。しかしそれは彼ひとりのことではなく、彼の信仰を模範としてそれに従う者たちも、義と認められるのである。義と認められるとは、神から「お前はそれでいい」と言っていただけることであるが、それは単に個人的に正しさを保証していただけるということではなくて、神の民のひとりであることを認めていただけることである。神はアブラハムに与えられた約束を取り去られることなく、その子イサクにも、またその子のヤコブにも同じ約束を与えてくださった。それが、アブラハムが義と認められた結果である。

この、約束を信じる信仰が、わたしたちにおいては、わたしたちの主イエスを死者の中から復活させた方を信じる信仰であると言われる（二四節）。アブラハムの場合と、主イエスの場合と、共通しているのは死である。アブラハムは、自分の体が衰えており（死んだものであり）、妻のサラの体も子を宿せない（胎が死んでいる）と知りながら、神の約束を信じたのであった。死こそ、望みなきものの代表である。そこを突き抜けて、神は約束を実現してくださると信じたのが、アブラハムの信仰である。それと同じ信仰が、主イエスにおいて神がしてくださった救いの出来事を信じるときにも、求められる。主イエスは十字架で死んで、墓に葬られた。その時点で、あらゆる望みは絶えるのである。そこでなお望みを持つのは、百歳の者に子供が生まれることを信じる以上に難しい。しかし、信仰とは、それが神の約束であるという、ただそれだけの理由で、その不可能が可能であることを信じることなのである。ここに、主イエスの復活が事実でなければならない理由がある。どのように上手な理由をつけて、復活を合理的に説明し解釈しようとも、それは望みのない業にすぎないからである。神は死者を復活させることがおできになる、神は望みなきところに望みを創り出すことがおできになる。それを信じるのが、わたしたちの信仰である。その信仰が、わたしたちを義とするのである。

二五節の言葉は、直訳すれば、「イエスはわたしたちの背きのために死に渡され、わたしたちの義のために復活させられた」となる。主イエスの死は、わたしたちの背きの罪を身に負い、そこからわたしたちを解放するためのものであった。主ご自身、晩餐の席においてそのことを明らかにしておられる。「これは、罪が赦されるように、多くの人のために流されるわたしの血、契約の血である」(マタイ二六・二八)。神は、主イエスを復活させて、この約束の言葉が真実であることを明らかにしてくださった。わたしたちが、それを信じるときに、わたしたちは義とされる。主イエスの復活が、わたしたちが義とされる道を開いたのである。

初代教会においてもなお、死者の復活を信じることのできない者たちがいた(Iコリント一五・一二)。現代においてはなおさらのことであろう。しかしわたしたちが忘れてならないのは、わたしたちの罪が赦され、義とされるということもまた、死者の復活と同様に不可能に近いということである。神は主イエスを復活させて、その不可能が神においては可能であることを示してくださった。不可能を突き破って、わたしたちの救いを実現してくださったのである。わたしたちはそれを信じる。それのみを頼みとして生きる。そこにわたしたちの義があると、神は認めてくださるのである。

参考文献

C. E. B. Cranfield, *A Critical and Exegetical Commentary on the Epistle to the Romans*, International Critical Commentary, T. & T. Clark Limited, 1980.
K・ワルケンホースト『信仰と心の割礼——ロマ書の解釈一—四章』中央出版社、一九七八年
竹森満佐一『ローマ書講解説教Ⅱ』新教出版社、一九六二年
加藤常昭『ローマ人への手紙1』(加藤常昭説教全集17)教文館、二〇〇五年

ローマの信徒への手紙　五章一－五節

鈴木　浩

力点移動

パウロは三章後半から四章を通じて、繰り返し「信仰によって義とされる」と指摘していた。その際パウロは「もし、彼（アブラハム）が行いによって義とされたのであれば」（四・二）とか、「不信心な者を義とされる方を信じる人は、働きがなくても、その信仰が義と認められます」（四・五）とか、「同じようにダビデも、行いによらずに神から義と認められた人の幸い」（四・六）という具合に、「信仰による義」（信仰義認）を「行いによる義」（行為義認）と対比させて語っていた。宗教改革者たちも同様に「行為義認」と対立させて「信仰による義」を語っていた。そこでは、「信仰によって」に圧倒的な力点が置かれていた。

パウロは五章に入って、「義とされて、それゆえ、信仰によって（ディカイオーテンテス・ウーン・エク・ピステオース）」とこの段落を書き出している。日本語では、口語訳も新共同訳も「このように、わたしたちは信仰によって義とされたのだから」とまったく同じ訳し方をしている（口語訳は、「わたしたちは、」と読点が一つ多いだけである）。「信仰によって義とされたのだから」となると、「信仰による義」が強調されている三章と四章からの継続で、「信仰によって」に力点があるように思われるが、ここからは、「信仰によって」から「すでに義とされているという事実」に力点が移行している。だから、「義とされて」という言葉が文の先頭に置かれて、強い響きを持っているのである。「行いによって」と対比されて語られている場合には、「信仰によって義とされている」の前半の「信仰によって」に力点が置かれているが、ここからは、「義とされている」という後半へと力点が移動している。いずれにしても、ここでは「すでに義とされている」という点が重要である。

「すでに義とされている」というこの事実が、それ以降のパウロの主張の前提となり、出発点となっている。その結果、最初に指摘されるのが、「わたしたちは……わたしたちの主イエス・キリストによって神との間に平和を得て」（一節）いるという事実である。新共同訳が「神との間に」と訳している句は、口語訳では「神に対して」となっていた。ところで、有力な写本の中には「平和を得ている」という事実の指摘ではなく、「平和を得ようではないか」という勧告になっているものがある（ウルガータもここは「平和を持とうではないか」となっている）。ギリシア語段階での違いは「エコメン」（直説法）と「エコーメン」（接続法）という母音の長短の違いに過ぎないから微妙だが、ここは文脈からしてどうしても「得ている」だろう。事実、この箇所の翻訳の多くは、そのように訳している。しかし、新共同訳でも口語訳でも「得ている」と訳されている言葉は、もともとは「持っている」である。しかし、「平和を持っている」では日本語として落ち着きがないから、「得ている」と訳さざるをえないのだろうが、「持っている」は「得ている」よりももっと持続的な感じがする。われわれはすでに、神に対して平和を持っていたし、今も持っているし、これからも持っていく、ということになる。

神のシャーローム

新共同訳ではほぼ一貫して「平和」と訳されている「エイレーネー」は、口語訳では「平安」と訳されている箇所も多いのだが、ここでは口語訳も「平和」になっている。第一言語がヘブライ語（アラム語）であったパウロにとっては、「平和」は「シャーローム」である。だから「わたしたちは、神との間に（神に対して）シャーロームを持っている」となる。それは、神が与えてくださる「神のシャーローム」である。

この手紙の宛先のローマは、ローマ帝国の支配下にあった当時の大都市の常として国際都市であったから、ローマ教会も多分、多民族教会であった。だから、ラテン語が使われるローマでも（民衆はコプト語を使っていたアレクサンドリアでも、民衆はシリア語を使っていたアンティオキアでも）、教会では地中海世界の共通語、ギリシア語が使われていたのである。その昔、米国に住んでいたとき、市内には「日本人教会」「韓国人教会」「中国人教会」など、民族ごと言語ごとの教会があったが、初代教会ではそのような教会は一つもなかった。

しかし、ローマには多様な文化的・言語的背景を持つ人が地中海世界各地から来ていた。だから「エイレーネー」は、それぞれの人の第一言語のニュアンスも込めて受けとめられていたのだろう。日本語で「平和」と言えば、社会的広がりや政治的ニュアンスのある言葉であるが、「平安」と言えば、心のあり方に中心があって、社会的広がりはほとんど感じられない。それでも「平安」というニュアンスもなかなか捨てがたい。朝、昼、晩、いつでも「シャーローム」と挨拶を交わしたユダヤ人にとっても、シャーロームには「平安」というニュアンスがあったであろう。おそらくは、「平和」と「平安」という両方のニュアンスがここには込められていたのであろう。あるいは、（神は）「平和を打ち立て……万物をただ御子によって、御自分と和解させられました」（コロサイ一・二〇）とあるように、「和解」という意味合いも込められているのかもしれない。

しかし、（そう受け取るべきだと思うが）直説法の読みを取る限り、大事な点は、すでに義とされたわれわれは、すでに神に対して平和を得ており、すでに神との間に和解が成り立っている、という事実である。それは、主の山上の言葉が、「あなたがたは地の塩になりなさい」となっているのではなく、「あなたがたは地の塩である」とあるように、人々がまだ気付いていないかもしれない事実の確証である。「われわれは神との間に（神に対して）平和を得ている」という事実、これがキリストにある生活の前提であり、出発点であった。

キリストによって

　確かにパウロが繰り返し力説するように、われわれは「信仰によって義とされる」のだが、その「信仰」とは、「イエス・キリストを信じる信仰（ピスティス）」（三・二二）のことである。この極めて重要な箇所は、しかし、もともと「イエス・キリストのピスティス」とあるだけで、「……を信じる」は日本語段階での付加である。「ピスティス」は、日本語訳ではほぼ一貫して「信仰」と訳されるのだが、日本語の「信仰」よりももっと膨らみのある言葉で、「真実」や「誠実さ」とも訳しうる言葉である。だから、「イエス・キリストのピスティス」は、「イエス・キリストの真実」となる。パウロが言いたいのは、「イエス・キリストを信じる信仰」なのか、それとも「イエス・キリストの真実」なのか。

　パウロはこの箇所で、意図的にかそれとも無意識的にか（しかし、おそらくは意図的に）、曖昧な言い方をしている。「イエス・キリストを信じる信仰」と言いたければ、「イエス・キリストの」という属格表現を前置詞の「エイス」と対格のイエス・キリスト（イエスーン・クリストン）にすれば、ずばり「イエス・キリストを信じる信仰」と曖昧さなしに表現できる。たったそれだけのことなのに、なぜそうしなかったのか。個人的な推測であるが、パウロは「へりくだって、死に至るまで、それも十字架の死に至るまで」（フィリピ二・八）貫かれた「イエス・キリストの真実（ピスティス）」と、その真実を最後の最後まで貫かれたイエス・キリストを信じる信仰（ピスティス）という両方の意味合いを、あえて曖昧な言い方で重ね合わせているのではないのか。なぜなら、「死に至るまで、それも十字架の死に至るまで」徹底して貫かれたイエス・キリストの真実（ピスティス）と、その真実を貫かれたイエス・キリストを信じる信仰（ピスティス）との奇跡的な出会いの中で、救いの出来事が起こるからである。

　だから、パウロは「このキリストのお陰で」（二節）と続けたのだ。いっさいはこのキリストにかかっているからである。「このキリストのお陰で、今の恵みに信仰によって導き入れられ」たとパウロは言う。「今の恵み」というのだから、それもすでに事実となっている出来事である。新共同訳はどうしたことか、口語訳が「（その中にわれわれが）いま立っているこの恵み」としているのに、（訳し忘れか）「いま立っている」をそっくり省いた上に、「今の恵み」だけにして「この」も削っている。その一方で、「このキリストのお陰で」は、もともとは口語訳のように「彼により（ディ・フー）」だけなのに、もともとない「この」を付け加えている。「この」を付ける位置を間違ったのではないだろうか。

　われわれは「この恵みの中にいま立っている」が、それだけではない、とパウロは続ける。そして「神の栄光にあずかる希望を誇りにしています」と指摘する。「希望」というのだから、それはまだ現実の事態ではない。それが現実のものとなるのは、まだ先のことである。しかし、「神の栄光にあずかる希望」という言葉で、パウロは具体的には何を意図していたのであろうか。ここでも、「あずかる」は日本語段階での説明的付加で、もともとは「神の栄光の希望」である。興味深いのは、ウルガータの翻訳である。そこでは「神の子供（として）の栄光の希望」となっている。いずれにしても、われわれがそこに「いま立っている」現実（今のこの恵み）以上の輝かしい現実がこの先に出現するという希望である。それが、終末的視点から展望された「神の栄光の希望」である。

誇り

しかし、この箇所で一番気になるのは、口語訳で「希望を持って喜んでいる」とある部分が、新共同訳では、「希望を誇りにしています」となっている点である。パウロが書いた文書で「誇り」が出て来ると、要注意である。時として彼が見苦しい姿を顕わにするからである。もっともそういう見苦しいパウロがわたしは大好きなのであるが。

「とはいえ、肉にも頼ろうと思えば、わたしは頼れなくはない。だれかほかに、肉に頼れると思う人がいるなら、わたしはなおさらのことです。わたしは生まれて八日目に割礼を受け、イスラエルの民に属し、ベニヤミン族の出身で、ヘブライ人の中のヘブライ人……律法の義については非のうちどころのない者でした」（フィリピ三・四以下）と自分の出自を誇示しつつも、「キリストのゆえに、わたしは（そうした誇り）すべてを失いましたが、それらを塵あくたと見なしています」（三・八）と言って、そうした誇りを一切合切捨ててしまった、と豪語する。ところが、迫害者から転じて使徒となったその経歴をつつかれると、突然われを忘れ、捨ててしまったはずの「誇り」がつい頭をもたげてくる。そして、「わたしがこれから話すことは、主の御心に従ってではなく、愚か者のように誇れると確信して話すのです」（Ⅱコリント一一・一七）と切り出す。「主の御心に従ってではなく」と言っているように、パウロ自身も「みっともない」という自覚は持っているのだが、彼は踏み留まることができないで、爆発してしまう。「わたしもあえて誇ろう。彼らはヘブライ人なのか。わたしもそうです。イスラエル人なのか。わたしもそうです。アブラハムの子孫なのか。わたしもそうです。キリストに仕える者なのか。気が変になったように言いますが、わたしは彼ら以上にそうなのです。苦労したことはずっと多く、投獄されたこともずっと多く、鞭打たれたことは比較できないほど多く、死ぬような目に遭ったことも度々でした。ユダヤ人から四十に一つ足りない鞭を受けたことが五度。鞭を打たれたことが三度、石を投げつけられたことが一度、難船したことが三度。一昼夜海上に漂ったこともありました……寒さに凍え、裸でいたこともありました」（Ⅱコリント一一・二二―二七）と切れに切れてしまう。これはどう見ても、「塵あくたのように見なし」ていた「肉の誇り」がむっくりと頭をもたげているとしか思われない。いつもは眠り込んでいた誇りが、あるきっかけで突然目を覚まし、パウロにもコントロールできなかったのだ。しかし、わたしには、後光に輝く「聖パウロ」よりも、心ならずも自分をさらけ出してしまうこのパウロの方が、ずっと好ましく感じる。

しかし、「神の栄光にあずかる希望を誇りにしています」ということの箇所は、そのような「肉の誇り」ではない。文章にもいうこの箇所は、そのような「肉の誇り」ではない。文章にもフィリピ書や第二コリント書のように興奮した様子は見られない。「誇りにしています」は、「カウコーメタ」の訳語であるが、基本的な語義は新共同訳やウルガータのように「誇る」だと思うのだが、口語訳は「喜んでいる」、新改訳は「喜んでいます」と訳している。こちらの方が表現としては穏やかである。「誇る」とか「誇り」とか語る際に、時としてパウロが激情に流されることがあるので、読者の方もついつい過敏になってしまうということがあるのかもしれない。「誇っています」という言葉を素直に受け取ればいいのだろう。ここでの誇りは、「肉の誇り」ではなく、「誇る者は主を誇れ」（Ⅱコリント一〇・一七）に繋がる誇りである。

苦難は忍耐を、忍耐は練達を、練達は希望を

パウロは、「そればかりでなく、苦難をも誇りとします」と続ける。「希望を（持つことを）誇る」とは無理のない結び付きであるが、「苦難を誇る」は普通の結び付きではない。「苦難を忍ぶ」というのなら分かる。辛くてもわれわれもそうしているからである。しかし、「苦難をも誇る」とはどういうことであろうか。

パウロは、苦難に始まる「苦難→忍耐→練達→希望」という連鎖を持ち出し、われわれは経験から、苦難が最終的には希望に繋がっていくのを知っているので、苦難をも喜んでいる、と指摘する。確かにそういうこともあるに違いない。しかし、度を越えた苦難で押し潰されることもあるのではないか。それでもパウロは「苦難をも誇ります」と言い切る。

パウロは、単に「苦難を忍ぶ」のではなく、苦難が生み出す積極的側面に注目するように促す。それがパウロの「積極思考（positive thinking）」である。実際、誰よりも大きな苦難を味わってきたパウロの言葉だけに、それが「机上の空論」ではないことが分かる。しかし、彼はそのこと以上に、イエス・キリストの十字架での苦難と死に目を注いでいたのだと思う。あらゆることにおいて主に従うことを目指したパウロは、苦難においてこそ主に従おうとしたのだ。ついつい筆が滑ってしまったのだろうか、パウロ自身であれパウロの心情を忖度した弟子であれ、「キリストのからだなる教会のために、キリストの苦しみのなお足りないところを、わたしの肉体をもって補っている」（口語訳コロサイ一・二四）とまで言ってしまう。「キリストの苦しみのなお足りないところ」とは、何という無礼かとつい思ってしまうが、あえて「苦難をも誇る」と公言するパウロの決意のすさまじさに、わたしなどは圧倒されてしまう。やはり、パウロは苦難を通して、苦難の先にある希望をしっかりと見据えていたのだ。

聖霊による愛の注ぎ

パウロは次いで、「希望はわたしたちを欺くことがありません」と続ける。「苦難→忍耐→練達→希望」という連鎖の先にある希望とは、「未来（終末）から現在を見つめ直す」ことで

ある。われわれの「現在」は「過去」からの積み重ねから成っている。言い換えれば「過去が現在を規定している」のである。それが「歴史認識」である。しかし、希望は「未来から現在を規定する」ことである。それが「終末からの展望」である。

われわれは一面では過去の呪縛から逃れられない。われわれの「現在」は「過去」からの継続だからである。しかし、われわれは他面では過去の呪縛から解放されている。「終末からの展望」は、われわれの「現在」を未来から再定義し、再規定し、「現在」を過去の呪縛から解き放つからである。だから、最後まで存続するもの、存続しなければならないものは、「信仰、希望、愛」であるとパウロは指摘する（Iコリント一三・一三）。希望は、われわれの目を未来（終末）へと向けさせる。その未来は、終末的展望の中で神の約束が作り出していく現実である。神の約束に揺るぎない信頼を置いているパウロは、だから「希望はわたしたちを欺くことがありません」と断言する。神の約束が「わたしたちを欺くこと」がない以上、神の約束に裏付けられたわれわれの希望も「わたしたちを欺くこと」はないからである。

その確証が、聖霊によって「わたしたちの心に注がれている」神の愛である。神の愛は、福音書記者ヨハネが、「神は、その独り子をお与えになったほどに、世を愛された。独り子を信じる者が一人も滅びないで、永遠の命を得るためである」（三・一六）と語ったように、極限の愛である。それは、「キリストは、神の身分でありながら、神と等しい者であることに固執しようとは思わず、かえって自分を無にして（ケノーシス）、僕の身分になり、人間と同じ者になられました。人間の姿で現れ、へりくだって、死に至るまで、それも十字架の死に至るまで従順でした」（フィリピ二・六―八）とあるように、「神の自己無化（ケノーシス）」であった。われわれは、さまざまな仕方でその神の愛を感知するが、何といっても、神の言葉が語られ、聞かれ、信じられるところで、神の愛がわれわれの心を捉える。神の言葉が語られ、聞かれ、信じられるところが、まさに聖霊の働く場だからである。

パウロは、「わたしたちに与えられた聖霊によって、神の愛がわたしたちの心に注がれているからです」と語る。そのことによって、パウロが最後まで存続すると語っている「信仰、希望、愛」が、苦難の中でも明らかにされる。苦難の中にあっても、信仰のあるところに希望が芽生え、希望が存続する。その信仰を引き起こしてくれるのが、聖霊が心の中に注いでくれる神の愛だからである。

参考文献

P・アクティマイアー『ローマの信徒への手紙』（現代聖書注解）村上実基訳、日本キリスト教団出版局、二〇一四年

F・F・ブルース『ローマ人への手紙』（ティンデル聖書注解）岡山秀雄訳、いのちのことば社、二〇〇八年

Karl Barth, *The Epistle to the Romans*, trans. by Edwyn C. Hoskyns, Oxford University Press, 1933

Anders Nygren, *Commentary on Romans*, trans. by Carl C. Rasmussen, Muhlenberg Press, 1949

ローマの信徒への手紙　五章六―一一節

石井　佑二

一　私訳

六節　事実として、キリストは、私たちがまだ弱かったころ、時満ちて、不信心な者たちのために死んでくださった。
七節　というのは、正しい人のために死ぬ者はほとんどいないであろう。あるいは、善人のために死ぬ者はいるかもしれない。
八節　しかし、証明する。ご自分の愛を。私たちに対して、神は。まだ罪人であった私たちのために、キリストが私たちのために死んだことによって。
九節　まして、私たちはキリストの血のうちにあって、今や、義とされたのだから、なおさら、救われるだろう。神の怒りから。
一〇節　というのは、もし私たちが、敵であった時でさえ、神との和解を受けたのならば、御子の死によって、なおさら、和解を受けた今は、御子の命のうちにあって救われるだろう。
一一節　それればかりでなく、むしろ、神のうちにあって、誇らしく喜ぶのである。私たちの主イエス・キリストによって、今や、私たちが和解を得たことによって。

二　文脈

K・ワルケンホーストは、第五章一節から、ローマの信徒への手紙の第二部が始まるとしている。第一章から第四章までの中心テーマは、神の御前に認められる「義」とは一体何か、ということであった。第五章以下も、これに引き続いて、神の御前で義人として認められた信仰について教えているが、そこから新たに、神から罪人に与えられた「命」をテーマとしている。そしてその「命」の有様の説明を、第四章の結論部分、及び第五章の最初で語るのである（ワルケンホースト『信仰と体のあがない』七頁以下）。

「このように、わたしたちは信仰によって義とされたのだから、わたしたちの主イエス・キリストによって神との間に平和を得ており」（五・一）。福音は、自分の力によって自分の義を立てようとする人間のわざがむなしいことを示し（三・二七―三一）、それと同時に、イエス・キリストこそが罪のあがないの犠牲であり、そのことによって義が示されるということをはっきり告げている（三・二五）。
パウロは、このようにして「義」の関連で論を進めていく。第五章一―五節は、神から御恵みとして与えられる、義人の平安、罪の中に生きる人間に与えられた賜物としての希望が語られる。そしてこの希望の確信は、神の愛を信ずる信仰、聖霊によって注がれる、神による愛の証によって強められる（同書、一三頁）。

我々のテキストである第五章六―一一節にてパウロは、このような神の愛とはいったい何なのか、ということを説明して行く中で言葉を重ねて行くのである。

竹森満佐一は、我々のテキストを説教する際、ローマの信徒への手紙全体におけるパウロの語りを指してこう言う。「この人は、自分の信仰を、まるでぶっつけるように書いているのです。彼は、神学の教科書を書くつもりではないのです。ただ、キリストの恵みを伝えたい、それを説明したい、それが彼の心からの願いであり、これを書く態度でもあったのです」（竹森『ローマ書講解説教Ⅱ』九四頁）。神の愛の説明。そのことに私たち説教者は苦労を重ねる。うまく説明できない。しかしそれでも良いではないか。パウロは、自分の信仰における「命」の有様そのものをここでぶっつけている。教科書的な説明よりも、そのことを大切にしている。そしてそのあり方こそが、最もふさわしく福音を語る。我々もまた、このテキストをそのようなパウロの信仰の姿が現れているものとして黙想を重ねたい。

三　時満ちて、証明される神の愛

六節の最初に、接続詞「エティ・ガル」がある。ここから六節「事実として、キリストは、私たちがまだ弱かったころ、時満ちて、不信心な者たちのために死んでくださった」（私訳）という言葉は、五節の「神の愛」の説明の最初の言葉であると言い得るであろう。このことについて、ワルケンホーストはこう言う。「われわれはこの愛が主観的な体験ではなく、客観的な事実であるということに注意しなければならない。なぜなら、ことばだけからすると、当然次のような誤解が生じる恐れがあるからである。それは、たとえばパウロが自分の非常に感情的な体験を述べたのだとか、あるいはわれわれ自身が、このような感情的な神の愛の体験を思い出し、これを楽しみ、望んでいるのだとすることである。しかし、このような感情的な愛は、この苦しい現実の中に生きるわれわれにとっては、決して神の平安という希望を支える根本的な力にはならない。主観的で感情的な愛の体験は、信仰を支えるものではなく、信仰を強めるだけにすぎない。われわれの希望の力は、客観的に与えられた神の愛のあかしによって養われるのである」（ワルケンホースト、前掲書一三頁）。愛が問われている。しかもそれは、一切の主観的な感情を越えた愛、まことに客観的な、神の愛である。このような神の愛についてカール・バルトはこう言う。「それは恐らく死ぬことも辞さない……親友のために持つような、説明のつく、また理解しうる愛ではない（七節）。したがって、われわれが普通、いくぶん知っており、経験することもあるような愛ではない。一言で言えば、自分を愛してくれるものを愛するわれわれ人間の愛ではない」（カール・バルト『ローマ書新解』五八頁)。この「理解しうる愛ではない」というような愛こそが、弱くて不信心な私たちのために死んでくださるキリスト(六節)だと、パウロは言うのである。パウロは神の愛の「証明」(八節、私訳)が、キリストが死んでくださったということによってあるのだ、と言う。それを見よ、と語るのである。

これが「時満ちて」(六節、私訳)起こったと言う。これは「神の計画によって定められた救いであることが述べられている。すなわちキリストはまさに最良のとき、私たちのために死なれたのである」ということである(ワルケンホースト、前掲書三一頁)。神の時が満ちた時。最良の時。それはどんな時であったか。六節「私たちがまだ弱かったころ」。八節「まだ罪人であった私たち」。一〇節「私たちが、敵であった時」(私訳)。この時にキリストが私たちのために死んでくださった。私たちが弱くて(この「弱い」という言葉には、原語では「病に陥っている」、というニュアンスが含まれている)、不信心で、罪人であり、神の敵であった、その時に、神の愛が始まったのである。加藤常昭は言う。「これは驚くべきことであります。パウロがこころを変えてからというのではないのです。敵であることを止めた時に、主イエスのパウロに対する愛が始まったのではない。愛の物語は、パウロが敵であった時に既にもう始まっていた、神のほうから始めておられたというのであります」(加藤常昭『ローマ人への手紙2』五七頁)。私たちは「神の怒り」(九節)を免れられない者であった。しかもそのことに気付いてもいなかった。弱かった。信仰の病に陥っていた。七節で言う、「正しい人」でも「善人」でもなかった。「罪人」、神の「敵」だったのだ。にもかかわらず、この時にキリストの死が、神の愛があったのだ。まことに計り知れない、神の愛がここにあるのだ。そうパウロは語るのである。

四　「なおさら」——神の愛の前進

神の愛は計り知れない。しかしこの愛においてこそ、福音が明らかにされる。我々の義が恵みとして与えられる。竹森満佐一が、ここにおいて「信仰をぶっつける」と言ったのは、こういう所において表わされている。計り知れない愛を、言葉にできない程の愛を、言葉にして何としても伝えようとするのがパウロであり、我々説教者である。この時にパウロは「なおさら」という言葉を、九節、一〇節で続けて用いる。九節「まして、私たちはキリストの血のうちにあって、今や、義とされたのだから、なおさら、救われるだろう。神の怒りから」。一〇節「というのは、もし私たちが、敵であった時でさえ、神との和解を受けたのならば、御子の死によって、なおさら、和解を受けた今は、御子の命のうちにあって救われるだろう」(私訳)。何かを説明したら、それに加えて、それよりももっと大きな、神の愛の恵みが示される。語れば語るほど、どんどん神の愛を語らずにはいられなくなる。そういうパウロの心が表れている言葉としての「なおさら」なのである。加藤常昭が、一九八七年四月から一九八九年三月まで、FEBCで放送された「ローマ人への手紙」の中で、このことを「神の愛の前進」と題して、こう述べている。これは「一歩前進です。一歩先に進むのです。こちら側に理由があって一歩前進ではないのです。もうキリストの血によって今は義とされている。……もう私たちは神様との関わりを正しくされている。そんなに素晴らしい、恵みを与えてくださる神様の愛は、そうであるとすれば『なおさら』さらに一歩前進して、神の怒りにも全くあわないで済むように、神ご自身の怒りからすくいとってくださるだろう。もう、我々が敵であった時ですら、神様と仲直りをするということを、神様の賜物として与えられているとするならば、『なおさら』、その死から、お甦りになった、キリストの命そのものによってすくいとられてしまうだろう。そういう風にパウロは申します」。「なおさら」という表現は、「どういう風に測っても、私どもの物差しよりも、もう一つ飛び越えてしまっている。測りかねるようなキリストにおける神の恵みの大きさ、素晴らしさを、何とかして語ろうとする、パウロの言葉遣いだといって良いと思います」。この計り知れない、前進するものとして迫って来る神の愛が、五節、私たちの心に注がれている。この力が、あの三―四節の御言葉「苦難は忍耐を、忍耐は練達を、練達は希望を生む」という、私たち自身の心が、ぐんぐんぐんぐん前進する、その力となる、と加藤は言うのである。前進する神の恵み、先行する主イエス・キリストの御足の後を私たちは踏んで行く。「なおさら」という、言葉にできないほど大きな神の愛がある。ここに苦難をも希望に変える、我々の救いが語られる。

ワルケンホーストは、九節で語られる「救われるだろう。神の怒りから」（私訳）を、「終末論的な意味で理解すべきである」と言う（ワルケンホースト、前掲書三九頁）。「なおさら」として、どんどん言葉を重ねて行くしかない、捉え切ることができない、しかしそうであるがゆえにこそ、ただキリストの死によって確約されたものとして、将来の救いを語り得るのである。

五　「和解」――神のうちにあって、誇らしく喜ぶ

「なおさら」と同じ意味合いの言葉として、一一節の最初で「そればかりでなく」と言う。「そればかりでなく、むしろ、神のうちにあって、誇らしく喜ぶのである。私たちの主イエス・キリストによって、今や、私たちが和解を得たことによって」（私訳）。パウロは今まで語って来たことを「誇らしく喜ぶ」（新共同訳「誇る」）と言う。加藤常昭は、この言葉をパウロがどのような意味合いで用いているか、ということについての特徴を語っている（加藤、前掲書六四頁以下）。まず、この言葉は第一に「誇る」と訳される。しかし当時のギリシア語の世界一般において、この言葉は積極的な意味で用いられてはこなかった。なぜか。加藤によれば、この「誇る」は「驕る」につながるのであり、ギリシア人は、その様な罪の不自由さから自由になろうとして、自分を戒めることに心を注いだのではないか、と言うのである。しかし加藤は続けて、そのような心は、自分を正しく評価することができない卑屈を生み出してしまうのではないかと問い、そこに「誇る」ことの難しさがある、と言うのである。その一方で、この「誇る」という言葉をパウロと、パウロの教えを受けた人々が積極的に用いたのはなぜかと問う。この「誇る」という言葉は「喜ぶ」とも訳せる（口語訳聖書がそうであった）。パウロはキリストと出会う前、ユダヤ人の

教師として誇り高く生きていた。しかしそれがキリストとの出会いによって変えられた。変えられたが卑屈になったのではない。新しい誇りに喜び勇んで生きる人間となったのである、と加藤は言うのである。そうして加藤は、このパウロの心を表わす、次の御言葉を引用する。「とはいえ、肉にも頼ろうと思えば、わたしは頼れなくはない。だれかほかに、肉に頼れると思う人がいるなら、わたしはなおさらのことです。わたしは生まれて八日目に割礼を受け、イスラエルの民に属し、ベニヤミン族の出身で、ヘブライ人の中のヘブライ人です。律法に関してはファリサイ派の一員、熱心さの点では教会の迫害者、律法の義については非のうちどころのない者でした。しかし、わたしにとって有利であったこれらのことを、キリストのゆえに損失と見なすようになったのです。そればかりか、わたしの主キリスト・イエスを知ることのあまりのすばらしさに、今では他の一切を損失とみています。キリストのゆえに、わたしはすべてを失いましたが、それらを塵あくたと見なしています。キリストを得、キリストの内にいる者と認められるためです」（フィリピ三・四―九）。

　パウロは誇りを語る自由を持っている。それは、神が喜んで私を、私たちを受け入れてくださるということを喜ぶ、そのことと一体となった誇りである。主イエス・キリストが、私たちのために死んで愛し抜いてくださる。そのことにおいて、私たちは自分自身を喜ぶ。他に理由はない。カール・バルトは言う。「まず最初に神が人間のためにいまして、それから、そしてそれに基づいて、人間が神のために存在する……従って、神が人間に先立って来たり給うて、そのことによって、人間を御自身に従うようにと、運動せしめ給うのである。人間が人間に対して『否』と言うときに、神は人間に対して『然り』と言い、そのことによって、人間の『否』を沈黙せしめ、人間に対する『然り』を、人間の心の中に入れ、口に上せ給う。神は、人間がその敵であったときに、彼を愛し（ローマ五・一〇）、そのことによって、彼を、彼の方でも神を愛する友とし給う」（カール・バルト『教会教義学　和解論』Ⅱ／3、三五九頁）。

　パウロは「キリストの血のうちにある」（九節）、「御子の命のうちにある」（一〇節）、そして「神のうちにある」（一一節）（私訳）、そのような自分自身を示す。この箇所は、新共同訳のように、方法論的な「……によって」と訳せるが、それ以外にも存在論的な「……のうちにある」者、とも訳せる。パウロは、キリストの血のうちにある者、御子の命のうちにある者、神のうちにある者、そのような者として自分自身を語るのである。パウロは、かつての誤った誇りに捕らわれていた不自由な状態から、「今や」神の恵みに包まれて、神のうちにあるその者として、自分自身を、「誇らしく喜ぶ」のである。そしてそれが私たちキリスト者というものである、と言うのである。

　このような私たちキリスト者は、神から「和解」を受けたものであると、パウロは言う。和解させる。それは原語からすると「取り換える」「交換する」という意味である。それは、人間と主イエス・キリストとの交換である。神に敵対し、その怒りを受け、裁かれるべきは人間であるはずであった。にもかかわらず、その裁きの全てをキリストが引き受けてくださった。

そして、神の御子として、その寵愛を受け、祝福されるべきはキリストであるはずであった。にもかかわらず、その祝福の全てを私たちに与えて下さるのである。この身代わりの犠牲において、神は人間に赦しを与えて下さる。この「喜ばしき交換」(ルター)によって、私たちは「和解」に生きられるのである。『ハイデルベルク信仰問答』問六〇はこのように語っている(『ハイデルベルク信仰問答』吉田隆訳、二〇〇六年)。

問六〇「どのようにしてあなたは神の御前で義とされるのですか。」

答「ただイエス・キリストを信じる、まことの信仰によってのみです。すなわち、たとえわたしの良心がわたしに向かって、『お前は神の戒めすべてに対して、はなはだしく罪を犯しており、それを何一つ守ったこともなく、今なおあらゆる悪に傾いている』と責め立てたとしても、神は、わたしのいかなる功績にもよらず、ただ恵みによって、キリストの完全な償いと義と聖とをわたしに与え、わたしのものとし、あたかもわたしが何一つ罪を犯したことも罪人《つみびと》であったこともなく、キリストがわたしに代わって果たされた服従をすべてわたし自身が成し遂《と》げたかのようにみなしてくださいます。そして、そうなるのはただ、わたしがこのような恩恵を信仰の心で受け入れる時だけなのです。」

私たちキリスト者は、ただ信仰の心において、キリストの義を私の義であると言って良い。神との和解、キリストとの交換を受けた者は、あたかも罪人であったこともないかのように生きることが許されているのである。この信仰は私たちの心に「驕り」も「卑屈」も生み出しはしない。感謝と喜びに満ちた、まことの「誇り」を生み出すのである。

私たちの「命」は、こういう神の恵みのうちに、御子の命のうちにある。ここに神の愛があるのである。こういう私たちは、自らの「命」を「誇らしく喜ぶ」者であらざるを得ないではないか！

参考文献

K・ワルケンホースト『信仰と体のあがない——ロマ書の解釈五—八章』中央出版社、一九七九年

カール・バルト『教会教義学　和解論Ⅱ／3』井上良雄訳、新教出版社、一九六八年

カール・バルト『ローマ書新解』(新教セミナーブック17)川名勇訳、新教出版社、二〇〇三年(復刊第一刷)

竹森満佐一『ローマ書講解説教Ⅱ』(オンデマンド版)新教出版社、二〇〇四年

加藤常昭『ローマ人への手紙2』(加藤常昭説教全集18)教文館、二〇〇五年

ローマの信徒への手紙　五章一二―一四節

橋谷　英徳

一　テキストの区分

与えられたペリコーペの長さは短い。本誌の編集部よりあらかじめこの区分を知らされたとき、戸惑いを覚えた。あまりにも短い区分であるために、何かの間違いかとも思ったのである。打ち明け話をすると編集部に、「二一節まではないのですね」と念押しのメールまでしてしまった。もちろん、この区分で間違いないとのことであった。今は、説教黙想は、どうしてもこの区分でなければならないと確信している。このようなこともまた、私の聖書に対する無知、読みの浅さの表れと思い、恥じてもいる。

そもそも二一節まで一度で扱うことなどできはしない。いくつかの注解書を読んでも明らかである。どの註解でも、このペリコーペについては非常に丁寧に集中的な考察がなされている。その理由の一つは、釈義的な問題も多くあるためであるが、それだけではない。このペリコーペそのものが、語り尽くすことができないほどに、その内容が豊かであるためである。

手元にあるいくつかの説教集とともに、インターネットで検索して説教も調べてみた。意外であったのは、一二―二一節という区分でただ一度の説教がなされているものがほとんどであった。本誌のように一二―一四節の区分で説教されることは稀なようである。注解とは、ある意味で対照的なのである。それは何を意味しているのだろうか。

ただ例外は、竹森満佐一と加藤常昭である。竹森は、本誌の区分で説教を行っている。加藤は、一二―二一節の区分で計六回もの説教を行っているが、そのうちのなんと四回が、ほぼ一二―一四節を中心にした説教であった。

このテキストからの講解説教では、どのように区切り、何回にわたって説教するのかということが、ある決定的な意味を持つことになるかもしれない。まんべんなくすべてのことに触れて説教しようとするならば、その説教は、上手くいかないであろう。フォーカスを絞った説教をすることが求められるのではないか。

二　このようなわけで

説教者にも、またおそらくは聞き手にとっても、このテキストの重大性は自明のことではないであろう。それはある意味では、直前のペリコーペ一―一一節とは対照的なのである。一節から一一節では、キリストによる神との和解の恵みが告げられる。ここは私たちがよく親しんでいる箇所でもある。ここでは光が差し込んでいるが、それとは対照的に、この一二―一四節は人間の罪と死が、主題となる。ここではひたすら闇が見つめられている。ここは暗い谷であり、死の陰の谷がその姿を表している。このようところは、できる限り、通りたくない、通らなければならないにしても急ぎ足で通り過ごしたいと願う。

このペリコーペは、疑義にもさらされてきた。ここは後に付加されたものであるとする学者もいる。一二節の「このようなわけで」という接続詞が、問題となり、一体、どういうつながりなのか、よくわからないとされる。一体、そもそも和解の福音が語られて、すぐにこのように罪と死が語られるのは、唐突ではないかとされる。

しかし、本当にそうであろうか。私たちはむしろ、全く逆の方向に考えるべきではないか。つまり、なぜ、ここでパウロがこのように語るのかに注目しなければならない。パウロはここで「罪と死」について語っている。パウロはここまで、この手紙で「罪」については語ってきたものの、「死」については実は何も語っていない。

ではどうして、パウロは、今ここではじめて「死」について語り始めるのか。その答えは一つである。死の陰の谷に、光が差し込んできたがゆえである。

闇が闇であることは、光に照らされて、はじめて明らかになる。光によってはじめて、闇はその正体を表す。つまり、ここでその準備が完了したのである。それ故、突然、話が変わっているように見えるが、実はそうではない。

竹森は、その説教の冒頭で修道院の挨拶「メメント・モリ」、「あなたは死ぬことを覚えていなさい」について触れている。自分の死を覚えることは、じっと死を見ることである。しかし、一体、そんなことは私たちに本当にできるだろうかと問う。そして、次のように言う。

「ただ死を見つめるということだけでは、実は、死に見つめられているだけで、こちらが死を見ていることにはならない」。

このことばは非常に深いと思う。そして、当たっているのではないか。私たちには死を覚え、それをじっと見つめようとする。しかし、そのようなことをすれば逆に死に捕まえられてしまう。なぜか。死を見つめることに、私たちは耐えられないからである。私たちが、死を見つめるとすれば、それは恵みの光に照らされることがどうしても必要なのである。パウロはそのことを知っている。だから、ここまで死について何も語ることはなかった。しかし、ここに来て、語り始める。それはキリストの救いの恵みが明らかになったからである。

「それで今や、わたしたちはキリストの血によって義とされたのですから、神の怒りから救われるのはなおさらのことです」(五・九)。

この神との和解の中にあって、この恵みの中で、私たちは自分がどんなところから救われたのかということがはじめてわかるようになる。

事実、私たちが、自分の罪について知り、本当に悔い改めを知るのは、主イエスの救いの恵みを知ってからではないか。罪と死の現実をよく見て、その悲惨に打ちひしがれて、救いを求めるようになったというのではない。そうではなく、救いにあずかった時、どんなに恐ろしい中に自分がいたのかが見えてくる。だとすればパウロが何よりも語ろうとしているのは、ただ単に罪と死ではなく、神の恵みである。罪と死の深さは、キリストの恵みの深さと等しい。

三　罪と死

「一人の人によって罪が世に入り」（一二節）というのは、創世記の三章のアダムのことである。アダムの罪によって、罪が今の私たちをも支配するに至ったさまを、パウロはこのように記す。ここで罪は、まるで生き物のように記されている。「人格のような意志能力をもつ存在」（ワルケンホースト）である。それは創世記にも通じる。神はカインに向かって「罪は戸口で待ち伏せており、お前を求める。お前はそれを支配せねばならない」（四・七）と言われる。聖書の罪の人格化は共通していることに注意したい。

つい先日、夏目漱石の『こころ』を再読した。若い頃に読んだ時には、よくわからなかったが、今は身につまされた。この主人公の「わたし」の心は、私の「心」でもあることを思う。この小説のひとつの主題もまた罪である。『こころ』の主人公は、まるで魔が差したようにして、友を裏切り、死に至らしめるのである。この人格をもった罪とは何であろうか。思い浮かべるのは悪魔である。しかし、名指しはどこにもされていない。

いずれにしても、パウロがここで語る、この罪の現実は、私の現実でもある。まったく、罪に支配され、その罪を自分ではどうすることもできない。さらに「罪」は「死」をもたらす。聖書は、「死はすべての人に及んだ」（一二節）、また、「死は支配しました」（一四節）と語る。ここで「支配する」という言葉は、原語では国を意味する。死は、国を作り、その国の王になっている。この死は私たちに「及んだ（ディエールテン）」。この言葉は、先の罪が「中に入る」というよりももっと強い意味を持った言葉で、「もろもろの障壁をくぐり抜けて入って来る」という意味の言葉である。私たちが、どんなに防御しようとしても、その防御壁を突きぬけて侵入し、王として君臨することによって私たちを支配する。

その場合、この死は単に肉体の死を意味するだけではない。最大の問題は、肉体において死ぬことだけではない。その死を罪の中で死ななければならないということである。このことがここでは二一節で「罪が死によって支配する」と語られている。この死の支配は、私たちの死の時だけではなく、今私たちが生きているところにもすでに存在する。聖書は、私たちがキリストを知ることなく神から離れて生きていた時のことを「死んでいた」と繰り返し語っている（ルカ一五・二四、エフェソ二・一）。死ぬことは恐ろしいと言われる。しかし、死の本当の意味での恐ろしさは、私たちの思いを超えている。死の恐ろしさ、不気味さは、死そのものにだけあるのではないということは、恐ろしい話である。

四　アダムの罪、わたしの罪

「すべての人が罪を犯したからです」（一二節）は、アダムの原罪、罪の根源的な事実を伝える。人間は生まれながら罪人である。では、この私たちの罪は、一体、どこから来たのだろうか。なぜ、ただひとりのアダムに起こったことが、私たちすべてのものの現実になるのか。それはアダムのことであって、私たちのことではないのではないか。

このような問いに対する答えとして、誰もが思い描くのは、遺伝によるということであろう。始祖アダムの罪が遺伝によって、今の私たちにも及んでいる。しかし、遺伝ならば、結局は、罪の責任はアダムにあるのであって、自分にはないということになる。しかし、テキストはここでそのようなことは語ってはいない。むしろ逆に、すべての人の罪の責任を問う。「すべての人が罪を犯した」とは、アダムだけの責任だけではなく、私たちすべての責任だと断じる。

なぜ、アダムの罪が私たちの罪になるのかという問いに、教会は、それはアダムは私たちの代表者であるからと答えてきた。つまり、アダムはすべての人の代表であり、公人なのである。それは為政者が、その国のすべての人々を代表することとも似ている。為政者が条約を結ぶなら、それはその国のすべての人びとの契約になるのと同じである。それならば、代表者であるアダムの違反は、すべての人の違反とみなされる。それは契約の概念と深く結びつく。神は始祖アダムにおいて、すべての人間と契約関係に入られた。「園のすべての木から取って食べなさい。ただし、善悪の知識の木からは、決して食べてはならない。食べると必ず死んでしまう」（創世記二・一六―一七）は契約である。アダムが、この契約に違反した。そのために、公人アダムにおいて、すべての人が罪ある者になったのである。契約である以上、そのアダムの違反は、すべての違反となった。

心理学的な時代においては、人がなすところの原因がいつも探られる。たとえば、犯罪を犯す人があれば、その原因がその人の成育の過程にさかのぼって分析され検証される。テレビ番組などでも、そのようなことが繰り返しなされている。誰もが心理分析家となって、状況を過去にさかのぼって説明しながら生きようとしている。「～だったから、こうなった」と……。これもまた、言い逃れに道を開く。そこでは責任ということはあいまいになる。その意味では、今の私たちは非常に罪のことを覚えにくい時を生きていると言えよう。

しかしながら、それは今にはじまったことではない。聖書には私たち人間が、いかに罪の悲惨を認めることを避けようとするのかということが、繰り返し記されている。人間の歴史は、罪からの言い逃れの歴史でもある。罪の悲惨も、死の現実もないかの如く、自分には何の責任もないかのように、生きようとする。言い換えるなら、キリストの義を必要とせず、自分の義を拠り所にして生きようとする。そこにまさに私たちのアダムの罪の現実があることを聖書は見ている。そのことをローマの信徒への手紙は語っている。

パウロは、罪と死は、恐ろしいほどに私たちをはるかに凌駕する力を持っているということを明らかにしている。それはアダムにみられることだけではなく、私たちの現実の生活のなかにその姿を表している。

問題は私たちが、日々の生活の中でこの罪のことをどのように受け止めるかということである。私たちが一日を送って、床に着こうとする。寝床で今日の歩みを振り返る。その時に、心が痛みはしないか。これはアダムのせいであると言って済まないであろう。十字架のキリストを信じる私たちは、このような言葉による罪の中にも、深い自分の罪を見る。

ワルケンホーストは、ここで重要なのは瞑想（黙想と言い換えても良いであろう）であると言う。

「瞑想により人は自分の体での体験と聖書から受ける知識などを統一する……みことばを瞑想する人は、心身と文字を一つにするほど、みことばとそこに記されている『アダム』の真理を悟る」（六五―六六頁）。

この瞑想への言及は興味深い。どんな説明によっても、本当にはわかってこないのである。

五　アダムがわかる

私たちが、今まで見てきたようにアダムを見つめることは、痛みを伴うことである。それはある意味でまことに厳しいことであり、途方に暮れることでもある。パウロもまたそのことを知る。しかし、同時にそこでパウロは、アダムの中に、アダムの後に来た方、つまり、イエス・キリストを見出す。パウロはアダムのうちに人間の罪と死を見るだけでは終わらない。彼は、このアダムにキリストの姿を見出す。

「実にアダムは、来《きた》るべき方を前もって表す者だったのです」。このペリコーペにおいて決定的な言葉は、この一四節の言葉である。この一四節は、「このアダムは来るべき方の型である」とも訳すことができる。「型」はテュポスであり、鋳型、形、手本、先例という意味を持つ。

この言葉は「打つ（テュポウ）」という動詞から生まれた。鉄で鋳型を作る場合、まず鉄を打たねばならない。鉄をハンマーで打つ、そこに跡が残る、その跡がテュポスである。トマスが、「この指を釘跡に入れてみなければ……わたしは決して信じない」（ヨハネ二〇・二五）と言った「釘跡」はテュポスである。さらにそのようにしてできた鋳型に、融けた鉄を流し込むと、同じものができる。だから、そこからお手本、模範という意味にもなった。ここでは、アダムがキリストのお手本、模範とされる。アダムというと、罪と悲惨の模範、お手本のようにしか私たちは考えようとしないかもしれない。しかし、そこでパウロはこのアダムに、「来るべき方」の手本を見出す。

「来るべき方」とは救い主、メシアのことである。この救い主とはどんな方なのか。それはアダムのような方、アダムに似ていると言う。アダムに重ねると、救い主がどんな方なのかわかるようになると言う。たしかにアダムは、今まで見てきたように、私たちの代表であり、私たちの罪、死を表すお手本のような存在である。アダムを見れば、私たちの姿がよく見えてくる。しかし、それだけではなく同時に、まさにそこで、アダムに、来るべきキリストのお手本、模範を見出す。

ひとりの人、アダムによって、罪と死がこの世界を覆ったが、キリストが、ひとりの人となって十字架にかかってくださり死んでくださったことによって、私たちが、その罪と支配から解放される。アダムは、このキリストの救いを示す型である。

さらに、ここで重要なことは、アダムの位置づけである。アダムは、「予型」という言葉が表しているように、本体そのものではないとパウロは考えていることである。本体は、キリストであって、アダムではない。光と影にたとえるなら、キリストが光で、アダムは影である。このアダムは聖書のはじめに登場する。したがってイエス・キリストこそ、聖書がそのはじめから目指していることである。そうであるがゆえに、イエス・キリストの救いは、罪と堕落からの救い、創造の回復ということだけを意味するのではない。もちろん、そのことは正しい。しかし、それだけではない。むしろ、キリストの救いは、創造の完成なのである。神の大きな救いの物語が暗示されている。

このペリコーペからの私たちの説教の課題は、キリストの福音の光のもとに、罪と死のことを明らかにすることである。このアダムを通して入り込んできた罪と死の現実がいかに深く、強いものであるのかを割り引くことなく語り切りたい。そして、ここに確かに射し込んできている、明るい福音の光が、その罪と死をさらに覆うものであることを語りたい。私たちの生きる現実をたどりながら、聖書の全体から、神の大きな救いの物語を語りたいのである。

イエス・キリストの福音を語り伝えることができる箇所である。心して備えをして、礼拝に臨みたい。

主な参考文献

カール・バルト『ローマ書』(カール・バルト著作集14) 吉村善夫訳、新教出版社、一九六七年

K・ワルケンホースト『信仰と体のあがない――ロマ書の解釈五―八章』中央出版社、一九七九年

ウルリッヒ・ヴィルケンス『ローマ人への手紙(1―5章)』(EKK新約聖書註解Ⅵ／1) 岩本修一訳、教文館、一九八四年

竹森満佐一『ローマ書講解説教Ⅱ』新教出版社、一九六二年

加藤常昭『ローマ人への手紙2』(加藤常昭説教全集3) ヨルダン社、一九九〇年

安田吉三郎『ローマ人への手紙』(新聖書講解シリーズ6) いのちのことば社、一九八二年

松木治三郎『ローマ人への手紙――翻訳と解釈』日本基督教団出版局、一九六六年

ローマの信徒への手紙　五章一五－二一節

小泉　健

テキストの異質性

この聖書箇所は、わたしたちが知らないことを、わたしたちが使わない言葉遣いで語る。ここを読むと、わたしたちはなじみがない場所に入り込むことになる。見知らぬ世界のことが語られているので、一つ一つの言葉の意味はわかっても、全体が何を言っているのかがつかめない。御言葉とがっぷり四つに組んで格闘したいと思っても、しっかりとつかまえることができないもどかしさを覚える。テキストが持っているこの異質性を大事にしたい。

聖書は神を語る。「目が見もせず、耳が聞きもせず、人の心に思い浮かびもしなかった」神のみわざを語る（Ｉコリント二・九参照）。聖書を初めて開いたとき、また説教を初めて聞いたとき、わたしたちもその異質性に困惑し、なにが言われているのかわからなかったはずである。やがて、そのわからない言葉が解き明かされる喜びを知るようになった。しかしそこには、納得できるように解釈されることを期待し、自分でもそうしてしまう、という罠がある。聖書が語ることを、わたしたちが理解し納得できる事柄にまで矮小化してしまうのである。それに慣れると、「あなたがたは死んだのだ」（コロサイ三・三）という言葉さえ、もう驚いたり、つまずいたりすることができなくなる。間違った安心感をもって御言葉を安易に受け取ってしまうのである。

説教は御言葉の解き明かしである。しかしそれは、理解しがたい御言葉を理解しやすいように「解釈」することではない。御言葉は神を語る。本来人間の言葉が語りえず、人間の理性が把握できないはずのお方を告げ知らせる。生きておられるお方のことを証しする。御言葉が語ろうとしていることの究めがたい深さへの驚きと畏れを失うときに、説教はただの人間の言葉になってしまう。

テキストの異質性は聖書の世界に入っていくための入り口である。わたしたちは神の恵みをとらえるときに「アダム」のことなど考えてもいないし、アダムを考えることが必要だと思いつきもしない。それは、わたしたちが神の恵みをとらえそこなっており、御言葉が語ろうとする広さ、深さにまで届いていないということであるに違いない。アダムから語り起こさないと語ることができない恵みの大きさをとらえたい。

「キリストとアダム」

罪の認識と恵みの認識は深く結びついているし、またそうであるべきである。自分の罪深さを知り、罪を悲しみ、悔い改めることなしに恵みだけを受け取ろうとするならば、神の恵みを「安価な恵み」にしてしまうことになる。しかし、自分の罪深さを知ると言っても、それはキリストにおいて現された神の恵みの大きさに驚くことなしにはできない。たとえば、神の恵みの選びは、「わたしのような救われがたい者が、なぜ救われたのか」という驚きの中で、「それは神が恵みによって一方的に選んでくださったからとしか言いようがない」こととしてしか認識できない。自分を脇において選びの教説を考え始めると、たちまち愚かな人間的思弁に陥ることになる。

わたしたちの聖書箇所のアダムについての言葉も同様である。アダムについて語ることと、キリストについて語ることとは深く結びついている。キリストと切り離して、アダムだけを取り出すことはできない。まずアダム論があり、「アダムを通して死が支配するようになった」ということが自明のこととして言えるのではない。だから、アダム論の由来といったことを問うことは、おそらく説教黙想の役に立たない。

光はキリストからアダムへとさしている。「アダムは、来るべき方を前もって表す者（来るべき方の型）だったのです」（一四節）と言われている。来るべき方、キリストこそ見つめるべきお方であり、キリストが到来なさったからこそ、アダムがキリストの反対像（テュポス）として浮き彫りになる。その意味で、バルトの「キリストとアダム」という順序は正しい。

アダムとわたしたちの罪

「アダム」を語ることによって、罪の普遍性が語られている。アダム論の由来を論じることができるにせよ、パウロはまったく聖書的に考えているのであって、まずは創世記二章と三章によって理解すべきである。アダムは具体的な一人の人間である。「一人の人」（一二節）として、「一人の人イエス・キリスト」（一五節）と対比されている。アダムを抽象化して、人間の本質などとみなしてはならないだろう。しかしアダムは、人間の歴史の最初に立つ人間である。わたしたちすべての人間を代表している。（言うまでもなくヘブライ語の普通名詞としての「アーダーム」は、「［一人の］人」、あるいは集合名詞として「人々」を意味する。エゼキエル書に頻出する「人の子」は「ベン・アーダーム」だから、「アダムの子」とも言える。）

神によって神にかたどって造られ、命の息を吹き入れられ、生きるためのあらゆる配慮を受け、神に語りかけられていた一人の人間が、神に背いた。神がなお語りかけ続けてくださり、背いたのではないかと問いかけ、それによって神との関係を回復するようにと招いてくださっても、罪を告白してたち帰ることができなかった。「罪」とは神からの離反である。わたしたちの命に対する神の主権を拒むことである。自分が神に造られたものであることを否定して、自己決定しようとすることである。それは結局、神が神であられることを否定して、自分が神になろうとすることである。

アダムの罪がどのようにしてわたしたちに及んでいるのか、どうしてそのようなことがありえるのか、わたしたちは知らない。ただわかることは、アダムと同じ罪をたしかにわたしも持っているということである。いちばん最初の人間が堕落した。それは、人間が本来「良い」ものとして造られたこと（つまり初めから悪かったのではなく、良いものが罪に陥った）と、しかし罪を犯さないでいることができないこと（罪を犯さない者はいなかった）とを示している。まさしく「一人の人によって罪が世に入」ったのである（一二節）。

アダムを語ることは、わたしたちの責任を小さくするのではない。わたしたちが罪人なのは、アダムが罪を犯したからではなく、自分が（アダムと同じように）罪を犯したからである。わたしたちはアダムではない。そうであるにもかかわらず、アダムの姿に自分の姿を見出さないわけにはいかない。わたしたちはたしかにアダムの歴史にはまり込んでいる。わたしたちは言わば、「アダムのうちに」いるのである。

アダムを語ることは、むしろわたしたちの罪がどれほど深くわたしたちの存在そのものと結びついているか、どれほど広くわたしたちの社会にまで浸透しているかを明らかにする。わたしの罪を語ろうと思ったら、わたしの一部について語るのでは足りない。わたしの全部を語るのでもまだ足りない。わたしの周囲をも語り、わたしの由来を語り、それをどこまでもさかのぼり、最初の人間までさかのぼらなければ、わたしの罪を語ったことにならない。ここでアダムが語られているのは、「わたし」の話をするためなのである。

比較することと比較を絶していること

キリストとアダムが比較されている。「一人の罪（パラプトーマ）」と「一人の正しい行為（ディカイオーマ）」、「断罪」と「命の義認」（一八節）、「不従順（パラコエー）」と「従順（ヒュパコエー）」、「罪人」と「正しい者」（一九節）などの対比が見られる。しかし対比を行うのは、実は対比を行おうとしても、対比が破れてしまうこと、キリストを他のものとの比較によってとらえようとしても、キリストは比較を絶していることを明らかにするためである。

「キリストに対してもち出すあらゆる人間的な比較は、失敗することは必然である。結局キリストと同じ範疇におかれるものは何もない。……というのは、キリストは、無限に偉大だからである。……キリストに似たものは何もない」（ニグレン）。

「釈義的な手がかりを得るために決定的なのは、二つのアイオーンにおける『思考方法』ではないし、アダムとキリストを対置することでもない。むしろそのような図式を変えてしまい、つき破ってしまう形である。この形でもって、イエス・キリストにおける神の恵みについてのメッセージが、これらのイメージの内部で力を発揮しているのである」（イーヴァント）。

「こう言っていいだろう。『災いを生み出すことはいつでも、災いを取り除くことよりも容易である』と。アダムにとっては容易なことだった。彼は自分の人格において罪を犯しただけなのだから。災いを広げるためには、アダムはそれ以上何もする必要がなかった。すべてはおのずからそうなったのだ。キリストにとっては、状況はまったく違っていた。キリストが作戦を遂行する場所は、罪が働く領域と同じだけ広大でなければならなかった。すなわち全世界でなければならなかった。もう一つ別のイメージを用いてみよう。アダムは小さな雪玉を動かせばよかった。それが雪崩になった。キリストは雪崩の全体を静めなければならなかった。……キリストはアダムよりもはるかにはるかに大きいのである」（フォークト）。

パウロ自身が「恵みの賜物は罪とは比較になりません」（一五節）と言い、「なおさら（ポロー・マーロン）」を繰り返している（一五、一七節）。「罪が増したところには、恵みはなおいっそう満ちあふれました」（二〇節）と語る。わたしたちの罪がすでにとらえがたく大きいのだが、神の恵みは罪との比較を絶して大きい。

「支配する」

この箇所には「支配する（バシレウオー）」という語が四回使われている（一七節と二一節に二回ずつ）。新共同訳のように一二節からをひとまとまりの段落ととらえると、一四節も加えて計五回となる。ローマの信徒への手紙では、この箇所以外には六章一二節で使われているだけである。さらにパウロ書簡全体を見ても、ほかにはコリントの信徒への手紙一で三回使われているにすぎない。「支配する」という語が今回の箇所の理解の鍵となり、またこの箇所の固有性を示す重要な語であることがわかる。

「バシレウオー（支配する）」と語根を同じくする単語に「バシレウス（王）」、「バシレイア（王国）」などがあるが、まず覚えなければならないのは、ここでは相並んだ二つの王国という図式が語られているわけではないということである。神の支配に対抗し、それを脅かすサタンの支配があるのではない。神のご意志が及ばない領域があるわけではない。だから、同じように「バシレウオー」という語が使われていても、罪の場合と恵みの場合とで、意味するところは違っているのである。

たしかに「支配する」ことにおいてアダムとキリストの対比がなされている。一方の支配は死に至り、他方は命に至る。一方は自分の罪によってであり、他方は和解によってである。このように「支配する」ことをめぐる対比を見出すことができる。しかしこの対比は、「支配する」ことの意味内容にまで及ぶ。一方の支配は束縛であり、他方の支配は解放である。罪と死の束縛からの解放は、別の主人への隷属に至るのではない。恵みの支配は自由を与える。神は自由においてわたしたちとかかわろうとなさる。

この点をくっきりと語るのが、一七節後半の「支配する」である。ここには、（それぞれ意味が異なる）罪の支配の場合とも恵みの支配の場合ともさらに区別されるべき意味が込められている。ここだけ訳語を変え、「王となる」とする訳もある。

「つまり、もしも一人の人の罪過によって、その一人の人を通して死が支配するに至ったのであるとすれば、ならばますます、豊かな恵みと義の賜物を受ける者たちは、一人の人イエス・キリストを通して生命において王となるであろう。」（田川訳）

この一七節の後半は、前半との対比を保つためには、「ならばますます、一人の人イエス・キリストを通して恵みが支配するのです」となるはずである。ところが御言葉は対比を破ってその先を語る。わたしたちはあり余る恵みと義の賜物を受け取って、わたしたち自身が罪と死を足台とする者、奴隷ではなく自由な者、神の前に立つ者とされる。「キリストの復活の姿にあやかる」のである（六・五参照）。

こうして、主イエスが弟子たちにお語りくださった約束が実現する。

「わたしの父がわたしに支配権（バシレイア）をゆだねてくださったように、わたしもあなたがたにそれをゆだねる。あなたがたは、わたしの国（バシレイア）でわたしの食事の席に着いて飲み食いを共にし、王座に座ってイスラエルの十二部族を治めることになる」（ルカ二二・二九―三〇）。

この約束は、さらにさかのぼればダニエル書七章一八節（「いと高き者の聖者らが王権を受け、王国をとこしえに治めるであろう」）に由来している。

二つのアイオーン

わたしたちは死の支配のもとにあった。死の支配はわたしたち自身の罪の結果であり、思いと行いにおいて命をむなしくすることへとわたしたちを向かわせる。すでに述べたように、死の支配が恵みの支配と並び立っているのではない。わたしたちがどちらの支配に服するかを選ぶことができるかのような、あるいは、死の支配が恵みの支配を脅かし、恵みの支配に生きる人を取り戻すことがありえるかのような、二元論的な世界観に陥ってはならない。それゆえ、罪と恵みの対比は、二つの王国と言うよりも、二つのアイオーンとしてとらえるほうが、おそらくより適切であろう。

死の支配のもとにあることは、神のもとから失われていることを意味しない。むしろ、それも神の聖なるご意志によることなのであって、わたしたちの罪に対する「神の怒り」（一・一八、二・五―八、五・九）が、死の支配が力を奮うことをお許しになった。しかもそれは、罪人に対する最後の言葉ではない。「神はすべての人を不従順の状態に閉じ込められましたが、それは、すべての人を憐れむためだったのです」（一一・三二）。

光はキリストからアダムへとさしている。議論は反対に、アダムからキリストへと進んでいる。いや議論ではなく、神の救いのご計画がアダムからキリストへと進んでいる。わたしたちは「アダムのうちに」いたのにまさって、「キリストのうちに」あり、アダムの歴史にはまり込んでいたのにまさって、キリストの歴史の中に置かれている。罪と死の支配は、キリストの復活までのことにすぎない。「今や……神の義が示されました」（三・二一）。今や「一人の正しい行為によって、すべての人が義とされて命を得る（命の義認に至る）」（五・一八）。それればかりでなく、「一人のイエス・キリストを通して命において王となることになる」のである（一七節）。

「わたしたちの主」

ローマ書五章一―一一節が「わたしたち」を主語として語っていたのに対して、一二節以下は「このようなわけで（ディア・トゥート）」によって一一節までとつながっているにもかかわらず、「わたしたち」はまったく姿を消し、主語がはっきりと三人称に変わっている。救いの確かさを論証する語り方に変わったのである。それが最後の二一節に至って、もう一度「わたしたち」が現れる。原文では最後の単語が「わたしたちの（ヘーモーン）」である。

「わたしたちの主イエス・キリストによって」との句は、五章の最初の節（一節）、区切りの節（一一節）、最後の節（二一節）に使われており、この章の枠となり、下地となっている。しかも二一節のみ語順を入れ替えて、「わたしたちの主（トゥー・キュリウー・ヘーモーン）」の部分を最後に置いている。「わたしたち」を強調するためであると思われる。

「わたしたちの主イエス・キリスト」という言い方は、信仰告白的な表現である。しかも、一二―二〇節の論証を通して「主」という言葉に新しい意味が加わることになった。言葉の上で語られたのは恵みの支配だが、それは実は主であるイエス・キリストの恵みの支配だったのである。王とされたわたしたちは、自由をもってこのお方の前にひれ伏し、自分たちの冠を投げ出して、神をたたえるのである（黙示録四・一〇参照）。

参考文献

＊聖書翻訳、注解書

田川建三訳『新約聖書　訳と註　第四巻』作品社、二〇〇九年

アンダース・ニグレン『ローマ人への手紙講解』ルーテル社、一九六四年

K・ワルケンホースト『信仰と体のあがない――ロマ書の解釈五―八章』中央出版社、一九七九年

Peter Stuhlmacher, Der Brief an die Römer (NTD 6), 14. Aufl. Göttingen 1989.

＊神学的考察

カール・バルト「キリストとアダム――ローマ書五章による」『カール・バルト著作集 3』新教出版社、一九九七年

＊説教黙想

Hans-Joachim Iwand, 4. Advent Röm 5, 12-14, 17-21 (1957). in: ders., Predigt-Meditationen I. 4. Aufl. Göttingen 1984, S. 592-599.

Gottfried Voigt, 4. Sonntag im Advent. Röm. 5, 12-21. in: ders., Der zerrissene Vorhang. Göttingen 1969, S. 27-33.

Götz Harbmeier, 4. Advent Römer 5, 12-21. in: hören und fragen. Bd. 4/1. Neukirchen-Vluyn 1975, S. 26-34.

＊説教集（とその類のもの）

加藤常昭『ローマ人への手紙 2』（加藤常昭説教全集18）教文館、二〇〇五年

関根正雄『ローマ人への手紙講解 中』（関根正雄著作集19）新地書房、一九八九年

大木英夫『ローマ人への手紙　現代へのメッセージ』教文館、一九九八年

ローマの信徒への手紙　六章一－五節

高橋　誠

テキストの響きと説教の構想

私たちに与えられているテキストは、聖化の関連に置かれている。キリスト者の生はどこに生じうるのか。安価な恩寵に終始することなく、あるいは逆に生き方を問い詰めて律法主義に陥ることもなく、いかに「新しい命に生きる」（四節）ことができるのかということが、私たちのテキストが指し示している地点である。

ここまでの文脈をたどれば「罪が増したところには、恵みはなおいっそう満ちあふれました」（五・二〇）の発言が善き生を放棄させかねない危険性があって、だからパウロはすぐに「恵みも義によって支配」（二一節）と語りはじめていた。恵みと義との不可分の結びつきを考えているのである。そして、この恵みと義の不可分性を第六章において取り扱うのである。

この恵みと義の不可分性が「洗礼」（三節以下）をとおして与えられていると語りはじめる。しかも、ここで際立つのは、パウロが洗礼を「死にあずかるために洗礼を受けた」（三節）と意義づけることである。もちろん、このあと続く彼の論述を見れば、洗礼において死と甦りが一体に考えられていることは明らかであるが、その際にも、《はじめに「死」》そして《次に「復活」》なのである。すなわち、このパウロの言葉の主要な響きは、「死」である。黙想の道標として次のルターの言葉を上げておく。「あなたがたのバプテスマは、恵みの絞殺あるいは恵み深い絞殺以外の何ものでもない。これによってあなたがたのうちにある罪は水に沈められる、それはあなたがたが恵みの下にとどまり、また罪によって神の怒りの下に滅びることのないためである。というのは、このようにあなたがたがバプテスマを受けるなら、あなたはあなたの愛する神の恵み深い溺殺、憐れみ深い殺害に身を委ね、そしてこう語るからである、〈愛する主よ、わたしを溺殺し、絞殺してください、というのは、わたしは今から先はあなたの御子と共に死んでしまいたいと思うからです〉と」（バルト『ローマ書講解　上』）。

「新しい命」はこうした死のリアリティーの上でこそ語られる。私が生きるのではなくてキリストが生き給う、ということが最大限語られるべきであるが、その際、よく考慮されなくてはならないのは、「新しい命」とはあらゆる意味で私たちの生の延長とか、罪の修正による善の達成という関連にはないということである。洗礼における死のリアリティーは、改めて想起されなくてはならないだろう。ひょっとすると、洗礼において新しい生について考えられるほどに、古い自分の死ということについては考えられないかもしれない。しかし、この死が了解されないところで恵みは現実を伴わない単なる教条に終わる。

以下のような説教の構想を提案する。

一　罪の中に生きる信仰？
二　キリストの死にあずかる洗礼
三　復活の姿にあやかる

一　罪の中に生きる信仰？

第五章二〇節の罪と恵みに関してのパウロの発言は、パウロがすぐにでも言葉を継がなくてはならないほど、曲解が生じる可能性のあるものである。ヴィルケンスは、パウロが想定している曲解は罪にとどまる放縦主義者のものではなく、ユダヤ主義者たちからのものであると言う。そこで彼らがパウロの「思考過程の破綻を指摘すること」を彼は意識していると言うのである。つまり、パウロはキリストの恵みによって「いかに多くの罪があっても、無罪の判決が下される」（一六節）と言うが、それに対するユダヤ主義者からの、それならば個々人がなお義を重んじて生きるという関連はどうなるのかという問い返しを想定しているということであろう。そのような問い返しが成り立てば、信徒たちは慌てて律法の遵守に帰ってしまうことになる。つまり、そこに見えてくるユダヤ主義者の問題はガラテヤ教会にあったものと重なっているということになるだろう。キリストを信じつつも自分自身の罪の消息を気にかけて、律法の遵守で補完するという信仰の歩みへと帰ってしまうようなことである。パウロが、恵みは「新しい命」（六・四）をつくるほどのものであるということを洗礼をとおして語りはじめるのは、生の現実を伴わない弱い恵みの理解という問題があるからなのである。

こうした信仰のあり方は、私たちの教会の問題でもある。恵みを強さとして十分信じないでいるのである。そこで、自分がどれぐらい罪深さを克服できたかということによって、恵みを確かめようとする。罪の大小によって、恵みの度合いをはかろうとする態度である。そのような態度では、自分にいまだ克服できない罪の現実を見出す場合、キリストの恵みはいまだ不十分ということになる。その人の目はまず第一に罪に注がれ、そして次に「もっと恵みをいただいて罪を克服しよう」というようなことになる。こうした形で罪を中心とした信仰のあり方が生まれる。案外こうした姿はあるのではないかと思う。説教も、恵みを語りつつ、最後に律法の遵守という罪の現実への処方を手渡さなければ落ち着かないというような語り方が生まれることはあるのではないだろうか。そのように罪の消息が気にかかり中心化してしまっているところでは、「罪が死によって支配」（五・二一）という状況は依然として信じられてしまっている。罪信仰と言えばよいだろうか。

もう一つの考慮しておくべきことは、バルトが指摘する「（罪を）積極的要素だとして考慮に入れ、この罪を恵みに至る手段、道筋、跳躍台として『恵みがいっそう大きくなるように』利用する」という問題である。要するに恵みを大きくするための利用価値を罪に見出してしまうようなあり方である。先述のヴィルケンスとは異なり、どうもバルトはパウロの放縦主義への警戒を読み取っているようである。コリントの信徒への手紙一第六章一二節以下で生じている事情などを考え合わせると、やはり恵みの放縦主義的曲解はパウロの懸念なのではないだろうか。こうした曲解をバルトは「純粋で厳格な教条主義（空理空論）」と言う。キリストの代償の死を中心として厳格に規定するあまり、「新しい命」がもたらす生の現実というあるべき豊かな周辺を見失う。数学的な点としての中心だけの奇妙な理論と言えるだろう。そこでは、赦しが罪深い自分を是認する屁理屈と変わらなくなるのである。そこに生じているのは、実のところ罪の中心化であり、キリストの中心化は後退させられている。

バルトの指摘するこの問題も、今の私たちの教会がやはり聞くべき関連を深く宿しているだろう。

パウロが第五章の恵みの教理を述べたあと間髪入れずに、「恵みも義によって支配」（五・二一）と説き起こされていて、第六章はその恵みと義を関連付ける論述であることは冒頭で述べた。罪にとどまることに対して「決してそうではない」（六・二、一五）という彼の語調の強さを見れば、義の関連を欠いたままで恵みが理解されることは、パウロにとって切迫した懸念なのである。彼にとって恵みとは、「新しい命に生きる」（四節）へと一続きのものであり、赦しを現状肯定に変質させてしまう恵みは似て非なるものなのである。

はたして私たちは、このパウロの懸念を共有しているのであろうか。キリストの代償の死を、自分から離れたキリストの側にだけ展開し、自分の側では「そのままで」とか「ありのままで」という言葉で受けとめてしまうというようなことは案外多いように思う。それは《恵みが増すように罪のなかにとどまろう》と言うことに他ならないのではないか。教会に生じうるのは、恵みがセンチメンタルなものになってしまうという事態である。こんな罪人が赦されているということが感傷的に受けとめられはするが、その結果、現状の肯定に終始してしまうということはしばしば起きている事態ではないか。説教も罪の赦しのありがたさを説き、涙が流れればその使命を果たしたかのように捉えられることがあるのではないか。パウロと私たちの間で恵みの理解に質的な差が生まれることがあるのではないか。その差は恵みと義との関連の有無で生じていると言えるだろう。

使徒にしろ改革者にしろ、私たちが忘れてしまっているかもしれない鋭い義の感性を持っている。ルターの信仰義認論は、もちろん当時のローマ教会への福音主義の主張でもあったが、他方では信仰義認の曲解から生じる反律法主義に対しても正しく受けとめられる必要に迫られていた。パウロがこの「恵み」について語ったときにすでに同じ危険が切実に感知されていた。「恵み」を短絡してしまうところに生じる危険性は、私たちのテキスト以外でも「『善が生じるために悪をしよう』とも言えるのではないでしょうか」（三・八）、「わたしたちは、律法の下ではなく恵みの下にいるのだから、罪を犯してよいということでしょうか。決してそうではない」（六・一五）という彼の他の言及にも懸念は貫かれている。つまり、パウロにしても、ルターにしても「恵み」が主張される時に陥るかもしれない危険性を表裏一体のものとして絶えず認識していたのである。パウロにとって、キリスト者の生にまでにじみ出る恵みの強力さこそまことのキリストの恵みなのである。「決してそうではない」（二、一五節）の言葉の強さは真正の恵みを峻別しているパウロ自身の態度の表れなのであって、それほどに恵みはリアルなものだと訴えているのである。このパウロの言葉の強さは、良く受けとめられなくてはならないだろう。

二　キリストの死にあずかる洗礼

とにかくパウロの関心は、「恵み」は「新しい命」に生かすものであって、義の支配を生むというものである。もちろん、そうした新しい命の力は、キリストと結ばれるところにある。そのことが、洗礼によって言われるわけであるが、ここにおけるパウロの発言は、単にキリストと結ばれること、合わせられることが語られているのではない。洗礼を「その死にあずかるために洗礼を受けた」と規定している。ヴィルケンスは「それともあなたがたは、キリスト・イエス〔の名〕において洗礼を受けたわたしたちが彼の死の中へと洗礼を受けたことを知らないのか」と訳すが、この方がわかりやすいかもしれない。つまり、原文ではバプティゾーを二度重ねて使うことによって、洗礼の意義がキリストの死への結びつきであることへと絞られている。パウロのこのあとの論述も、死を中心に語る言葉が続く。

洗礼で頭のてっぺんに水を注ぐことは死を意味するが、浸礼では実際に頭のてっぺんまで水の下に沈めることになる。受洗志願者への説明の際、「すぐに水から上げるのでご心配なく」と言うが、パウロのここでの論述は、なかなか水から上げられない。死と葬りに関する言葉がしばらく続く。「罪に対して死んだわたしたち」（二節）、「死にあずかるために洗礼を」（三節）、「キリストと共に葬られ、その死にあずかるものと」（四節）というふうに、四節の前半まで続くのである。その上で、「新しい命」（四節）が語られる。すなわち、パウロにとってやはり新しい命による生は、罪の中に生きていつつそこにわずかに残る可能性の延長では全くなく、「罪の中に生きる」ことが断絶されたその後に生じてくる「新しい」ものである。それゆえに、この「罪の中にとどまる」（一節）生と「新しい命」（四節）の間にある死は、瞬間的で観念的な死というようなものではなくて、葬りまで語られてくるような決定的断絶なのである。

そう考えると、私たちの説く恵みはあまりにも大慌てで「新しい命」を語ることになっているのかもしれない。そのような語り方では死が了解されないので、前項で扱った《罪の消息に目を凝らして恵みの確かさを判断しようするあり方》や《積極的な罪の利用で罪深さにあぐらをかくことに終わるような恵みの理解》になるのかもしれない。そこで洗礼にあずかった者にとって、本当はもう砕かれている罪の支配領域の中になお捕らえられている気分になる。罪は、何も作らない。それは、罪がもはや私たちに致命傷を負わせることもできないということでもある。残されている決定的な支配原理は、キリストの死と甦りだからである。とすれば、私たちはもう死に終わっているのである。

筆者の教会では浸礼である。受洗準備をしていると少なくない人々が怖いと語る。水への恐怖の有無にも左右されるところがあるようにも思うが、場合によっては無意識に体を硬くする場合がある。その時に、ああ、一人の人の死がここで起きた、と感ずることがある。ある求道者が他の人の浸礼を見て「これは大ごとだ」と鼓動が高鳴ってどうしようもなくなった、と言った。ほどなくこの人も思い定めて洗礼を受けたが、「大ごと」とは、その通りだと思う。洗礼は新しい人の誕生であることはもちろんそうだが、もう一つのことを忘れてはならないのは、それが一人の人の死だということである。罪の中を生きていた自分が死んでしまったことの厳粛な喜びである。冒頭に上げたルターの洗礼に関わる言葉と重なる。洗礼には死が漂っている。しかもキリストのゆえにそれは恵み深い死なのである。

「あなたがたは知らないのですか」（三節）というパウロの言葉は、一つには信仰者がすでに洗礼においてあずかっている現実を思い起こさせる言葉である。別の言い方をすれば、それほどこのキリストにおける現実を私たちは忘れやすい。洗礼によりキリストに結ばれて与えられている現実よりも、自分に見え自分に感じられている罪深い生活のほうが、より強い現実になってしまうということがある。それは、キリストの死を自分から離れた遠いところに置いてしまうことによって生じる。それについてパウロは、キリストの十字架の死を明らかに私たちの死と重ねている。「キリスト・イエスに結ばれる……洗礼」（三節）は「死にあずかる……洗礼」（同節）なのであり、「わたしたちは……キリストと共に葬られ、その死にあずかるものとな」（四節）ったのである。死んだのはキリストであり、そしてまた私自身なのである。

三　復活の姿にあやかる

二節から四節前半まで私たちの死と葬りを語り、その上で「復活」（四節）と「新しい命」（同節）をパウロは語り始める。そして、この死と復活が五節では条件文で一気に「もし……その死の姿にあやかるならば、その復活の姿にもあやかれるでしょう」と語られる。復活についての言及が「あやかれるでしょう」と未来形であるのをどう聴き取り語るかが、この説教の一つの問題となる。今における「新しい命」の現実をどう受けとめるかという問題である。洗礼を受けた者が、これから改めてキリストと共に死ぬという条件を満たすことによって、復活の姿にあやかれるようになるというのではないのである。この「新しい命」の現在的言表とそれに続く未来形であらわされる終末論的言表については、言われていることを注意深く受けとめなければならない。確かに五節の「あやかれるでしょう」は、八節の「キリストと共に死んだのなら、キリストと共に生きることにもなると信じます」と展開される。「信じます」というのだから、今現在十分に確かめたり感じ取ったりできる事柄ではないということは明らかである。そうすると一応パウロはキリスト者としての義の支配にあずかる完成は、終末における「復活の姿」であるというふうに考えている。それは確かとしても、しかし単にそうした終末的実現を待ち望むだけであれば、現在においては「罪の中にとどまる」ことになる。そもそも、そのように「とどまること」から信徒たちをキリストとの結びつきを語ることで引っ張り出すのがここでパウロがしたいことである。こうした今におけるキリスト者の生は、一一節の「自分は罪に対して死んでいるが、キリスト・イエスに結ばれて、神に対して生きているのだと考えなさい」の勧告で明示される。ヴィルケンスは五節b（終末論的言表）と四節b（現在的言表）は「緊張関係」ではなく「並存」だとする。緊張関係というのは、《すでに》と《未だ》ということに触れているのであると思うが、こと洗礼に関しては終末における《未だ》が解消されて、片鱗ではあっても《すでに》あらわれる今においての「新しい命」の現実にあずかるのだ、という踏み込んだ見立てとして「並存」とヴィルケンスは指摘する。「パウロにとって両方の観点は互いに密接な関係にあるのである。キリストの復活は終末時の出来事であるので、十字架につけられたお方と洗礼によって結合された者は、現在のキリスト教的生活においてすでにこのお方の復活の現実に与っている」。

こういう生命的つながりを担うのが、「あやかる（スィンフィトス）」という言葉である。ワルケンホーストがこの語に関して詳しい。ケーゼマンが一旦は否定している「いっしょに植えられている」という訳（ウルガタ訳、ペシッタ訳）を、彼は改めて評価する。ペシッタ訳では五節は「もし私たちがキリストとともに植えられているならば、すなわち彼の死の有様によって、私たちもキリストとともに植えられているであろう、すなわち彼の復活によって」となると言う。こうした訳を通して見えてくるのは、復活のさまを今において云々するよりも、今キリストと共に植えられているものであることの強調である。そして彼は言う、「キリストとともに植えられているということは、私たちが彼の死の有様を持っていることから明らかである」。これは興味深い。たとえば、私たちは様々な形において惨めさを経験するが、それは小さな死を経験すると言ってもよい。自分自身の弱さや罪深さがそこににじむような失敗や挫折を味わい、罪が悲しみしか作らないということを思い知らされるのである。その惨めさのなかで、私たちは罪は犯されなかったが罪のゆえに死なれたキリストと共に植えられていることを知る。いわばキリストの畑で知るキリストはもう甦られているのである。キリストのゆえに惨めさは惨めさにもう終わらない。死が死に終わることもない。別の実り方はない。「惨めな人間」の「死に定められた体」（七・二四）を知りつつも、そこでなお、まなざしを神に向けて上げる道がキリストによって開かれている。とすれば、キリスト者にとっての支配原理はキリストである。個々の罪の現実にあえぎながらでも、そこでへこたれないで神を見上げるとすれば、罪の支配は砕かれている。

参考文献

ウルリッヒ・ヴィルケンス『ローマ人への手紙（6―11章）』（EKK新約聖書註解Ⅵ／2）岩本修一・朴憲郁訳、教文館、一九九八年

K・ワルケンホースト『信仰と体のあがない――ロマ書の解釈五―八章』中央出版社、一九七九年

カール・バルト『ローマ書講解　上』小川圭治、岩波哲男訳、平凡社、二〇〇一年

ローマの信徒への手紙　六章六―一一節

楠原　博行

一　六―一一節のヴォキャブラリ（ジェームズ・ダンより）

a.「死にあずかるために洗礼を受けた」（三節）、「キリストと共に葬られ」（四節）、「キリストと共に十字架につけられた」（六節）、「キリストと共に死んだ」（八節）は、さまざまなメタファーを用いて同じことを言っているのであって、最初に述べられた「罪に対して死んだ」（二節）こと、「われわれは罪に死んだ」のであり、そのことはただ「われわれはキリストと共に死んだ」という事実のみによるのである、という、既に三―六節で繰り返し強調されていた事実を再度強調するのである（ジェームズ・ダン『ローマ書』三二一頁）。

b.「シュン」ではじまる言葉遣い

シュ（ン）スタウロオー（共に十字架につけられた、六節）など、「シュン」ではじまる言葉は、パウロに特徴的な文体であり、その神学を言いあらわす言葉遣いである。全部で四十種類あるうちの半数以上が新約聖書のパウロのみに現れる。「パウロは、信仰者に共通する特権、経験、課題について、もっぱら名詞で言いあらわす時も、キリストの死と生とにあずかることを、もっぱら動詞で言いあらわす時も、この言葉遣いを用いるのである。……これらの言葉遣いによりパウロは、キリストの交わりにあることに根ざす、信仰者の交わりを考えていることに疑いはない」（同三二三頁）。

c. ソーマ（体）

「パウロにおいてソーマの語が現れた時には常に、現代の読者はそれが、肉体的な体のようなものではなくて、肉体的なだけではなく、肉体的と簡単に言いあらわすことができないものを含む、もっと豊かな実在（fuller reality）を示していることを覚えておく必要がある。特定の環境で体現された人であり、その人を社会的存在とする体であり、自分の環境と関わり、交わりを持つ存在である」（同三二九頁以下）。

d. エン・クリストー

一一節で「キリスト・イエスに結ばれて」と訳された言葉はエン・クリストー・イエスーであり、これが、しばしば、「信仰者は『キリストにある』存在である」ことを言う時の、パウロの最も典型的な用法と考えられる言い回しのローマ書最初の例である。それは神の力が「キリストにあって」人間と関わりあい、（それがどれだけ不完全な仕方であったとしても）キリストの性質にあずかる価値ある生き方を可能にする。一一節のエン・クリストーは八節のシュン・クリストーの結果であり、一一節の罪に死に、神に生きることは、一〇節の罪に死に、神に生きることの結果であり、またこれに依存している（同三二四頁）。

e．サナトス

「五章一四節、一七節を振り返り、力としてのサナトスについて再び述べられるのである。思考の流れをたどれば、罪の規則の最後に記されるのは死においての出来事である（五・二一）。罪に死ぬことのクライマックスは死に死ぬことであり、人間の命を支配する力としての死を死ぬことである。全体の鍵となるのはキリストの死と復活である」（同三二二頁以下）。

f．「死んだ者は、罪から解放されています」（ローマ六・七）はパウロに特徴的な言葉遣いではないとJ・ダンは言う。W・バウアーの辞書の「罪から解放される」――新共同訳も同じ――は、この節の訳としてふさわしいかどうかは疑問が残ると彼は述べ、「罪（に関しての責任）から解放されていると宣言される」あるいは「もはや罪の責任を取る必要はない」との翻訳を提案している。八節のような「共に死ぬ」とは違う言葉遣いは、キリスト者に典型的な考え方とは異なる、知恵の言葉に由来するとし、ユダヤ教ラビの言葉「人は死んだなら、律法を全うすることから解放される」（シャバット一五一b、バライタ）や「死ぬ者はすべて罪のあがないを得ている」（シフレ、民数記一一二、一五章三一節の註）を挙げている（同三二一頁）。

しかしパウロがどれだけ、そのような格言に依っていたかは不明であり、他方、彼の思考の流れは明白であって、「死は罪の法則の終わりを表しており、『終わり』とはクライマックスと終了の両方の意味を持つ」（同三二二頁）。何に向かって解放されるかについては、それらの格言は言っていない。無か、良くない死後の世界か？　それらはただ押しつぶすような重荷から解き放たれる死というイメージを語っているに過ぎないのである。

g．生きること、死ぬこと

J・ダンは、六、七節のパウロの考えは、われわれ現代のキリスト者に混乱をもたらすと言う。十字架につけられ、滅ぼされ、死んだのだから、われわれキリスト者の現代世界への結びつきはもう完全に終わってしまっている。そのような信仰者が実際に罪から解き放たれて、罪のないものとなるのだと言いたいのだろうかと問うのである。そのような問いへの答えとしてJ・ダンは、パウロが、この二節を、そのようにまったく文字通りに読まれるようには意図していないと言うのである。「（罪に支配された体が）滅ぼされ」は「無効になる、無力になる」と訳し直すか、十字架につけられたことによる最終的な結果のことであり、信仰者の場合においては、この地上的な生涯の終わりにおいてのことと理解されるべきである。また「（死んだ者は、罪から）解放されています」も「赦される」を意味している。困難が生じたのはパウロが、信仰者がキリストと共に死んだということを、既に成し遂げられたこと（二、四、八節）として振り返っているからであり、さらにまた六節のロジックは、罪の奴隷からの解放とは、罪の体の滅びの結果として考えられていることによる（同三三二頁）。

その問題が八節以下にも関わってくるとJ・ダンは言う。死の完全な効果（フル・エフェクト）を受けたのはキリストだけであり、キリストは死の力から逃れたのである。そしてそれは死からの復活のみによる。ただ一度罪に対して死ぬというのはキリストについてのみを言うのである。「信仰者がまだキリストと共に生活をしているわけでないことは明らかである。信仰によれば、キリストと共に死んだのは過去においてであり、キリストと共に生活するのは未来のことである。どれほどキリストの死にあずかっているかはわからないが、キリストの復活にはまだあずかってはいない」（同）。

だから六―一〇節の鍵は、信仰者自身の終末論的実存理解にあるのであり、キリストによる新しい生の経験は、この世の世界に居続けるかぎり限られたものとなる。しかし決定的な変化は始まっている。それはただ一度限りのキリストの罪からの死にあずかっているからであり、最後に死ぬ時には死の棘からのがれることができるのは確かだからである。復活のキリストによる命を与える力を信じるという決定的行為を行い、確信をもって、将来、その命に完全にあずかるのだと信じることができるのである（同三三二頁以下）。

こうして一〇節はキリストの死と復活について、信仰者に決意を求めるような、行動指針となる原理の役割を持つ。これにより信仰者ははっきりとした展望を持つことになる。魅力ある、この世界とどう関わるか、決定的な出来事の光の中で決意をすることが求められる。キリストの死にあずかるものとして、この世界で生活し、死の力からはまだ完全には解き放たれてはいないが、キリスト・イエスによって神から、命のエネルギーとモティヴェーションとを得て、もはや罪の縄目にしばられることもないのである（一一節）（同）。

二　自画像

さきに筆者が担当したローマ書三章一―八節では、スイスの牧師ヴァルター・リュティが重犯罪者の回顧録を読んだことを述べていることを紹介した。この犯罪者が服役した時に、もっとも辛かった出来事とは、ただでさえ少ない自分の持ち物をひとつひとつ取り上げられ、自分の着ているものすべてを脱がされて、裸になって立たされると、今度は見たこともない冷たい囚人服を着なければならなかったこと。裸になるまで、持ち物さいごのひとつまではがされる痛み。それをW・リュティは、ローマ書三章がわれわれの罪を明らかにしようとする仕方にたとえたのであった。

われわれのローマ書六章を彼は自画像にたとえていた。「そしてここで使徒は、今度はわれわれに、彼が認める、一つの姿を示す。われわれはこうあるべきだと言うのである。確かに彼はわれわれに、彼がここでわれわれのことを描写するように、自分を見つめるようにと、はっきり求めるのである。『このように、あなたがたも自分は罪に対して死んでいるが、キリスト・イエスに結ばれて、神に対して生きているのだと考えなさい』と。『あなたがた〔は〕……考えなさい！』と、使徒はわれわれに、新しい状況について、われわれが恵みのうちにある状況について、はっきりと認識するように明らかに手助けをしようとしている。現代に生きる人間はおしなべて、自分自身を知るためならば、どんな助けも感謝するに違いない。われわれの時代の詩人や画家がわれわれのために、自分の自画像を描くのが常であったように、多かれ少なかれ誰もが、書き記されていない、秘密の自画像を持ち歩いているのである」（リュティ『ローマ書』一一八頁）。

自画像で思い起こすのは、かなりの数の自画像を残したレンブラント・ファン・レインである。その数は六十点以上。エッチングまで入れると百点以上に及ぶという。こんな説があるそうである。大きな工房を持ち、大量の肖像画の注文に応えたレンブラントは、姿形が似ているだけではなく、その人物の性格までをも描き出すことを目指していた。だからこそ自分をモデルとして自分を描けば、自らの内面をどれほど表現できたかを、自ら検証することができる。そのような実験であり、研究であった。それがたくさんの自画像を描いた理由であったと言うのである。

加えるなら、妻サスキアの死が後のレンブラントの人生に暗い影を落とすことになる。そして絵の注文の激減、経済不況の影響もあって、晩年の彼は失意の中、困窮の中に暮らすことになる。しかしながら最晩年の作品の中にこそ、レンブラントを支えた、モデルであり内縁の妻であったヘンドリッキェと自分を描いたとされる、夫婦の深い愛を描いた「ユダヤの花嫁」があり、また自らが放蕩息子であり、また息子を迎える父でもある「失われた息子の帰還」という傑作がある。まさにレンブラントの自画像はかつてのような実験的な意味合いを越えて、われわれにレンブラントという人の生涯そのものを見せてくれるのである。

それではローマ書の著者パウロの方はどういう容貌だっただろうか。思い起こすのはドイツ、バイエルン州ミュンヘンの町の美術館アルテ・ピナコテークにあるアルブレヒト・デューラーの「四人の使徒」である。展示室に入るとパウロににらまれているかのように思われるこの等身大の絵は、左側からヨハネ、ペトロ、マルコ、パウロの順に四人の姿が描かれており、人間の四つの気質を表すモティーフにより、メランコリカー／憂鬱気質に表現されたパウロは、顔の左半分しか見えないが、眼光鋭く、気難しさを感じさせるものである。他方、こんな聖書外の記事もある。

「オネシフォロという名前の人がいた。彼はパウロがイコニウムにやってくると聞いて、自分の子供たちシミアスとゼノ、そして妻のレクトラと一緒にパウロに会うために出かけて行った。彼はパウロに自分の家に泊まってもらおうと思ったからである。テトスが、パウロがどういう風貌であるかを告げていた。なぜならオネシフォロはパウロと肉と肉とで会ったことはなく、ただ霊によって会っていただけだったからである。オネシフォロがリストラへと続く王の道を進み、そこでパウロを待っていると、果たしてその人はテトスが言ったのとはまったく違う姿だったのである。オネシフォロはパウロがこちらに向かってくるのを見た。その人は小柄で、頭ははげ上がっていて、足は曲がっていたが、体の具合は良さそうであった。まゆげはつながっており、鼻がいくらかかぎ鼻であった。優しさがあふれており、今、人間の姿で現れたのであったが、その顔は天使のようであった」（「パウロ行伝」二―三、ヘンネッケ『新約聖書外典』第二巻三五三頁以下）。

聖書には「わたしのことを、『手紙は重々しく力強いが、実際に会ってみると弱々しい人で、話もつまらない』と言う者たちがいる」（Ⅱコリント一〇・一〇）としか記されないが、テモテへの手紙二に二度その名前が出て来て、その助けをパウロも称賛したオネシフォロには、テトスから伝え聞いていたパウロの印象とはずいぶん違ったようである。小柄。何よりも優しさがあふれている。デューラーの絵とはまったく違う容貌である。

三　説教のために

W・リュティは、ローマ書六章の説教題を「新しい人間の姿」とした。教会の外の人々から見れば考えられないぐらいにまったく違う人間という者がここに記されている。そしてまた信仰を持つわれわれから見ても新しい人間の姿をパウロは書いている。

そこでW・リュティは、多かれ少なかれ誰でも、言ってみれば描かれていない自画像というものは持っているのではないかと言うのある。自分はいったいどういう顔をしているのか？　どういう人間であるのか？　絵にはなっていなくとも、自分自身が自分のことを思い描いている自画像のことである。そしてW・リュティが言うには、たいていの場合、自分はその自画像に失望しているか、場合によっては嫌っているだろう。自分の自画像を愛しているという人はまれだろうと言う。彼が言う「新しい人間の姿」とは、そのような、時には嫌う、少なくとも失望している自分の姿とは、まったく違う人間の姿である。

しかしまず新しい人間になるために洗礼について語られねばならない。この聖書箇所についてのカール・ゲルハルト・シュテックとゲルハルト・ハインチェの二つのドイツ語の黙想があるが、共に洗礼についての解き明かしを深める。実際、礼拝自体がそのように定められてもいるからである。そのことについては六章三―五節に記されていた。われわれは洗礼を受けた。それは、キリストに結ばれるため、わたしたちがいったん死んで新しく生まれ変わるためであった。

こういう言い方もある。栄養の行かなくなった枝、水が送られなくなった木の枝のように、古い体は死んで枯れてしまう。たしかに古い体はまだある。わたしが嫌いと思う、罪深い体は見える形であるのである。罪を犯さない人間などいないからである。しかし、その体には、枝には、もはや血が流れない、血が流れなくなって死んでしまう。それがわれわれが受けた洗礼。われわれが洗礼を受けることによって死ぬということである。

罪から切り離されたわれわれ。それは、いわば、切り花のようであると言われる。わたしの嫌いな罪深さ。罪深い根っこから、洗礼によって、はさみで切られてしまうからである。切り花だから、生き生きとしている。切り花だから美しい。そして、ただちにキリストに挿し木される。パウロが示すまったく新しい信仰者の姿とは、いつも二人でいるということだとW・リュティは言う。わたしといつも二人でいてくださる。その二人目とは、キリストご自身のことであると言う。

だから六章一一節の言葉、「このように、あなたがたも自分は罪に対して死んでいるが、キリスト・イエスに結ばれて、神に対して生きているのだと考えなさい」は、W・リュティが言う、われわれがそうあるべき姿であり、またこれからキリスト者として生きるための姿を示している言葉でもある。具体的な勧めの言葉が一二節以下に続くことになる。

竹森満佐一も吉祥寺教会における一九八一年五月二三日の説教の中で、六章一一節の言葉のことを、一〇節までの結論であり、新しい生活の勧めであると読めないこともないと言う。ここでは、あなたは罪とは関係がなくなったと言われている。しかし罪と断絶しただけでは不十分だとも竹森は言う。それではわれわれは宙ぶらりんな生活しかできないのである。「でも人間は何かにくっついてでしか生きていけません。人間が本当に自立することなどできません。イエスによって神と結びつき、神に生きる生活をするようになる。神による生活に本当に生き甲斐を感じること。神のことを聞いて喜び、神のことを考えて喜び、神によってそれを喜びとするような信仰生活が既にわれわれに与えられている。それを認めなさい。いやそれを既に知っているはずである。それがイエス・キリストによって与えられている生活である。イエス・キリストと結びつくことによって、今度は神に対して生きる。あるいは神によって生きる生活をしている。何に喜びを感じるか。何を自分の望みとするか。いつでもさぐり求めている。キリストに救われたと言っているわれわれは、本当に神に生き甲斐を感じる。まだ弱いかもしれない。揺れ動くかもしれない。そういう生き方なのである」。

さらに自画像のモティーフは、加藤常昭先生が紹介された森有正の言葉にも通ずるものがある。

「『人にも言えず、親にも言えず、先生にも言えず、自分だけで悩んでいる、また恥じている。そこでしか人間は神様に会うことができない』。森先生の言葉の中で最も忘れがたい思いで読んだのはこの言葉でした。……ここでこそ神に会いたくない。神に見ていただきたくない。のぞき込まれたら困るほどの、人間の深い心の場所がある。そこでしか神様にしか会えない。自分が神様に会いたくないと思っているところでしか神様に会えない。なぜ神に会いたくないのか。神は罪をご存じだからです」（FEBC放送「み言葉を生きた人々26　忘れ得ぬいのちの証人・森有正」より）。

参考文献

Dunn, J. D. G., *Romans 1-8* (Word Biblical Commentary Vol. 38A, p. 50), Word Incorporated, Dallas, 1988.
Karl Gerhard Steck, in Hg. Georg Eichholz, Herr, tue meine Lippen auf, Band 2, S.373ff., Emil Müller Verlag, Wuppertal-Barmen, 3. unveränderte Auflage 1962.
Gerhard Heintze, in Hg. A. Falkenroth und H. J. Held, hoeren und fragen Band 2, S.226ff., Neukirchener Verlag, Neukirchen-Vluyn, 1979.
Walter Lüthi, Der Römerbrief, Friedrich Reinhardt AG., Basel, 1955.

ローマの信徒への手紙　六章一二―一四節

蔦田　崇志

圧倒的な恵みの現実

六章一二節から一四節までの区切りは、六章一節で投げかけられる「恵みが増すようにと、罪の中にとどまるべきだろうか」に対する返答の締めくくりである。

恵みと罪との関わりについての議論は既に五章一二節から始まっている。徹底した罪の影響力から逃れようのない人類の絶望に対して、その罪を圧倒する恵みの賜物が提示され（五・一五）、その恵みはわたしたちの主イエス・キリストを通して実現することが明かされる（五・一五―二一）。

イエス・キリストを通してもたらされる偉大な恵みは、たしかにいかなる罪に対しても直接的にそして十分に働くものであるが、その恵みを受けるために罪が必要条件となるのか、とパウロは修辞的に問う。罪の必要性を徹底的に排除するのに死／洗礼のモチーフを用いながら、パウロはそもそもキリスト者が罪の中に留まることが適わないことを訴える。それで罪と恵みとは確実に分断される。さらにキリストの復活と、洗礼を受けた者たちの新しい歩みとが重ねられ、「神に対して生きる」者とされたことが確認される。恵みが増すことと直結しているのは罪の中に留まることではなく、神に対して生きることである。

キリスト者の歩みは斯くして罪に対する死によって特徴づけられるものであるが、それと同時に、否それに増して、神に対する生によって彩られるものなのである。罪に留まる必要性の全否定を締め括るのは二つの絵画である。

王座に座るのは

一つは一二節の額縁で、その中には玉座が描かれている。「罪に支配させて、体の欲望に従うようなことがあってはなりません」とは、「体の欲望が従属するべく……罪を王座に座らせてはなりません（メー・バスィリューエトー）」という意味合いである。聖徒の歩みの原動力を玉座に見立てる絵画であるが、そこにだれが着座をするのかを定めるのは聖徒自身の意思である。そこに罪を招き入れるならば、罪は王権を行使し、結果、聖徒の歩みは、ちょうど家臣が王に忠実であるように「体の欲望」に従属することになる。

ここでパウロが「体」と言い表すときに、彼は決して物質的な意味での肉体のみを指しているわけではないことを捉えておくことが肝要である。たしかに「死ぬべき体」とは生命に限りのある肉体を意味しているように見受けられ、そのことも内包していることは間違いないが、それ以上のことが含まれている。既に一節から論じられてきたように、死は道徳・倫理的な意味合いでの死、つまり、人の決意や信仰によって罪の環境や思想、習慣や価値感と別離することを何より意味していた。死ぬべき体とは、人の肉体と、その一切を包み込むあらゆる環境、関係性を含めた存在の総称である。

その体が「体の欲望（エピスーミア）」に従うようなことがあってはならないと戒めるのであるが、この「欲望」は本来、人を言動に押し出すさまざまな欲求を指している。動物的なものもあれば、社会的なものもあろうし、崇高なものもあろう。しかし、パウロがローマの信徒への手紙にあってエピスーミアに言及するとき、それは一貫して人を罪悪に陥れる類の欲求なのである。それは人を性行為として「不潔なことをする」ように仕向け（一・二四）、また律法の禁ずる「むさぼり」を引き起こす（七・七―八）。一三章一四節に至っては「酒宴と酩酊、淫乱と好色、争いとねたみ」（一三・一三）が引き合いに出されて、欲望を満足させることが禁じられる。

この意味合いはガラテヤの信徒への手紙にも見出すことができ、霊の導きに相反する動力として「肉の欲望（エピスーミア）」が取り上げられ（五・一六）、「キリスト・イエスのものとなった人たちは、肉を欲情や欲望（エピスーミア）もろとも十字架につけてしまったのです」と断言する（五・二四）。つまるところ、体の欲望に従うことは人を害悪と罪へと陥れる。これでは罪に対して死んだ者でなく、罪によって滅び行く者となってしまう。「生きているのだと考えなさい」（六・一一）と勧められているのにもかかわらず。斯くして玉座に罪を迎える絵画は、図柄からして成り立たない。まさに「罪に対して死んだわたしたちが、どうして、なおも罪の中に生きることができるでしょう」（六・二）なのである。

今一つ戒められる事項があるとすれば、それは、玉座に迎える罪が思いのほか間近に存在する点であろう。この絵画が描く限り、人は罪をはるか彼方の異国から玉座に迎えるのではない。罪の支配と体の欲望が結びつけられているところから読み取れるように、罪は我らのいと近くに潜み、玉座に着くことをしたたかに待ち望んでいる。ちょうど「善悪の知識の木」がエデンの園に植えられていたように、あるいは神がカインに「罪は戸口で待ち伏せており、お前を求める」と戒められたように、罪は私たちにとって断じて遠い存在ではない。

神がかつてカインに「お前はそれを支配せねばならない」と命じられたように（創世記四・七）、パウロは聖徒たちに戒める、「あなたがたの死ぬべき体を罪に支配させて……はなりません」、と。

武器を提供するのは

さて、二枚目の絵画は一三節に描かれている。ここには戦場の一場面が描かれていて、一人の兵士が武器を手にしているが、その武器をどの君主のために、あるいは王のために使うべきか、判断を迫られている場面である。というのも、この節に繰り返し出てくる「道具（ホプロン）」は、直訳すると武具、あるいは武器を意味することばである（ローマ一三・一二、Ⅱコリント六・七、一〇・四参照のこと）。

戦闘の最中にそのようなことを思い悩んでいること自体問題視されることであろうし、あるいはパウロはそこまでも意図していて、そのような状態に聖徒たちが信仰の歩みに関して立ち止まって躊躇しているのであれば、それは危機的な状況であることを自覚させる目的もあったのかもしれない。戦闘の最中でこのような躊躇をしている兵士は、おそらくその軍隊を危険にさらし、よって懲罰の対象になるであろうが、信仰の歩みの中では、むしろ正しい判断を下すことが可能になるように指導をし、励ます対象になること自体が恵みだということが暗示されているのだろうか。

絵画の中では、かたや罪がその武具の数々、すなわち五体をすべて掌握すべく控えているが、他方では神ご自身が同じ武具の一式の提供されることを待ち望んでいる。武具と言えば、戦いに活用するさまざまな道具であったり、拡大解釈をすれば戦闘のための技術なども含まれるかもしれないが、ここで提供されるべく用意されているのは「あなたがたの諸器官（タ・メレー・ヒュモーン）」、すなわち五体である。

上官が企てる作戦に応答して、兵士たちは手に武器をとり、また武具を身につけて戦場に出向く。ここに描かれているのは武器を手にし、武具を身にまとった兵士だが、従属するべき君主をいまだ定めていないのである。罪に留まることについて、未だ結論に達しない聖徒たちの現実を生々しく描いたものである。

さて、この絵の訴えようとするところは、君主がだれであるかによって、武器（「あなたがたの五体」）の性質が定まるというところである。もしも罪に武器を「任せる（パルヒステーミー）」（現在形）ならばその武器は「不義の（ための）道具」となり、神に「献げる（パルヒステーミー）」（アオリスト形）ならばその武器は「義の（ための）道具」となる。そして義と不義とはまるで二者択一であるかのごとく、中立の立場はない。罪に対して死に、罪から解放された者が、ここへ来て罪に身を任せて不義のための道具となるようなことがあってはならないとパウロは訴える。

ここで、少々細かいことであるが、指摘する価値のある事柄に言及したい。

この節には「任せる」と「献げる」という二つの動詞が訳出されているが、どちらもパルヒステーミー（直訳すれば「提供する」の意）の和訳である。違いはこの動詞の時制である。「任せる」と訳された方は現在形、つまり「……をし続ける」といった習慣を表す時制であるのに対し、「神に献げる」方はアオリスト形、訳せば「……してしまう」という具合に一過性の動作、あるいは一連の動作の全体を捉えるような意味合いとなる。翻訳者はこの違いを捉えて訳し分けた。

ただ、このままでは罪に任せることと神に献げることとでは全く異なる動作、営みであるかのような印象も残してしまうのではないかと懸念している。「罪に任せる」には決して、「任せる」という動詞に暗示されている信頼感がもとのギリシア語に含まれているわけではないし、また「神に献げる」にも、いけにえなどの儀式的な意味合いがもともとあるわけではない。

これらの文の中では、いずれも本意は「提供する」という従属の覚悟である。あなたはどちらを君主として迎え、あなたの武器、さらに言えばあなたの五体を提供するのか、という迫りがここにある。そして、罪にいつまでも五体を提供し続けることを止め、ひと思いに君主を神に切り替えて献げるように、との迫りがある。

もう一点、義のための道具として神に献げるにあたって、「死者の中から生き返った者として」そうするべきであると加えられている。ここに義認が一信徒の身に成る手掛かりがある。ほかならないキリスト・イエスの十字架の死とよみがえりである。十字架と復活に自らが「結ばれて」(六・一二)、ちょうどバプテスマにおいて象徴されたように、いのちを新たに得て日常の歩みに立ち戻る聖徒の姿が描かれている。

信仰者が自らを義の道具として神に提供するような生きざまを果たすことが可能となるのは、主イエスの十字架の死と復活のいのちに自らを信仰によってつなぐときである。

支配権はだれに?

これまで続けられてきた一連の勧告(一一―一三節)に対して、パウロは今一度その道理を指し示す。これらの勧告がなされたのは、罪がもはや聖徒たちを支配しないからである。この支配の問題(キュリエウオー)は六章九節で取り上げられていて、そこでは死がもはや復活されたキリストを支配しない、との宣言であった。その事実と重なるように、罪もまた信仰者をもはや支配しないのである。

つまるところ、急所は支配権である。一人の聖徒の生涯を、生活を、思いと言葉を何者が支配するのか。支配から解放された歩みは存在しない。そしてその支配権を巡って対極に立つのが神と罪である。ところが今や、罪の方は支配権を掌握することはない。「あなたがたの五体を……神に献げなさい」とはつまり、この事実を自覚的に踏まえて神の支配の下で豊かに生きよ、との奨励にほかならない。

律法再び

ここで再び律法への言及がなされる。二章では律法がユダヤ人に与えられた賜物であること、それが真理を指し示すことと、その律法の要求に従うならば意味をなすことが紹介される。三章ではしかし、その律法は人に罪の自覚を生じさせるばかりで、だれをも神の御前に義とすることがないということが確認される(三・一九―二〇)。その律法とは対極にあって、人を義とするのがイエス・キリストに対する信仰であり(三・二一―二二)、その贖いの業、すなわち神の恵みである(二四節)。この律法と信仰の対比がアブラハムの姿を軸に描かれて(四・一―一七)、祝福と約束にあずかるのは律法ではなく信仰によると論じられる。律法は神の義を指し示し、それによって人を断罪する。

「律法が入り込んで来たのは、罪が増し加わるためでありました」(五・二〇)。

恵みと罪との関わりについて論じるパウロはここへきて、罪の支配から解放されている聖徒たちに、彼らがもはや律法の下にはいないと確認する。律法はたしかに神の義を指し示すが、さらに人がその水準に及ばないことをも指摘して断罪する。そのようにして罪に定められる様子を「律法の下にいる」とパウロは言い表す。しかしすでに宣言されたように、信仰者はすでに罪の支配から自由とされている。これは取りも直さず、しばらく触れていなかった律法の支配からの解放をも必然的に意味する。

この地点での律法（ノモス）への言及は、この先七章から八章にかけて展開される、律法と信仰者との関わり、律法と罪との関わり、そして新しい律法、あるいは法則（ノモス）へのパイロット・ランプとしての役割を果たす。

信仰者はもはや罪に支配されているのではなく、神の支配の下に身をおくことが期待され、もはや律法の下にいるのではなく、新しい法則によって歩むのである。

そして恵み再び

その新しい法則に議題が進む前に、今一度この議論の出発点に戻る。恵みが増すためにどうするべきか。

恵みが増すために罪が増大する必要がないことはすでに論じられた（六・一－一一）。死が人をいのちから絶対的に切り離すように、バプテスマが示す信仰告白は人を罪から絶対的に別離させる。そして信仰者はもはや罪の支配下にはおらず、律法の下にもおらず、恵みの下にいる。このまぎれもない事実があってこそ、信仰者は自分自身を神に献げることができるのである。日々の生活の中で自らのなし得る限りをもって神のこの恵みに応答することが、信仰者の目指すべき歩みなのである。恵みの下にあることとの意義を正しくわきまえ、その特権を受けて生きることが期待されている。

そこで、罪に留まる必要性はもはやないにしても、恵みの圧倒する力をもってするならば、信仰者たちが罪に留まることは実質的に容認されてしかるべきではないか、という疑問が沸いて来る。この短い段落（一二－一四節）は、この問いへの導入の役割をも果たす。

次の課題に進む前に

この数節の展開のみならず、六章全体が取り組む主題は、神がなさったみわざと、信仰者たちがそのみわざに対してなす応答との関わりである。

パウロはここで、信仰者は日々の歩みの中で、自分自身が神によって、キリスト・イエスの贖いのみわざによって何者とされたのかということと、その自分がそれに相応しく何を為すのかということとを合致させるべきであると訴えている。しかも均衡のとれたわきまえをもって、両者の関係性を捉えることが肝要なのである。

もしも神によって自らが何者であるかということと、それに応答して何をすべきかということとが切り離されてしまうならば、信仰者の歩みは容易に律法主義や教訓主義に陥ってしまい、実質のない善行や働きが一人歩きを始める。この行き着く先は偽善であろう。

逆に、何者であるかということと、何をなすべきかということを混同してしまうならば、箍《たが》が外れた不始末な生活に陥る危険が迫る。まさに恵みの下にある者なのだから（何者とされたか）、罪の中に留まる生活を継続しても良かろう（何をなすべきか）、となるのである。換言すれば、応答する責任を見失ってしまうのである。

この点については六章一五節以降に続く。

参考文献

James D. G. Dunn, *Romans 1-8* (Vol.38A), Word Incorporated, Dallas, 1988.

ローマの信徒への手紙　六章一五―一九節

浅野　直樹

罪という課題

六章の冒頭でパウロはこう言う、「では、どういうことになるのか。恵みが増すようにと、罪の中にとどまるべきだろうか。決してそうではない」（一―二節ａ）。そして本稿で扱う一五節で以下のように問う、「では、どうなのか。わたしたちは、律法の下《もと》ではなく恵みの下にいるのだから、罪を犯してよいということでしょうか。決してそうではない」。文体も問いかけ内容も、さらには断じて違うときっぱりと否定し自問自答する書き方においても、この二つは類似している。けれどもパウロがわざわざ敢えて同じことを二度繰り返したかったわけではないだろう。「罪の中にとどまるべきだろうか」、「罪を犯してよいということでしょうか」、表現を変えつつも連続してこう語るところから、パウロが人間の罪という問題を最大の課題として認識し、それを彼が如何に真剣に考え抜いていたかがうかがい知れる。罪の問題の解決なくしてキリストを語ることはできない、というパウロ自身の強い自覚をここから読み取ることができる。裏を返せばパウロ時代のローマ人もユダヤ人も、そして現代の私たちも罪の自覚がパウロほどにはなく、問題意識が弱いということも言えよう。罪を罪として認める感覚が鈍くて、人はそれをなかなか理解しようとしない。パウロに言わせれば人はみんな分からず屋なのである。分からず屋には、くどくどと丁寧に説明するしかない。それでパウロはこうした書き方をしたのであろう。罪の自覚が希薄なゆえに、理屈をこねて自分たちの都合の良いようにこれを解釈し、とんでもない理解を引っぱり出そうとする連中に対して、このように問いかけることでパウロは先手を打ったのである。

同じ罪の問題といっても、二つの問いには微妙な差異がある。その差異を読み解くことで、一五節以降から届いてくるみことばとそこから語る説教の展開が示されるであろう。

一節では「恵みが増すようにと、罪の中にとどまるべきか」という詭弁に対する否である。パウロは続く二節以降で、洗礼によって罪に対して死んだ私たちは罪からすでに解放された、だから罪の中にとどまるべきという論理はまったく成り立たないと説明する。そしてそこでは恵みと罪の関係だけに限定して述べている。

律法へ体当たり

ところが一五節にあってはここに律法が入り込んでくる。それによって議論が一歩深まっている。先ほどまでの罪と恵みの関係の中に、律法がどのように絡んでくるかという観点へと展開しているのである。したがってこの箇所から説教するときには律法への言及が不可欠となる。洗礼を受けた者はもはや律法に生きるのではなく、恵みに生きるのである。ローマに限らずパウロが手紙を宛てた教会では、律法こそが相変わらず神の義をもたらす手段とみなされていた。パウロが口を酸っぱくキリストの恵みを説いても、人々は律法のもとに居座り続けて離れなかった。律法から解き放たれて、キリストの恵みによって義とされる道は、とても遠かったのだ。それ故にローマ教会の中の律法主義者がパウロに向かって、「では、どうなのか。わたしたちは、律法の下ではなく恵みの下にいるのだから、罪を犯してよいということでしょうか」と議論に挑んでくることは十分想定できた。パウロの教えに倣い律法を無視すると、みんなやりたい放題に罪を犯してしまわないかと、強い反対意見が飛んできたことだろう。その口を封じるために自ら問いを投げかけ、律法ではなく恵みに生きて義とされる道を示したのである。「今や律法とは関係なく神の義が示された」（三・二一）と述べているように、パウロは律法を神の義から完全に切り離しているのだ。罪と闘うためには律法がないとだめだと主張する律法主義者に対して、パウロは律法不要論を説いたのである。彼の前に立ちはだかる壁はなんと分厚かったことだろうか。何度彼はその壁に跳ね返されたことだろうか。それでもパウロは諦めず、断固とした姿勢と歯切れ良い言葉でユダヤ律法主義という壁に体当たりしていった。

どちらかの奴隷

そのために用いた比喩が奴隷である。奴隷を比喩に用いるというのは現代からすると違和感が強いが、パウロの時代にあっては社会の中で容認されていた身分でもあり、主従関係をたとえるのに好都合だったのだろう。パウロ自身は奴隷をどう見ていたかというと、キリストを着ている者は「奴隷も自由な身分の者もなく」（ガラテヤ三・二八）と平等を説いている一方、「おのおの召されたときの身分にとどまっていなさい」（Iコリント七・二〇）と解放については消極的であったとみられる。

一六節においては、「神に従順に仕える奴隷」という用法からもわかるように、「奴隷」を否定的に捉えてはおらず、従順に仕える姿の象徴としてこれを用いている。神に従順に仕える奴隷の模範は無論イエスであり、それを合わせて考えると、パウロの用法に従えば、奴隷として生きることは人が人としてあるべき生き方なのだと述べているようにも聞こえる。ただしその場合、誰の奴隷になるかを間違えてはならないのは当然である。罪に仕えるのか、それとも神に仕えるのか。罪なら死に至り、神なら義に至る。ふたつのうちのどちらかである。中道はない。それがパウロの訴えである。

創造論に立てば明らかなのだが、被造物である人は神に創造されたいのちの受け手であり、それゆえ人は自らのいのちの主ではない。人はそもそも神に従順に仕えるべくいのちを授かったのだ。このいのちは自分の力で獲得したのではない。けれども人はまた、バベルの塔を築くほどの知恵と創造性をも神から授かり、それを使いこなしていくうちに、やがて神の高みにまでたどり着き、人のいのちの主は、実は自分自身なのかもしれないと傲慢にも考えるようになってきた。その結果神に背くことをも恐れなくなった。「罪に仕える奴隷」として生きる道が、こうして人間にとってのもうひとつの現実となった。

「だれも、二人の主人に仕えることはできない。一方を憎んで他方を愛するか、一方に親しんで他方を軽んじるか、どちらかである」（マタイ六・二四）というイエスの言葉は、神に仕える奴隷か罪に仕える奴隷か、どちらかだと語るパウロの思想と深く通じている。いずれにおいてもふたつしかなく、そのうちのどちらかを人は生きるのだ。「みんな違って、みんないい」が尊ばれる今日の社会にあって、どちらかひとつしかないと説くイエスとパウロの福音を説教するのはとても難しい。けれども多様な価値観を重んじることと、人間のいのちの根源の方向性を混同してしまってはならない。いろんな生き方があるという多様性を恵みとして受けとろうと語ることで、ひとつしかないはずの神に従順に従う生き方がぼやけてしまうことはあってはならない。神に従う信仰的生き方に立つことで、みんな違ってみんないいという価値観が恵みなのだと導かれれば、説教は福音となって届く。

教えの規範

一七節では「あなたがたは」と呼びかけて、ローマの教会の信徒たちが今現在、神との距離感がどうなっているのかを分析批評している。「かつては罪の奴隷」だったが、六章前半で書いたように、洗礼によってそうした過去はキリストと共に葬られ、今は「教えの規範を受け入れ、それに心から従うようになり、罪から解放され、義に仕えるように」なった。道はどちらかひとつではあるが、ローマ教会の実例が示すように、罪の奴隷状態になってしまっていても、義に仕える道は開かれているのだ。それを可能にしたのがイエス・キリストを信じて洗礼を受けて、罪に対して死ぬことなのである。このように一七―一八節では、六章前半の洗礼論で始まったパウロの救済論が短くまとめられている。

注目すべきは、ここでパウロが、ローマ教会の人たちが「教えの規範」に「心から従う」ようになったことで罪から解放されたと、語っていることである。洗礼の意義と重要性をひとしきり語って救済論を終わりとせず、教えの規範に従ったことを添えている。いうなれば行為義認的な香りが表現の中に匂っている。パウロにとってかつての規範は律法（ノモス）そして戒め（エントレー）であった。パウロは先にこのふたつを神の義から切り離した。けれどもここで新たに教え（ディダケー）を組み込んでいる。規範（テュポス）とは模範、基準、型とも訳される。これが具体的に何かは不明だが、洗礼時に用いられた古ローマ信条のような定型化した信仰告白を指すのかもしれない。そうだとすれば、我々が通常の洗礼式で信仰告白を唱え、「信じますか」との問いに対して「信じます」と声にはっきり出して答えるという一連の式を想起させる。ディダケーとは、律法や戒めとは異なり、キリストが誰であり、何をして、父なる神と聖霊なる神といかなる関係にあるかといった信条的理解のことであり、「すべき」「べからず」といったキリスト者としての倫理規定のようなものではないと考えることが可能であるので、この教えから行為義認へと展開することにはならない。

肉の弱さ

一方、パウロの意識はそうした正しい信仰理解という解釈の問題だけにとどまらず、信徒の倫理的側面にも向いているのも確かである。「あなたがたの死ぬべき体を罪に支配させて、体の欲望に従うようなことがあってはなりません」（一二節）、「五体を不義のための道具として罪に任せてはなりません」（一三節）と繰り返し忠告しており、パウロがキリスト者としての日常生活での行いをも重んじているのは明らかだ。仮に、洗礼によって救いが実現するのだと言い放ってしまうと、「恵みの下にいるのだから、罪を犯してよい」という先の詭弁が成立してしまいかねない。パウロはそれに対しては「決してそうではない」とする。その脈絡で考えるなら、ここは教理的に正しい信仰理解だけでは片付かないのである。「あなたがたの肉の弱さを考慮」（一九節）しなければならないのである。

「肉の弱さ」について高橋三郎はふたつの説を紹介している。高橋によれば、大半は「肉の弱さ」をローマ信徒の「理解力の弱さ」という意味に解釈しているという。本稿前半でも述べたように、当時の社会制度に存在し誰もが知っている奴隷にたとえることで、人間の罪と神の義という抽象的で難解な問題をわかりやすく説明した。そうすることで彼らの理解力を補った。ローマ信徒の理解力の乏しさという「肉の弱さ」への配慮の結果、奴隷の比喩を用いたという意味にとる。

もうひとつの説明は、「文字通り肉体をまとう人間の（罪に対する抵抗力の）弱さ」（高橋）を指すというものである。それは直後に、「かつて自分の五体を汚れと不法の奴隷として、不法の中に生きていたように」と過去をあらわに語り、当時のローマ教会内で起こっていた倫理的問題、すなわち肉の弱さの実態を指摘していることからも導くことができる。

奴隷のたとえを用いてわかりやすく語ったのは、彼らの乏しい理解力を補うためか、それとも文字通り彼らの赤裸々な実態を指摘して正しい生活への喚起を促すためか。解釈の如何によって説教も大きく左右されてこよう。前者で語れば、ローマ信徒の倫理的問題には直接言及せずに洗礼の恵みを中心に、教理的側面のみで救済論を述べることもできる。後者の立場から説教するなら、キリスト者の生活のあり方にも話が及び、我々の罪の現実を顕在化しつつ、それを赦すキリストが告知され、そこから義認へと至る。聖書箇所を一五節以降に限定するなら、焦点はもう一度一五節、「恵みの下にいるのだから、罪を犯してよい」に戻らなければならない。パウロはこれに対してははっきりとノーを突きつけ、それを言いたいがために以下の展開が続いていることを考慮すると、「肉の弱さ」については高橋が言うように、罪に対する抵抗力の弱さのことと解して、生活面において「罪から解放され、義に仕えるように」なることを丁寧に語るほうがパウロの言葉に則していると言える。そうなると「教えの規範」の中には信仰告白的要素だけでなく、日常生活の倫理規定めいた教えも含まれていたことも考えられる。ただしここから行いを強調することで、結果的に行為義認を説教してしまう過ちは避けなければならない。義とされるために汚れと不法の奴隷をやめよと言っているのではなく、洗礼を受けて神に仕える奴隷となって義に至ったのだから、それにふさわしく聖なる生活を送るようにと、パウロは奨励しているのである。

教えに引き渡される

「伝えられた教えの規範」であるが、「伝えられた」と訳されたパレドセーテは二人称の受け身のアオリストである。したがって厳密には、教えがあなたがたローマ人信徒に伝えられたのではなく、訳し直すなら「あなたがたローマ人信徒は教えの規範へと引き渡されたことで、それに心から従うようになった」となる。教えが我々に伝わってくるのではなく、我々が教えのほうへと引き込まれていくという言い方になっている。この言い回しから、パウロ的というかユダヤ教的学習のコツのようなものが垣間見える。学習というと、我々は教えを読み聞きしてそれを頭にたたき込み吸収しようとする。頭脳にインプットして、知識を得させるのが教えだと考える。インプットされた知識が自分にとってどういう意味をもつかはともかく、とにかく貪り食べるが如くに知識を得ることに重点がおかれる。いわゆる詰め込み教育である。けれどもここでパウロが語る学びは逆である。教えの規範は学習者が吸収して獲得するものではなく、学習者がその教えに没入する。教えの中へと引き込まれて奥義の深みへと至る。それは単なる知識の習得ではなく、学びを続けるうちに秘められた真理に触れて驚愕し、やがてはその過程で得るさまざまな経験が学習者の人格形成にも影響を与えていくというプロセスが、パウロ流学習である。教えの中に引き込まれていくように学ぶという姿勢は批判的研究には向かないかもしれないが、信徒が信仰的に聖書を学ぶ姿勢としては実に優れたメソッドではないだろうか。

教えを学ぶというのは、誰から学ぶかあるいはどの本を読むかによって、同じテーマであっても得るものは随分と違ってくる。聖書については特にそうである。聖書を神のみことばとして読むか、文学作品のひとつとして読むか、それとも文献学的研究のために読むかで視点は大きくぶれる。文学作品として読む人は、古代イスラエルの人間社会のドラマに注目し、対立や抗争を嘆き、人間イエスの権力者に対する抵抗運動と民衆への深い憐れみを知るだろう。聖書を文献として歴史批判的に読むなら、テキストの信憑性とか書かれた時代背景との整合性に照らし合わせて研究する。読むというより調べるといったほうが正しい。言葉が伝えている意味を受けとることは難しい。信仰者が聖書を読む場合は、それを神のみことばとして受けとる。自分に語りかけてくる神の声として聞くことができる。聖書を対象化せず、自分のほうから聖書に近づき、みことばへと引き込まれていく。書かれた言葉に自己の人生へと関わってもらう。自分とその周辺で生起する生活現場のすべての謎をそこから読み解く。教えに引き渡されると、書かれた文字が生きた言葉としてその人に語りかけてくるのだ。

奴隷と乞食

ルターは六十二歳で生涯を閉じるが、その二日前に短い文章を書いて次のように結んだという。「われわれは乞食だ。それは本当だ」。神の義のみをひたすら求め続けたルターは、何ももたずにただ手を差し伸べて憐れみと施しをこいねがう乞食こそ自分の生涯だったと振り返り、信仰者の生涯を締めくくった。ルターはキリスト者を「乞食」と称し、パウロは「奴隷」と呼んだ。乞食も奴隷も、人間らしい生き方からはおよそ遠い人生を強いられる。誰もなりたいと思わないし、社会にあっては完璧な負け組だ。奴隷は自分自身の思いや願いを表に出さず、ただひたすら主人に従順に従う。自己の人格やアイデンティティは消さねばならない。従順であることが尊ばれる。一方乞食は、他に生きる術がないために、自らの意志で仕方なく物乞いをする。欲するという意志は保たれているかわり、従順さは影を潜める。そうした微妙な違いこそあれ、このたとえをキリスト者にあてがったのはパウロでありルターだった。キリストを正しく証することに生涯を捧げて、得た確信に対して決して妥協しなかった二人のキリスト者が、いみじくも語ったふたつの比喩である。そしてこの二語は、共通するひとつの、キリスト者としての人物像を我々に提示する。

人間は神からいのちを授かった神の被造物である。創られた人間は、元来神に身を委ねて生きるべきであり、何よりもそれが本来の人間像である。人間は自分のいのちではなく、神のいのちを生きている。そして人間は罪に対して無力なゆえに、ただ神を信頼し神に依り頼むしか、正しく生きることはできない。けれどもその人間がキリスト者として生きるとき、すなわち神の前にて奴隷として乞食として生きるとき、その姿は我々の意に反して、見事に神の御心にかなっているのである。

参考文献

Anders Nygren, *Commentary on Romans*, Fortress Press, 1949
高橋三郎『新稿　ロマ書講義　上』山本書店、一九八三年
徳善義和『神の乞食――ルター・その生と信仰』聖文舎、一九七二年

ローマの信徒への手紙　六章二〇―二三節

片柳　弘史

はじめに

ローマの信徒への手紙六章において、パウロは信仰によって義とされた者の生き方について論じている。信仰によって義とされた者は、「罪に対して死んでいるが、キリスト・イエスに結ばれて、神に対して生きている」（一一節）というのである。今回取り上げる二〇―二三節においてパウロは、「罪の奴隷」として働いたとしてもその報いは死であるが、「神の奴隷」として働くならその賜物は永遠のいのちであると述べて、「神に対して生きる」ことの利益を人々に分かりやすく説明している。「神の奴隷」になると宣言しながら、日々の生活の中でさまざまな誘惑に負け、気がつけば「罪の奴隷」になりかけていた。そんな経験のあるキリスト教徒は多いだろう。罪の誘惑をきっぱりと拒み、永遠のいのちに至る道を力強く歩き続けるために、「神の奴隷」として生きることの意味をパウロの言葉から学んでゆきたい。

一　「罪の奴隷」

二〇節において、「あなたがたは、罪の奴隷であったときは、義に対しては自由の身でした」とパウロは言う。「罪の奴隷」とはどのような状態のことであろうか。

神の愛を受け入れ、「神の子」として神の前に立つことが義だとすれば、罪とは、欲望に引きずられて神の愛に背を向け、自分勝手に行動して神を悲しませることである。神の前に跪《ひざまず》くことをやめ、自分自身を主人として、自分の欲望に仕えることから罪が始まる。罪とは、欲望の誘惑への屈服であり、自らを神とする傲慢なのである。

罪は、その最初から大きな苦しみを生む。神の愛を吹き込まれることで生きる者となった人間は（創世記二・七）、神の愛を拒むとき不完全な者となるからである。神の愛を失うとき、人間の心に大きな空洞が生まれると言ってもいい。心の中に大きな虚しさを抱えた人間は、それを神の愛以外によって何とか埋めようと試み始める。富や名誉、権力、あるいは快楽などを手に入れることよって、心の虚しさを消そうとするのである。

しかし、わたしたち自身の経験が教えている通り、そのようなものは神の愛の欠如によって生じた心の空洞を満たすことができない。その空洞を満たすことができるのは無条件の愛だけであるが、富や名誉、権力によって無条件の愛を手に入れることはできないからである。富や名誉、権力を手に入れることによって、人々の追従や賞賛を手にすることはできるだろう。それらは、自分を大切にしてくれるという意味で愛に似ているが、富や名誉、権力などを条件としているという点において本物の愛とは決定的に違う。本物の愛は、何かを「持っている」、何かが「できる」といったような条件なしに、相手がその人「である」ことによって与えられるものでなければならない。ありのままの相手を、無条件に受け入れることこそ真実の愛の特徴であり、人間の心に生じた空洞は、そのような愛と出会うときに初めて満たされるのである。

快楽についても、同じことが言える。快楽には、心に生じた空洞を一時的に忘れさせる効果があるが、それを埋める力はない。被造物が満たすことができるのは人間の欲望だけであり、神の愛を失ったことによって生じた心の空洞を満たすことができるのは、無条件の愛、神的な愛だけなのである。

罪の虜になった人は、そのことに気づかない。「心が満たされないのは、まだ足りないからだ。もっと手に入れれば幸せになれる」という悪魔の誘惑に欺かれ、欲望の命じるままに富や名誉、権力、快楽を追い求める。罪の虜となった人は、悪魔に使嗾《しそう》された獣的欲望によって支配されているという意味で欲望(肉欲)の奴隷であり、富や名誉、権力、快楽を偶像としているという意味で偶像の奴隷であると言っていい。神の愛を拒んだ人は、神に背くという自らの罪の結果として被造物の奴隷となり、「罪の奴隷」となり果てるのである。こうして、「極めて良い」(創世記一・三一)ものとして創造されたはずの人間は、神の愛を拒むことによってその本来のよさを失い、罪の闇の中に落ちていく。

二 「義に対して自由」

「義に対して自由」であるとは、一体どういうことであろうか。義とは、「神の子」としてありのままの自分を受け入れられた状態であり、本来は人間を束縛するものではない。しかし、神の愛をまだ知らず、「神の子」であることから生じる義務のみに目を向ける者にとって義は束縛に見えるであろう。「義に対して自由」であるとは、神の愛をまだ知らない者が、「神の子」であることを拒否し、「神の子」らしい振る舞いを捨てることだと考えられる。

何らかの理由でまだ神の愛と出会ったことがない者は、心の中に大きな虚しさを感じながら生きているが、それがなぜ生じるのかが分かっていない。その空洞が、かつてそこを満たしていた神の愛の痕跡であることに気づいていない。そのため、欲望の命じるままにその虚しさを被造物によって埋めようとするが、決して埋めることができない。被造物のうちには、神の愛の巧妙な偽物までは見つけることができても、完全な愛を見つけ出すことはできないからである。どれほど誠実な人間の愛も、それが神から出たものでない限りどこかに人間的な不完全さを残しており、心の空洞を完全に満たすには至らない。

神の愛と出会ったことのない者は、自分がなぜ虚しさを感じているか知らないまま、自分が本当に求めるべきものが何なのか知らないまま、欲望の奴隷となっていく。欲望の奴隷となった者は、自分の心を満たすことしか考えず、周りの人々や社会を、自分の心を満たすための道具として利用しようとする。その人の心の中にあるのは自分のことだけであり、判断基準は利害損得以外にない。神の愛と出会ってから自分のそのような振る舞いを振り返るとき、それは「恥ずかしいと思うもの」でしかないが、まだ神の愛を知らない者は、それを自由だと勘違いしている。義からの自由とは、結局のところ、罪への隷属に他ならないのである。

三　「神の奴隷」

「罪からの解放」は、イエス・キリストとの出会いによってもたらされる。神の愛を知らないまま罪の奴隷となり、欲望の牢獄に閉じ込められていた者は、イエス・キリストからあふれ出す神の愛の中でその束縛から解放される。罪からの解放とは、被造物への執着からの解放であり、神の愛の中に生きることをゆるされた真の自由である。神の愛に満たされ、人間としての本来の姿をとり戻すとき、人間は初めて真の自由を手に入れるのである。

　真実の愛によって心の空洞を満たされた者は、もはや悪魔の誘惑に欺かれることはない。一度本物のすばらしさを知ってしまえば、他のものは塵芥《ちりあくた》、粗悪な偽物にすぎないことがはっきり分かるからである。罪の世界で苦しみ抜き、ついにイエスと出会って自分が本当に求めるべきものが何であるかをはっきりと知った者は、もはや罪の世界、偽りの世界に引き戻されることはない。どれほど欲望に駆り立てられたとしても、その結果としてもたらされる地獄の苦しみに戻ろうとは決して思わないからである。「それらの行き着くところは、死にほかならない」と、身をもって知っている人は、どれほど巧妙な悪魔の誘惑にも惑わされることがない。

　イエス・キリストによって罪から解放された者は、神の愛の中にとどまり続けようと固く決心する。それは、自分のすべてを神に差し出すという決心である。神は、御自身のすべてをわたしたちのために差し出し、わたしたちは神のために自分のすべてを差し出す。それこそが神と人間とのあいだに結ばれる愛であり、神の愛の中に生きるとは、自分のすべてを神に差し出すということに他ならない。

　それは、「罪の奴隷」の視点から見れば「神の奴隷」として生きるということである。しかし、わたしたちは強制されたり、欺かれたりして「神の奴隷」となるのではない。利益を得るためにしぶしぶ神に従ったり、偽りの希望を与えられて神に従ったりするわけではない。自ら喜んで「神の奴隷」となるのである。そこに束縛の要素はまったくない。むしろ、罪の束縛、被造物の束縛から解放された完全な自由だけがある。「神の奴隷」であるとは、神の愛のすばらしさを知り、神を愛さずにいられなくなった人、神のそばから離れられなくなった人が自ら選ぶ自由な生き方なのである。

　そもそも、自由とは、欲望の赴くままに行動することを意味していない。キリスト教徒にとっての自由とは、欲望への隷属から解放されて、自分が本来あるべき姿になるということである。欲望の赴くままに生きるということは、肉の自分、古い自分に支配された惨めな奴隷状態にすぎず、そこには何の魅力もない。「神の奴隷」という強烈な言葉が表しているのは、何があっても絶対に神の愛から離れないという固い決意であり、そこには否定的な要素はまったく含まれていない。

四　「聖なる生活」

二二節においてパウロは、「神の奴隷」となった者は「聖なる生活の実を結ぶ」と言う。これは、ある意味で当然のことだと言えよう。「神の奴隷」になるとは、自分のすべてを神に差し出すということであり、生活のあらゆる場面において神の御旨を行うということだからである。「神の奴隷」になった者は、もはや自分の思いのままにする行動することがない。「神の奴隷」は、主人である神の思いだけを生きるのである。自分自身の思いは完全に死んでしまっている。「神の奴隷」になった人とは、「生きているのは、もはやわたしではありません。キリストがわたしの内に生きておられるのです」（ガラテヤ二・二〇）と力強く言い切ることができる人のことなのである。

「神の奴隷」になるとは、神の愛の虜《とりこ》になることだと言っていい。「神の奴隷」とは、神の愛をあまりにも深く体験し、そのすばらしさを知ったために、もはや神から離れられなくなってしまった人たちのことである。神を心の底から愛し、神のためならば自分のすべてを投げ出しても惜しくないと思う人だけが、「神の奴隷」となる資格を与えられる。

「神の奴隷」となった人、神への愛に燃え上がった人々の生活は、神の愛に報いるために端々まで整えられていく。「神の奴隷」が、日常生活を生きる上での唯一の規範とするのは、「神を喜ばせることだけをし、神を悲しませることは絶対にしない」ということである。「聖性」という言葉が、「神の御旨にかなっている」という意味であるならば、「神の奴隷」になった人の生活こそ「聖なる生活」に他ならない。「神の奴隷」となった者は、自ら「聖なる生活の実を結ぶ」のである。強いられて「聖なる生活」をするのではなく、そうせずにはいられなくなって「聖なる生活」を選ぶのである。

信仰によって義とされた者、「神の子」として神の前に立った者が、神の大いなる愛の中で自ら選ぶ生活こそ「聖なる生活」である。「神の子」には、それ以外の選択肢がない。もし「神の子」であることを知りながら、神の御旨にかなわない生活を送れば、自分が「神の子」であることを自分で受け入れることができなくなってしまうからである。「もう息子と呼ばれる資格はありません」と思い詰めた放蕩息子のように（ルカ一五・一九）、自ら「神の子」としての身分を否定せざるを得なくなってしまうのである。「神の子」として生きるためには、「神の子」らしく振る舞う以外にない。神の愛に素直に心を開き、その愛に全力でこたえる者だけが、「神の子」として生きることができるのである。

五　奉献生活の理想

教皇フランシスコは二〇一五年を「奉献生活の年」と定めたが、御自身のすべてを捧げ尽くしてわたしたちを愛して下さる神の愛に触れて「神の奴隷」となった人々が、自分のすべてを神に捧げ尽くすために設けられた制度こそ、カトリック教会の伝統における奉献生活に他ならない。奉献生活とは、「神の奴隷」とされた人々が、清貧、貞潔、従順の三誓願を生きることによって自分のすべてを神に捧げ尽くすことなのである。

清貧とはすべての私有財産を放棄することであるが、その目的は、自分のすべてを神に捧げ尽くすために物への執着を断ち切ることである。物を持たないこと自体が目的となり、物を持たないことを誇るようになれば、清貧の誓いは意味を失う。物を持たないことを誇る人は、「行いの法則」に従って自分を義化しようとしているにすぎないからである。物への執着とは、「持つこと」への執着と言い換えてもいい。清貧の誓願によってわたしたちは、物への執着だけでなく、名誉や地位、権力などを持つことへの執着も放棄する。

貞潔とは生涯の独身を誓うことであるが、その目的は、自分のすべてを神に捧げ尽くすために人間への執着を断ち切ることである。結婚しないことが目的ではない。神に自分のすべてを捧げ尽くすために、誰かを自分のものにしたい、誰かにしがみつきたいと願う心を断ち切ることが目的である。

従順とは自分が属する共同体（修道会など）の長上の指示に従って生きることであるが、その目的は、自分のすべてを神に捧げ尽くすために、自分自身への執着を断ち切ることにある。判断を停止して盲目的に従うということではない。大切なのは、長上の声の中に響く神の呼びかけを聞きとり、自分の思いよりも神の思いを優先することである。自分の思った通りに生きたいという願望を放棄し、神の思いのままに生きることを選ぶことこそ、従順の本質だと言っていい。

マザー・テレサは、清貧、貞潔、従順の誓願を、自らを十字架に打ちつけるための三本の釘と呼んでいる。これらの誓願は、物への執着を断ち切り、人間への執着を断ち切り、最後には自分自身への執着も断ち切ることによって自分自身に死ぬためにあるということだ。しかし、十字架につけられて死ぬことは、キリストと共に復活することに他ならない。自分自身を含むあらゆる被造物への執着に死ぬとき、わたしたちは罪から解放され、復活の命に移されるのである。奉献生活とは、自分に死ぬことによって、キリストの命に生きるための生活なのである。

清貧、貞潔、従順の誓願は、主に修道院において生きられるものであるが、すべてのキリスト教徒がこの理想へと招かれていることは間違いがない。物への執着、人間への執着、自分自身への執着を手放すことができない限り、誰も「神の国」に入ることはできないからである。奉献生活は、「聖なる生活」へとすべての人を導くために高く立てられた道標《みちしるべ》なのである。

六 「永遠の命」

二三節においてパウロは、「罪が支払う報酬は死です。しかし、神の賜物は、わたしたちの主キリスト・イエスによる永遠の命なのです」と言う。罪深い生活を送っていても長生きする者はいるし、聖なる生活を送っていても早死にする者もいるから、ここでパウロが言う「死」とは、肉体の死とは必ずしも結びつかない。この「死」とは、神の愛から切り離されることによって魂が死んでしまうことと考えるのが妥当だろう。罪に生きる者、神の愛に背を向けて生きる者は、人間としては生き続けることができても、「神の子」として死んでしまうのである。

「自分の命を救いたいと思う者は、それを失うが、わたしのために命を失う者は、それを得る」（マタイ一六・二五）というイエスの言葉に、キリスト教の死生観が要約されている。神に背を向け自分の力によって自分の命を救おうと試みる者、神の愛を拒んだことによって生まれた空洞を自分の力で埋めようとする者は、ついに命そのものである神の愛の欠如によって死んでしまう。しかし、自分をすっかり神に差し出すものは、神の愛に心を満たされ、命に満たされて生きることができる。

その命は永遠である。なぜなら、神の愛は永遠に絶えることがないからである。永遠であることこそ、神の愛の最大の特徴だと言っていい。無条件の愛、わたしたちが「神の子」であるがゆえに与えられる愛は、永遠に終わることがない。たとえすべてを失ったとしても、わたしたちがわたしたち「である」限り、神の愛は終わることがないのである。人間同士の愛が途中で終わってしまうのは、「……を持っているからあなたを愛している」「……ができるからあなたを愛している」といった条件付きの愛だからである。「あなたがあなただから愛している」という無条件の愛は、永遠に終わることがない。真実の愛は、初めからそのうちに永遠を含んでいるのである。もし途中で終わってしまうなら、初めから愛がなかったと言っていい。

永遠の命を頂くために必要なのは、ただ一つ、「神の奴隷」となり、自分自身に死ぬことである。自分自身への執着を捨て、自分のすべてを神に差し出している限りにおいて、わたしたちは永遠に神の愛を失うことがない。キリスト教徒になるとは、自分自身に死んで、永遠の命を生きるということなのである。

「死ぬことによって生きる」という表現は逆接的に思えるが、愛を中心として考えるならばそこには何の矛盾もない。キリスト教徒にとって生きるとは、神を愛することに他ならないが、神を愛するとは、神に自分のすべてを差し出すこと、すなわち自分に死ぬことに他ならないからである。自分のすべてを差し出すことによって神からすべてを頂くという愛の本質が、死と生の逆接を解いてくれる。生きるとは愛することであり、愛するとは死ぬことであるとすれば、キリスト教徒にとって生きるとは死ぬことなのである。

まとめ

神の愛に満たされている限りにおいて人間は「極めてよい」ものだが、神の愛に背を向けるなら、その瞬間から不完全なものとなる。もともと土くれにすぎない人間から湧き出してくるのは、醜い罪ばかりである。「神が人間をよいものとして創ったのなら、なぜ人間から悪が生まれて来るのか」と問う人がいるが、それは罪の誘惑によって人間が本来の姿を失ったからに他ならない。

イエス・キリストは、わたしたちを神の愛と再び結びつけることによって人類を救った。心にできた空洞を埋められるのは神の愛だけであることを、十字架上からわたしたちにはっきりと教えてくれた。神の愛に満たされて生きることだけが、わたしたちの本来の姿であり、真の自由であり、完全な幸福である。パウロに倣《なら》って「神の奴隷」として生きる道を選びたい。

参考文献

教皇ヨハネ・パウロ二世使徒的勧告『奉献生活 VITA CONSECRATA』一九九七年、カトリック中央協議会
片柳弘史『世界で一番たいせつなあなたへ——マザー・テレサからの贈り物』二〇一五年、PHP研究所

ローマの信徒への手紙　七章一―六節

徳田　宣義

イエス・キリストの十字架の死と復活において神が成し遂げられた御業は、私たちに対しても始められました。これは未曾有の出来事です。ですから、私たち自身の洗礼が何を意味するのかが分かっていないとしたら、それは由々しいことではないでしょうか。

R・ボーレン『喜びへの道』小澤良雄訳
教文館、二〇〇八年

律法を知っている人々へ（一節）

重大なことを知らせるために、パウロは、「兄弟たち」と語り始める。一章一三節に「兄弟たち、ぜひ知ってもらいたい」と言って以降、手紙の中心部分において初めてなされる呼びかけである。「律法」とある。トーラーを指すのか、ローマの法律を指すのか、という議論がある。この手紙の宛先がローマに建てられた教会であることを考えると、一般的な法も視野に入れつつ、イスラエルの律法のことを指していると考えてよいであろう。

パウロは、律法ではなく恵みによる義認を語ってきた。それは放縦な生活を招くと反発するユダヤ人キリスト者の「恵みが増すようにと、罪の中にとどまるべきだろうか」（六・一）という主張も当然予測していた。したがって、パウロは「律法を知っている人々に」、律法の知識を用いて、律法からの解放を、律法そのものから導きだそうとするのである。

「死んだ者は、罪から解放されています」（六・七）、したがって「律法とは、人を生きている間だけ支配するものであることを知らないのですか」とパウロは語り出すのである。

結婚の関係を事例として（二―三節）

パウロにおいて、罪からの解放と律法からの解放とは密接に結びついている。第六章において、パウロは罪からの解放を、奴隷とその主人の関係という点から説明したが、当該箇所において、律法からの解放を妻と夫の関係になぞらえて説明する。

婚姻関係は夫と妻を結びつけるものである。結婚した女性は律法によって「夫に結ばれている」（二節）。「結ばれている」と訳されている「デデタイ」には、「しばる」「束縛する」「強いる」「鎖でつなぐ」という意味がある。夫が生きている限り、女性は、それほどの力で夫に拘束される。当時のユダヤにおいて結婚は人格的な関係ではなく、一方的に妻は夫の所有となって、夫を主として夫のために生きるべきであるとされた（松木参照）。夫が死ねば、法的力は失われ、女性は、律法から解き放たれるのである。

しかし、夫が生きている間に、妻が夫を離れ、他の男のもとへ行くなら、妻は「姦通の女」（三節）という烙印を押される。夫が死ぬなら、そのように言われることはない。妻は、当然の権利として、他の男の妻となることができる。もちろん、結婚関係の法律が無効になっているのではない。ただ、女性を有罪とする律法の効力が失われるのである。その女性が解放されたのは、夫の死による。死が結婚の関係を終わらせる。同様に死は、人と律法との関係を断つ。パートナーの一方が死ねば、残された者には、全く新しい関係が許されるのである。

実を結ぶ生き方（四節）

夫の死後、婚姻関係は解消される。「他の男と一緒に」（三節）という可能性が生まれる。ここは「他の男のものに」と訳すことができるのであるが、その後四節では「あなたがた」、つまりキリスト者の律法に対する死が語られ、「キリストの体に結ばれて」「死者の中から復活させられた方のもの」となると語られている。

律法から解き放たれることが、即、真実の自由となるのではない。自由となったところで律法の代わりに自分が自分を支配するということであれば、なお罪の支配の下に生き続けることになるからである。我々は誰の下に生きるべきなのだろうか。我々のために十字架に架かり、復活されたキリストであるとパウロは示す。キリストのものとされることが、救いとなるからである。

「死んだ」（四節ａ）は、洗礼を指している。六章三節に「それともあなたがたは知らないのですか。キリスト・イエスに結ばれるために洗礼を受けたわたしたちが皆、またその死にあずかるために洗礼を受けたことを」とある。キリストが十字架の上で贖罪の死を果たされた。ローマ教会のキリスト者たちも、洗礼によってキリストの十字架の死にあずかることで、罪に対して死んだのである（六・一〇―一一）。律法は、罪を神に対する反逆として確認し、罪人が死に値することを宣告する働きを持つ。律法は罪人を裁く機能を持っている。しかし、律法は、罪人に対する支配を、キリストの贖罪死によって失った。ガラテヤの信徒への手紙第三章一〇―一三節にあるように、律法を守れない我々が、受けなければならなかった律法の呪いを、キリストが、十字架の上において身代わりとして受けられた。「キリストの体」と、パウロが記すとき、それが十字架上に死んだ「キリストの体」を指すことは、すぐ後の「死者の中から復活させられた方」とあることから明白である。キリストは、我々人間と同じ体を持って十字架の上で最後の苦しみを担われた。体を持った我々人間がキリストの十字架の体に合わせられ、死ぬのである。神の独り子が死んだのである。それほど我々の罪は重い。したがって「キリストの体に結ばれ」る洗礼を受けて、この方と結ばれる他に救われる道はないのである。

我々は新しい結婚によって復活されたキリストのものとされた。復活されたキリストの体に洗礼によって結ばれたことで、律法は我々に対する影響力を失った。律法は、人間を鎖でつなぐ力を剝奪された。もはや律法は、新しい契約のもとでの生活の基礎では有り得ない。律法が罪と死に反対する神のみ旨を表し、キリストがその罪と死に勝たれ、律法を成就された。死の中からのキリストの復活は、律法の権限を超えたところで、神の力ある終末論的行為として出来事となったのである。

キリストの死が、我々の律法との関係に影響を及ぼし、我々の生き方を変える。キリストとの結びつきは、新しい質の命の営みをひらく。神に造られた人間らしい生活へ導く。我々キリスト者の人生は空っぽでは終わらない。キリストにあって神に仕えるという実を結ぶ。これこそがまことの命である。パウロは、ここで「わたしたち」と語り、自分を含めたすべてのキリスト者に当てはまることであると示す。キリストの死と復活は、罪の支配から神の支配への転換点となったのである。

死に至る実（五節）

「わたしたちが肉に従って生きている間」とは、キリスト者にされる以前のことである。「肉」は、パウロにとって罪の支配の下に生きる我々の本性のことである。我々人間を創造してくださった御一人の神から離脱してしまった存在のことである。「肉」として神に背いて立っている人間は、例外なく罪人である。人間の存在は、「罪に支配された体」（六・六）そのものである。我々の本性には、我々が罪に支配されているときにその苦境から逃れさせるために助けとなり得るようなものは、何もない。人間は、律法のもとにある限り、死をもたらす罪の力のもとにある。「肉」と「罪」は同一視されている。「罪」と同様、「肉」は我々を支配する力である。「罪へ誘う欲情」の「罪」も「欲情」も複数形である。この力は大きくて制御できないからである。神のために実を結ぶことができないということは、死に至る実を結ぶ他ないということである。「律法が入り込んで来たのは、罪が増し加わるためでありました」（五・二〇）。罪へ誘う欲情は、律法によって活動させられる。罪へ誘う欲情が働く場所が、我々の体である。罪への隷属は、具体的には人間の行為により生起する。神を神とせず、自分の腹を神とすることが起こる。そこで他者との関係は、歪み、相互破壊へと向かう。自分自身との関係も壊れていく。当然、生きながら死に至る実を結ぶことになる。人間は、その行為に責任あるものである。パウロは、神の前における神に造られた人間としての責任と償いの義務を示している。しかし、我々人間自身に解決する力はないのである。

「肉」、「罪」、「律法」、「死」が組み合わさって大きな力を我々に振るう。救われるためには、これらを超える力によって打破されなければならない。しかし、そのような手段を人間は持っていない。律法は救いのための助けにはならない。律法は、自ら罪過の生起に参与する。かつてユダヤ教の律法は、神によって備えられた唯一の救いの道であった。ユダヤ人キリスト者の中に、律法を救いの手段として捨てることのできない者がいた。人間のつまらない正義で人を裁き、神にひざまずけない者がいたのである。しかし、今やパウロは、それを間違った道とみなさざるを得ない。律法は、自ら律法そのものを超えたものを指し示している。「ところが今や、律法とは関係なく、しかも律法と預言者によって立証されて、神の義が示されました」（ローマ三・二一）。キリスト者にとって、律法は救いの道として、もはや存在しないのである。

律法は、確かに神の意志を示す。律法は神の意志に人間を出会わせる。しかし、罪の欺く力から人間を守ることができない。律法は神の意志に従うべく人間を助け得ない。律法に生きている者たちが、律法との関わりにおいて深く罪を犯し続けている。罪が律法を悪用し、人間を欺き、人間はそれに抗する力を持たないからである。人間は、真に罪人であり、罪過の責任あるものであることを認識しなくてはならない。「実に、律法は怒りを招くものであり、律法のないところには違犯もありません」（ローマ四・一五）。人間は、罪の力に屈服し、神の御心を満たせない。それゆえに、人間は神の前に有罪であることを自白しなくてはならない罪人なのである。

パウロは律法によって罪を犯した。パウロは自らの人生における罪、教会を迫害したことを決して忘れることはできなかった。その罪は、律法への献身によって、直接に引き起こされた（ガラテヤ一・一三―一四）。厳密に律法を守ったがゆえに、キリストを救い主として認めることができなかった。パウロも、イスラエルも自分の正しさにこだわりキリストを拒絶するという罪を犯した。パウロは、義認は、律法によるか、キリストによるかという問いの前で、キリストを信じる。律法の下にあることは、キリストを中心から追い出すことであり「罪の自覚しか生じない」（ローマ三・二〇）と理解しているからである。

古い生き方から新しい生き方へ（六節）

「しかし今は」、キリストの復活後の時代である。洗礼を通して律法の支配は過去のものとなる。律法は、救済としての道ではなくなった。なぜなら、キリストによってその要請は成就されたからである。洗礼を受け、キリストの支配の中に生きることと律法の支配からの解放は、同時に起こる。「われわれはその十字架のからだを通して洗礼の手段によって罪からと同様律法からも最終決定的に解放され、すなわち律法に対して殺されたのである」（ケーゼマン、三六一頁）。「死んだ者は、罪から解放されています」（ローマ六・七）とあるとおりである。鎖で律法につながれていたのは過去の出来事である。キリストの死は、本来死すべき罪人である我々の罪を贖うための死であったが、その救いに与る者とされたとき、我々もキリストと共に十字架につけられ、古い過去のすべてに対して死ぬことを意味するのである。

復活されたキリストのものとなった我々が、昔の主人である律法へ戻っていくことは、有り得るはずがない。したがってパウロは新しい生き方を語る。律法への服従という古い生き方ではなく、霊に従う新しい生き方で神に仕えると言うのである。

「〝霊〟」は、洗礼において与えられる。霊の支配下においてのみ、律法の支配は終わる。罪の力からの自由は霊によって可能とされる。霊の力における復活したキリストの支配が、律法にとって変わるのである。

古い自分に死ぬことは、自己反省や、自己否定と同じではない。そのような生ぬるいことでは何も変わらない。「罪によって死が入り込んだ」（五・一二）のであり、「罪が支払う報酬は死」（六・二三）である。キリストの十字架を見れば、罪によって死が入り込んだことの恐ろしさ、罪が支払う報酬の厳しさがわかる。罪の赦しなしに、神と関わる新しい生き方へ変えられることは起こらない。人間の側から神の側へ越境することはできない。パウロは、キリストの十字架と復活において神が成し遂げられた救いの御業を知っている。だからこそ、「律法を知っている人々に」（一節）、律法を守ることで、神との正しい関係に到達できないことを語る。律法を守ろうとする人間の敬虔の力で、対神関係を築くことはできないからである。

二〇一五年四月の朝日新聞は「初の女性大統領を目指す民主党のヒラリー・クリントン前国務長官が、来年一一月の米大統領選に向けて立候補を表明した」と伝えている。詳細を記す紙幅はないが、「米国一般のアメリカ人は常にチャンピオン（擁護者）を必要としています」「私はチャンピオン（擁護者）になりたい」と支持を呼びかけているという。チャンピオンという言葉を調べてみると「優勝者」の他に「擁護者」という意味が確かにあった。大江健三郎『新年の挨拶』（岩波現代文庫）には「代わりに戦ってくれる存在」と記されている。

神の民の復興は裁きを通して起こる。それが旧約の預言者の語る神の言葉であった。しかし、この裁きが、罪なしに生きたキリストお一人にくだされた。我々の代わりとなってくださった存在がある。救いにとって必要なことをしてくださった方がある。「チャンピオン」には、「擁護者」という言意がある。「擁護」には、「かばいまもること」（『広辞苑』岩波書店）という語意がある。我々は、そのような「チャンピオン」を必要としている。我々を罪の裁きからかばい守ってくださる存在として、我々の代わりにキリストは、我々人間の罪を負い、裁かれて死んでくださった。よみがえってくださった。このお方との関わりにおいてだけ、古い生き方が切断され、神に仕える新しい生き方がはじまる。我々の存在は、この世の誰のものでもない。キリストのものとされているのである。

キリストの十字架の死とよみがえりは、義の転嫁ということだけにとどまらず、我々の、今生きている生活をも変えてしまう。罪の重さを感じることは、恵みの深さを知ることである。過ちを犯して、しかし、キリストの恵みの中に悔い改め立ち帰ることができるのである。キリストを通して神を知ることは、神について知るべきことがらに熟達し、神の栄光に仕えることである。救いは、我々を目指して起こった。それにふさわしい応答へ我々は駆り立てられている。救いが、新しい生き方を可能にさせる。神に罪を犯し神との関係が破壊されたままの生き方と、神に赦され祝福され愛されていることを知る生き方は、異なる道筋を描くのは当然だからである。神に呼びかけられた人間が初めて自分の人格的主体性を獲得し、その命を生きるそのことによってその使命を果たすのである。「霊」は、神の御心をなそうとする。キリスト者の心のうちに働き、信仰を造り出し、生命と知識を与え、キリスト者たちの生活を導くのである。

神の自由な恵みは、この死に区切られた世界の限界を突き破り、これを超える世界があることを指し示す。それがキリストの復活である。復活のキリストと共にある道を神が拓いてくださった。死から自由にされたキリスト者は、この世のことに固執しない。神以外のものを絶対化しない。神の御心に従うだけである。この世のものとされず、客観的にこの世を見ることができるキリスト者は、世の本当の姿を正しく見ることができる。神を知ることがなければ、神が造られた本来の人間の姿を知ることはできない。神を知ることは、怒りと悲しみが満ちている世の中でわけのわからなくなっている我々人間にとってまことに重要なことである。我々自身とこの世の事柄を正しく知ることと深く関わるのである。

洗礼を授けられることは、罪を打ち破るキリストの死の力が、今やキリスト者において現実となっていることを知ることなのである。

参考文献

K・ワルケンホースト『信仰と体のあがない――ロマ書の解釈五―八章』中央出版社、一九七九年

P・アクティマイアー『ローマの信徒への手紙』（現代聖書注解）村上実基訳、日本キリスト教団出版局、二〇一四年

ウルリッヒ・ヴィルケンス『ローマ人への手紙（6―11章）』（EKK新約聖書註解Ⅵ／2）岩本修一・朴憲郁訳、教文館、一九九八年

E・ケーゼマン『ローマ人への手紙』岩本修一訳、日本基督教団出版局、一九八〇年

松本治三郎『ローマ人への手紙――翻訳と解釈』日本基督教団出版局、一九六六年

J・ジースラー『パウロの福音理解』森田武夫訳、ヨルダン社、一九八七年

W・G・キュンメル『新約聖書神学――イエス・パウロ・ヨハネ』山内眞訳、日本キリスト教団出版局、一九八一年

加藤常昭『ローマ人への手紙2』（加藤常昭説教全集3）ヨルダン社、一九九〇年

芳賀　力『救済の物語』日本キリスト教団出版局、一九九七年

C. K. Barrett, *The Epistle to Romans*, 2nd edition, Black's New Testament Commentary, A. & C. Black, 1991

ローマの信徒への手紙　七章七―一二節

加藤　常昭

聖霊による自由のパースペクティヴ

私がここで黙想を書くとき、自然に前提にしているのは、連続講解説教を試みているということである。従って、余計なことを考えずに、与えられた箇所の黙想を記せばよいのであろうが、実は、それをするためにも、この箇所が置かれているコンテキストを、最小限でも考慮していなければならない。

この箇所は、新共同訳の区分でも、「内在する罪の問題」という小見出しをつけられた小区分のうちの前半であり、小見出しが示唆する罪の内在の問題は、むしろ、一三節以下の部分の内容にふさわしい。私に与えられた区分だけの黙想をするならば、もう少し別の見出しを考えたほうがよいかもしれない。ここで語られる罪は、むしろ、外から誘う力とも考えられるからである。ついでに言えば、一二節までという区分も新共同訳の内部区分に従うからであり、注解書を読んでも、ここは、むしろ一三節までとするものにすぐ出会う。「わたしに死をもたらした」のは罪であると断言するのは、それまでの考察のひとつの結論のように語られているからである。もちろん、説教者が、一三節までを一区切りとして説教することも可能である。

しかし、ここで大切なのは、この区分に至るまでのパウロの論述の筋道を見失わないということである。たとえば、このような筋道である。第六章で、洗礼について語り、洗礼を受けて、キリストと共に死んで、キリストと共に新しいいのちに生きるようになった「あなたがた」は、「今は」どのような存在となったのかを丁寧に語る。「このように、あなたがたも自分は罪に対して死んでいるが、キリスト・イエスに結ばれて、神に対して生きているのだと考えなさい。従って、あなたがたの死ぬべき体を罪に支配させて、体の欲望に従うようなことがあってはなりません。……かえって、自分自身を死者の中から生き返った者として神に献げ、また、五体を義のための道具として神に献げなさい。なぜなら、罪は、もはや、あなたがたを支配することはないからです。あなたがたは律法の下ではなく、恵みの下にいるのです」（六・一一以下）。

今、あなたがたは「恵みの下」に生きているのである。それは、こういう議論にもなった。「知らないのですか。あなたがたは、だれかに奴隷として従えば、その従っている人の奴隷となる。つまり、あなたがたは罪に仕える奴隷となって死に至るか、神に従順に仕える奴隷となって義に至るか、どちらかなのです。しかし、神に感謝します。あなたがたは、かつては罪の奴隷でしたが、今は伝えられた教えの規範を受け入れ、それに心から従うようになり、罪から解放され、義に仕えるようになりました」。「あなたがたは、罪の奴隷であったときは、義に対しては自由の身でした。では、そのころ、どんな実りがありましたか。あなたがたが今では恥ずかしいと思うものです。それらの行き着くところは、死にほかならない。あなたがたは、今は罪から解放されて神の奴隷となり、聖なる生活の実を結んでいます。行き着くところは、永遠の命です。罪が支払う報酬は死です。しかし、神の賜物は、わたしたちの主キリスト・イエスによる永遠の命なのです」。

ここに、義と甦りのいのちのパースペクティヴが確立している。それを、改めて律法を語ろうとするとき、このような言葉で言い換える。「しかし今は、わたしたちは、自分を縛っていた律法に対して死んだ者となり、律法から解放されています。その結果、文字に従う古い生き方ではなく、〝霊〟に従う新しい生き方で仕えるようになっているのです」（七・六）。聖霊による自由のパースペクティヴである。今、われわれは、そのような自由を得ているはずなのである。

聖なる律法

竹森満佐一『ローマ書講解説教』は、第二巻において、第七章一二節だけを独立して説き明かしている。その最初に、キリスト者の信仰は無国籍ではない、ということを語っている。われわれ日本人が信仰に生きるようになるということは外国人になることではない、とも言う。「われわれが信仰を持つことも、日本人としての生活から離れてはありえない」と語るのである。とても興味のある発言である。しかし、残念ながら、それ以上、それが何を意味するかを積極的に語ることはしていない。

この発言は、パウロがユダヤ人であったこと、つまり「律法を与えられている」民族に属していたことを強調することとの対比で語られたのである。そのことを理解することが、パウロの律法論をよく理解する前提になる、ということらしい。しかし、もしそうだとすると、ユダヤ人ではない日本人キリスト者にとって、律法はいかなる意味を持つか、改めて問わなければならないことになる。二四節に聴く痛切なパウロの叫びは、われわれにとっては他民族キリスト者の叫びにとどまることになる。果たして、それでいいのであろうか。

ローマの信徒への手紙を読み始めて既に半ばに至り、これまででも律法についてのパウロの言葉を何度も聴いてきたが、それは何を意味していたか、今からでも遅くはない。改めて問いたい。日本人にとっては、律法の意味は、わかりにくいのか。これまでの言葉に含まれていた律法は、われわれには何を意味したか。われわれは独自の律法理解を持っているのか。きちんと問う必要がある。ルター派は律法と福音と言い、改革派は福音と律法という順序で語る。それぞれの派の信仰問答も、その順序を遵守する。ルター派では律法は悔い改めを促す審きの言葉であると言う。律法によって、われわれは罪を知る、ということである。しかし、それは、日本人であろうが、なかろうが、ルター派であろうが改革派であろうが、ひとしく知るべきことである。それがここで聴くパウロの言葉の意味ではなかろうか。

六節で、われわれは律法に対して「死んだ」と言い切られている。律法とは縁を切ったのである。なぜか。律法の下で生きていたら、義に生きることはできないからである。それなら、律法自体が、われわれが縁を切るべき罪であり、悪であるのか。第五章の議論を受け継ぎつつ、われわれは恵みに生きるために、むしろ、罪の中に生き続けるべきなのか、と問うた、第六章冒頭の議論のたてかたとよく似ている。そしてひとしく、「決してそうではない」と言う。そのようなことは決してあり得ない、断じて起こってはならないことだと言うのである。

ところで、それに続く論述は、われわれの意表を衝く。われわれがここで予想し得る、すぐに続いて語られるべきであろうと考える言葉は、むしろ、一二節である。「律法は聖なるものであり、掟も聖であり、正しく、そして善いものなのです」。ここで、パウロはすぐに、そう断言することもできたはずである。律法そのものが罪の言葉であるはずはない。聖なる神の言葉であり、正しく、善なるものである。しかし、パウロは、そうはしなかった。パウロは、これを言うのに「こういうわけで」と言えるための議論をするのである。なぜか。この七節以下の区分の急所がここにある。ここがよくわからないと、律法が聖なるものであることが、よくわからないままなのである。

ユダヤ人のパウロにとって、神に選ばれた民として、シナイ契約に基づき与えられた律法が聖なるものであることは、いちいち改めて理由を言うまでもなく、むしろ、自明の理であったろう。ところが、ここでは改めて、なぜそのように言うのか、理由を上げた上で、律法が聖なるものであることを言うのである。その理由がわからないと、ユダヤ人キリスト者といえども、律法が聖なることを骨身に徹して知ることができないのである。そして、その理由として語られていることは、われわれ日本人キリスト者にも深く関わるのである。

そこで、われわれ日本人として改めて確認しておきたいのは、われわれが一般に律法とどのように関わって生きているかということである。説教者として、自分の説教の聴き手が、律法とどのように関わっているかを、どのように確かめているか。このようなことは、できるだけきちんとわきまえていることが大切である。あるいは説教者として、自分がどのように律法を語っているかを自己批判的に問うてみるのもよいかもしれない。

たとえばバラが日本伝道を始めた頃、横浜で行った初期の礼拝では、十戒を唱えたが、その後、日本の教会の礼拝で十戒を唱えることは少なくなった。高倉徳太郎牧師は、信濃町教会の礼拝で十戒を唱えさせたようであるが、それは例外的なことである。ようやく、第二次大戦後、改革教会の礼拝の伝統を自覚するようになったとき、三要文すべての朗唱を礼拝で行う教会が増えてきただけである。しかし、そのことが、われわれの生活を律するものとして律法を重視するようになったことを意味するとは考えられない。

かつての日本のプロテスタント教会では、禁酒禁煙がかなり厳格なキリスト者の条件であった。しかし、今はそうではない。牧師の食事にも飲酒は普通のこととなった。禁煙は、一般社会が禁煙社会になりつつあるので、特別なことではなくなった。かつての清教徒的な規律の生活を〈律法主義〉と決めつけて投げ捨てつつあるのかもしれない。パウロ的な福音理解に従い、律法を遵守しても救いは得られないとすることによって、一般に生活を律することを怠るようになった。そして、それと共に聖なる律法も信仰生活の視野から消えているのではないか。

いったい、十戒によって言い表される律法とは何であるのか。エジプトにおける奴隷状態から神の民を解放し、新しい自由の生活を生き始めさせるときに、神が定められた基本にあるのは、「わたしはあなたがたの神！」と宣言された神を神として重んじるということである。神が神であることを貫こうとされたのである。その神のご支配を受け入れ、その神の言葉に従うということが律法の根幹である。神の言葉を聴き続ける、それを生き続けるということである。それが律法を聖なる神の言葉とし、それを正しさと善の基準とするということである。だが、その聖なることがどこでわかるのか。われわれは、それをどこで、どこまでわかっているのか。ユダヤ人として、律法に親しんだ使徒パウロは、ローマの教会員たち、明らかに律法と無縁であった異邦人キリスト者を多く含む教会員に問い、そして、われわれにも問いかけるのである。

むさぼりの罪、そして死

ここで、「こういうわけで」という表現に戻る。「どういうわけ」であったのかを改めて考察する。これはユダヤ人にも異邦人にも適用される言葉であるはずである。しかも、思いもかけないほどの深みに届く言葉である。かつて、私がローマの信徒への手紙の講解説教を試みたとき、ここに、この手紙の頂点があると言ったことがある。最も高い頂《いただき》に達する頂点ではなく、最も深いところに達する頂点だ、と言ったのである。

「では、どういうことになるのか。律法は罪であろうか。決してそうではない。しかし、律法によらなければ、わたしは罪を知らなかったでしょう。たとえば、律法が『むさぼるな』と言わなかったら、わたしはむさぼりを知らなかったでしょう。ところが、罪は掟によって機会を得、あらゆる種類のむさぼりをわたしの内に起こしました。律法がなければ罪は死んでいるのです。わたしは、かつては律法とかかわりなく生きていました。しかし、掟が登場したとき、罪が生き返って、わたしは死にました。そして、命をもたらすはずの掟が、死に導くものであることが分かりました。罪は掟によって機会を得、わたしを欺き、そして、掟によってわたしを殺してしまったのです。こういうわけで、律法は聖なるものであり、掟も聖であり、正しく、そして善いものなのです」。

誰もが指摘するのは、ここでパウロが「わたし」という第一人称単数を用い始めたことである。これは確かに注目すべきことである。ほとんど終始一貫して「わたしたち」と語ってきたのが、突然「わたし」と語り始める。なぜなのか。ユダヤ人キリスト者としての自分を際立たせたのであろうか。それとも、ユダヤ人、異邦人を問わず、律法が示す神との関わりを、きわめて個別的な、それだけ主体的な、厳しい経験として捉え直してみせたのであろうか。そのとき、初めて見えてくる罪の真相を語ろうとしたのであろうか。フィリピの信徒への手紙第三章が語るような、模範的なファリサイ派として生きたパウロ、従って律法違反の痕跡もないパウロが、一般的に見て、より欠けの多い信仰者の歩みを、イメージにおいてだけ追体験してみせているのであろうか。この「わたし」が何を意味するかについては、多くの論述が繰り返されてきたのである。私はここでテモテへの手紙一第一章一五節以下を思い起こす。「『キリスト・イエスは、罪人を救うために世に来られた』という言葉は真実であり、そのまま受け入れるに値します。わたしは、その罪人の中で最たる者です。しかし、わたしが憐れみを受けたのは、キリスト・イエスがまずそのわたしに限りない忍耐をお示しになり、わたしがこの方を信じて永遠の命を得ようとしている人々の手本となるためでした」。このように自分を最も深い罪人として知るパウロが、ここで語っているのではなかろうか。罪とはいかなる出来事のなかに見えてくるかを。

罪の出来事、それは、「むさぼり」が頭をもたげるときである。パウロは、そのことを集中的に語る。ここで言う〈むさぼり〉は、律法が規定する罪のひとつ、というわけではない。「たとえば〈むさぼり〉の罪」というのではない。むしろ「あらゆる種類のむさぼり」を念頭に置く。そして、そこに罪が集中的に現れる。ギリシア語はエピテュミアである。『新約聖書釈義辞典』によれば、この言葉に含まれるテュモスは、元来、生気、気力などを意味し、中立的な意味を持つ。それ自体は、否定的に理解されるべきものではない。エピテュミアそのものも、たとえば七十人訳などにおいては、むしろ中立的な用い方をされてきた。しかし、また禁じられるべき欲望をも意味するものとしても用いられるようになった。そう説明して、その典型的な箇所として、このローマの信徒への手紙第七章七節を挙げるのである。そして、このむさぼりの戒めとは、十戒最後の隣人のものを欲するな、という禁令に関わるとするのである。しかし、それに留まるのであろうか。むしろ、十戒の後半の禁令のすべてが、これに関わるのではないか。殺したいという欲望、姦淫をしてでも性的欲望のままに異性を欲したいという欲望、他人の財産を自分のものにしたいという欲望、自分の欲望を第一のこととしたとき、隣人について偽証してもよいとするこころ、いずれもむさぼりから出るのではないか。実は、父と母とを敬う心を失うのも、むさぼりが強く働くからではないか。

興味深いことに、このパウロの言葉に光を当てようとして、多くの解釈者たちが、ここで語られるむさぼりは、創世記の始めに語られるエバとアダムの堕罪を生んだものにほかならないと理解しようとしている。神の知恵を欲したむさぼりである。そこでまた何人かの人びとが、この〈むさぼり〉の反対語は、「神への服従」であると考えている。むさぼりは神への不従順を生むものである。そう理解すれば、十戒の前半の戒めもまた、〈むさぼり〉の罪に関わると言えるのである。それがパウロの言う「罪」である。ただ律法のひとつに違反したといって問われるようなひとつの罪ではない。罪そのものなのである。このむさぼりは、ただ人間関係を崩す罪を生むだけではなくて、神との関わりも崩すものである。使われているギリシア語は異なるが、エフェソの信徒への手紙第五章五節が、コロサイの信徒への手紙と声を合わせるように、貪欲とは偶像礼拝にほかならないと断言していることをも思い起こす。ここでパウロが語る〈むさぼり〉は、まさにその意味で、われわれ人間が犯している根源的罪、原罪にほかならない。

こころ惹かれるのは、ここでパウロが、まるで罪を人間の外で働く力のように語っていることである。しかも、人間を欺き、遂には殺してしまう犯罪者のように語っている。われわれは、罪に殺されるのである。それは、エバを誘った蛇のように狡猾に働くのである。しぶとく誘う。聖書に時々登場して、神との関わりを危機に陥れようとしたサタンのようでもある。

そして、そこに死が生まれる。この死は肉体の死を意味するのではない。罪が招いた死は、肉体が地上のいのちを終えることではない。神に造られた者であり、神のように永遠のいのちを初めから持っていなかったことは明らかである。ここでいう死は、罪人として死ぬことである。その意味で、神の霊にあらがう「肉の人」としての死である。神に従わない者としての死である。神との関わりを断たれた者として、神を知らないまま死ぬことである。だが、罪人として神には知られており、審きを免れない死である。

パウロは、このような罪と死の現実が自分の現実となったのは、律法を知ってからだと言う。律法を知らない以前は、罪を知ることもなかったのである。ユダヤ人パウロにもまた、律法を知らない幼少年期があったことを語るのだと言う人が多い。なるほど、そうかもしれない。しかし、具体的には、とにかく律法を知ったのは、むさぼりを知るようになったときであろう。自分のなかで燃えたぎる情熱、欲望を実現するために、自分が行動するときである。神への従順を放棄することでもある。それは、もしかすると、ファリサイ派として模範的に生きていたときのことではないか。律法に熱心であるために、キリスト者たちに、キリストに、キリストの十字架と復活による解放のメッセージに激怒したときではないか。イエス・キリストも、これに従う者も抹殺しようという正義感に燃えたぎっていたときではないか。ファリサイ派のひとパウロは、律法を完全に生きていると思い込んでいたとき、むさぼりの罪のどん底にいたのである。それに気づいたのは、イエス・キリストそのものに捉えられてのちであった。

われわれの黙想の枠を越えるが、こののち、パウロは、「肉なる人」としての「わたし」について語り始める。肉の人、それは「罪に売り渡された」存在である。奴隷のように罪に捕らえられ、罪に生きることを喜びとしてしまう「わたし」である。それは神を喜ぶ「内なる人」、霊に生きようとする人と対立する。外から働きかける罪は、そのようにして内在化する。明らかにパウロを引き裂く。パウロは、そのような自己分裂がもたらす悲惨な罪人の現実を知っている。誰がわたしを救ってくれるのか、と悲鳴を上げてさえいる。だが同時に、そこで主イエス・キリストを通して感謝する。そこにおいてこそ、罪のどん底から引き上げられる恵みの体験をするからである。まさにルターが、「罪人にして、同時に義人」と呼ばずにおれなかったキリスト者の現実が語られるのである。

参考文献は、いつもの通りであり、特記するものはない。

ローマの信徒への手紙　七章一三－二〇節

小副川　幸孝

なんとかして

与えられている箇所は、六章から続いていると思われる「罪と律法と恵み」について述べられた箇所の一部分で、罪の縄目に捕らえられている人間が、なんとかして救いに達しようと切実にもがく姿を述べたものである。ここでパウロは、おそらく自分自身の体験を顧みつつ、罪にある人間の現実の姿を赤裸々に語る。

それは、彼の個人的な問題というのではなく、すべての人間の奥深い問題である。パウロは、この箇所で「わたしは」という一人称を用いているが、それは単に彼個人のことというより、「ひとりの人間であるわたし」という意味で、一四節以下のすべての動詞が現在形であることからも、一般的に「キリスト以前にある人間の現実」と理解することができるであろう（伝統的な解釈はこれを回心以前のパウロと理解してきたが、現代の多くの聖書学者が指摘する通り、その解釈には無理があると思われる）。

人は、すべて罪の中に置かれている。そして、自分で自分を引き上げようと自らの頭髪を掴んでも無意味なように、自らの力で罪の縄目を解くことができない。罪は、それほど強大に人間の中に根を張っているのである。それは、人間の存在の根本に横たわっている問題である。

その現実は、「自分が望むことは実行せず、かえって憎んでいることをする」（一五節）現実であり、「善をなそうという意志はありますが、それを実行できない」（一八節）現実である。人は、善に対しても、悪に対しても、弱い。どんなに意志強固であったとしても、人の意志には限りがあり、隙間がある。

このことで、ゲーテの『ファウスト』の冒頭の場面を思い起こさせられる。

英知を究めたが結局は何にもならなかったと自ら死を選ぼうとしたファウスト博士が復活祭を告げる教会の鐘の音で生に引き戻される。しかし、書斎でヨハネによる福音書の最初の言葉を翻訳する際に、「言（ロゴス）」を自分の理解可能な「意志」、あるいは「力」と直した時に、黒い犬に扮した悪魔メフィストフェレスの誘惑が始まる。「神の言葉（ロゴス）」を「意志」や「力」にすり替えるところに罪が巧妙に忍び込むのである。そして、ファウスト博士を取り込んでいく。

それは、創世記の創造神話において、蛇がアダムを誘惑する際に神が命の木について命じられた言葉をほんの少しだけ変えて用い、アダムとエバを罪に引きずり込んだ姿そのものであると言えるだろう。罪はそれほどに狡猾であり強大である。

その罪に捕らわれた人間が「なんとかして救いに達しようとするもがき」、それがこの箇所で語られているのである。

パウロは律法と罪との関係を七節以下で語ってきたが、ここではそれを受けて、その罪の現実を明らかにする。律法が死をもたらすものとなったのは、罪が罪としての力をそこで発揮するからに他ならない。彼はそれを重層的に述べることから始めているのである。

律法と罪

まず、パウロは前節（一二節）で「律法は聖なるものであり、掟も聖であり、正しく、そして善いものなのです」と語り、律法が神から与えられた「善いもの」であることを語る。このことは一四節の前半でも「わたしたちは、律法が霊的なものであると知っています」と繰り返される。

この繰り返しには、具体的には律法を守ることを主張したユダヤ人キリスト者たちのパウロの福音理解に対する反論が推定されているのかもしれない。パウロは彼らの論拠である「律法は神から与えられたものである」という主張を、かつてはユダヤ教ファリサイ派に属していた者としても（ガラテヤ一・一三―一四、フィリピ三・五）、大胆に肯定するのである。律法が問題なのではない。それは紛れもなく神から与えられた聖なるものなのである。

しかし、ちょうど光が強ければ影が濃く浮かび上がるように、律法によって罪の正体（「邪悪さ」）がますます明らかになっていく。規則がなければ、当然、規則違反も生じないが、罪はそれよりもはるかに根深く人間の存在の根底に根づいている。律法によって人は神を知り、それによって自分を知るが、その自分は罪に絡み取られた自分である。律法は、その罪に絡め取られた自分の姿をますます明らかにしていくのである。

このようにして、罪は、本来的には「善いもの」であるはずの律法さえ用いて、人を破滅へと導こうとする。それは、「律法を守る」という自分の意志や努力によって、人をして自らの支配者であろうとさせようとするからである。創造者である神ではなく、「律法を守る」という自分自身の意志や行為によって自分自身の主人であろうとさせるのである。それは被造物である人間の根本に横たわる傲慢な欲求となる。そして、それらの意志や行為は限界に突き当たる。

こうして人は、本来は「善きもの」であるはずの律法や戒めを重荷と感じ、ますます罪の縄目に絡み取られて死に至る。この死は肉体的な死というのではなく、人が自らの本来の姿を失った状態と言い換えてもいいかもしれない。神の被造物である人間が、神を主とするのではなく、罪の奴隷となってしまう状態である。それは、神よりも自分自身に仕えるようにと向かわせ、それによって人を破滅へと導く。

パウロはそうした状態を「罪がその正体を現すために、善いものを通してわたしに死をもたらしたのです」（一三節）と語り、さらに、わたしは「罪に売り渡されています」（一四節）と語る。

この「売り渡されている」という表現は、当時の奴隷制度で奴隷所有者である主人に商品のようにして所有されている状態を表すもので、人が罪を主人とする罪の奴隷になってしまうことを意味している。

パウロはここで、人がなぜそのような罪の状態にあるのかの存在論的・心理学的考察はしない。その点で彼は極めて現実主義的であり、それがアダム以来の人間の本性であると考えている。罪は人間の本性に根ざし、いつでも神に背く方向へと向かわせる。そのような状態にある人を彼は「肉の人」と呼ぶ。

「肉の人」の姿

新共同訳聖書が「肉の人」と訳している言葉は、厳密には「わたしは肉的である」という言葉である。これと対比する言葉は「霊的」という言葉であるが、一四節は、律法は「霊的」であるがそれを行おうとする人間は「肉的」であるということである。

この「霊的」とか「肉的」とかいう言葉は、「精神的」あるいは「肉体的」という意味でもないし、特別に「肉欲的」であるという意味でもない。「霊的」というのは「神に属している」ということであり、「肉的」とは「朽ち果てていく古いこの世に属し」、神から遠く離れて、この世の自分のことしか考えられないことである。それは、そこでどのような善が意志されようとも、結局は自己の名声と富を求め、自己義認を行おうとし、自分を自分の神とすることへと向かう。

そして、人は、自分が「霊的」であるか「肉的」であるかを自由に選択できるような立場には置かれてはいない。人は、「自我（エゴ）」というものをもって存在している限りにおいて、その本性として「肉的」な存在なのである。「肉から生まれた者は肉」（ヨハネ三・六）であり、「わたしは罪に売り渡されている」のである。だからこそ、人が「霊的」であるためには、「律法を守る」という人間の内的意志ではなく、外からの神の救いの御手が必要であり、それがイエス・キリストの十字架と復活の出来事なのである。イエスの十字架と復活の出来事は、人が「霊的」となるための決定的な神の救いの啓示に他ならない。人間の内的意志もまた「肉的」な思いであるからである。

だが、そこに進む前に、パウロは「肉的」な「肉の人」がどのような状態にあるかを赤裸々に語る。それは、自分で自分がわからないような状態であり、「自分が望むことは実行せず、かえって憎んでいることをする」（一五節）ような自己矛盾を起こした分裂状態であると言う。

この分裂状態は、意志の強弱の問題とか、意志と行為のジレンマというのでは決してない。「善をなそうという意志」はあるし（一八節）、善が何であるかもよく知っている。だが、それを行うことができないのである。なぜなら、「肉の人」は、本質的に罪の縄目に絡め取られているからである。一五節の「憎んでいることをする」という言葉の動詞は、無自覚的に行うことをも意味する「ポイエオー」という言葉が用いられており、これが単に道徳的問題ではなく、「肉の人」である「わたし」の存在論的問題であることが意識されていると読み取ることが可能であるだろう。

それゆえパウロは、人が罪に絡め取られている問題を、精神的な意志の問題ではなく、行為の問題として描き出し、「善をなそうという意志はありますが、それを実行できないからです」（一八節）と語る。

ここで言われている「善」は、単に「善いこと」という意味ではなく、神の御心と合致する「善（カロス）」であり、神の御心を行おうとする意志はあっても、実際にこれを行うことができないと言うのである。

ここには、パウロの回心以前の実体験に対する深い反省があるのかもしれない。

回心前のパウロは、ユダヤ教ファリサイ派として、「律法の義については非の打ちどころのない者」（フィリピ三・六）であることを自負し、自分では熱意をもって神の御心に従っていると思っていた。しかし、実際には、それがキリストに従う者を迫害するという行為になっていた。「善を望んでいたのに、悪を行う」とパウロは語る。その分裂した自分の姿が、今は、はっきりと見える。

そういう自分の姿がはっきりと見えるようになり、一人の人間である「わたし」の姿が暴露されたとき、そこにあるのは自分で自分がわからない姿であり、「望むことは実行せず、かえって憎んでいることをする」（一五節）という自己矛盾を起こした分裂状態であるというのである。

「肉の人」は、無自覚的に分裂状態に置かれることになる。それゆえ、自分を見失った状態にあり、行為そのものが誤った方向性をもつものとなる。だから、「自分のしていることがわからない」ということになる。罪は、人を分裂させ、人を盲目にする。人が「肉の人」であるとは、こういうことであるとパウロは語ろうとするのである。

わたしの中に住む罪

そして、パウロは、「わたし」がそのような状態に置かれるのは、「わたしの中に住む罪」のためだと言う。罪は、まるで自分の中にいる別の生き物のように、自分の中に巣くって自分を支配し、「望まない悪」（一九節）を行わせる。「わたしの中に住む罪」の支配は強大で、そこには善の住む余地はないとさえ言う。「わたしの五体にはもう一つの法則があって心の法則と戦い、わたしを、五体の内にある罪の法則のとりこにしている」（二三節）と語る。「わたし」は、わたしの行為主体者ではなくなっており、罪がわたしの行為主体者となっていると言うのである。

罪をこのように別人格のようにして擬人化して語ることの背後には、「わたし」と「わたしの罪」を区別し、それによって、「キリストがわたしの内に生きておられる」（ガラテヤ二・二〇）という「わたし」と、「わたしの中に住んでいる罪」に捕らわれている「わたし」の対比があると言えるかもしれない。

パウロは、ガラテヤの信徒への手紙の中で「生きているのは、もはやわたしではありません。キリストがわたしの内に生きておられるのです」（二一・二〇）と語り、フィリピの信徒への手紙の中でも「キリストを得、キリストの内にいる者と認められる」（三・八―九）ことによる価値の大転換が起こったことを述べている。それは、キリストによって、それまで自分を虜にしていた罪の力が打ち破られ、「新しいわたし」となった状態を語るものである。そしてここで、その状態から見て、「肉の人」が、たとえ神の御心としての善を行おうという意志をもっていたとしても、望まない悪を行うということになるということを語っているように思われるのである。それが「わたしは、……知っています」（一八節）という言葉に表れている。

その意味では、罪に捕らわれた「肉の人」の状態を描いたこれらの箇所は、八章から述べられる「キリスト・イエスに結ばれている者」（八・一）であることの理解を深めるために語られていると言えるであろう。

わたしの敗北

一九―二〇節は「肉の人」である「わたし」の状態を繰り返すようにしてまとめて述べたものであるが、「もし、わたしが望まないことをしているとすれば、それをしているのは、もはやわたしではなく、わたしの中に住んでいる罪なのです」（二〇節）と述べる中には、「肉の人」である「わたし」が全く罪に敗北した人間であることが強調されている。

キリストによる救いの恵みを知る以前の「肉の人」である「古い人間」は、たとえ神の導きとしての律法が与えられたとしても、全面的に罪に敗北し、望む善を行うことができずに、「わたしはなんと惨めな人間なのでしょう」（二四節）と告白せざるを得ないような状態にある。それが罪のもつ力である。

その罪は、ゆるしによってしか贖われない。そして、本当に罪をゆるすことができるのは神だけである。

神は、その罪のゆるしをイエス・キリストによって示され、キリストは罪の力からの解放を人にもたらされた。それゆえに、このキリストに堅く結びついていること。ただそのことだけが、「新しい霊的な人」であることを可能にする。「わたし」は、「肉の人」として全面的に罪に敗北したが、キリストにあるときに、「キリストがわたしの内に生きておられる」ときに、もはや「罪の法則から解放された新しい人」として生きるのである。

パウロは、律法と罪との関係を述べ、さらに罪に捕らわれた「肉の人」がどのような状態にあるのかを述べることで、そのことを明瞭に指し示そうとしているように思われる。

説教の黙想のために

パウロが「肉の人」である「わたし」の状態を述べたこの箇所の説教は、決して簡単なものではない。説教が神学的な解説に終始するなら、その説教の言葉は会衆の誰にも届かないだろう。また、「望む善は行わず、望まない悪を行っている」（一九節）を単に道徳的な事柄や心理学的な葛藤として理解するなら、ここでパウロが赤裸々に語ろうとする罪の問題を誤解したことになる。

この箇所の説教のためには、本書全体の構造をしっかり把握しておく必要があるだろう。本書の区分には、神学的、聖書学的な困難さが伴うが、少なくとも、これまでのところでは、神によるキリストを通しての世界と人間の救いの実現について述べられ、律法と信仰の問題が語られて、律法からの解放が告げられていた。そして、ここで、律法の下にある人間が「罪に捕らわれた肉的な人間」であることが人間の現実として語られているのである。

その際にパウロは、当時の人々が普通にもっていたであろう「霊と肉」、あるいは「霊的なこと」と「この世的な物質的なこと」との区分を用いると同時に、旧《ふる》い時（アイオーン）と新しい時（アイオーン）の区別も用い、キリストによる救いの恵みを知ることによって、新しい状態が開かれたことを告げている。M・ルターはそれを「罪人にして同時に義人」という適切な表現で表しているが、この「同時性」こそがパウロの神学的人間理解の鍵であろう。

そのことを認識した時、ここで語られている「肉の人」の自己矛盾に捕らわれた分裂状態が、決して非キリスト者の状態というのではなく、むしろ、いつでも信仰者の状態であることが理解されるであろう。

そのことについて、P・アクティマイアーは、「キリストのくびきを負わない人々がときどき、道徳的制約からの自由を享受しているように見える」が、そこに自由はなく、「罪に対する知らず知らずの隷属があるだけなのである」と述べると同時に、自分の「善き行いの価値を低く評価されたくない、というような者」に「律法を通して罪の力がもっとも狡猾に働く」と指摘している（二〇六―二〇七頁）。「自分の善に対する報酬を神から得ようとすることは、罪の力がわれわれの生に入り込むための扉を、再び開けてしまう態度を示している」と語る。この問題は、実際に、成功や世間の評価が善となった現代社会では、本当に大きな問題だろうと思う。

人は、自分自身と自分の環境を自分で開拓しなければならない宿命を負って生きているために、何とか自分の努力によって問題を乗り越えようとする。それゆえ救いに関しても、何とか自分の力で達成しようとする。ことに日本の社会では、善行を積むことが救いにつながるという道徳主義を培ってきたので、信仰も善行に代えてしまう傾向がある。それだけに、パウロが「律法を守る」という自分の努力によっては救いに達しないこと、それが自分を神とする道につながること、「肉の人」としての人間が罪に捕らわれて、その罪は自分の力ではどうすることもできないこと、を述べていることは深く認識される必要がある。罪は根深く、人の功績思想で救われるほど生易しいものではない。

それゆえ、救いはただ神の恵みとして与えられるものであり、キリストに結ばれることによってこそ罪の力からの解放がもたらされること、そこから「新しい人」としての生が始まること、それらを改めて認識して説教に向かいたい。

参考文献

P・アクティマイアー『ローマの信徒への手紙』（現代聖書注解）村上実基訳、日本キリスト教団出版局、二〇一四年

ローマの信徒への手紙　七章二一―二五節

吉村　和雄

与えられている箇所はローマの信徒への手紙第七章二一―二五節であるが、その前の箇所と深い関連のあるところであって、七節以降に記されていることを心に留めながら理解すべきところである。

律法と法則

この箇所で鍵になる言葉はノモスである。新共同訳では「法則」あるいは「律法」と訳している。新改訳聖書やフランシスコ会訳の聖書では「原理」と訳している部分もある。律法も法則も原語は同じノモスであるので、文脈によって「律法」あるいは「法則」と訳すことになる。

しかしながら、律法と法則では大分意味が違う。律法については、一四節に「わたしたちは、律法が霊的なものであると知っています」とあるように、何よりも霊的なものである。霊的というのは、神が与えてくださったもの、という意味である。それは神がご自分の民に望んでおられる生き方、あるいはありかたを示している。同時にそれは、罪ある者が悔い改めて神に立ち返るならばそれを受け入れるという神の約束に基づいている。つまり律法は神から与えられたものであり、神の御心を示し、神との交わりの中にわたしたちを招き入れるものである。そういう意味で「霊的」ということを理解できるだろう。それは逆に言えば、律法を無視する者は、神の御心を無視するのであって、そのような者は神との交わりを失う。命の源である方とのつながりを失って、滅びに至ることになるのである。

他方、法則というのは客観的なものである。それはわたしたちの世界やわたしたち自身を支配している原理であって、わたしたちの意志や努力とは無関係に、一定の条件が整えば、必ず同じ結果を生む。それは必然なのであって、そこには偶然とか例外の入り込む余地はない。法則は、事実を客観的に、また継続的に観察することから明らかになる。したがってパウロがこの箇所で「法則」という言葉を用いるとき、それは自己自身の、あるいは他の人々の有り様を観察をした結果知り得たものなのである。

先ほど、ノモスを「律法」と訳すか「法則」と訳すかは文脈によると言ったが、その意味で問題になるのは、二三節である。新共同訳はすべて「法則」と訳しているが、新改訳聖書はすべて「律法」と訳している。口語訳は初めのノモスだけ「律法」と訳し、他はすべて「法則」と訳している。フランシスコ会訳はすべて「原理」と訳している。

しかしながらこの場合、「わたしの五体にはもう一つの法則があって」というように、「もう一つの」という言葉があり、それは明らかに直前にある二二節の「神の律法」との関連で言われているのであるから、ここは「律法」と訳すのが適切だろうと思われる。そうすると、それが戦う相手である「心の法則」も、「心の律法」とするのがよいと思う。それは、「心が喜んでいる神の律法」という意味だと理解する。そしてそのつながりで、最後の「罪の法則」も「罪の律法」とするのがよいだろう。先に述べたように、律法は、それを与えた人格的な存在があって、その存在との関わりの中で意味を持つのであるが、法則にはそのような内容はない。しかしパウロは罪を人格的なものだと考えていると思われるので（例えば六・一六、七・一七など）「罪の法則」よりは「罪の律法」がよいのではないかと思う。

わたしを支配する法則

この箇所で初めに述べられるのは、善をなそうと思う自分には、いつも悪がつきまとっているという法則に気づく、ということである。先に述べたように、法則というのは、わたしたちの意志や努力にかかわらずに、わたしたちを支配するものである。それは、一定の条件が整えば、必ず同じ結果をもたらす。そういう法則に気づく、というのである。この「気づく」とは「発見する」ことである。パウロは、自分に起こる出来事を繰り返し、客観的に観察した結果、ひとつの法則を発見した。それは「善をなそうと思う自分には、いつも悪が付きまとっている」という法則である。

ここで、「付きまとう」と訳された言葉は、「すぐそばにある」あるいは「手元にある」という意味の言葉である。「宿っている」（新改訳）とか「入り込んでいる」（口語訳）と訳している聖書もある。善をなそうと思うと、すぐそばに悪がある、というのである。善をなそうと思う、という条件が整うと、必ず、悪が顔を出す、という結果を生む。そして初めに自分が意図していた善は行えず、結局は悪を行ってしまう。これは例外なく、必ずそうなるので、だからこれは法則である。そういう法則が自分を支配していることに気づく、というのである。これはパウロが自分自身のことを語っているのであるが、「気づきます」と現在形で語られているので、誰でも注意深く自分を観察すれば、この法則を見出すという意味で語っているのであろう。自分だけではない。人間は誰でもこの法則に支配されている、というのである。

「内なる人」と「五体」

二二節と二三節は、二一節で言う「法則」を説明したものである。すなわち自分は「内なる人」としては神の律法を喜んでいる、と言う。喜んでいる、というのは大切なことである。単に、遵守しているとか、服従しているというのではない。喜んでいるのである。それは律法の与え主である神を喜び、その神の御心を喜んでいることである。つまり「内なる人」は、神との親しい交わりの中にあって、喜んでその御心に従っているのである。

しかしながらもうひとつ、自分の五体はそれと逆であって、罪の律法に従っている。「五体」は、口語訳では「肢体」と訳されていた。新改訳では「からだ」と訳している。原語ではメロスであるが、これは体の各部分を言い表す言葉である。手や足や目や口や、そういうものである。からだとしての動きを実際にするのは、そのような部分であるので、それが罪の律法に従っていると、体の動き全体が罪の律法に従うことになる。

罪の律法とは、罪が与える律法である。神の律法が神との交わりを作り出すのに対して、罪の律法は神と人との交わりを破壊する。それが罪の働きである。

ここで「内なる人」あるいは「心」が喜び、従っている神の律法と、五体が従っている罪の律法の間で戦いが起こる。具体的には「罪の律法」が「神の律法」に戦いを挑み、その結果、「罪の律法」が勝利して、「わたし」すなわち、「内なる人」と「五体」の綜合体としての「わたし」が「罪の律法」のとりこになってしまう。とりことは戦争捕虜であり、このことから「わたし」は、「内なる人」と同じく神の律法を喜んでいることがわかる。だから「罪の律法」の敵として戦いを挑まれ、とりこになったのである。捕虜であるから、戦勝者の意志に従って行動しなければならない。しかしそれは決して「わたし」自身の意志ではない。だから一五節に言うように「わたしは……自分の望むことは実行せず、かえって憎んでいることをする」ことになるのである。このようにして二一節に言う、「善をなそうと思う自分には、いつも悪が付きまとっているという法則」が明らかになるのである。

内在する罪

このような法則を生み出しているのは罪である。この罪について、パウロは七節において「むさぼるな」という戒めを例にとって説明をしている。「むさぼるな」という律法がなかったら、自分はむさぼりを知らなかったというのである。しかしその戒めを知ったとたんに、あらゆるむさぼりが自分の中に起こって来たのだ、という。

わたしの教会の附属幼稚園の教師が、面白いことを語ってくれたことがある。教室で子どもたちを遊ばせながら何か作業をしている途中で、ちょっと用事を思い出して外に出る。その時に、「ここにあるものは大事なものだからさわらないでね」と言い残して外に出ると、必ずさわる子が出てくる、というのである。初めはたまたまそうなのか、と思っていたが、同じことを繰り返すと必ず同じ結果になる。それはもう、ひとつの法則のようなものだ、と言うのである。何も言わずに教室を出れば、さわらなかったかも知れないのが、わざわざ注意したために、逆の結果になってしまう。それに気づいてからは、こういう時は何も言わずに外に出ることにしている、と言っていた。

こういうことは日常のことである。しかしこれを、他愛のない話であるとして片付けてしまうことはできない。このような、日常的なわたしたちのあり方の中に、罪の現実があるからである。子どもたちも、そして当然わたしたち大人も、罪の法則に支配されているという現実があるのである。「さわらないでね」と言われているのであるから、さわってはいけないことを、子供は知っている。知っていながら、逆にそれにさわる結果になってしまう。いったいこれはどういうことであろうか。

この問題は創世記第三章のエデンの園の出来事にまで遡《さかのぼ》るだろう。神から、園のどの木の実を食べてもよいが、中央にある木の実は食べてはならない、と言われた人間は、結局それを食べてしまうのである。

ここで禁じられていることは、ひとつだけである。他は何を食べてもよいのである。それが意味していることは、人間はこの園の中でほぼ完全な自由を与えられていたということである。ただひとつ、神の御心には服従が求められた。つまり、この世界は神のものであって人間のものではない。それを示すものが中央にある木の実である。これを食べないことによって、人間は、神がこの世界の支配者であり、自分たちは神に服従すべき者であることを明らかにするのである。それを食べたということは、たったひとつの神の命令に背いたことであり、それは神に向かって「あなたの言うことは何一つ聞きません」と言うことに等しい。それを食べることによって、人間は神を押しのけて、自分がこの世界の支配者になったのである。

自由の問題

そこでの中心的な問題は何か。それはエバに語りかけた蛇の最初の言葉の中にある。「園のどの木からも食べてはいけない、などと神は言われたのか」という言葉である。もちろんこれは事実とは違うが、しかし罪はこのように人間に語りかけ、そして人間はこの声に動かされたのである。

わたしは自分の子どもたちには、かなり自由な行動を許した。道を踏み外さない限り、干渉することをしなかった。それでもある時、子どものひとりが何かをすることを許さなかった。その時子どもはこう言ったのである。「せめてこれくらいやらせてくれてもいいではないか」。

これは明らかに事実とは違う。でも気持ちはよくわかる。その時、そのことがやりたかったのである。それができなければ、他にどれほどできることがあっても、意味がないのである。

食べてならない木はひとつだけである。他は食べてもよいのである。しかし蛇はそれを、どの木も食べてはいけないと表現した。人間に与えられている自由は制限付きの自由であり、檻の中の自由である。それは真の自由ではないと言ったのである。その声に動かされて、人間はすべてのものを自由にしようと思った。世界の支配者でいます神を押しのけて、自分が世界の支配者になろうとしたのである。

「さわらないでね」と言われるとさわりたくなる。「むさぼるな」と言われると、あらゆる種類のむさぼりが心の中に起こってくる。それは、神を押しのけてすべてのことを自分の思いのままにするようにそそのかす、わたしたちの中にある罪から出ているのである。わたしたちすべての人間が、この罪の律法に従って生きている。パウロは自分の問題として、この現実に気づいているのである。

自己の内部の分裂と惨めさ

このような、自分自身の内部の分裂と、自分自身が罪の律法の支配下にあることを嘆いている言葉が、二四節の「わたしはなんと惨めな人間なのでしょう」という言葉である。原語では「惨めな、わたし、人間」である。これを「だめだなあ、俺という人間は」と訳した人がいる。二三節まで、自分自身の有り様を述べてきて、思わず口にした深い嘆きの言葉である。「死に定められたこの体」は、直訳では「この死の体」である。死に定められていると同時に、それ自体が死をもたらすものになってしまった体である。この体から、だれがわたしを救ってくれるでしょうか、と問う。「救って」は、「引き出して」の意味なので、「救い出して」の方が適切だろう。罪の律法の支配下にあって、罪の思いに服従している体が、わたし自身を支配している。そのために、心では神の律法を喜びながら、それに生きることができない。わたし自身に死をもたらすこの体から、だれがわたしを救い出してくれるだろうか、というのである。

ところでこのパウロの嘆きは、キリストを知る前のことか、知った後のことか、という議論がある。確かに自分の五体が、罪の律法に従うものになってしまい、自分の望むことはせずに、望まないことをしている、というのは、救われた者のあり方ではない、とも言える。しかしながら、キリストを知る前のパウロが、このような言葉を出すだろうか。彼は自分を「律法に関してはファリサイ派の一員」であり、「律法の義については非のうちどころのない者でした」（フィリピ三・五、六）と言っている。その時点で、自分の内にこのような分裂を自覚していたとは考えにくい。

よく知られているように、ハイデルベルク信仰問答は、救いの慰めの中で生きまた死ぬために知る必要のあることとして、自分の罪と悲惨がどれほど大きいか、どうすればそこから救われるか、この救いについてどのように感謝すべきか、の三つを挙げている。自分の罪と悲惨の大きさを知ることが第一であるが、それは二番目の、どうすればそこから救われるか、と無関係ではないだろう。どうすれば救われるか、すなわち救いの道が見えてきたときに、自分の罪と悲惨もきちんと見えてくるのではないだろうか。そのような、救われた者の目をもって自分の現実をごまかしなく見たときに「わたしは何と惨めな人間なのでしょう」という叫びに至ったと思うのである。

救われた者の喜び

そして二四節のその叫びから、少し間をおいて、二五節の「わたしたちの主イエス・キリストを通して神に感謝いたします」という讃美の告白に至る。そして心では神の律法に仕え、肉では罪の律法に仕えているという自分のあり様を正直に告白するのである。

しかしながら、このように自分の中に分裂のあることが、救われた者の姿であろうか。この点に関しては「心では神の律法に仕え」という言葉が鍵であると思う。つまり、キリストを知る以前には、それと意識することはなくても、心も体も、罪の律法に仕えていたのである。しかし今は、その心の部分が、聖霊によって取り戻されて、神の律法を喜ぶものになっている。それは聖霊がわたしたちの中に戦い取ってくださった救いの拠点である。今はまだ、五体が罪の律法に仕えていて、そのためにわたし自身は神の律法に従い得ないでいるが、いつかこの五体も救われて、わたしの全体が神の律法に仕える日が来る。そのことをパウロは「〝霊〟の初穂をいただいているわたしたちも、神の子とされること、つまり、体の贖われることを、心の中でうめきながら待ち望んでいます」（八・二三）と言う。それは、今の時点において希望であるが、しかしこの希望によって救われている、と言うのである。

わたしたちにおいても同じであろう。信仰を与えられていながら、なお罪に悩まされるわたしたちである。しかし救いの拠点は間違いなくわたしたちの中に据えられている。わたしの全体が救われる日は必ず来る。その希望によって、わたしたちもまた、救われているのである。

参考文献

C. E. B. Cranfield, *A Critical and Exegetical Commentary on the Epistle to the Romans*, International Critical Commentary, T. & T. Clark Limited, 1980.
K・ワルケンホースト『信仰と体のあがない――ロマ書の解釈五―八章』中央出版社、一九七九年
竹森満佐一『ローマ書講解説教Ⅱ』新教出版社、一九六二年
加藤常昭『ローマ人への手紙２』（加藤常昭説教全集18）教文館、二〇〇五年

ローマの信徒への手紙　八章一－一一節

鈴木　浩

自己矛盾からの解放

直前の箇所でパウロは自分の中にあるどうしようもない自己矛盾を嘆いていた。「善をなそうと思う」パウロの中に、「いつも悪が付きまとっている」（七・二一）という矛盾である。その葛藤の中で、パウロは「わたしはなんと惨めな人間なのでしょう。死に定められたこの体から、だれがわたしを救ってくれるでしょう」（七・二四）とさえ語っていた。まさに、にっちもさっちも行かないという感じである。

ところがパウロは唐突に、「わたしたちの主イエス・キリストを通して神に感謝いたします」（七・二五）と叫ぶ。しかし、ここはあまりにも唐突で、論旨があまりよく繋がっていない。パウロは更に、「このように、わたし自身は心では神の律法に仕えていますが、肉では罪の法則に仕えているのです」と言っているのだが、これでは、一方では神に、他方では罪に仕える二股生活が是認されているのではないかとさえ思ってしまう。そうではないだろう。自分ではどうあがいてもこの二股生活から脱出できないという現実から、抜け出る道が一本だけだがあったのだ。イエス・キリストの「霊の法則」による道である。だから「わたしたちの主イエス・キリストを通して神に感謝します」という叫び声が突然わき上がったのである。

パウロは、二五節の後半を飛び越えて、前半の感謝の言葉を引き受けつつ、八章を「従って、……」という言葉で始めている。ここも少し繋がりが悪いような気がする。「わたしたちの主イエス・キリストを通して神に感謝いたします」、「なぜなら、今や、キリスト・イエスに結ばれている者は、罪に定められることはないからです」と書き換えた方が、繋がりがいいような気がする。あるいは、もっとずっと遡《さかのぼ》って、「しかし今は、わたしたちは、自分を縛っていた律法に対して死んだ者となり、律法から解放されています。その結果、文字に従う古い生き方ではなく、〝霊〟に従う新しい生き方で仕えるようになっているのです」（七・六）、「従って、今は、キリスト・イエスに結ばれている者は、罪に定められることはありません」と続いて、「今は」と「今や」が対応しあっているのかもしれない。七章の終わりと八章の書き出しとの繋がりは、少し混乱している。

しかし、いずれにしても、八章の一節から四節のパウロの言葉は、唐突に語られていた「わたしたちの主イエス・キリストを通して神に感謝いたします」という叫びの根拠を明らかにしていると言えるであろう。「今や、キリスト・イエスに結ばれている者は、罪に定められること」がない、とパウロは指摘する。「キリスト・イエスに結ばれている者」は、「エン・クリストー・イエースー」だから、口語訳にあったように「キリスト・イエスにある者」ということであるが、意味合いをはっきりさせたいために、このように言葉を補ったのであろう。

「今や」は、イエス・キリストがもたらした新しい事態を指し示している。今まではそのことは明らかではなかったが、イエス・キリストによる救いの出来事によって、それまでにはなかったこと（あるいは、まだ隠されていて啓示されていなかったこと）が「今や」引き起こされた（あるいは、はっきりと啓示された）というのである。その結果が「キリスト・イエスに結ばれている者は、罪に定められること」がない、という事実である。ウルガータには、この文章の後に、「その人たちは肉に従って歩むことはない」という一文が続いていた。それは、四節の「肉ではなく霊に従って歩むわたしたち」という表現と響き合っているが、ここでは、関係代名詞で前段の言葉を引き受けて続く文章だから、後世の付加なのだろう。

霊の法則、罪と死との法則

「なぜなら（ガール）」とパウロは続ける。「（なぜなら）キリスト・イエスによって命をもたらす霊の法則が、罪と死との法則からあなたを解放したからです」（二節）。だから、「罪と死との法則」はもはや「あなたを」支配してはいない。ここで「法則」と訳されている言葉は、「ノモス」である。それは、もともとほぼ一貫して「律法」と訳されている言葉である。口語訳もこの箇所では「法則」と訳していたし、文脈からしてもここではこの訳語が良いと思われるのだが、ギリシア語でこの手紙を読んでいた人や、ラテン語訳で読んでいた人にとっては、「律法」とここにある「法則」とが同じ言葉であったことは、頭の片隅に置いていた方が良いのではないか、と思われる。それは「法則」だから、偶然的なものでも突発的なものでもなく、定常的な事態を意味し、例外もない。そして、それはキリストの到来と救いの出来事がもたらされて以来、あまねくこの現実世界を包んでいる事実である。「キリスト・イエスに結ばれている者」には、誰にでもこの事態が該当する。だからこそ、それは「法則」なのである。「霊の法則云々」とは何か。それは神の圧倒的な力が「罪と死との法則」の壁を突き破り、その中に虜になっていた人を解放する出来事である。罪の力も死の力も対抗できない神の霊の力が、「キリスト・イエスに結ばれている」すべての人を解放する。厚いカーテンが引かれた暗い部屋の中にいる人には、朝日が昇ったのに気付かないことがありうるように、その事実に気付いていない人がいるかもしれない。だからパウロは厚いカーテンを開けて、キリストがもたらした新しい景色を示そうとしていることになる。

ここでは、突然「あなた」という二人称が出て来る。この先九節以降では、「あなた」が「あなたがた」になっているが、「あなた」であれ「あなたがた」であれ、そこにはパウロから読者への「呼び掛け」というニュアンスが出て来る。読んでいる人は、当然自分への呼び掛けとそれを受け取るだろう。そのことによって、パウロの言葉がずっと身近な言葉になる。読者は、このことは「他ならないわたしのことなのか」と思うだろう。なお、非常に興味深いことだが、ウルガータは「あなたを解放したからです」ではなく、「わたしを解放したからです」となっている。霊の法則は無論、パウロをも解放した。パウロはその解放を体験した。しかし、それはパウロに対する個別の事例ではなく、あくまでも「法則」なのだから、「キリスト・イエスに結ばれている者」には、誰にでも該当する事実である。だからパウロは確信をもって「あなた」と言えることになる。また、この「法則」という言葉はここでは重要な意味を担っている。霊の法則による解放の普遍性が強調されるからである。だから、内容的には「わたしを」でも、「あなたを」でもかまわないのだが、読み手に訴える力からすれば断然「あなた」であろう。

　いずれにしても、ここには新しい事態が到来し、これまで「あなた」を支配していた「罪と死との法則」が廃棄されたことが示されている。「霊の法則」がそれを引き起こしたからである。「キリスト・イエスに結ばれている者」にとっては、この事実がすべての出発点である。だから、この事実に確信を抱き、囁きかける「肉の思い」に動揺することがあってはならないのだ。

徹底した連帯

三節も、「なぜなら（ガール）」で始まっているが、文は完結していない。ここは「なぜなら、律法には不可能だったこと、その律法の中でわれわれは肉によって弱められていたのだが」くらいの意味である。パウロには時々こういうことがあるのだが、意味は分かる。

　「罪と死との法則」の廃棄は、「罪によって死が入ってきた」（五・一二）と考えているパウロからすれば、罪に対する対処が根本的な問題であった。だから、「罪を取り除」き、「罪を処断」する必要があった。神は「御子を罪深い肉と同じ姿でこの世に送り、その肉において」それを行っていた。ここには、イエス・キリストによる人間との徹底的な連帯が示されている。マリアからの誕生で始まるイエス・キリストの生涯は、まさしく人間と同じ地平で、人間と同じ重荷を背負って、人間と同じ運命を共にして、人間と連帯する神を示している。その発端は、ご自身には罪がないのに、一人の罪人として、ヨハネから「罪のゆるしを得させる悔改め」の洗礼（マルコ一・四、口語訳）を受けたことであった。そして、その極みが、「罪深い肉と同じ姿」のイエス・キリストの「肉において罪」が、「罪として処断」されたことであった。「キリストは、神の身分でありながら、神と等しい者であることに固執しようとは思わず、かえって自分を無にして、僕《しもべ》の身分になり、人間と同じ者になられました」（フィリピ二・六、七）とパウロが語っているとおりである。（神が人間になった）「受肉」とはそういう出来事だったのである。それは、神による越境であった。それによって、神の世界と人間の世界を隔てていた無限の距離が乗り越えられた。それは、神がイエス・キリストにおいて人間と同じ運命を引き受け、その運命をご自身の肉において打開するための越境であった。そのことによって、「罪と死との法則」からの解放がもたらされたのである。だから、そのようにして解放された「わたしたちは」「肉にではなく霊に従って歩」んでいくことになる。「キリスト・イエスに結ばれている者」にとっては、この事実がそのあり方のすべてを決定している。だから、いまだに「罪と死との法則」に絡め取られているかのようにではなく、そこから決定的に解放された者として生きることが求められている。それが「霊に従って歩む」生活である。

肉と霊

パウロによれば、人間には二種類のタイプがある。「肉に従って歩む人」と「霊に従って歩む人」である。パウロが頻繁に使う「肉と霊」という対比は、パウロの信仰と神学を理解する際のキーワードの一つである。「肉と霊」の対比は、言うまでもなく「体と心」という人間の構成要素あるいは人間の二つの側面のことではない。パウロが時にそのような意味合いで使うことがあっても、この対比はずっと根本的な対立関係を意味している。「肉」とは、人間の全存在を支配する「自己保存と自己追求への衝動」である。その衝動には、身体的側面が強い食欲や性欲といった原初的衝動から始まり、自己弁護、自己正当化など「精神化された衝動」のように、人間を否応なく支配している諸力が含まれている。だから、肉は罪と密接に結び付いている。パウロによれば、罪とはあれこれの過失以上に、「絶えざる自己正当化」を意味していた。それが罪であり、肉であった。

「霊」は、そうした事態とは正反対のあり方である。そこでは、いっさいが神の恵みに由来している。「霊的」という言葉と「精神的」という言葉とは、その次元を全く異にしている。人間は肉的衝動に劣らず、精神活動の中心にある「意志」によっても、あるいはアウグスティヌスが指摘したように、「意志によってこそ」罪を犯すからである。「霊に従って歩む人」は、神の恵みに包まれ、神の意志に沿って生きている人、生きようとしている人である。あるいは、その全存在が神に対して開かれている人である。だから、「肉と霊」とは全面的に相互排他的であって、まさしく「あれか、これか」なのである。

「霊に従って歩む」ときに、肉には果たすことができなかった律法の要求が満たされる、とパウロは指摘する。主イエスが指摘されたように、神を全身全霊で愛し、隣人を自分のように愛することが律法の神髄であるとしたら、それは「自己保存と自己追求」を至上命令とする肉にはとうてい果たせないことであった。「霊の法則」による解放は、「古い人」を縛ってきたこの「自己保存と自己追求」の縄目からの解放でもあった。

「霊に従って歩む」とは、更に言い換えれば「イエス・キリストの僕」であることを自覚し、「イエス・キリストの僕」として生きるということに他ならない。人は、「キリストの僕」でなければ、「罪と肉の僕」にならざるをえないのだ。パウロが常に「主イエス・キリストの僕パウロ」と自称するのは、そのことを強く自覚しているからである。

「肉の支配下」と「霊の支配下」

パウロは次いで、「肉の支配下」と「霊の支配下」という言い方をしている。この言い方は、「罪と肉の僕」と「イエス・キリストの僕」という言い方に対応している。「僕」とは、主人の意志に従って、主人の意志を実行する人である。だから、僕は主人の支配下にある人である。

「肉の支配下にある者は、神に喜ばれる」はずがない（八節）とパウロは指摘する。肉の意志は一貫して神の意志に敵対しているからである（七節）。ところで、パウロは九節で「あなた」という言い方から「あなたがた」という言い方に切り替えている。二人称単数形から複数形への転換には何か意味があるのであろうか。特に理由があるとは思えないのだが、「あなた」であれ「あなたがた」であれ、まだ見ぬローマの教会員に直接語りかけたい、というパウロの気持ちが表れている。

「神の霊があなたがたの内に宿っているかぎり、あなたがたは、肉ではなく、霊の支配下にいます」とパウロは語る。「神の霊の内在」、これが「霊の支配下」にある人を「肉の支配下」にある人から識別する決め手である、というのである。「神の霊」と語っていたパウロは、しかし同時に、「キリストの霊」という言い方をして、「キリストの霊を持たない者は、キリストに属していません」（九節）と指摘する。それは更に言い換えられて「イエスを死者の中から復活させた方の霊」という表現になっている。それだけではない。パウロは「キリストがあなたがたの内におられるならば」と言って、「キリストの内在」についても語っている。つまり、「霊の法則」のもとにある人に内在する神的力が、「神の霊」、「キリストの霊」、「キリスト」、「イエスを死者の中から復活させた方の霊」という具合にその表現を変えているのである。しかも、そのどれもが隣接した箇所に置かれているので、違った表現でパウロが何を区別しようとしたのか、という点は一応検討してみる必要がありそうである。「神の霊」と「イエスを死者の中から復活させた方の霊」とは明らかに同義である。しかし、この四つの違った表現が受ける述語は、「神の霊があなたがたの内に宿っているかぎり」（九節）、「キリストの霊を持たない」（九節）、「キリストがあなたがたの内におられるならば」（一〇節）、「イエスを死者の中から復活させた方の霊が、あなたがたの内に宿っているなら」（一一節）という具合に、すべて条件節に置かれた「宿る」と、ここではそれと同義の「持つ」とか「いる」となっているので、同じ事態を別な表現で言い表しているに過ぎないと見ていいであろう。

それと同時に、「キリスト・イエス」、「キリスト」、「イエス」という具合に主の表現の仕方も、この短い箇所で違っている。ここでも、「イエス・キリスト」がもともと「イエスはキリストである」（マルコ八・二七以下）という最古のキリスト論的告白であったことが意識されずに、「イエス・キリスト」がヘレニズム的環境の中で、あたかも「名字と名前」であるかのように感じられるようになる初期段階を示しているので、表現は変わっていても、主を指す記号としての名前に過ぎない、と理解していいであろう。

キリスト・イエスにつながっていること

パウロは「肉の思いは死であり、霊の思いは命と平和であります」（六節）と語っていた。「肉の支配下」と「霊の支配下」とは「死と命」とに対応している。少し前だが、「わたしたちは洗礼によってキリストと共に葬られ、その死にあずかるものとなりました。それは、キリストが御父の栄光によって死者の中から復活させられたように、わたしたちも新しい命に生きるためなのです」（六・四）とも語っていた。

　人が「キリスト・イエスに結ばれている」目に見える徴が洗礼である。洗礼とは何よりも、「わたしはぶどうの木、あなたがたはその枝である。人がわたしにつながっており、わたしもその人につながっていれば、その人は豊かに実を結ぶ」（ヨハネ一五・五）と言われたイエス・キリストに結び付けられる出来事である。そのことによって、パウロが「キリストの体」と呼んでいる教会とも結び付けられる。

　「神の霊があなたがたの内に宿っているかぎり」（九節）、「キリストがあなたがたの内におられるならば」（一〇節）、「イエスを死者の中から復活させた方の霊が、あなたがたの内に宿っているなら」（一一節）とパウロが畳み掛けるように語っている神の力の内在は、「キリスト・イエスに結ばれている」という事実を逆の方向から述べていると言えるであろう。

　だから、八章一―一一節の区分は、「イエス・キリストと信仰者との霊的な繋がり」という概念でサンドイッチされていると見ることができる。この繋がりが、言ってみれば「命綱」のように機能して、あるいは「血管」のように働いて、繋がっている人に神の命を与え、その命を支える。

　その繋がりのサクラメンタルな出来事であり、その繋がりの目に見える徴、確かな保証が洗礼である。宗教改革者マルティン・ルターは、自分の信仰が動揺すると「わたしは洗礼を受けている」と自分に向かって叫んだ。彼の場合、誕生の翌日に洗礼を受けているから、その記憶はまったくなかったのだが、それでも洗礼を受けているという事実が、彼も「キリスト・イエスに結ばれている者」の一人であることをルターに確信させた。洗礼を受けているという事実は、「神の霊が宿っている」という事実のいわば外的保証であり、「肉の思い」の攻撃で動揺しやすいわれわれを主にあって慰めてくれる恵みの手段である。

　このわたしが「キリスト・イエスに結ばれ」ているという事実、言い換えれば、このわたしの内にも「神の霊が宿っている」という事実は、常に経験的・感覚的に感知されるわけではないかもしれないが、人間の感覚や経験以上に確かなのが、洗礼も受けているという事実であり、そのことによって「キリストの体」である教会を通じて、このわたしも「キリスト・イエスに結ばれている」という事実である。この事実は、撤回できない事実として、このわたしも「キリスト・イエスに結ばれている」ことの証しである。

参考文献

パウル・アルトハウス『ローマ人への手紙』（NTD新約聖書註解6）杉山好訳、ATD・NTD聖書註解刊行会、一九七四年
ウルリッヒ・ヴィルケンス『ローマ人への手紙（6―11章）』（EKK新約聖書註解Ⅵ／2）岩本修一・朴憲郁訳、教文館、一九九八年

ローマの信徒への手紙　八章一二―一七節

石井　佑二

一　私訳

一二節　それで、兄弟たち。私たちには義理があるが、それは、肉に従って生きる義理が肉に対してあるのではない。

一三節　なぜなら、もしも肉に従って生きるなら、あなたがたは死ぬからである。しかし、もしも、体の仕業を殺すなら、あなたがたは生きるだろう。

一四節　すなわち、全て神の霊によって運ばれている者は、神の子である。

一五節　なぜなら、あなたがたは、再び恐れをいだかせる奴隷たる身分の霊を受けたのではないからである。むしろ、あなたがたは養子たる身分の霊を受けたのである。その霊によって、私たちは呼ぶのである。「アバ、父よ」と。

一六節　この霊みずから、私たちの霊と共に証言をする。私たちが神の子であることを。

一七節　もしも、子であるならば相続人でもある。神の相続人であって、キリストとの共同相続人である。もし、苦難を共にするなら、栄光をも共にするであろう。

二　文脈

K・ワルケンホーストは、我々のテキストを含めた第八章一一七節を「キリスト・イエズスにある者は肉に従って生きる者ではない」と題して、その解説を始めている。一二節は「それで（アラ・ウーン）」という言葉から始まるので、ここを一一七節という区分で考えるという解釈は正しい。その上で、このテキストは、前の第七章七―二五節の結論として、「キリスト者の生き方、すなわちキリストにあって生きることを述べている」と言う（K・ワルケンホースト『信仰と体のあがない』三〇九頁）。第七章で語られていたこと、それは、「内なる人」（七・二二）は神の律法を喜んでいるが、しかし、なお、この世を生きる上で、肉においては罪の法則に仕え続けてしまう苦悩が存在する、ということである。「わたしはなんと惨めな人間なのでしょう。死に定められたこの体から、だれがわたしを救ってくれるでしょうか」（七・二四）と嘆かざるを得ない自分であると言うのである。しかし、ワルケンホーストはここで、「これは、キリストから救いを受けたことを信ずる私にとっては、ただ、キリストに対する感謝の前提にすぎない」と言う（同頁）。そしてその感謝の結論として、八章一節の「従って、今や、キリスト・イエスに結ばれている者は、罪に定められることはありません」という言葉があると言うのである。そしてワルケンホーストは、その一―一一節を第七章に対しての第一の結論とし、それに続いて、我々のテキストである一二―一七節がもう一つの結論として語られると言う（同書、三一〇頁）。もはや、「キリスト・イエスによって命をもたらす霊の法則が、罪と死との法則からあなたを解放した」（二節）と言われる者が、「キリスト・イエスに結ばれている者」である。我々のテキストはこのような「霊の法則」に生きる者、「霊に従って歩む者」とはいったいどういう存在であるのか、ということの最終的な結論部分だと言って良いであろう。

三　「アバ、父よ」と神を呼ぶ、神の家族としての兄弟たち

我々のテキストを読む時、パウロと肩を並べて、神を仰ぐならば、まず一五節の「アバ、父よ」という言葉に注目するのが適切である。このように神を呼ぶということを頂点として、このテキストは構成されているからである。

「アバ」とは、「アーメン」「ハレルヤ」と同じようにアラム語の音をそのままギリシア語に記した言葉であり、「父」を意味する言葉である。生まれた子どもがやっと唇をふるわせて音を出すことができる、そのぐらいの時の言葉である。そしてこの言葉について加藤常昭は次のような解説をしている。「ある辞典にこういう説明がありました。『アバ』というのは確かにアラム語だ。けれども本当を言うとアラム語でもない、と言うべきだ。それはなぜか。これはもともと何語でもない、生まれた赤ちゃんが少し物心ついて来るというか、何か相手を意識するようになると、やがてパパとも、ママとも、アバとも聞こえる音を発するようになる。それはアラム語でも日本語でも、ドイツ語でもない、そういう説明です。アラム語で、それを『アバ』と表記しただけです。初めて父親になった者は嬉しくて、ほら、僕のことを呼んでパパと呼んでいるよと言うかもしれません。母親のほうは、あれはママと言っているのよ、などと言います。どのようにでも聞こえる幼子の言葉です。……しかしそのようにして、子は親を求めるようになる。慕うようになる。信頼しきって親を呼ぶ。そのような言葉でありますす」（加藤常昭『ローマ人への手紙2』四六六―四六七頁）。言葉にもなっていないような未熟な言葉。しかしそうであるがゆえに、その言葉を発するか否かがその赤子の命に関わると言って良い。真剣さを伴う。存在の深み、奥底から発せられる信頼の言葉だ、ということである。

そしてこのように真剣に、深い信頼を込めて「アバ、父よ」と神を呼び得る者こそ、霊の法則に生きる救われた者であり、「神の子」（一四節）である、ということなのである。パウロは、一二節において、手紙の受け手に「兄弟たち」と語りかける。それは神に真剣に、深い信頼を寄せ、同じく神の子とさせられている者同士としての「兄弟たち」という呼びかけなのである。竹森満佐一はその意味を込めてこう言う。「パウロとローマ教会とは、キリストにおいては一つ家族に属する者でありま す。だから、兄弟であることにちがいはないのですが、ここ

まで話が進んでくると、そのことが一層はっきりしてくるわけであります。キリストにある者として、霊の支配の下にある者は、全く同一の立場に置かれているのであります。それが、この兄弟という呼び方の中に、改めて強調されることになったのであります」（竹森満佐一『ローマ書講解説教Ⅱ』二七四頁）。

このことを捉えてこそ、一二節の「義理」（私訳。新共同訳では「義務」）という言葉の意味も、続く一三節の意味も分かってくる。私たちはキリストと結ばれる霊によって神の子とされている。その者としての新しい義理と、肉の義理たる古い義理が語られ、もはや肉の義理には生きていない、と言うのである。「体の仕業」とパウロは言い換える。私たちには自分自身ではコントロールできない肉欲、いや、それに留まらず、自分の思いを第一にして生き、他人をも支配しようという肉の心がある。パウロは、もはやそんな肉に対する義理はないと言う。それと戦え、と言うのである。そしてそれと戦い得る。私たちは神の子として神に対してだけ義理を感じて生きていたら良い、と言うのである。

これは自分を支配する存在が全く替わった、ということである。神を「父よ」と呼び得る時、義理を負うべき存在、支配者が変わっていることを知るのである。

『ハイデルベルク信仰問答』問二六はこのように言っている（『ハイデルベルク信仰問答』吉田隆訳、二〇〇六年）。

問26　「我は天地の作り主《ぬし》、全能の父なる神を信ず」と唱《とな》える時、あなたは何を信じているのですか。

答　天と地とその中にあるすべてのものを無から創造され、それらを永遠の熟慮《じゅくりょ》と摂理《せつり》とによって今も保ち支配しておられる、わたしたちの主《しゅ》イエス・キリストの永遠の御父《おんちち》が、御子《みこ》キリストのゆえに、わたしの神またわたしの父であられる、ということです。わたしはこの方により頼んでいますので、この方が体と魂に必要なものすべてをわたしに備えてくださること、また、たとえこの涙の谷間へいかなる災《わざわ》いを下されたとしても、それらをわたしのために益としてくださることを、信じて疑わないのです。なぜなら、この方は、全能の神としてそのことがおできになるばかりか、真実な父としてそれを望んでもおられるからです。

この「わたしたちの主イエス・キリストの永遠の御父が、御子キリストのゆえに、わたしの神またわたしの父であられる」ということを受けて、カール・バルトは言う。この文章は「一切の存在を造り支配し給う神が――永遠の父が、『御子キリストのゆえに』、同時に、『私の神であり、私の父であり給う』という、慰め深い保証を内容としている。どのようにして、われわれは、この驚くべき所有代名詞『私の』という言葉を、ここで口にすることを許されるのであろうか。……われわれにそのようなことができ、また許されるのは、神がわれわれにイエス・キリストを、全き救いと義のために与え給うた……からである。神は、この御子の父として、私に対し給う。神は、私を御子の兄弟として、したがって御自身の子として、眺め給う」。「神は、人間の心の愚かさと悪の結果である禍をも、支配し給う。もちろん神に由来するものではないが非存在という危険な存在を持つ悪をも、支配し給う。……神は、その欲し給うことをなし得給う。神は、そのことを、その全能においてなし得給う。そして、神は、このような神の全能が、『御子イエス・キリストのゆえに』われわれにとって最善のことを欲し給う父の真実であるゆえに、そのことを欲し給うのである」(『カール・バルト著作集9』三八七―三八八頁)。神はその全能の御力において私の父でいて下さる。「アバ、父よ」と私に呼ばれることを許し、私の支配者でいることを、神ご自身が欲して下さっておられる。だから私は神の子であることができる。「神の子である」という私たちの新しい義理は、神が欲し、喜ばれることによるのであり、そのことによって私たちにとっても、喜ばしい義理なのだ。

四　神の養子たる身分の霊を受け、恐れを捨てて生きる

パウロは一五節前半で、「神の子である」と言い得ることの説明としてこう言う。「なぜなら、あなたがたは、再び恐れをいだかせる奴隷たる身分の霊を受けたのではないからである」(私訳)。救われた者は霊を受けた。その霊は支配する霊である。しかし神に対して「奴隷たる身分の霊を受けたのではない」、と言う。これは何を言っているのか。竹森満佐一はここで創世記第三章のアダムとエバの原罪の出来事をイメージしてこう言う。「罪を犯した人間は、何よりも第一に、神に対して恐れを持つようになりました。神が恐ろしくなったのでありましす。罪を犯したアダムたちは、神に見られないように、身を隠しておりました。彼らは、恥かしいからだ、と申しましたが、彼らが罪のゆえに、神がこわくなっていたことは、まちがいのないことであります。……神が恐ろしいと考えているかぎりは、神に信頼し、神によって生きるということは全くないのであります。それは、神に愛されている者の生活ではなくて、奴隷と同じ状態であります」(竹森、前掲書、二七六頁)。奴隷として支配される者に喜びはない。自由はない。しかしパウロは、あなたがたはもうそのような者ではない、としてこう言うのである。「むしろ、あなたがたは養子たる身分の霊を受けたのである。その霊によって、私たちは呼ぶのである。『アバ、父よ』と」(一五節後半、私訳)。新共同訳の「神の子とする霊」とは「養子たる身分の霊」と訳せる。私たちが神の子であるとは、永遠の神の子である主イエスと父なる神の、永遠の親子関係に、後から養子として加えられるということである。そしてそれは、主イエスが神の子として父なる神に対して持っておられる「神の相続人」としての権利を共に持つ者となっているということ、私は「キリストとの共同相続人」(私訳)とさせられている、ということである。「神の相続人」とは何か。それは相続をする神の富、神の財産とは何か、という問いでもある。加藤常昭が、FEBCで放送された「ローマ人への手紙」の中で、このことについてこう言っている。「神の財産とは何でしょうか。自分だけ楽しむための豊かさでしょうか。もちろん違います。神の富というのは、他者を生かす富です。だから、神の相続人ということは、神の御業を受け継ぐということです」。主イエス・キリストによって示された愛の御業を受け継ぐこと、

そしてその者として、一七節後半にある通り、キリストがそのご生涯においてご経験された、その苦難を共にし、そしてその上でキリストと同じく、神の栄光を共にするのである。ここにまた一二節の、新しい「義理」が言い表される。神の御業、その栄光を受け継ぐ者は、キリストと苦難を共にする義理がある。キリストと共に、神の愛のための苦しみを知るようになっていくということである。この者はもう神を恐れたりしない。いや新しく神を畏れ敬うようになる。しかしその者はこの世に対して奴隷のようには生きない。真実に畏れるべきお方のみを畏れ、それ以外のものへの恐れを捨て、それらに捕らわれないのである。

五　「霊によって運ばれる」神の子は、世界の変革を知る

Ｐ・アクティマイアーは、我々のテキストについてこう言う。「ローマの信徒への手紙八章のこの句節は、肉に支配された生を生きることから、神の霊に導かれた生を生きることへの変革を示している。……神を『御父』と呼ぶことによって神の家族に加わった者は、かつての世界がもはや自分の家ではなくなるように変革されてしまっている」（アクティマイアー『ローマの信徒への手紙』二二九―二三〇頁）。神を父と呼ぶこと、神の子であることとは、世界の「変革」なのである。その者の存在の原理、行動原理が、古いものと入れ替わっている。一四節で「すなわち、全て神の霊によって運ばれている者は、神の子である」（私訳）と言う。神の子の新しい行動原理は神の霊なのである。新共同訳で、「霊によって導かれる」は「霊によって運ばれる」とも訳し得る。神の子は神の霊に運ばれるがごとく、霊に担われて生きるのである。自分のことで恐縮だが、幼き時、こんな経験をした。ある休日の時、私の父が私と時間を過ごそうと、少し離れた公園に私を連れて行ってくれた。普段は忙しくて、一緒に遊ぶことのできない父であったが、「今日だけはお父さんは僕のものだ。僕が主役なんだ」。そんな気持ちであった。父の手を引っ張り、自分の思うままに父と遊んだ。しかし夕方になり、遊び疲れた私はへとへとになり、動けなくなってしまった。そんな私を父は背負って家まで帰ってくれた。その父の背中の広さを今、懐かしく思い出す。「僕が父の手を引っ張り、僕が主役なんだ」というつもりであったがそれは違ったんだ、と思わされた。最初から最後まで、父に守られ、父に運ばれていたんだ。そう思わされたのである。パウロは、これと同じような気付きに私たちを招いている。あなたは、あなたの人生は、「神の霊によって運ばれている」。最初から最後までそうなのだ。そしてそのような気付きの招きを受ける私たちこそ「神の子」である、と言っているのである。

六　「アバ、父よ」と神を呼ぶ、真剣さ（der Ernst）

一五節の最後をもう一度見てみよう。「その霊によって、私たちは呼ぶのである。『アバ、父よ』と」。ここでの「呼ぶのである」は、『新約聖書釈義事典』によれば、礼拝における神への呼びかけ、「アバ、父よ」と共に神を呼び合う者たちの共同体である教会の声であると解説し得ると言う。パウロはこの「アバ、父よ」と神を呼ぶことこそ教会のすべきことだと、い

つも語り伝えていたに違いない。この一事こそ人を真実に生かす、という確信を持って、真剣に、教会に語ったのだ。

加藤常昭が『ドイツ告白教会の説教』の序説において、ヒトラー政権と戦った、ドイツ告白教会の説教を「まことの説教のモデル」と呼びながら、そこに見られる説教の「真剣さ」(der Ernst)について言及している。そしてマルティーン・ニーメラーの説教集に寄せた作家トーマス・マンの序文に言及しながらこう語る。「作家トーマス・マンは、亡命したばかりのアメリカで、告白教会の代表的説教者であったマルティーン・ニーメラーの説教を読み、その説教集に序文を寄せ、ニーメラーの説教を『最も深く真剣なもの』と呼んでいる。まさにこのような『真剣さ』(der Ernst)こそ、われわれが失ってはならないものであり、しかも実にしばしばわれわれに欠けているものである」(加藤常昭編『ドイツ告白教会の説教』一二頁)。そして加藤は、この「真剣さ」について、それは「牧会的な慰め」であることが重要であるとし、説教がパラクレーシス(慰め、励まし)の言葉となっていること、ここにおいて「真剣さ」がある、と言うのである(同書、一三頁)。そして同書に収められているニーメラーの説教を実際に読めば、この真剣さを持ってニーメラーは「時代精神」、「時代の霊」(Zeitgeist)と戦っていることが明確に分かる。迫り来るヒトラー政権の攻撃、そして時代そのものがもたらす霊的な病に、パラクレーシスの言葉を持って、時代に「真剣さ」を持って向き合い、戦うのである。

このことは平野克己が記した、雑誌「Ministry」(キリスト新聞社)二〇一五年冬号掲載のニーメラーの説教の分析にて、より詳細に述べられている。

パウロは、教会が「アバ、父よ」と神を呼び、自らが神の子として立ち続けることこそ、真実に人間を生かすと確信していた。だからこそ、「体の仕業を殺すなら、あなたがたは生きるだろう」(一三節、私訳)と言うのである。この言葉の真実の意味は「アバ、父よ」と真剣に神を呼ぶ時に良く分かるのである。「時代精神」「時代の霊」、病に陥っている現代との戦いが強いられる日本の教会こそ、この言葉を聞かなければならない。神の子であることに真剣である時に、真実に「あなたがたは生きる」!

参考文献

K・ワルケンホースト『信仰と体のあがない——ロマ書の解釈五—八章』中央出版社、一九七九年

カール・バルト『カール・バルト著作集9』宍戸達・久米博・井上良雄訳、新教出版社、一九七一年

竹森満佐一『ローマ書講解説教Ⅱ』(オンデマンド版)新教出版社、二〇〇四年

加藤常昭『ローマ人への手紙2、3』(加藤常昭説教全集18、19)教文館、二〇〇五年

加藤常昭編『ドイツ告白教会の説教』(シリーズ・世界の説教)教文館、二〇一三年

P・アクティマイアー『ローマの信徒への手紙』(現代聖書注解)村上実基訳、日本キリスト教団出版局、二〇一四年

ローマの信徒への手紙　八章一八―二五節

橋谷　英徳

このテキストの説教において、全体の流れを理解することは極めて重要である。その理由については後述する。与えられたテキストは、第四の共同の相続人としての恵みを語っている。この恵みは、罪と死からの解放、さらには神の子とされる恵みに続く、終末論的な恵みである。これは神の数々の恵みの行き着く恵みである。

一　手紙全体における位置

ローマの信徒への手紙は全体で一六章からなるが、八章はその中心に位置する。ただ場所的に中心であるというだけでなく、その内容から言っても、中心であり、峠である。

ここではキリストによる救いの恵みが、四つの視点から語られて、頌栄に至る、構成を持つ。

四つの救いの恵みは、第一は罪からの解放（一―四節）、第二は罪の結果である死からの解放（五―一一節）、第三は神の子とされる恵み（一二―一七節）、そして、第四が共同の相続人の恵み（一八―三〇節）である。このように、神の恩恵が語られ、その最後に、喜びをもって神の愛が賛美される。「しかし、これらすべてのことにおいて、わたしたちは、わたしたちを愛してくださる方によって輝かしい勝利を収めています。わたしは確信しています。死も、命も、天使も、支配するものも、現在のものも、未来のものも、力あるものも、高い所にいるものも、低い所にいるものも、他のどんな被造物も、わたしたちの主キリスト・イエスによって示された神の愛から、わたしたちを引き離すことはできないのです」（三七―三九節）。

二　牧会者パウロ

一八節は、このテキスト全体の要約である。

「現在の苦しみは、将来わたしたちに現されるはずの栄光に比べると、取るに足りないとわたしは思います」。

きわめて慰めに満ちた牧師パウロの言葉であると言ってよい。パウロはキリスト者の苦しみを、思ってもみなかった仕方で、新しく見てそれを語る。パウロは、この苦しみが非常に大きいものであることを知っている。苦しみを軽視はしていない。同時に彼はただその苦しみを全く別の視点から見ている。終末論的、あるいは救済史的なまなざしと言ってもよい。終末、終わりの日の栄光から、新しく見るのである。

牧会とは人間を見ることである。そこで問題は、どのように見るのかということである。心理学的な牧会は、苦しみに共感すること、共苦することを重んじる。それは確かに大切なことではある。しかし、聖書的牧会はそれだけではない。ここでパウロがしていることは、聴き手の苦しみを受け止めつつも、その苦しみを全く新しい仕方で見てあげるのである。それが人を立ち上がらせていく。説教者である私たちも同じことが求められる。そのときに説教は、慰めの説教、真に牧会的な説教となる。

ここでは現在の苦しみが語られる。しかし、この苦しみは、将来の栄光に「比べると、取るに足りない」。ここでは、現在の苦しみと将来の栄光が対比されていると思われるが、そうではない。今の苦しみと将来の栄光は比較の対象にはならない全く次元が異なるものであるからである（松木治三郎）。

それでは、ここで語られる「現在の苦しみ」とは何であろうか。ここでの「苦しみ」は、第一には一七節からすればキリストに従うゆえの苦難、殉教の苦しみと言ってよい。しかし、必ずしも、限定する必要はない。キリスト者としての固有の苦しみだけでなく、私たちがこの世で経験するもろもろの苦しみのすべてを考えてもよいのではないか。ここでの「現在」は、今、このときの私たちの苦難のことを意味するのではないことに注意したい。キリストが来られてから、再び来られる時までの期間ということである。その期間には苦難がある。そうした非常に広い、救済的なまなざしでの「現在」である。

さらに大切なことがある。ここでパウロが用いている「思う」という翻訳の言葉にはいささか問題がある。ここでの「思う」はロギゾマイ、判断する、結論するとも訳すことのできる言葉である。「筋道を立てて考えて、こう確信する」という言葉である。ここでパウロは漠然とした自分の思いを語っているのではない。信仰の論理で筋道を追っていき、その結果、こういうことだと言い切っている。神の救いには筋道がある。なんの筋も通っていないのが救いではない。ローマの信徒への手紙は、まさにその救いの筋道を明らかにした手紙である。言い換えると、生きた教理的な思考がここで働いている。それゆえに、ここまでのことが当然、深く関わってくる。最初に、全体の流れを把握することに注意を喚起したのはそのような意味である。

三 「うめき」について

一九―三〇節では、三つの「うめき」が語られている。第一には被造物（一八―二二節）、第二に私たち（二三―二五節）、第三に聖霊（二六―三〇節）。これらのものが共にうめいている。このうち、被造物と私たち自身の「うめき」が、与えられているテキストである。「現在の苦しみ」（一八節）はまさに、「うめき」をもたらすような苦しみである。

「うめき」とは、何であろうか。ブルッゲマンはその著書『叫び声は神に届いた』において、エジプトで奴隷であった時のイスラエルの民の「うめき、叫び」に触れている。

「長い年月がたち、エジプト王は死んだ。イスラエルの民は奴隷であることのゆえに、うめき、叫んだ」（出エジプト記二・二三、RSV）。

この「うめき、叫び」は特定の誰かに向かって発せられた言葉ではない、つまり、神に向かってうめいたのでも、叫んだのでもない。それゆえ、祈りではないと結論されかねないが、ブルッゲマンは、ここに「もっとも基本的な祈り」の特徴があると言う。祈りは、「声をあげることとなしには耐えがたい苦しみと惨めさのなかにいる者の声」、あるいは「こんなにも我慢できない現状がいつまでも続くはずはない、と声をあげる希望の行為」なのである。

ブルッゲマンは、兄弟の悲劇的な死に打ちのめされていた信徒リンジー・クリッテンデンと聖公会の司祭との次のような会話を実例として紹介している。

リンジー　でもわたしは混乱していて……とても、ひどい……

司　祭　神はあなたの気持ちを否定されないでしょう。神に祈ろうとしましたか。

リンジー　どう祈ればよいかわかりません。

司　祭　おやおや、あなたは今、声にしたではありませんか。「ひどい」と。それが祈りのはじまりです。

ブルッゲマンはこのようにイスラエルの民がうめき、叫んだのは、ファラオの死の後であることにも注目している。ファラオが生きていた時は、民はこのようにすることはなかった。あまりに危険であったためである。しかし、ファラオの死という出来事が、冒険をする決断を生み出した。つまり、このようなうめき、叫びには、「希望」が内包されている。なんらかの希望がなければ人は、うめくことも叫ぶこともない。

このテキストでも「うめき」と共に「希望（エルピス）」が繰り返し語られている。「うめき」と「希望」は対立概念では必ずしもない。今、ここで私たちがうめくならば、そのこと自体に、すでに希望は存在している。うめくなら、そこには絶望はない。被造物がうめき、私たちがうめくとすれば、そこにはもうすでに何事かが起こっているからである。「産みの苦しみ」（二二節）についてパウロがここで語っていることにも、そういう意味があるであろう。今日の教会に集う人びともまた、うめきながら毎日を生きている。礼拝堂にも、うめきながら集っているのではないか。私たち説教者は、このうめきの現実が、一体何を意味しているのかを福音的に把握することができるのではないか。

四　罪の問題

このテキストにおける「うめき」は、深く人間の「罪」と関わる。パウロは、七章でこの罪の現実について語っており、ここに、すでにうめきの声が発せられている。「わたしは、自分のしていることが分かりません。自分の望むことは実行せず、かえって憎んでいることをするからです」（一五節）。「わたしはなんと惨めな人間なのでしょう。死に定められたこの体から、だれがわたしを救ってくれるでしょうか」（二四節）。これこそが私たちのうめきである。

この人間の罪のゆえに「被造物」もまたうめいている。ここでの「被造物（クティシス）」は、人間以外の神によって造られたすべてのもののことを示す。被造物のなかに、人間を含むか、含まないかについては議論があるが、人間についてはこの後で述べられているので、ここでは人間以外のものを考える方が自然ではないか。

ここで思い起こされるのは、創世記三章のアダムの堕罪のことである。神はアダムに言われた。「お前は女の声に従い、取って食べるなと命じた木から食べた。お前のゆえに、土は呪われるものとなった」（一七節）。アダムの罪の影響は、人間だけにとどまるものではなく、自然界、被造物にまで及ぶ。これによって創造の秩序は崩れてしまった。神は創造において、人間に次のように命じられた。「神は彼らを祝福して言われた。『産めよ、増えよ、地に満ちて地を従わせよ。海の魚、空の鳥、地の上を這う生き物をすべて支配せよ』」（創世記一・二八）と。「支配せよ」は、「大切にせよ」という意味を持つ語である。つまり、ここでは人間の権利ではなく責任が語られている。しかし、人間は堕罪によって、神から離れ、神とのあるべき関わりを失って、この責任もまた果たすことができなくなった。そのために無目的に生きるようになり、その結果、自然界までもが目的を失い、「虚無に服する」ようになった。

内村鑑三は、『ロマ書の研究』でパウロの天然観の特異性について語る。パウロは、自然の美について（美術についても）ほとんど何も語っていないが、それには理由がある。「彼は天然の表を見ずして、深くその内を、その心を見た人であった」。また内村はこうも言う。「普通人は天然をもって美の充溢する所となし、それに対して人の汚れを歎じ、天然に恒久不変を見て、人の世のうつろいやすきを悲しむ。しかしこれ浅き天然観である。天然は美なれども、それは表面だけのことである。一歩深くその内に入れば、醜怪、混乱、残骸、争闘である」と。自然の心を深いところで読み解くまなざし、それがパウロにあると言う。

このテキストは、今日においては環境問題について論じるところで、繰り返し、取り上げられてもきた。また特に三・一一以後、まことに切実な言葉として私たちに響いてくる。しかし、パウロは、このようなことの起こらない先に、この事実を見ていた。それは驚くべきことではないか。

五　十字架から見る

さらに驚くべきことは、パウロは、想像を絶する厳しい現実を見つめつつ、悲壮感には囚われていないことである。彼は、被造物のうめきを「産みの苦しみ」の声として聞き取る。では被造物は何を産もうとして、うめいているのか？　それは文脈からすれば「神の子」と考えられる。「被造物は、神の子たちの現れるのを切に待ち望んでいます」（一九節）とあるからである。ここでの神の子の出現は、新しい信仰者の出現ということではない。その意味は二三節に記されている。聖霊を与えられた私たちが、「神の子とされること、つまり、体の贖われることを、心の中でうめきながら待ち望んでいます」とある。私たちはすでに神の子であるが、なお救いは完成してはいない。

その意味では、なお神の子とされてはいない。ここでの「神の子」という言葉は、二重の意味で語られている（Ⅰヨハネ三・二参照）。私たちの苦しみ、うめきはそこに存在する。罪赦され救われてもなお罪を重ねる。神の子とされていながら、神の子として生きることができないままでいる。なお肉、古き人が力を奮っている。そこでうめいているのは、私たちだけではない、被造物もまた共にうめいている。そして、被造物もまた、私たちが神の子として完成される終わりの日、終末の完成の日を、神の子の出現を待ち望んでいる。

それにしてもなぜ、パウロはかくなる希望の中に生きるのだろうか。その理由は一つしかない。パウロが、神の計画を知っているからである。彼は「被造物が虚無に服している」のも、それは「服従させた方の意志による」と言う。つまり、パウロはこれもまた神の意志、神の御心のうちなのだと語っている。またパウロは、何よりも、御子イエス・キリスト、その十字架の死を知っている。確かに罪は被造物にまで腐敗をもたらしていることを知る。しかし、同時に彼は、その罪のために十字架にかかられた方を見ている。この罪は、御子イエス・キリストにおいてすでに贖われた。つまり、決定的なことはすでに起こった。この救いが完成するときには、神の子としての姿が完全に見えるようになる。そのときには人間だけが救われるのではない。自然界もまた救われ、回復される。人間と被造物が深い結びつきの中にあるがゆえに、主イエス・キリストの救いは、被造物にとっても救いとなる。神は天地万物をきわめてよいものとして、お造りになられたが、終わりの日、キリストの再臨の日には、この天と地が全く新しくされる。この新しい天と新しい地は、きわめてよかった天地創造の回復を意味する。その回復された新しい天と新しい地とを、私たちはキリストと共に相続するのである。被造物も、うめきつつ、この日を待ち望んでいる。それゆえ、三二節でこのように語る。

「わたしたちすべてのために、その御子をさえ惜しまず死に渡された方は、御子と一緒にすべてのものをわたしたちに賜らないはずがありましょうか」。

パウロの希望の源泉は、キリストの十字架の死にあると言ってもよい。ここで決定的なことがすでに起こった以上、もはや悲嘆することはない。同時に、このキリストは十字架にかかって、復活され、天に昇られた方である。それは苦難を通って栄光に至る歩みを通られた。それゆえ、このキリストに従う、私たちも、被造物も、この苦難を通って、必ずこの栄光に導かれる。それゆえ、この私たちの苦難は、約束のある苦難であり、希望と結びついている。

エコロジーは今日、世界的な課題であるが、私たちはそれとは異なる仕方、神の創造の回復という点で、この課題に注目する。創造の回復は、将来にあるだけではない、現在においてもなお不完全なかたちではあるが、すでに与えられる。キリスト者は、この創造の本来の責任、被造物を大切にするという課題を、この世にあって果たすことをはじめる。もちろん、ここには非連続がある。私たちが環境を大切にする、その私たちの行為の延長線上に創造の回復がもたらされるわけではない。その意味で非連続であるが、同時にここには連続線も存在する。終わりの日に実現するのは「新しい天と新しい地」である。新しくあっても「地」であることには変わりはない。「地の塩」としてのキリスト者の倫理的な課題が存在する。

六　希望

二三節以下では、パウロは「希望」を語っている。イエス・キリストを信じて生きることは希望に生きることである。希望こそは信仰である。信仰に生きることなしに希望に生きることはできない。信仰がなければ人は絶望してしまうほかない。主イエス・キリストを信じる者は、どんな状況の中でも絶望することはない。それゆえ、キリスト者は弱い者であるが同時に強い。キリスト者は、見えるところに従って生きるのではなく、見えないものを待ち望んで生きるからである。今日ほど、私たちはこの福音を聴くことを必要としている時はない。

私たちが今、目の前にしている現実は、どのようなものであろうか。戦争であり、テロである。暴力であり、差別であり、格差である。憎悪、冷え切った人の心である。また猛威をふるう自然が存在する。そして、私たちの体もまた、なお罪に満ちている。絶望せずにはおれないような現実がまさに、今、私たちの目の前にある。しかし、この絶望的な現実を前にして、私たちは望みつつ、忍耐して生きる。神の救いの御業、神の救いの計画（聖定）があるからである。

神は天地万物を創造された。人間の罪の堕落によって、罪が世に入り、その腐敗は人間以外の被造物にまで及んだ。しかし、神はこの世界に、御子イエス・キリストを遣わされた。御子は、十字架にかけられ復活され、罪を贖われ、救いの道を開かれた。この御子の十字架と復活は、「罪の赦し」を私たちに与える。しかし、それだけにとどまらない。罪の結果である死を滅ぼす。私たちを神の子とする。そして、さらに私たちをキリストと共同の相続人とする。私たちは、この救いの筋道を知らされている。

もしそうでなければ、神は天地を創造されることもなかったであろう。キリストをお遣わしになることも、十字架におかけになることもなかったはずである。それならば、私たちもパウロと共に「筋道を立てて、こう結論する」ということができる。「現在の苦しみは将来わたしたちに現されるはずの栄光に比べると、取るに足りない」と私たちも語ることができる。今ほど、このような言葉を聞くことを必要としているときはないのではないか。

主な参考文献

内村鑑三『ロマ書の研究』角川書店、一九七〇年
K・ワルケンホースト『信仰と体のあがない――ロマ書の解釈五―八章』中央出版社、一九七九年
松木治三郎『ローマ人への手紙――翻訳と解釈』日本基督教団出版局、一九六六年
W・ブルッゲマン『叫び声は神に届いた――旧約聖書の12人の祈り』福嶋裕子訳、日本キリスト教団出版局、二〇一四年

ローマの信徒への手紙　八章二六―三〇節

小泉　健

前段とのつながり――三つのうめき

ほとんどの注解書が新共同訳の小見出しと同様に、一八節から三〇節までをひとまとまりとして読んでいる。このことにはそうとうに幅広い意見の一致が見られるだけに目立つのは、クランフィールドが一七節をもこのまとまりに加えていることである。「子供であることから相続人であることへの思考の動きによって、一七節はキリスト者の希望という主題への移行をなしている」。クランフィールドはこのように言って、一七節から三〇節の主題を「キリスト者の希望」とする。たしかに一七節を視野に収めておくことは重要である。ただし私見によれば、一七節の重要性はむしろ「苦しみ」という主題を提示していることにある（この点については後述する）。いずれにせよ、一七節が語る「苦しむ」ことと「栄光を受ける」ことが一八節以下でくわしく展開されていると言えるだろう。

一八節から二七節には三つのうめきが語られている。まず「被造物がすべて……共にうめいている」（二二節）。被造物だけでなく、「わたしたちもうめいている」（二三節）。そして今回の箇所において「〝霊〟自らが、……うめきをもって執り成してくださる」と言われる（二六節）。聖霊のうめきとは何か、また二六節冒頭の「同様に」をどう解するかを考えるには、前段（一七―二五節）を読むことが欠かせない。

「同様に、〝霊〟も」（二六節）は何を受けているのだろうか。前段の二つのうめきであろう。被造物がうめき、わたしたちもうめいている。そして「同様に」聖霊もうめく。同じありさまでうめいてくださる。けれどもそのうめきは、被造物やわたしたちのうめきと同じではない。「同様に、霊もうめく」とは言われずに、「同様に、霊も助ける」「執り成してくださる」と言われている。被造物は「虚無に服し」（二〇節）、わたしたちもただ「待ち望んで」いるだけである（二三節）。それに対して、聖霊は虚無に服してはいないし、ただ待ち望むのでもない。被造物とわたしたちとを完成に至らせる。そのことを、何よりも「うめきをもって」してくださるのである。そうであれば、聖霊はわたしたちと同じありさまになってうめいてくださるのでありながら、実はわたしたちのうめきとはまったく異なって、うめきをもって力強い執り成しをしてくださるのである。

わたしたちの弱さ

聖霊はわたしたちの弱さを助けてくださる（二六節）。新共同訳には訳出されていないが、「というのも（ガル）」という接続詞があって、こう続く。「わたしたちはどう祈るべきかを知らないのです」。わたしたちの「弱さ」は具体的には祈りにおいてあらわになる弱さだというのである。

「弱さがキリスト者をとらえるのは、キリスト者のそと側の生活においてだけではない。このことは、内なる生活において、神との生活において、祈りの生活そのものにおいてさえ、悲劇的な現実である」（ニグレン、三八四頁）。

弱さは祈りにおいてこそ、その深刻さを明らかにする。わたしたちは祈りにおいて自己中心になる。生きておられる神への畏れを失う。それどころか、神の信実と御力を信じず、神の介入を期待していない。神に対して眠ってしまうのである。主イエスは言われる。「目を覚まして祈っていなさい。心は燃えても、肉体は弱い（アステネース）」（マルコ一四・三八他）。祈れないこと。祈る時にさえ、神に対して眠ってしまうこと。それこそがわたしたちの「弱さ（アステネイア）」である。

それどころか、わたしたちは祈りにおいて、はっきりと罪を犯す。顔を伏せる（創世記四・五参照）。神に背く。祈りのさ中に兄弟に対して殺意を抱くことさえする。祈りにおいてこそ、わたしたちの罪と不信仰がむき出しになる。

だからこそ、「わたしたちはどう祈るべきかを知らない」。いや、むしろ、「私たちは、しかるべき仕方で何を祈るべきかを知らない」（青野訳）。英訳は新共同訳と同じように「どう how」と訳しているものが多いが、原文には「何を（ティ）」とある。祈りの様態の問題ではない。「そうであるべきように（カト・デイ）」また「神に従って（カタ・テオン）」（二七節）祈ろうとするとき、わたしたちは「どのように祈ったらよいか」を知らないだけでなく、そもそも「何を祈るべきか」も知らない。神に向かうことができていないからである。神の御声を聞き取ることができていないからである。

聖霊の助け

聖霊はわたしたちの弱さを助けてくださる。「助ける」と訳された語（スュンアンティランバノマイ）は、もともとは「心にかける」という意味の語である。この箇所以外では、ルカによる福音書一〇章四〇節で用いられている。マルタが主イエスに向かって、姉妹のマリアが自分を「手伝う」ように言ってくださいと願う場面である。すなわち、この語は「心にかける」だけでなく、駆け寄って「助け」「手伝う」ことまでを含んだ意味をもつ。竹森満佐一が説教の中で注目しているように、「スュンアンティランバノマイ」は語の成り立ちからすると、相手と共に（スュン）、また相手に代わって（アンティ）、重荷を引き受ける（ランバノー）ことである。そのような仕方で助けるのである。

聖霊の執り成し

聖霊は、祈ることを知らないわたしたちと共にいて、わたしたちに代わって重荷を引き受け、祈ってくださる。「執り成して」くださる。二七節（と三四節）で用いられている語は「エントュンカノー」である（二六節の「執り成す」はこれにさらに接頭辞がついている）。接頭辞「エン」を取った「トュンカノー」は「出会う」という意味である。「エントュンカノー」にも「だれかに会う」という意味があり、そこから派生して「だれかのもとに行く、だれかに身を向ける」という意味になることがあり、さらに「訴え出る」また「願う」という意味をも持つことがある。

わたしたちと共にいてくださる聖霊は、わたしたちの重荷を代わりに担いつつ、さらにわたしたちに代わって神に身を向け、願ってくださるのだというのである。「執り成す」というと、日本語では「仲立ちをする」という意味合いが含まれるが、それは原語のニュアンスとは違う。聖霊は「間に立つ」のではなく、わたしたちの側に立ってくださる。わたしたちの祈りを仲立ちして届けてくださるのではなく、祈ること自体ができないわたしたちに代わって祈ってくださる。それがここでの（そして聖書での）「執り成し」である。

（カルヴァンは聖霊の執り成しについて、それは「聖霊ご自身が祈るため、あるいはうめくために、実際に身を低くなしたもう」ということではない、とする。むしろわたしたちの祈りを天にまで引き上げてくださるのだと考える。この点において、わたしたちはカルヴァンとは異なる見解を取る。）

聖霊の執り成しは、キリストの天上での執り成しと対応している（アルトハウス）。キリストは「神の右で」執り成していてくださる（三四節）。ここを新共同訳は「神の右に座っていて」と訳すが、原文の動詞はエスティンである。大木英夫はここに、ステファノの殉教の時と同じような「立ち上がるキリスト」を見る。そのように見ることはゆるされるであろう。神の右におられるキリストは、わたしたちのために執り成すとき、立ち上がり、身を乗り出し、わたしたちに向かって手を伸ばしていてくださる。それに対して聖霊はわたしたちのかたわらで執り成してくださる。キリストの執り成しと聖霊の執り成しとは、二つにして一つのことである。聖霊は「キリストの霊」（九節）であり、キリスト者のうちに働き、キリスト者と共に神を呼ぶ御子の霊だからである（一五節参照）。

キリストの執り成しと聖霊の執り成しには違いもある。キリストはもはやうめくのではない。今は聖霊が地上のわたしたちと共にあってうめいてくださる。かつてはキリストが地上におられ、「肉において生きておられたとき、激しい叫び声をあげ、涙を流しながら、御自分を死から救う力のある方に、祈りと願いとをささげ」られた（ヘブライ五・七）。十字架上での叫びは主イエスのうめきである。七つの言葉以外に記されているキリストの叫びは（マルコ一五・三七）、キリストの「言葉に表せないうめき」に他ならない。

キリストはまことに人となられ、まさしくわたしたちと共にいてくださり、わたしたちに代わって、わたしたちの罪を担ってくださった。ほんとうならわたしたちこそ「この杯をわたしから取りのけてください」と必死になって祈らなければならないはずなのに、わたしたちはわずか一時も目を覚ましていられなかった。キリストがわたしたちに代わって目を覚まして祈り、うめき、叫んでくださった。キリストの死と復活こそ、スュンアンティランバノマイである。

今キリストは神の右におられて、わたしたちのために執り成してくださる。そして今は聖霊がわたしたちと共にいてくださって、地上のキリストのように祈り、うめき、叫んでいてくださるのである。

「苦難の思考」

R・ボーレンは「聖霊論的思考について」という講演の中で、聖霊論的思考を「さばかれた思考」、「苦難の思考」、「賛美の思考」という三つの方向で考察した。この三つは、ボーレンがそう言っているわけではないが、ローマ書八章一八―三〇節によく対応しているように思われる。そのように考えると、二六、二七節に当たるのが「苦難の思考」である。ボーレンはこう述べている。

「子の身分を与える霊は、キリストと共に苦しむ霊です。この時を苦しみ、さまざまな事柄のために、神が見えないことのために苦しむものなのであります」。

だから聖霊はうめいている。しかし、ボーレンに促されて考えを進めるなら、聖霊において、わたしたちも今や苦しむことができる。自分のこと、教会のこと、この世のことで苦しむ。主イエスが成し遂げてくださったこと、聖霊が告げていてくださることを、まだ見ることができないゆえに苦しむ。今やわたしたちも苦しむことができる。うめくようになる。祈るようになるのである。

「嘆きと願いにおいて、アッバと呼ぶ叫びにおいて、教会は、声をもたないこの世の苦しみのために語る。それによって苦しみは希望の言葉を獲得する。教会は天と地の新しい創造のために立つ。教会の肢体はなお死によってしるしづけられた身体にありつつ生きる」(ボーレンの黙想)。

「神を愛する者たち」

二六、二七節が一九節から引き続いて「現在の苦しみ」(一八節)のただ中でのうめきを語っていたのに対して、二八節以下は「将来の栄光」を語る。
二八節で目立つのは「神を愛する者たち」という言い方である。注解者たちが指摘するように、パウロは「愛／愛する」という語を神の人への愛に用いる。人間が神を愛するという言い方はごく少ない。前後には「聖なる者たち」(二七節)「御計画に従って召された者たち」(二八節)という言い方も見られる。いずれもキリスト者を指していると見られる。なぜパウロはここで「神を愛する者たち」という言い方を用いたのだろうか。

五章五節でパウロはこう語っていた。「わたしたちに与えられた聖霊によって、神の愛がわたしたちの心に注がれている」。聖霊がわたしたちと共にいてうめいてくださる。そして今や、わたしたちも聖霊の思いを自分の思いとしてうめき、祈り始めている。うめきは「アッバ、父よ」(一五節)との叫びになる。ここでこそわたしたちは神の愛を味わい、そして自分も神を愛するようになっている。愛する父を呼ぶようになっている。神の国がまだ見えないことにうめきつつ、すでに「成し遂げられた」ことを信じ、神を愛さずにはいられない。この地点でこそ、「万事が益となるように共に働くということを知る」のである。

「万事が益となる」

「万事が益となるように共に働く」（二八節）という言葉は、慰め深い言葉である。それだけに、文脈を無視して、この一文だけを取り出して読むことになりやすい。説教黙想が（そしてさらには説教そのものが）一つの文、一つの語に集中することはありえるが、そうであっても、いやそうである時はなおさら、前後の文脈の中で意味をとらえる努力が欠かせない。

「万事」とは、この文脈では「現在の苦しみ」を引き起こすあらゆるものが含まれるに違いない。艱難、迫害、飢え、裸、危険、剣がある（三五節）。これらは信仰に敵対して行われる罪である（クランフィールド）。こうしたものさえも共に働いて、「益となる」。直訳すれば「善へと至る（エイス・アガトン）」。これは注解者たちが語るように、終末の救いのことであろう。

苦しみがすべて共に働き、意味をもち、それどころか善いことに向かう、救いの成就のための働きになる。なぜこう言えるか。これは、キリストの十字架の光に照らしてのみ言えることである。「メシアはこういう苦しみを受けて、栄光に入るはずだった」（ルカ二四・二六）。十字架に上げられる時が、御子が栄光をお受けになるときだった。苦しみがそのまま「善」であるわけではない。しかし聖霊と共にうめくとき、わたしたちはキリストの苦しみを共にする。わたしたちは「キリストを信じることだけでなく、キリストのために苦しむことも、恵みとして与えられている」（フィリピ一・二九）。だから、こう言うことができる。「今やわたしは、あなたがたのために苦しむことを喜びとし、キリストの体である教会のために、キリストの苦しみの欠けたところを身をもって満たしています」（コロサイ一・二四）。これがキリストのための苦しみであり、キリストのみわざのための苦しみだからこそ、この苦しみのすべてが、終末の救いの成就へと働くのである。

「御子の姿に似たものに」

「善へと至る」。終末の救いが成就する。それが何を意味しているのかを説明するのが二九、三〇節である。二九節では「御子の姿（エイコーン）に似たものに」すると言われ、三〇節では同じことを指して、「栄光をお与えになった」と言われている。

御子こそ「神の似姿（エイコーン）」（Ⅱコリント四・四、コロサイ一・一五）である。わたしたちはキリストを着ることによって（ガラテヤ三・二七）、「神にかたどって造られた新しい人を身につけ」ることになる（エフェソ四・二四、コロサイ三・一〇参照）。神の形を回復するのである。だからこそそれは「栄光化」と言い換えられることになる。

二九節の「前もって知っておられた（プロエグノー）」、「あらかじめ定められた（プロオーリセン）」、三〇節の「召し出し（エカレセン）」、「義とし（エディカイオーセン）」と、動詞はアオリスト形が続く。そして最後の「栄光化した（エドクサセン〕」もアオリストである。予知し、予定し、召し出し、義としてくださったことまでは、すでに起きたこととしてアオリストでよいが、最後の「栄光化する」ことは終末において起きることなのではないか、なぜ未来形でなくアオリストが用いられているのか、ということが釈義上問題となる。すべてを終末から見て歌い上げている信仰告白文だからなのか。確かさを示すために、終末を先取りして語っているのか。栄光化についても、「いまだ」だけでなく、キリストにあって「すでに」を言うことができるということなのか。

一八―三〇節は、冒頭の一八節に出てくる「現在の苦しみ」と「将来の栄光」について語っていると言える。しかし実は、「苦しみ」と「栄光」はすでに一七節にも出てきていた。そしてわたしたちは、一七節を一八節以下のまとまりに加えるクランフィールドの区切りに注目したのであった。

「キリストと共に苦しむなら、共にその栄光をも受ける」。

一八節よりも、むしろ一七節のこの言葉が、それに続く箇所で展開されていると言えるだろう。

二六、二七節によれば、キリストの霊がわたしたちに代わって、わたしたちに先立ってうめいていてくださる。わたしたちはこの聖なるうめきによって、わたしたち自身がキリストと共にうめく者とされる。そうであれば、わたしたちはすでに栄光化されている。栄光化は、たしかに一方では将来に約束されていることである。しかし他方では、十字架に上げられることが、すでに御子の栄光であった。わたしたちが苦しむことにおいて「御子の姿に似たものに」されているとしたら、この苦しむことそのものにおいて、わたしたちは栄光化されているのである。

参考文献

＊聖書、注解書

青野太潮訳『パウロ書簡（新約聖書Ⅳ）』岩波書店、一九九六年

カルヴァン『新約聖書註解Ⅶ　ローマ書』新教出版社、一九五九年

アンダース・ニグレン『ローマ人への手紙講解』ルーテル社、一九六四年

パウル・アルトハウス『ローマ人への手紙』（ＮＴＤ新約聖書註解６）杉山好訳、ＡＴＤ・ＮＴＤ聖書註解刊行会、一九七四年

Peter Stuhlmacher, Der Brief an die Römer (NTD 6). 14. Aufl. Göttingen 1989.

＊神学的考察、説教黙想

Walter Klaas, Neujahr. Römer 8, 24-39. in: Herr, tue meine Lippen auf. Bd. 4. Wuppertal-Barmen 1955, S. 74-83.

Walter Kreck, 4. Sonntag nach Trinitatis. Römer 8, 18-27. in: Herr, tue meine Lippen auf. Bd. 2. Wuppertal-Barmen 1959, S. 362-367.

Rudolf Bohren, 2. Sonntag nach Weihnachten Römer 8, 24-30. in: hören und fragen. Bd. 4/1. Neukirchen-Vluyn 1975, S. 84-90.

R・ボーレン『聖霊論的思考と実践』日本キリスト教団出版局、一九八〇年

Gottfried Voigt, Exaudi. Röm. 8, 26-30. in: ders., Die lebendigen Steine. Göttingen ^{2}1984, S. 245-251.

＊説教集

竹森満佐一『ローマ書講解説教Ⅱ』新教出版社、一九六五年

関根正雄『ローマ人への手紙講解　中』（関根正雄著作集19）新地書房、一九八九年

大木英夫『ローマ人への手紙　現代へのメッセージ』教文館、一九九八年

ローマの信徒への手紙　八章三一―三九節

高橋　誠

テキストの響きと説教の構想

　かつて台風が数百キロほど北に離れて通過するとき、雲が荒天時特有の紫がかった不思議な色の夕焼けの空を、台風の中心の気圧の低いところを目がけて一斉に流れていくのを見たことがある。雲の形は実にさまざまであるが、すべてが同じ方向へ向かっている。「すべて」（三二節×2、三七節）は神の救いへ！　様相の異なるすべてのものを救いへと運ぶ神の摂理の導きを知ったパウロの雄叫びが私たちのテキストには聞こえている。「『われわれの味方をする神』とは、対立の国がわれわれの背後にあること、つまり、われわれが、今、ここで、いつでも、すべてのことを見ている、すなわち、神から見れば世界が、世界から見れば神が、闇の中にあるという二元性が克服されていること、これらの前代未聞のことを意味する。……神が共におり、したがって、神の先導によって神の側に立つこの人間は、どのような二元性についても知らず、二律背反《アンチノミー》の中で考えず、自らに逆らうだれも、また何物も持たない」（バルト『ローマ書講解　下』一二六頁以下）。神が味方であるときに、別れ争うすべてが克服される。パウロの論述の流れから見ても、これは明らかである。当該テキストの「これらのこと」（三一節）は、前段の「万事が益となるように共に働く」（二八節）という神の一貫した摂理を語っていたのを引き継いでいる。そして当該テキストでは「すべて」という言葉を三度も語ることになっている。すべてを貫く「神の愛」の支配力を見ているのである。そのなかで「深い悲しみ……絶え間ない痛み」（九・二）であるユダヤ人の問題のなかにも「すべてのものは……神に向かっている」という、貫かれる揺るぎなき方向性を見ているのである。

　この神の揺るぎなき一貫した関与は、《ヒュペル・ヘーモーン》という言葉に表れている（三一、三二節）。三一節の「神がわたしたちの味方」については、標準的な英訳の「If God is for us」も良い。「味方」と次節の「ために」が同じ言葉で重ねて言われる原文に近い。つまり、神が味方と言われるとき、それは御子をさえ惜しまずにわたしたちすべてのために死に渡されたというところにまで貫かれることを語っている。当該テキスト前段でパウロが、悲しみや苦しみの深みにも「万事を益」となさりつつご自身の救いのご計画へとすべてを巻き取り、終末における完成へと進んでゆかれるお姿を見ながら当該テキストを語っていることがわかる。「引き離す」(三五、三九節)の二度の使用に現れる信仰者への抗力を意識しつつも、それをはるかに上回っている、キリスト者をご自身のものとする「輝かしい勝利」を語るのである。

そうすると、このテキストの説教がおわされる課題は、今日を生きる信仰者が、自分の目に見える複雑だったり、悲しみや苦しみに満ちている現実のなかにも伸べられている神の愛の御手が見えてくるようにということになるだろう。三五節の信仰者を神の愛から離れさせるような現実も、また三七節以下の、その現実をもたらすあらゆる支配力も、神の救いの「すべて」に数え入れられているとパウロは語っているのである。

テキストが語るのは、一義的には終末における完成である。その将来の完成が現在とどうかかわるのかについては、考慮が求められる。このことについては、現在か将来かというような二者択一ではこのパウロの言葉は読み取れない。「賜らないはずがない」(三二節)の《カリセタイ》は未来形ではあるものの、その語根の《カリス》に、単に未来形には解消しない現在的側面を読み取らねばならないというヴィルケンスの指摘は妥当と言えるだろう。彼が加えて指摘する「すべて」(三二節)が語る普遍性は、現在を取り残さない確かさを語っていることも読み取るべきである。将来の救いの完成の光が、日々の生活を生きている信徒の足下にまで届くこと、それがこの説教の課題である。《ヒュペルニコーメン》の「輝かしい勝利」という訳は、十字架にあらわされた「御子をさえ惜しま」ない揺るぎなき愛の光が信徒の日常にも照っているというイメージが担わされているのかもしれない。口語訳の「勝ち得て余りがある」も《ヒュペル》の響きを残した味わい深い言葉である。「勝ちすぎ」とも言いうるこの語をどのように捉えて語るのかが、このテキストの説教では重要になってくると思われる。言葉を超えたことに捕らえられているパウロの言葉は熱を帯びている。この同じ熱にほだされる言葉がこの説教を支える。

次のような説教の構想を提案する。

一　神が味方

二　輝かしい勝利（ヒュペルニカオー）

一　神が味方

「何と言ったらよいだろうか」(三一節)に次いで「神がわたしたちの味方」(同)とパウロは語り始める。これまでもパウロは「万事が益」(二八節)と高い調子の言葉を語ってきた。神の恵みに応じて精一杯の信仰を献げ語っているパウロが、一呼吸置いて息を整え、凱歌を歌い始める。その調子はよりいっそう高くなる。そのはじめの言葉が「神が……味方」である。考え抜いた言葉というよりも、彼の迷いのない一途な信仰を物語る言葉である。「初めから終わりまで信仰」(一・一七)と語り始めたパウロは、ここでなお神を一途に信じているのである。

その信ずべき神は〈わたしたちの味方〉としての神である。〈わたしたちの味方〉の《ヒュペル・ヘーモーン》は、原文ではもう一度同じ形でそのすぐあとに「わたしたちすべてのために、その御子をさえ惜しまず死に渡された」(三二節)と続く。

そうすると、神がお示しくださる味方としての覚悟が「御子を死に渡」すほどであるということが明示されているのである。そのことは「キリスト・イエスによって示された神の愛」（三九節）という言葉でさらに言い換えられる。「これらのこと」は大きな文脈では第五章から第八章までと考えられ、もう少し限定的な見方では直前の神の摂理の関連（八・二八―三〇）と見られるが、そのどちらにしても彼の論述が目指していたのは、「キリスト・イエスによって示された神の愛」（三九節）である。この「示された」は原文にはなく補われている言葉だが、たしかに〈神がお示しになった〉ということをここに読み取ることができるだろう。神は御子を死にお渡しになる形でご自身を啓示されたのであるし、それをそう受けとめるべくパウロは御子の十字架にまなざしを注ぎ続けているのである。

　興味深いのは、パウロが御子の十字架の出来事から「御子と一緒にすべてのものを」と言葉を進めるところである。十字架のもとで力を得て立ち上がり、すべてを見渡しはじめる。口語訳だと「御子のみならず」ともなる。そうすると「御子だけではないのだ」という主張もそこに読み取れるが、それは正しいのかもしれない。十字架の前に立ちとどまって、自分の罪の赦しだけを見ているような、あるいは「御子だけしか与えられていない」と思い込むような、小さな信仰の枠組みを砕こうとしていると言えるだろう。神の恵みは私たちの罪も赦すし、聖化ももたらすし、世界をも変えるという、すべてに及ぶと語る救済論を見る。つまり、聖書のなかで最も高い調子で救いを語ると言ってもよい第八章の結論部で、パウロが語っているのは、神の救いの〈すべて性〉とでも言うようなものである。キリスト者が少数派である日本において、大きな社会の片隅で主の日の朝に小さな礼拝を献げているという感覚に捉えられているとすれば、そのような狭さから私たちを連れ出そうとするのである。

　たしかに「すべて」は私たちのテキストのなかで三度（三二節×2、三七節）語られる。この三度で言い表されていることを改めて表現してみれば、〈わたしたちすべてはすべてを賜っているのですべてにおいて勝利を収めるのだ〉と言える。要するに、究極的な救いを言っている。神が救いの御心を抱かれたとき、抱き給うのが神であるがゆえにその救いは究極なものとしてあらわれる。こう語るパウロの心は、コリントの信徒への手紙一の「神がすべてにおいてすべてとなられる」（一五・二八）という言葉に表れている救いの極みを語る彼の心と重なっている。このコリントの信徒への手紙のほうの発言はきわめて終末論的なものであるが、その究極の救いの兆しを十字架に先取って見ているというのが私たちのテキストであろう。十字架が立てられたあのシオンの山には、すでに神の〈すべて性〉が垣間見えているのである。それゆえに、「御子と一緒にすべてのものをわたしたちに」とパウロは語り進めるのである。

　この神の〈すべて性〉は、当該テキストが前の部分の全能と摂理という文脈と深く響き合っている。ハイデルベルク信仰問答の問二六では使徒信条冒頭の「全能の父なる神」で何を信じているのかと問い、こう答える。「天と地とその中にあるすべてのものを無から創造され、それらを永遠の熟慮と摂理とによって今も保ち支配しておられる、わたしたちの主イエス・キリストの永遠の御父が、御子キリストのゆえに、わたしの神またわたしの父であられる、ということです。わたしはこの方により頼んでいますので、この方が体と魂に必要なものすべてをわたしに備えてくださること、また、たとえこの涙の谷間へいかなる災いを下されたとしても、それらをわたしのために益としてくださることを、信じて疑わないのです。なぜなら、この方は、全能の神としてそのことがおできになるばかりか、真実な父としてそれを望んでもおられるからです」。やはり、私たちの信仰は、神は「必要なものすべてをわたしたちに備えてくださる」というものである。「すべてのものをわたしたちに賜らないはずがありましょうか」という父の愛のなかに、御子の十字架の死も見えているというふうにも言えるのである。「必要とあらば何でも！　御子までも！」というのが、「主キリスト・イエスに示された神の愛」（三九節）である。

　そこまでの神の愛が私たちを献身へと駆り立てるのである。三二節の《惜しむ・フェイドマイ》は七十人訳の創世記二二章一二、一六節でも使われている。パウロが創世記のイサク奉献の物語を念頭に置いていると考えてよいだろう。その両者の間で共鳴しているのは、〈献身〉である。「屠られる羊」（ローマ八・三六）は、引用元の詩編四四篇二三節では苦悩のなかからの神への嘆願の祈りであるが、ここでその嘆きはたたえとなっている。「屠られる羊」は神をたたえ、深い喜びに生きているのである。キリストの愛に神の愛をはっきりと知ったからである。「屠られる羊」と「聖なる生けるいけにえ」（一二・一）は、パウロにとって同じものであろう。惜しみなくすべてを賜る神の愛は、私たちを惜しみなき献身に駆り立てるのである。

　アブラハムの惜しみなき献身が呼び覚まされたのは、やはり神のすべての「備え」（創世記二二・八、一四×2）を知らされたからである。このヘブライ語の《イルエ》は、むしろ「見る」という意味である。そうすると、すべてを備えて見ておられる神の真実がアブラハムを捕らえるという物語の成り立ちなのである。ブルッグマンは、バルトがprovide（備える）からラテン語のpro（先に）とvideo（見る）の関連を見つつ、それが神のprovidence（摂理）という重要な神学的な資源を切り開いていると言う。そのことは当該テキストを扱うときに思い起こしておくべきである。「アブラハムのこの告白（八節）……は、〔イサク奉献という〕試みに関するエピソード全体が、良き配慮と保全への神の良き関心というコンテキストの中に設定されていることが明らかである」（『創世記』三三〇頁）。こうした摂理の神への信仰を、アブラハムは試みのなかで持つに至ったのである。そしてその信仰をこそ神は「神を畏れる者」（二二・一二）として承認しておられる。そうすると、アブラハムによるイサク奉献は〈神がすべてを備えてくださる〉という摂理的恩寵への応答である。ヴェスターマンは二二章一四節bを次のように訳す。「そこで人は今日（なお）、この山の上で言うのである、『神は御自身を見せられる』と」（『創世記Ｉ』三六五頁）。味わい深い訳である。アブラハムが神から見るようにうながされつつ見ていた主の真実を読み取るように訳している。神がご自身を見せられるモリヤを歴代誌下はソロモンが神殿を建てる山、すなわちシオンの山であると語りはじめる（三・一）。後に主の十字架が立てられる山である。まさに、「御自身を見せられる」神の態度は一貫していて、十字架においても「主キリスト・イエスによって示された神の愛」（三九節）は変わることがない。十字架に味方なる神を見るということは、罪の赦しのみにとどまらずすべてを賜るほどの味方であると語るのを聞くことである。「神の献身」と言うほどのものである。

二　輝かしい勝利

主の日に十字架のもとに集うのは、もちろん、罪の赦しを祈るためである。しかし、そこに与えられる罪の赦しは、私たちの現状を元通りに回復するというような堂々巡りのものではなくて、救いの歴史をぐんぐんと進めていくような神の勝利の力が巡っている。罪の赦しも与えられるし、すべてを摂理のなかで受けとめるまなざしも備えられる。明暗さまざまな私たちの生活の「すべて」を終局において最善に導く神が見えてくる。

パウロは言葉の限りを尽くしてこの勝利を語る。神の確かな救いの御手を見て「何と言ったらよいだろうか」と言葉を探すパウロは、「輝かしい勝利」と言う。原文では、《ヒュペルニコーメン》である。聖書でここに一度しか出てこない言葉である。ワルケンホーストは、これがパウロの造語だと言う。ヘブライ語訳の新約聖書ペシッタで「勝利を得た者」という表現になっているのは、訳が困難なためだと指摘する。英訳では、more than conquerors という訳が多く見られる（NIV、RSV、KJ他）。言葉で追いつけないことを、しかしそれでも語ろうとしている。この「勝利」と合わさっている《ヒュペル》は、英語のハイパーという言葉のもとになっている。今ではカタカナ言葉で使われるようになった。広辞苑では〈「過度の」「超越した」の意。スーパーよりもさらに強い意味で用いる〉とある。「過度の勝利」あるいは「勝ちすぎ」と考えてもよいかもしれない。とにかく、イーヴンな戦いとか、やっと勝てると言うような勝利ではないというのである。

この勝利は、終末的なものとしてここでは描かれない。「輝かしい勝利を収める」の時制は現在形である。本黙想の冒頭で言及したとおり、「輝かしい」という言葉は光のイメージを投げかけるかもしれない。それを肯定的に捉えるならば、終末における関係の光が、すでに現在にまで照っているということを語ることになっているだろう。その意味では、それは確かにパウロがここで行っていることである。パウロとそしてキリスト者たちの現実は、三五節、三六節と語られるとおりである。これは、キリスト者の歩みをトレースしたものである。しかし、詩編第四四篇では嘆きであるはずの現実がすでに明るいものになっている。それは、「愛してくださる方」がおられるからこそ、「輝かしい勝利を収め」ることができるからである。

ワルケンホーストは、三七節、三八節に数えられるキリスト者を神とキリストの愛から引き離す十のものが、第五章から第八章に語られていた死の支配であると言う。そのなかで「死」の対句として「命」が数えられている。この語《ゾーエー》は直前では「霊の思いは命」（八・六）と出てくるものの、文脈上はそのような神の与える命とは違い、人間の肉体的な「命」である。そうすると、死に支配された命である。つまり、死に抗いつつ自分の命の確かさと強さを自他に認めさせるように生きるのである。そこに「肉の思い」が動いている。「肉の思いは死」（八・六）である。自分で肉を生かそうとするときに、死なないように、虚無に帰さないようにというふうに思いが捕らわれて、結局死がその生の支配原理になるのである。

しかし、その死も被造物である。十のなかの最後に「他のどんな被造物も」が言及される。直前の「低い所にいるもの」は《バソス》であって、ワルケンホーストは「深いもの」と訳し、「人間には理解できないほど深いものである。それは理解できないもの、名をあげて把握できないものであるから、いっそう恐るべきものである」と説明する（四九二頁）。この理解できぬ「深いもの」の直後に「他のどんな被造物も」と言われる。要するにパウロは、知らない物も含め、神以外に存在するすべてを被造物として数えようとしているのである。とすれば、興味深いのは、「死」が被造物として数えられている点である。死の支配力は強いけれども被造物である。被造物であるからこそ、造り主の支配のもとにある。パウロが「輝かしい勝利」というのは、「愛してくださる方」が死に打ち勝ち復活させられたキリストであるからである。

本当に死を押しやるように教会は存在している。この黙想をイースターの祝いの余韻のなかで書いている。幸いなイースターを過ごし得た。信徒たちが輝いている。明るく高揚している。「キリストの愛から引き離す」（三五節）苦しみや困難のなかを生きている信徒たちである。しかし、引き離されてはいない。現に高らかにイースターの勝ち歌を歌っている。そこに苦悩に勝利している教会の姿を見る。「輝かしい勝利」は、遠くにあるのではない。教会の日常にある。その光の強さのゆえに、苦悩や困難に塗り込められずに、ほんとうに明らかな喜びを神に献げることが許されている。輝かしい勝利の光は私たちの足下にも照っている。

参考文献

カール・バルト『ローマ書講解　下』小川圭治、岩波哲男訳、平凡社、二〇〇一年

ウルリッヒ・ヴィルケンス『ローマ人への手紙（6—11章）』（EKK新約聖書註解Ⅵ／2）岩本修一・朴憲郁訳、教文館、一九九八年

K・ワルケンホースト『信仰と体のあがない——ロマ書の解釈五—八章』中央出版社、一九七九年

W・ブルッグマン『創世記』（現代聖書注解）向井孝史訳、日本キリスト教団出版局、一九八六年

C・ヴェスターマン『創世記Ⅰ』（コンパクト聖書注解）山我哲雄訳、教文館、一九九三年

ローマの信徒への手紙　九章一―五節

楠原　博行

一　はじめに

ヴァルター・リュティの説教集『ローマの信徒への手紙』は全四章からなり、「救い（一―四章）」、「新しくされる（五―八章）」、「選び（九―一一章）」、「委任（一二―一六章）」という章立てになっている。まず救いが告げられ、そして信仰者は新しくされたのだと知らされる。何よりも第二章を閉じるローマ書八章は、ひたすらなる神の愛、キリストへの信頼が、声高らかに告げられて閉じられる。それはキリスト者全体への「神の勝利」（J・ダン。「神の勝利――その誠実と信仰の保証（八・三一―三九）」）の告知である。しかしそれが九章に入ると、一転してパウロ個人の、悲しみと痛みの告白になる。そしてパウロが語りだすのはイスラエルの民について、その神による選びについてなのである。われわれの教会の共同体にこのテキスト箇所が与えられたなら、われわれは何を語るのだろうか。

ユーデンフラーゲ（Judenfrage ユダヤ人の問題）という言葉がドイツ語のこの箇所の注解書や説教の中に現れる。ドイツでは三位一体日後第一〇の日曜日が「イスラエルの日曜日」に定められており、ローマ書九―一一章から説教テキストが選ばれることが多いようである。ホロコースト後の時代に、反ユダヤ、反セム主義から脱してユダヤを理解すること、むしろショアー（絶滅）の共犯者となったことへの贖罪の時ととらえるのである。ではわれわれの教会でもユダヤ人が主題となるだろうか。いやそうではないと思う。九―一一章「選び」の中でW・リュティは、「神の道の尊厳」（九章）、「頑《かたくな》になることの罪」（一〇章）、「憐れみの神秘」（一一章）と、ひたすらわれわれの信仰の問題として語る。その中での九章は「ご自分の御言葉と御心とを貫かれる、主について父について告げ知らされるのです。そして見よ、これは、その約束の言葉であって、救いの御心なのです」（同一九八頁）。これがわれわれの説教の主題となる。

二　ヴォキャブラリ

この箇所には「真実」、「栄光」、「契約」、「律法」、「礼拝」など重要な語がいくつも現れるが、特にこの箇所に独特な言葉についていくつか挙げることにする。

a．エン・クリストー（一節）

パウロがエン・クリストーをここで用いる影響は大きいとJ・ダンは言う。「パウロはここで主に宗教的体験を言っているのである（二節を参照）。キリストの救いのわざにより決定づけられた信仰者という意味ではなく、『キリスト者』という意味（New English Bible）でもなく、キリストのからだの一部という意味（他ではその意味でも用いられる）でもなく、そうではなくて、生きておられるキリストと、そのキリストから認められ、支えられていることに、より頼む自分を自覚した体験を言っているのである」（J・ダン『ローマ書九―一六章』五二三頁）。

ローマ書六章六―一一節の項でJ・ダンの説明を紹介したが、彼による全説明をまとめると（彼による九章の注解でもこの六・一一の注解を参照する）以下のようになる。

①信仰者は『キリストにある』存在である（ローマ八・一、一二・五、一六・三、七、九、一〇、Iコリント一・二、三〇、四・一〇、一五・一八、一九、Ⅱコリント五・一七、一二・二、ガラテヤ一・二二、二・四、三・二六、二八など）。

②信仰者は『キリストにあって』何かを行う（ローマ九・一、一五・一七、Iコリント四・一五、一七、一五・三一、一六・二四、Ⅱコリント二・一七、一二・一九など）。

これらは両方ともにしばしばエン・キュリオーが用いられる。これらと少し異なるのは、

③『キリストにあって』生じる、あがないの力という考え方（ローマ三・二四、六・二三、八・二、三九、Iコリント一・四、一五・二二、Ⅱコリント二・一四、三・一四、五・一九、ガラテヤ二・一七、三・一四、五・六など）。

「これら三つの用法は明らかに相互につながりがあり、重なり合うものである。それは神の力が『キリストにあって』人間と関わり合い、（この人生においてそれがどれだけ不完全な仕方であったとしても）キリストの性質にあずかる価値ある生き方を可能にするのである」（J・ダン『ローマ書一―八章』三二四頁）。

エン・クリストーの言葉についてコリントの信徒への手紙二、五章一六―二一節の黙想の中で加藤常昭先生が記された一文を是非紹介したい。「新共同訳では、このエン・クリストーというパウロの言葉を『キリストに結ばれる』という訳語で言い表すようになった。場所的概念に含まれていた関係を、直接に関係を言い表す、いわば関係概念にしたのである。なるほどと思うが、キリストの外に出てしまったのではないか、という疑念を捨てることはできない。キリストの愛と結ばれるというのと、キリストの愛のなかに取り込まれる、というのとでは、出来事の内容に違いはないであろうか。キリストの外にあって、愛の結びつき、絆に生きるというのと、キリストのなかに生きるということとは違うのではなかろうか。ギリシア語を知る者は、『キリストに結ばれて』という言葉を、エン・クリストーという原文の表現に置き換えて読んでいることが多いであろう。いずれにせよ、肉に従わないキリスト認識とは、キリストのなかにあって、キリストを知るということなのである。エフェソの信徒への手紙三章一八節が語るような、キリストの愛のなかにあって、その大きさを知ることと同じである」。

加えて竹森満佐一先生がエン・クリストーについて次のように語られている。「キリスト・イエスにあってとわざわざ言っておりますけれど、これはキリスト・イエスの他にはどこにもなかったと言うことであります。われわれは今日まで信仰生活を続けて参りましたことは、実はそのことのゆえであったと言うことです」（一九八二年一月三日の説教）。これはJ・ダンが言う体験と同じ体験について言っているのではないだろうか。

b．「シュン」ではじまる言葉遣い

ローマ書六章六―一一節の黙想でも指摘した「シュン」ではじまる言葉がここにもいくつも現れる。シュマルトゥレオー（証しする。一節）、シュンエイデースィス（良心。一節）、シュゲネース（同胞。三節）。そこでも述べたようにこれらの言葉遣いをパウロが用いるのは、それにより「キリストの交わりにあることに根ざす、信仰者の交わりを考えていることに疑いはないのである」（J・ダン、三一三頁）。

c．ルペー（悲しみ。二節）、オドゥネー（痛み。二節）

ルペーとオドゥネーの語が重ねられるのは強い感情的な表現である。ギリシア語でこの二つの言葉が重ねられることはイザヤ書三五章一〇節と五一章一一節にも見られるものである。

「主に贖われた人々は帰って来る。とこしえの喜びを先頭に立てて　喜び歌いつつシオンに帰り着く。喜びと楽しみが彼らを迎え　嘆きと悲しみは逃げ去る」（イザヤ書三五・一〇）。

二つの箇所ともヘブライ語のヤーゴーン（悲しみ）を七十人訳聖書ではオドゥネー・カイ・ルペーと訳すのである。パウロはおそらくこれら旧約聖書の言葉を思い浮かべている。

「それはこの『悲しみ』が、主に贖われた人々が主のもとに帰って来て、神の義による救いを経験すれば消え去る『悲しみ』であることを意図しているのである」（J・ダン『ローマ書九―一六章』五二四頁）。

d．フィオセシア（神の子としての身分）（四節）

フィオセシアとは養子縁組を意味する言葉である。

フィオス（子）＋セーシス（据えること）／ティセーミ（据える）。「フィオセシア『養子にする』はローマ書八章一五、二三節、九章四節、ガラテヤ書四章五節にも見られるパウロ独特の言葉である。ギリシア＝ローマ世界の法律から取られた言葉であり、生まれによるのではない子を養子とすることを言う。この言葉は紀元前二世紀の文書に、また紀元前一世紀のディオドルス・スィクルスとニコラウス・ダマスケヌスの記述にも現れている。裕福ではあるが、子供のない成人が、後継ぎを欲する時、通常は未成年の男の子を、他には成年を、しばしば奴隷を、自分の息子として養子にしようとしたのである。パウロにおいてこの言葉は、信仰者が神と共に持つ、特権を有する新しい関係を言うが、旧約聖書を背景とするイスラエルと神との関係に照らして考えなければならない。確かにローマの信徒への手紙六章四節においては、養子縁組がイスラエルの特権のひとつとしてパウロによって挙げられているのであり、それはまたキリストの教会の特権ともなるのである（ローマ九・二六、またⅡコリント六・一八を参照）」（アンドリュー・T・リンカン『エフェソの信徒への手紙』二五頁）。

e．キリストは、万物の上におられる、永遠にほめたたえられる神、アーメン（五節）

新共同訳聖書はひとつの翻訳を選択している。口語訳のように「万物の上にいます神は、永遠にほむべきかな、アァメン」と訳すことも可能だからである。二つの選択肢がある。①ホ・オーン・エピ・パントーン・セオス以下をクリストスにかかる関係節と理解するのである（新共同訳）。それがもっとも普通の読み方であり、パウロが記すスタイルにも一致し、もし独立した頌栄ならエウロゲートスが最初に来るはずだからである。②もう一つはこれを独立した頌栄と読む選択肢である（口語訳）。イスラエルの選びを語るパウロの思考の流れにおいても、神の賛美で閉じられることが自然である。他方①のようなキリスト論はパウロには見られず、キリストの普遍的支配を語るときは必ず神学的な備えを欠かさない。またパウロがキリストを主と呼ぶのは、一人の神と区別するためであり、イスラエルについて語る九―一一章全体を閉じる賛美がキリストへの言及を欠いていることも、この理解を支持している。（J・ダン、前掲書五二八頁以下参照。ちなみに彼は後者を選んでいる）。

四　説教のために

ローマ書八章は「ファイナル・コーラスのクレッシェンドさえ越えて、信仰を高く歌いあげるソリストの声」（J・ダン、五一二頁）によって、「賛美歌のように、勝利を歌い上げる終わり方」（ウルリヒ・ルツ、ハインリヒ・シュリアの引用、二八四頁、欄外注）をした。しかし続く九章へは「つながりや橋渡しはまったく見られない」（U・ルツ、同）。接続詞もまったくなく一節はアレーセイアン・レゴー・エン・クリストー・ウー・プセウドマイと始まる。これらの言葉は「ゆっくりと、おごそかに強調しつつ読まれるようにとパウロが意図したとの印象を受ける」（J・ダン）。そして「これほどおごそかな言葉遣いは他には見当たらないほどなのである」（H・シュリア、二八四頁）。

そして告白される深い悲しみと絶え間ない痛みの理由は、同胞イスラエルがよりにもよってパウロの福音にあずかっていないということである。悲しみが記される直前、直後の言葉も関係ないはずがないだろう。「わたしたちの主キリスト・イエスによって示された神の愛から、わたしたちを引き離すことはできないのです」（ローマ八・三九）と告げたのに、よりにもよって自分自身の「兄弟たち、つまり肉による同胞」（同九・三）が救いにあずかることができない。もし彼らが救われるのならば、「わたし自身……〔そ〕のためならば、キリストから離され、神から見捨てられた者となってもよいとさえ思っています」（同）の言葉が一層切実に響いてくる。

「なのにエルサレムはナイン〔ドイツ語：いいえ〕と言うのです。イスラエルは救われることを欲しない。これはいったいどういうことでしょうか？　まさに『預言者は故郷では敬われないもの』なのです。まさに『自分の民のところへ来たが、民は受け入れなかった』のです……キリストはすべての民の救い主、世の救い主と言うのに、よりにもよってイスラエルの救い主ではないと言うのでしょうか？」（W・リュティ、一九〇頁)。「わたしたちは先ほど八章で、いかなるものも『わたしたちの主キリスト・イエスによって示された神の愛から、わたしたちを引き離すことはできない』(八・三九)と読んだばかりなのです。ついにわたしたちはなおひとつの問いの前に立たされたのです。何ものも? 誰も私たちを引き離すことはできないのか? 人間自身も? もし自分を神の愛から引き離そうなどとするのならば? そしてついにイスラエルはこのとんでもないことをしてしまったのです。自分の力で努力をして義を得るという、このとんでもない試みによって、尊いかなめ石はつまずきの石となってしまったのです(三〇―三三節)。神の愛から自ら離れることができると言うのでしょうか? 諸々の民と異邦人は救われると言うのに、イスラエルは救われないのでしょうか? イスラエルの自分を滅ぼそうとする意志が神の救いのご意志より強いのでしょうか? イスラエルのナイン〔いいえ〕が神のヤー〔はい〕より重く、力強いのでしょうか?」(同一九一頁)。

パウロの悲しみはユダヤ人でないわれわれには遠いものだろうか? W・リュティは、その悲しみは身近なところにあるのだと語る。加藤常昭も言う。「こういうふうにパウロが、言わざるを得ない時の背後には、おそらくまだ自分と一緒に、キリストを呼んでくれない家族の顔が心に浮かんでいたかもしれません。自分のおじさんやおばさんが、自分が教会の伝道者になって以来、こっちを向いてくれないという、痛みの中にあったのかもしれないと思います」(『ローマ人への手紙3』一九九〇年、一六九頁)。しかしパウロがここで語り始めているのは恨み言ではないと加藤は言う。頑《かたくな》な人々の心を非難するのではなく、「神さま、あなたの救いはどこにあるのですか」(同頁)と問うていると言うのである。それがわれわれの肉親の問題であるとしたらどうだろう。「パウロがこのような痛みを感じることは、人間的に理解できるでしょう。結局のところ彼の血と肉とを分けた肉親が問題になっているのですから。自分自身の子供や自分自身の父が滅びゆくのを見るとしたら。パウロにとってはそのようなのです」(W・リュティ、一八九頁)。これはわれわれにとっても理解できる痛みであり、日本に暮らすキリスト者としては切実な問題でもある。パウロの「深い悲しみ……絶え間ない痛み」はわれわれの悲しみであり、痛みである。

さらに説教者たちが語るのは九章からわれわれが読み取るべき主題である。まずそれは神の憐れみを知ることであると竹森満佐一は言う。「ローマ書はキリストによって救われるということについて八章の終わりまで語り続けて参りました。そして第九章に至りまして、今度は話は一転するのであります。そして九章から一一章までの間にわれわれがしばしば考えもしないような、想像もしないような事が出て参ります。普通にはそれはイスラエルの救いの話だと言います。しかしある人が申しましたように、それはイスラエルの救いの話ではなくて、もちろんそうでありますけれど、その事を考えながら神の憐みの尊さと深さとを本当に知る。それがここに記されていることの大事な点であります。そういう意味で私どもは今日から、また新しい福音の内容にふれていくのであります」(竹森満佐一、一九八二年一〇月一七日の説教)。

一方、W・リュティが語るのはイスラエルの問題に限らず、誰であれ（だからわれわれの問題でもある）人間が滅びてしまうことの恐ろしさである。人間は自分を滅ぼしてはならないのである。そのよりどころは神への信頼である。続く六節の「神の言葉は決して効力を失ったわけではありません」が重要である。「ぞっとするようなパースペクティヴです。人間が自分を滅ぼす可能性が存在し、灰色の中へと、ぞっとするものを生み出す兵器が存在するような時代にあっては二倍もぞっとする、パースペクティヴです。使徒はこの息をのむような途方もない『信頼の問い』を決して避けることをしません。その正反対に彼は、その問いをまず先鋭化させます。もしイスラエルが！ナインと言うなら、生の木〔訳注：ルカ二三・三一〕さえこうされるなら、一体全体、神の御言葉はなお有効なのでしょうか？　神の約束はなお有効でしょうか、それとも無効になってしまったのでしょうか？　『神の言葉は決して効力を失ったわけではありません』（六節）。いいえ、いいえ、神の言葉は決しておしまいにはなりません。イスラエルが自分の神から離れたいと言っても――周知のように離れるためには常に二つのものが必要です。そして神はそのように離れることを承諾はなさいません。神はご自身の民からは離れることはないのです。私たちはそのことについてすばらしい一一章を読むことになります。神はしっかりと、ご自身の言葉が有効であり続けるようにされるのです。『肉なる者は皆、草に等しい。永らえても、すべては野の花のようなもの。草は枯れ、花はしぼむ――が　わたしたちの神の言葉はとこしえに立つ』（イザヤ書四〇章）。いいえ、神の言葉はおしまいにはなりません。このすばらしい認識について使徒はただ、祈りの言葉による喜びの声を発することができるだけです。『キリストは、万物の上におられる、永遠にほめたたえられる神、アーメン』（五節）」（W・リュティ、一九一頁以下）。

九章六節以下の部分についてW・リュティは次のようにも告げている。「この章の残りの部分はすべて、ご自身の言葉とご意志とをかたく保ち、ご自身の決定について厳かにも自由であられます、この神を拝むことのみなのです……私はこの章を、この神を拝むこととは違うように読んではいけないと警告したいのです。哲学をするためにではなく、愛の力を拝むためなのです。ご一緒に拝むことをしたいなら、ご一緒いたしましょう。抽象的な物思いにひたろうとするなら、途中で落伍してしまうでありましょう。『キリストは、万物の上におられる、永遠にほめたたえられる神、アーメン』」（一九二頁）。この言葉が、さらにローマ書を黙想し続けるわれわれの助けとなるだろうか？

参考文献

James D. G. Dunn, *Romans 1-8* (Vol. 38A), Word Incorporated, Dallas 1998.
James D. G. Dunn, *Romans 9-16* (Vol. 38B), Word Incorporated, Dallas 1998.
Andrew A. T. Lincoln, *Ephesians* (Vol. 42), Word Incorporated, Dallas 1990.
Heinrich Schlier, Der Römerbrief, Herders Theologischer Kommentar zum Neuen Testament, Verlag Herder Freiburg im Breisgau, 1977.
Walter Lüthi, Der Römerbrief, Verlag Friedrich Reinhardt AG., Basel 1955.

ローマの信徒への手紙　九章六―一八節

蔦田　崇志

本書は九―一一章にかけてイスラエル民族の選びに関する主題が扱われる。留意すべきはこの大きな区分がイスラエル民族について記されている区分であって、イスラエル民族に向けて記されているわけではない点である。ここに込められている真理はイスラエル民族のみならず、ローマにある教会に、そして今日ローマ書を読む私たち全てに向けて記されたものである。

いまだ有効な神の言葉

ここで神の言葉の効力について疑念が投げかけられる。これはイスラエルの現状を鑑みての問いかけである。言うまでもなくパウロは「否」と返答するものの、ここで問題となるのはその根拠である。

神の言葉が効力を失ってしまったと疑われる所以は、イスラエル民族の現状にある。すなわちキリストによってもたらされた福音に、同胞イスラエルが与る兆しが見受けられない。実に福音の広がりを外から妨げ、教会の中でも例えば一四章で言及のある食物規定（二―三節）や暦の規定（五―六節）に関わって、ユダヤ人が調和を乱す要因を持ち込む様子が暗示されている。人はとかく妨げとなるものについて受け入れることに消極的である。むしろ否定的になり、あるいは積極的に排斥、さらには断罪する傾向がある。ローマ教会の会衆の中にはユダヤ人改宗者もあれば、異教徒出身の回心者もいたことは疑う余地はない。その割合については学者の数だけ統計もあろう。しかし、彼らの間でユダヤ人改宗者、あるいは回心さえしないユダヤ教徒によって福音伝播に、また教会建設に障害がもたらされているとみなされているとすれば、まさに神のイスラエル民族に対する祝福と繁栄の言葉はもはや無効と見られても仕方あるまい。ましてやクラウディウス帝によるユダヤ人退去令などイスラエル民族の悲運を併せ考えると、それこそ神が世の権力を用いてもこの民族を裁かれていると判断されても不自然はない。

そのような裁定に対してパウロは声を大にして「神の言葉は効力を失ったわけではありません」と訴えているのである。彼にそれほどまでの確信を与えたのは神の約束であった。神は人と約束を交わされる方であり、さらにはその神がご自身の結ばれた約束に対して厳格に真実であることを指し示す二人の証人を、パウロはイスラエルの歴史から呼び出す。一人はイサク、今一人はその子ヤコブである。

イサクにみる神の約束（六―九節）

神の言葉が有効性を裏付けるのが神の約束であることをパウロは続く議論の中で訴える。六―七節においてこだわるようにして「アブラハムの子孫」ではなく「イサクの子孫」と焦点を定めたのはそこに意図がある。神が約束の成就として賜ったのはイシュマエルでもなく、またその後に誕生したケトラの子たちでもなく（創世記二五・一―四）、サラとの間に生まれたイサクである。イシュマエルに非があるわけでもなく、またケトラの子たちに不足があるということではない。ただ、神はアブラハムとサラとの間に子供を授ける約束を交わされた。その約束を確かなものと示すため、両者とも改名をし、アブラムはアブラハムに（創世記一七・五）、サライはサラ（一五節）となる。さらに生まれる子供にイサクの名が予め与えられる（一九節）。まずはハガルではなく妻のサラから約束の子が誕生することが確約された瞬間である。このとき既に神は「わたしの契約は、来年の今ごろ、サラがあなたとの間に産むイサクと立てる」と約束された（二一節）。

神の約束に対する真実は徹底していて、約束に対して寸分違いのないわざが成される。状況や現状に左右される類のものではない。イサクの約束が交わされたとき、アブラハムの年齢が九九歳に達したことが記録されている（一七・一）。これはただ単に彼が老いたことを表しているのではない。前節（一六・一六）にはイシュマエルの誕生の際にアブラハムが八六歳であったことがわざわざ明記されていて、つまりイサクが誕生する頃に、イシュマエルは一三歳に達して所謂成人を迎えたことになる。片方には立派に成人した男性が立っており、他方には生まれたばかりの赤子がその母に抱かれている。一族の長としてこのどちらに祝福の継承権を譲ることが責任ある判断であるのか。二一章にてイシュマエルがイサクをからかう場面が描かれているが、これはただの戯れではなく、両者の力の違い、立場の違い、勢いの違いを見せつける出来事ではなかったか。「イサクから生まれる者が、あなたの子孫と呼ばれる」（ローマ九・七）との確認の聖言はそのようなときに語られた（創世記二一・一二）。神の約束はそれでも変わらない。この神秘こそ「約束の子ども」に内包されている真理である。

結論に代えて創世記一八章一〇節が引用され（ローマ九・九）、ローマ教会を取り巻く現状の中でイスラエル民族がどのように映っているのかを判断基準にするのではなく、その彼らに対して神が交わされた約束の言葉が何であるのかを頼りにすると、パウロはその硬い決意を告白している。

ヤコブにみる神の約束（一〇―一三節）

約束に対する神の真実を裏付ける今一つの事例が続けて挙げられる。「同じことが言えます」（一〇節）と前置きがされてイサクとリベカとの間に生まれた子供の例が取り上げられる。神が予め語られた言葉、神の約束が間違いなく実現する、その真実さにおいてこの事例からも同じことが言える。

さて、この場合もまたパラドクスが存在する。先の例に見受けられるパラドクスが、出産適齢期を遥かに越えてしまった妻サラによって約束の子が与えられる、という生理現象の道理を覆した約束の成就であったとすれば、今回は弟が兄を差し置いて祝福を受け継ぐ約束の子とされるパラドクスである。双生児とはいえ、人の道理の定めるところにより、先に生まれた方が兄となり、この順位は片方を他方に従わせる根拠となる。そしてエサウとヤコブの場合、ヤコブはエサウのかかとをつかんだのだから間違いなく彼が弟であり（創世記二五・二六）、その事実は彼の名前に刻印されている。ところがその些細でありながら致命的な差異をも、神は約束を果たされるために覆しなさる。約束は二つ。先ずは両者ともに一つの国家を形成するまでに繁栄すること（同二五・二三ａ）、そして今ひとつが「兄は弟に仕える」ということ（ローマ九・一一―一二）。パウロが取り上げるのは後者の約束。神はまたしても約束通りにヤコブをエサウに比べてより強くされた。

この約束についてパウロが特筆している要点は二つ、相互に作用している。第一に神の約束の言葉が、双生児自身の道徳性に先んじて、彼らの言動に先んじて、それどころか彼らの存在そのものに先んじて、交わされた点である。イスラエルの現状を鑑みてもなお希望を抱くパウロが拠り所とする神の約束の特質がここにもある。神は兄ではなく弟のヤコブについて約束を交わして下さった。「虫けらのような」ヤコブ（イザヤ書四一・一四）を神は約束に忠実に立ててくださった。その神は今日も変わらずに真実であってくださる。

また神はヤコブの言動の善悪が明らかになるのを待たず、彼の人柄や品性の確立を待たずして約束の言葉を語られたことにパウロは大いに安堵する。もしも神が人の在り方や生き方を条件に約束を実現されるか否かを決断されるとして、果たしてその成就を見る者がこの世にあり得るだろうか。確かにイスラエル民族の現状を顧みるならば、決して神からの報酬を獲得し得るような状況ではない。しかし、もし神が民の言動に先んじて約束を交わしておられるとすれば、イスラエルの民にも同様の期待が抱けるのである。「主はわたしたちを罪に応じてあしらわれることなく、わたしたちの悪に従って報いられることもない」（詩編一〇三・一〇）との詩編を想起させる。

さて、いよいよエサウとヤコブの事例が指差す核心へとパウロは筆を進める。もし神の約束が与えられ、それが果たされる根拠がヤコブ自身にないとすれば、いったいどこにあるというのか。「それは、自由な選びによる神の計画が人の行いにはよらず、お召しになる方によって進められる」ためであった、とパウロは結論づける。すなわち神が、どんな被造物にも左右されることなく、いかなる条件によっても操られることなく、支配されることなく、自由に御旨を抱かれ、その御旨がちょうど計画が進められるように、実現するのである。選びに「自由な」が補われて翻訳されている所以であろう。それほどまでに神の御旨は何事によっても、何者によっても微動だにすることはない。神がサラから約束の子を授けると自由に定められたのならば、サラは間違いなく子をもうけるし、神がヤコブにご慈愛を注がれることを御旨とされたならば、そのご慈愛を妨げる力は世に存在しないのである。

この確信を最大限に言い表したのがマラキ書一章二節の聖句である。「わたしはあなたたちを愛してきた」という神の愛の告白から始まる預言書は、その愛の強さを訴えるべく、究極の表現をもってヤコブへの愛を歌う。もはやエサウへの憎しみを並べてしか言い表せないほどの愛がヤコブに向けられている。ローマの信徒への手紙九章一三節には、ヤコブに対する神の自由な慈愛が豊かに描かれた場面が引用されている。

約束と神の憐れみ

ここで「自由な選びによる神の計画」について疑問が投げかけられる。「神に不義があるのか」（一四節）。着目に値するのは、この疑問が投げかけられるときに、神の義が疑われていて、不義（アディキア）の嫌疑がかけられている点である。

振り返ると二章一一節においてパウロは「神は人を分け隔てなさいません」と断言している。分け隔て（プロソーポレームプシア（新改訳「えこひいき」）がないとは印象に残る表現で、まさにイシュマエルとイサク、さらにはエサウとヤコブとの間にあってもっともな嫌疑であろう。ところがパウロは、「えこひいき」にではなく、神の義に嫌疑をかける。すなわち、本書の中心問題にまで根深く疑念を投げかけるのである。「福音には、神の義が啓示されています」（一・一七）を真っ向から否定するような問いかけなのである。これはもはや好みによって左右されるような「選び」の問題では済まされない。福音の根幹を脅かす事態となり兼ねない。パウロは上段に構えて論を展開する。

無論想定される応答は最上級の否である。「決してそうではない」。これが神の義に抵触しないとすれば、何に根拠を据えて正しい選びと判断するのか。ここにイスラエル民族の救いに対してパウロが抱く希望の土台もある。ここで想起される聖句は神とモーセとが親しく語り合った対話の中で、モーセが神の栄光を拝したいと強く求めた際に神から得た回答である（出エジプト記三三・一八―二三）。神の選びの源に据えられているのは際限のない憐れみと慈しみ、あるいは出エジプト記によれば恵みと憐れみである。そして再び歴史をさかのぼり、イサクが約束されたとすればそこに神の憐れみがあり、ヤコブが選ばれたとすればそこにあるのは神の慈しみである。

念を押すように確認すべきは、神の憐れみと慈愛は人の意思や努力によって勝ち取るものではなく、そもそも豊かに溢れ流れる神の本質であるということ。パウロが同胞イスラエルの救いに希望を抱いているのは、イスラエル民族にも何らかの価値が見出されるからでもなく、まして彼自身が同胞のために一肌脱いで神の救いをもたらすことができる目算が立っているからでもない。神が憐れもうと定められたときには、その決意、その約束は変わらず貫かれることに全幅の信頼を置いているのである。

無論これは同胞イスラエルの問題に限られた真理ではない。ローマの教会の信徒たちについても言えることであり、コリント、エフェソ、テサロニケ、その他あらゆる地域にあって同じ真理、福音が今やイエス・キリストにあって示されているのである。まさに「神の憐れみがあなたを悔い改めに導くことも知らないで、その豊かな慈愛と寛容と忍耐とを軽んじるのですか」（二・四）と再びパウロは迫る。「神の憐れみによるものです」（九・一六）がまさに結論となる。

エサウは憎まれ、ファラオはかたくなにされ

ところが最後に触れなければならない、論理的な課題が残されている。もし神が「わたしは自分が憐れもうと思う者を憐れみ、慈しもうと思う者を慈しむ」と断言されたとすると、同時に論理的な展開として「憐れもうと思わない者は憐れまず、慈しもうと思わない者は慈しむことはない」となるのではないか、という疑問である。

パウロはここでわざわざファラオに言及し、出エジプトを再三にわたって阻止した男を想起させる。さらに神がモーセをとおしてファラオに宣告された聖言が引用され（九・一七、出エジプト記九・一六参照のこと）、ファラオの立ち振る舞いは全て神の意思によるものだと明かされる。その筆で締めくくるように「かたくなにしたいと思う者をかたくなにされるのです」と言い切る。では憐れみたいと思う者はモーセとイスラエルの民で、かたくなにしたいと思う者がファラオとエジプトの軍勢。慈しもうと思う者はヤコブで、慈しもうと思われない者、憎まれる者がエサウ。約束された者はイサクで、蚊帳の外に置かれたのがイシュマエル。これが神の絶対的な正義と偏りない審判と言えようか。確かに神に不義は決してないと断言されたばかりである。神の言葉は決して効力を失わず、約束は間違いなく遂行された。

一七－一八節のみに焦点を当てて読むならば、あるいはこのような結論も受け止めなければなるまい。まさに「だれが神の御心に逆らうことができようか」（九・一九）。この文脈の中に全ての回答がもたらされているわけではなく、したがって尚早な結論を引き出すことは得策ではない。しかし本稿で扱った文脈全体に視野を広げるときに、このままでは幾つかの要点を見落としてしまうことになるとすぐ気付く。

一つには、神が約束を果たそうとされる断固とした御意志である。出エジプトは神がイスラエルの民との間に交わされた四百年越しの約束であった。いよいよモーセの時代にあって民の叫びは満ちて、神はその約束を成就なさると定めなさったのである。ところがファラオは民を去らせようとしない。さてここで神の約束に対する真実さを見るときに、まるでファラオがその力をもって神のわざを阻んでいるかのように受け止められてしまってはパウロにとっても不本意である。神の言葉はファラオの力で効力を失ってしまうようなものではない。それで出エジプト記九章一六節が引用され、神の言葉の圧倒的な効力を裏付けているのである。ファラオに対する断罪でもなければ、彼を滅亡させるための術でもない。

エサウとヤコブも然り。エサウを憎んだと引用がなされているが、これはあくまでヤコブへの愛を表現する最上級の比較対照である。肯定と否定を並べて、肯定をより一層引き立てるための手法である。そのときに読者は否定されている面を取り沙汰してしまってはまたしても本意を読み誤ってしまう。「悪人にも善人にも太陽を昇らせ、正しい者にも正しくない者にも雨

を降らせてくださる」お方（マタイ五・四五）は、ヤコブとその双子の兄弟エサウについて片方に愛を注ぎ、他方を憎むことは及びもつかない。それどころかこの二人の間に「分け隔て」があるとは考え難い。同じ原理をイサクとイシュマエルとの間に見ることができる。そもそもイシュマエルもハガルもこの文脈では言及さえされていない。かくしてパウロはイスラエルの同胞と、異教徒から回心をした信徒たちの双方について、神の断固とした御心の実現を期待しているのである。

今ひとつ、神の絶対的な正義と誤りなき審判のみに着目して締めくくりを判断するときに見落とすのは、この段落の中で繰り返し鍵として取り上げられてきた神の憐れみと慈しみである。実にパウロはここにこそ彼の希望と期待とを据えていると観察したところである。そうであるならば、締めくくりの一八節に並行して述べられている聖句は、二者択一的な意味合いでの選択肢として読むことは文脈に適わないことになる。つまり神には憐れみたいと思って憐れみを掛ける者もいれば、かたくなにしたいと思って頑固にしてしまう者もいる、とは読み難いのである。神はすべての者に対してこの上ない憐れみと慈しみをもって臨まれるお方である。その憐れみと慈しみが動力となって神の言葉は効力を失うことなく、交わされた約束は真実に成就するのである。それでパウロはイスラエルの救いについても希望を抱いているのである。無論神がその約束を果たされるためにみわざを進めなさる際に、それを阻み得るほどの力を有するものはこの世に存在しない。そのように見受けられる現実があるとしても、例えばファラオがエジプトの軍勢をもってして神の民の旅立ちを阻むかのように見受けられても、そこにも神の偉大な御手が及んでいて、あらゆる事柄が神の支配のもとに慈しみに押し出されて前進をすると確信して宜しいのである。

結びに

パウロの目の前では、とても同胞イスラエルの民が福音を受け入れて救いに与る様子が伺えないのかもしれない。むしろ彼らが福音の拡大を阻む要因とさえなっているのかもしれない。しかし彼はその全てについて神の約束の言葉があると確信している。その約束を果たすことを、神は慈しみと憐れみとをもって御心とされていることに、彼は全幅の信頼を置いている。そして神はそのことを果たす御力を持っておられることを、確信しているのである。

この世の現実は人を圧倒する。信仰者の神に対する信頼を揺さぶることさえある。それは動揺、失意や悲しみ、そしてまた苛立ちさえももたらす。しかしパウロは「神の言葉は決して効力を失ったわけではありません」と確信する。そしてこの聖言を通して信仰を同じくする全ての者に希望を抱かせる。約束のイサクを授けた神、ヤコブを通して際限のない慈愛を示された神、モーセを通して確かに御旨を全うされた神が、今日に至るまでご自身の言葉に真実であってくださることに、人は希望を抱くことが許されている。

参考文献

James D. G. Dunn, *Romans 9-16* (Vol. 38B), Word Incorporated, Dallas 1998.

ローマの信徒への手紙　九章一九－二九節

浅野　直樹

口答え

東日本大震災が起きた直後、週刊誌「アエラ」が出した特集号には、写真家藤原新也氏が撮った現地の凄惨な風景が掲載してあった。破壊した町並みと悲しむ人々の姿が、頁をめくれどもめくれども続き、胸が痛くなった。

写真だけではなかった。藤原氏は写真にかぶせて詩を寄稿していた。その一部を紹介したい。

このたび、神は人を殺した。土地を殺し、家を殺し、たくさんの善良の民やいたいけな子供たちや無心の犬や猫を最も残酷な方法で殺した。……

私は水責め火責めの地獄の中で完膚なきまでに残酷な方法で殺され、破壊し尽くされた三陸の延々たる屍土の上に立ち、人間の歴史の中で築かれた神の存在をいま疑う。

読者の多くがこの詩に共感したのではないだろうかと、写真と詩を読みながら筆者はそのとき思った。「神の存在を疑う」と言っておきながら、神を主語にもってきて「神は人を殺した」と表現してしまう矛盾に気づいた人はほとんどおらず、それ以上に写真と言葉が訴える怒りの感情に読者は圧倒されたはずだ。なぜ善良な民やいたいけな子供たちや無心の犬や猫が、水責め火責めの地獄の中で殺されなければならなかったのかという問いは、無神論者までも交えて神を責め訴えたのであった。到底理解に苦しむ不義と不条理に対して人が訴えることができる相手は、神以外にいないのである。

「人よ、神に口答えするとは、あなたは何者か」（二〇節）とパウロは問いかけている。これを現代に当てはめるなら、三月一一日の災禍を嘆いた声も、神に対する文句であり、口答えといえる。ではパウロ自身は、このとき誰のことを思って口答えしていると書いたのであろうか。

弱い者いじめ

一九節の「あなたは言うでしょう」は、原典で「エレイス」、二人称単数の未来形となっている。これは、この書簡を受けとったローマ教会の、キリストに結ばれた信徒であり、パウロのいう「わたしたち」の一人である。その人が発言するであろう問いとして、「ではなぜ、神はなおも人を責められるのだろうか。だれが神の御心に逆らうことができようか」と言うのではないかとパウロは推量している。したがって二〇節の「口答えするとは、あなたは何者か」は、この人に向けられている。すなわちここでいう「あなた」とは、被災して家を失い、やり場のない気持ちを神にぶつけて文句を言っているその人ではない。むしろそうした立場の人のことを気の毒に思って同情する人の声である。キリストに結ばれた民が人を思いやり、「どうして神様は人を責めるのですか」と言うのを、それは神に対する口答えだとパウロは諫《いさ》めているのである。

この中の二つめの問い、「だれが神の御心に逆らうことができようか」であるが、筆者にはこの訳がどうもしっくりこない。前半の「ではなぜ、神はなおも人を責められるのだろうか」とうまくつながらないのである。誰も神の御心に逆らうことなどできないではないかと、神の絶対的主権を認めている発言に聞こえて、これ自体は「口答え」にはなっていないからである。原典では二つの疑問文を「ガル（なぜならば）」でつないでいるが、新共同訳を含めいくつかの和訳をみても、これを敢えて訳出していない。ＮＲＳＶは for で訳している。ＮＲＳＶに倣って訳し直してみると、次のようになる。「神に逆らうことなど誰にもできないのであるから、（逆らうことが許されないような弱い立場の人間を）なぜ神はなおも責められるのだろうか」。そういう意味で解すると、「これは神の人間に対する弱い者いじめではないのか」と言っているように聞こえてくる。「神は弱い者いじめをしているのか」という疑問を、ローマ教会の信徒が投げかけてくるのを想定して、パウロは「それは神に対する口答えである」と言い返すのである。目の前に繰り広げられている現実が、人の目にはたとえどれほど不条理に映ったとしても、絶対に譲ることのできない神の主権への、パウロの断固とした肯定をここに見ることができる。

実はこの発言のもとをたどると、九章で展開される真のユダヤ人とは誰かという問題意識にたどりつく。「肉による子供」（八節）ではなく、「約束に従って生まれる子供」（同）こそアブラハムの子孫、真のユダヤ人であり、それが誰なのかはユダヤ人の血筋だけでは決まらず、「自由な選びによる神の計画」（一一節）で決まるのだとパウロは告げる。これは、現実には神に選ばれないユダヤ人が存在してしまうという困った問題に対してのパウロの答えである。肉によるだけの子供、「神がかたくなにしたいと」思い（一八節）、かたくなにされたユダヤ人、「貴くないことに用いる器」（二一節）、「怒りの器」（二二節）となったユダヤ人がいる。ローマ教会のキリストに結ばれた「あなた」は、こういった選ばれなかった同胞ユダヤ人のことを思い、「なぜ、神はなおも人を責められるのか」と問うことを、パウロはここで想定しているのであろう。

ヒューマニズムの立場からすれば、これは十分に正当な疑問、正しい口答えである。弱い者いじめは許されない。これに対してパウロは、「神に口答えするとは、あなたは何者か」と、端から議論を閉ざし、神との関係をヒューマニズムの枠組みで理解することを禁ずる。

神義論に非ず

弱い者いじめも東日本大震災も、今日の日本社会に疼く難題だが、全能の神がなぜこういう事態を容認するのかという問いは、神義論として知られる。したがって、「なぜ神は人を責めるのか」について、神義論で論ずることもできよう。けれどもニグレンは、「ここに神義論の余地はまったくない。究明不可能な神の選びなのだから、それは成り立たない」と言う。なぜなら、「神義論は人間を中心に据えることを前提としているから」。人類愛的道理を説いて神の義を弁明しつつ、なぜこんな理不尽が許されるのかを説明しようとする努力を、パウロは一切拒否するのである。パウロは二〇―二一節で、人間と神がどういう関係なのかを述べることで拒否の根拠を明らかにする。被造物である人間は、創造者である神に対して「どうしてわたしをこのように造ったのか」とは言えない。それがそもそも口答えである。焼き物師が粘土から自由に作品を造るのと同じで、どのように造るかの権限は焼き物師にあり、彼が自由に決定する。この考え方は一二節の「自由な選びによる神の計画」と同じ主旨である。

そもそもパウロがここで論じているのは、六節にあるように「イスラエルから出た者が皆、イスラエル人ということにはならない」のはなぜか、という点である。そうだとしたら、ならなかったユダヤ人にとってそれはあまりにも不公平ではないのか、というユダヤ人パウロとしての問題意識である。そこから一四節で、「では、どういうことになるのか。神に不義があるのか。決してそうではない」と自問自答する。この発言は、言葉のうえでは神の義を貫こうとしている。それゆえに、文脈をたどり本テキストから説教しようとすると、説教者は神義論を説く誘惑に引き込まれやすい。神義論は、全知全能なる神が世にはびこる悪といかなる関わりをもちつつ、どこまで義なる神として存在できるか、あるいは悪の破壊的な力を前に、善なる神としていかに成立しうるのかを論理的に究明しようとする。はたしてパウロは神の義と善をここで貫こうとしているのだろうか。

パウロが導き出した答えは神の義でも善でもなく、憐れみだった。「不義があるのか。決してそうではない」と言ってはいるが、神は義であるという結論へ至るのではなく、まず一五節で出エジプト記を引用する。「わたしは自分が憐れもうと思う者を憐れみ、慈しもうと思う者を慈しむ」。神が自由な選びによって憐れむから、こういうことが起きるのだと説く。この箇所から説教する場合も、神義論的に神の義へ至るのではなく、神の憐れみが主題となるべきである。事実、二二節以降は神の愛と憐れみにしか触れていない。

今から思うと東日本大震災は、説教者が礼拝の中で神義論を振りかざす機会を与えることになったかもしれない。事実、いくつかの教会で実際にあったことだが、震災後しばらくしてからの主日礼拝で、「今回の地震と津波は日本への神の怒りだ。悔い改めよ！」とゲリラ的に大声で叫んでいった外国人団体があったと聞く。もちろんこれは説教ではないのだが、人間の不信仰そして堕落と高慢の罪が許しがたいほどひどく、それが神の怒りをかい、こうした破壊的自然災害が起きた、だからあなたがたは悔い改めて神に従順に生きよ、と説く説教は可能だろう。神を義とする限り、不義は常に人間の側にある。未曾有の自然災害は、人間の不義に対して、義なる神が示した怒りである、という論法はとてもわかりやすい。わかりやすいだけに無垢な会衆に受け容れられやすい。自然災害が起こるたび、教会史においてそうした説教が世界中で繰り返されてきたに違いない。しかしながら、多様な価値観が重んじられ、神を神としない世俗化社会の今日、こうしたメッセージは、神離れを煽り反感をかうだけである。このようなメッセージは、悔い改めを重んじる一部の人を除き福音になり得ない。

異邦人と残りの者の救い

二二節と二三節は、二つの従属節が「カイ（そして）」でつながっているだけで、ギリシア語原典では主節文が欠落している。ほとんどの訳文では、欠落している部分を補って疑問文とし、「……としたら、どうであろうか」と訳出している。そうしたなかニグレンは、これはパウロがよくやる手法であるとしてこれを疑問文と解さず、二三節を主節とし、そこで主文が省略されているとみなす。二二節にすでに登場している「エーネンケン・エン・ポレイ・マクロスミア（寛大な心で耐え忍ばれた）」が、二三節では主動詞となるが、これを繰り返すことを控えたのだと解釈する。そうすると二二―二三節は次のように解釈される。「神は、……怒りの器として滅びることになっていた者たちを寛大な心で耐え忍ばれたとすれば、ましてや憐れみの器として栄光を与えようと準備しておられた者たちのためにも、御自分の豊かな栄光を示そうと、なおのこと寛大な心で耐え忍ばれたのである」。神は、御心に背いた怒りの器にも寛大な心で耐え忍んだが、その同じ忍耐でさらに憐れみの器を召し出すべく、耐え忍んだのである。そしてその結果、「ユダヤ人からだけでなく、異邦人の中からも」（二四節）憐れみの器が召し出されることになったのである。

ここに、神がなぜ異邦人へも救いをもたらしたのかが、同胞ユダヤ人たちに向けて示される。神はキリストに背くユダヤ人に対して、寛大な心を示して耐え忍んできた。その結果、イザヤの預言にあるように、イスラエルの子らの「残りの者が救われる」（二七節）。そして今、同様に神は寛大な心を示し、ユダヤ人に対してだけだったはずの憐れみを、異邦人に対しても惜しげもなく与えるのだとパウロは語る。その説明のためにホセア書を引用する。「わたしは、自分の民でない者をわたしの民と呼び、愛されなかった者を愛された者と呼ぶ」（二五節）。続く二六節も同様であるが、これら旧約預言者のみことばは、神が憐れみを向ける範囲が、もはやユダヤ人だけに限らないという御心となって表されている。パウロはこの方針変更のうちに、神の御心を読み取っている。

この御心は「寛大な心」、「忍耐」、「憐れみ」として表される。それぞれ独自の意味あいをもつが、「寛大な心」と「忍耐（耐え忍び）」は、原典ではいずれもギリシア語の「マクロスミア」から派生している。一方、「憐れみ」は「エレオス」の訳語で、別の単語である。表現豊かに表される神の「人となり(神となり?)」であるが、パウロはどのような使い分けをしているのか、それとも特に意識することなく使い分けているのか、といったところが気になるので、もう少し深く探ってみたい。

「寛大」と「忍耐」であるが、人間の感情や心の中を映す言葉として考えるなら、確かに二つには異なるニュアンスがある。「寛大」からイメージするのは、どれだけでも許容できてしまう心の広さ、懐の深さ、怒ることを知らないお人好しを筆者は想う。一方「忍耐」からは、そうした心の広さや奥行きはあまり感じられず、本当は怒り心頭なのだが、それを表情にも言葉にも出さずにじっと我慢している様子を思い浮かべる。パウロは人が使い分ける人間の性格を、そのまま神に当てはめて考えたのだろうか。おそらくそうではないだろうと筆者は考える。

「寛大」と「忍耐」、二つの言葉からそれぞれ異なるニュアンスを感じ取るのは、それらが人間に対して使われることを想定するからである。表に出す表情や感情と、腹の中の本音を人間は使い分ける。顔で笑って心で泣くということをする。言っていることと実際思っていることが正反対だったりするのが人間だから、寛大と忍耐は別の意味あいをもって伝わる。顔はニコニコしながら、「大丈夫だよ、問題ないよ」と人をなだめておいて、他方陰《かげ》では、「ホントに困ったやつだ。我慢するにもほどがある」と他人に愚痴る。我々はそんな人間なので、どうしても寛大と忍耐は別のニュアンスを与える。

けれども神の属性を表現する言葉としてこれを考えるなら、そうしたちぐはぐさやホンネとタテマエを区別して考える必要はまったくない。表と裏がないのが神である。顔と心の使い分けはない。そうだとすると、寛大な心と忍耐は同意ととらえることができ、神の性質を等しく表しているといえる。事実、先述したようにこの二つの日本語は、「マクロスミア」という一つのギリシア単語の訳であり、この単語にはたしかに両方の意味がある。寛大と忍耐が同じとはなかなか受けとりにくいのだが、説教においてここから神の御心を語るに際して、二つの日本語の語義の違いにこだわり、そこに深入りしてしまうと、御心を適切に示せなくなる恐れがある。

憐れみの器と怒りの器

では「憐れみ」はどうだろうか。これは先ほどの「寛大」や「忍耐」を単純に比較する程度では不十分だろう。そもそも憐れみのギリシア語は「エレオス」、寛大や忍耐の原語「マクロスミア」とは異なる。一五節のモーセへの言葉「わたしは自分が憐れもうと思う者を憐れみ、慈しもうと思う者を慈しむ」の引用をみても分かるように、神が自由にふるまう憐れみこそが、ここでパウロが最も強調している神の力なのである。寛大や忍耐すなわちマクロスミアが神の属性とするなら、憐れみは神の本性というべきである。神の憐れみ「エレオス」は、神の「マクロスミア」を包摂している。怒りの器に対して示す寛大や忍耐も、実は神の憐れみの働きなのである。

パウロは怒りの器そして憐れみの器と称して、二つを対比した。ともするとここから二重予定説を引き出して、怒りの器は滅びへ、憐れみの器は救済へと定められているかのような決定論で説教しがちである。しかしながらアクティマイアーは、こうした解釈へ説教者が陥らないようにと、「神は不均衡に憐れみ深い」という言い方をして、この部分におけるパウロの二重予定説的解釈を否定する。怒りの器がキリストに背くユダヤ人、憐れみの器がキリストにつながるユダヤ人（残りの者）と異邦人という類比が、パウロがここで提示している区別である。そして憐れみの器に対しては当然としても、それに加えて怒りの器に対しても、神は「寛大な心で耐え忍ばれた」。あらかじめ用意された二重予定説の決定論通りに怒りの器を裁くのではなく、キリストに背いたユダヤ人にも、約束の民ではなかったはずの異邦人にも、神は忍耐をもって憐れみ深く臨むのである。

しかし、このような神の憐れみ深い姿は、キリストの到来までは顕現することはほとんどなく、もっぱら義をもって裁く神として世に示されていた。パウロがここで引用しているように、旧約時代の憐れみの神は、イザヤやホセア、エレミヤらを通してひととき告知された程度で、前面には出てこなかった。けれどもやがてキリストの出現によって、神の憐れみは本来の神の有り様として広がりを見せる。キリスト自身が人となって神の憐れみを民衆に示し、憐れみによって人を赦し、癒し、救う。『ギリシア語新約聖書釈義事典』によると、パウロは憐れみを「イエス・キリストにおける救済史的・終末論的行為」と解釈している。キリストの働きを通して神の憐れみが、人を造り変える力であることが明らかになったのである。

憐れみは、単に言葉のニュアンス上の差異だけで片付けられてはならない。「父は悪人にも善人にも太陽を昇らせ、正しい者にも正しくない者にも雨を降らせてくださる」（マタイ五・四五）と語ったイエスの言葉にも、神の憐れみがはっきりと出ている。それは、人の力量や努力に応じてバランスを公正に保ちながら振り分けられるわけではない。貴いことに用いる器にも、貴くないことに用いる器にも、怒りの器にも憐れみの器にも、悪人にも善人にも、すべてに対して等しくあふれるほどに注がれるのが、神の憐れみである。そしてそれこそが神の本性なのである。寛大や忍耐が神の静的特性を表しているのに対して、憐れみは極めて動的で力強い神の本性なのである。

参考文献

Anders Nygren, *Commentary on Romans*, Fortress Press, 1949

P・アクティマイアー『ローマの信徒への手紙』（現代聖書注解）村上実基訳、日本キリスト教団出版局、二〇一四年

H・バルツ、G・シュナイダー編『ギリシア語新約聖書釈義事典』教文館、一九九三年

ローマの信徒への手紙　九章三〇節―一〇章四節

片柳　弘史

はじめに

ローマの信徒への手紙九章の冒頭において、パウロは、「わたしには深い悲しみがあり、わたしの心には絶え間ない痛みがあります」と述べている。「神の民」として選ばれながらキリストによる救いを拒み、闇の中にとどまり続けているイスラエルの民を、同胞として深く憐れんでいるのである。今回取り上げる九章三〇節から一〇章四節においてパウロは、なぜイスラエルの民がキリストを拒むのか、なぜイスラエルの民にとってキリストが「つまずきの石」となるのかを明らかにする。パウロの指摘は、義を求めれば求めるほど傲慢になり、義から遠ざかってゆくというイスラエルの民の悲劇を、懲りることなく繰り返し続ける現代の教会に、そのままあてはまるように思われる。謙遜な心で耳を傾け、真の救いへの道がキリスト以外にないことを改めて確認したい。

一　「信仰による義」

なぜ「義を求めなかった」異邦人が義とされ、「義の律法を追い求めていた」イスラエルは義とされなかったのか。それは、イスラエルが義を「信仰によってではなく、行いによって達せられるかのように考えた」からだとパウロは言う。何も誇るもののない異邦人は、神の憐れみを信じることによって義を手に入れ、自らの正しい行いを誇るイスラエルの民は、義を自分の力によって手に入れようとしたためにかえって義を失ったのである。なぜイスラエルは、そのような間違いを犯したのだろうか。

一番大きな理由は、イスラエルが、まだ神の愛を十分に理解していなかったことだと思われる。イスラエルは、神がまったく無条件にすべての民を愛し、「神の子」とする方であることをまだ知らなかった。イスラエルは、神の愛も人間の愛と同じ条件付きの愛に過ぎないと誤解し、神の愛を手に入れるために律法の行いに励んだのである。

神の愛が無条件であることを知らない人、あるいは知っていてもそれが信じられない人は、人間同士の間に生まれる愛の体験に基づいて、神の愛を条件付きのものと考える。人間の世界では何かを持っている人や、何かができる人が愛されるから、神から愛されるためにも何かを持ったり、何かをできるようになったりしなければならないと考えるのである。そして、何かを持ったり、何かができるようになったりした結果として神から愛されたと感じるとき、神に感謝すると同時に自分自身を誇るようになる。自分と同じようにできない人を見れば、その人をさげすむようになる。

これは、ある意味で兄弟喧嘩のようなものだ。神はすべての人間を子どもとして無条件に愛しているのだが、神の無条件の愛を信じられない人間たちは、互いに競い合い、いがみ合う。その結果、神の愛から遠ざかり、神の子としてふさわしくない者になってしまうのである。

ルカによる福音書一五章の「放蕩息子のたとえ」に、このような兄弟喧嘩が克明に描かれている。放蕩息子の兄は、自らの行いに自信を持ち、自分こそ父の息子と呼ばれるにふさわしいと思い込んでいた。そのため、放蕩の限りを尽くして戻って来た弟を父が無条件に受け入れ、祝宴を催したとき、その交わりの中に入っていくことができなかったのである。父が設けた祝宴の喜びに背を向け、父の無条件の愛に心を閉ざすことによって、兄は父の息子としてふさわしくない者となってしまった。父の無条件の愛に背を向けた兄は、息子として父の前に立つことができなくなり、傲慢の闇の中で弟への怒り、父への怒りを燃やし続けることになったのである。自分の行いを誇り、自分こそ父の息子と呼ばれるにふさわしいと思い込んでいる者は、すべてこの兄と同じようにして息子の地位を失う。行いによって義を求める者は、すべて行いによって義を失うのである。

兄弟喧嘩を止めるための唯一の方法は、神の愛が無条件であることを子どもたちに知らせることだろう。争わなくても、神はすべての人間を無条件に受け入れ、愛して下さる。その事実を、疑いようもない形で子どもたちの目の前に示すことだろう。そのために、神はイエス・キリストをこの地上に遣わされた。

二　「つまずきの石」

ところが、イスラエルの民はイエス・キリストを拒んだ。何もできない罪人たちを憐み、その罪を無条件にゆるしてしまうイエスの存在を、彼らはゆるすことができなかったのである。もし神の愛が無条件だとするならば、これまで必死に律法を守ってきた自分たちの苦労が無駄になってしまうし、神の前での自分たちの特別な地位も否定されてしまう。そう思った律法学者たちは、イエスに激しい怒りを感じ、イエスを葬り去ろうとした。こうして、イエスはイスラエルの民にとって「つまずきの石」となったのである。神の無条件の愛を信じられない人、信じたくない人たちにとって、神の愛が無条件であるという事実は「つまずきの石」となってしまう。神の愛は無条件であるという福音そのものが、彼らを神から遠ざけてしまうのである。何も誇るものを持たない謙遜な人々にとって福音であることが、自分の行いを誇る傲慢な人々にとっては「つまずきの石」となる。神の愛につまずくことがないように、そのことをしっかりと肝に銘じておきたい。

三　「正しい認識」

なぜ律法学者たちは、それほどまで頑《かたくな》になってしまったのだろうか。それは、ひとえに神の愛についての誤解による。この世間での人間同士の愛情の体験に基づいて、愛は何かを持っていること、何かができることによってしか手に入れることができないと思い込んでしまったために、律法学者たちは神の愛を理解することができなかったのである。そのため、神の愛を手に入れようとする彼らの試みは、すべて逆の結果を生むことになった。行いによって神の愛を手に入れようとする彼らの試みは、かえって彼らを神の愛から遠ざけることになったのである。

行いによって神の愛を勝ち取ろうとする人々は、決して神の愛に近づくことができない。どれほど神から愛されたとしても、それは自分が優れているからだと思い込み、神の愛が無条件であることには気づくことができないのである。大きな失敗をし、神の愛を勝ち取る自信を失うときには、自分はもうだめだと決めつけ、わたしたちを無条件に受け入れて下さるイエスの愛を拒むことにもなる。行いによって神の愛を勝ち取ろうとする人は、そのために努力すればするほど、神の愛から遠ざかってしまうのである。

神のために何かをすること自体が悪いわけではない。「正しい認識」に基づいていないことが問題なのである。何かをしなければ神の愛を得られないと思い込んでいる人たちは、いま現在は神の愛が注がれていないことを前提としてしまっている。しかし、神の愛はいつでもわたしたちに豊かに注がれ、わたしたちを包み込んでいるのである。行いによって愛を勝ち取ろうとする人は、すでにあるものに気づかず、あるものをないと思い込んでしまっている。そこに根本的な状況認識の間違いがある。状況認識を誤ったため、熱心に努力すればするほど神から遠ざかっていくイスラエルの民を、パウロは同胞として深く憐れまずにいられない。自分自身も、イエスとの出会いを体験するまでは、間違った認識に基づいてあわれな努力を続ける民の一人だったからである。

神の愛を、自分の行いによって多くしたり、少なくしたりすることができると思い込んでいることにも認識の間違いがある。神の愛は、いつでも最大限にわたしたちに注がれているので、人間が何をしたとしてもそれを多くしたり、少なくしたりすることなどできないのである。人間の行いによって、神の無限の愛にわずかでも影響を与えることができると考えることは、傲慢と言わざるをえない。この世界ではあらゆるものがいわゆる「ギブ・アンド・テイク」の関係で成り立っているが、神との関係においては、わたしたちはただ受け取るだけなのである。受け取る神の愛が多くなったり少なくなったりすることがあるとすれば、それはわたしたちが神の愛に向かって心を大きく開くか、それとも小さく開くかによって生じるものでしかない。わたしたちの救いは、どれだけたくさんのことを成し遂げるかではなく、どれだけ神の愛に気づけるか、どれだけ神の愛に心を開けるかにかかっているのである。救いへの道は、華やかな活動ではなく、むしろ目立たない祈りの中にこそある。そのことを、正しく認識する必要がある。

神の愛を正しく認識するとき、わたしたちの心は自然に行いに向かっていく。それは、神への愛から自然に生まれてくる行いである。「神がこれほどまでにわたしのことを愛して下さっている。この愛にこたえずにはいられない。これほどまでにして下さる神を悲しませるわけにはいかない」。そのような思いから生まれてくる行いは、神への愛の自然な表現であり、神の愛への応答であって、わたしたちを神の愛と固く結び付けてゆく。教会の掃除をするとか、寄付をするとか、老人ホームを慰問するとか、している行いがまったく同じだとしても、それを神の愛を勝ち取るためにするか、それとも、神の愛への自然な応答としてするかによって、結果はまったく逆のものになってしまうのである。

「正しい認識」を持つとは、世界の見え方がまったく変わるということでもある。これまで、愛がまったく感じられない不毛の荒野に見えていた世界が、天から降り注ぐ神の愛、すべての被造物のうちに宿る神の愛に気づくことによって、光り輝く愛の世界に姿を変える。「正しい認識」を持つことによって、そのようなことが起こりうる。長い黙想をした人が、その終わりに「世界がいつもより光り輝いて見えたような気がした」と語ることがあるが、それはその人が、この世界の真の姿を見たということだろう。それこそが正しい認識であり、曇っている心ではそれが見えなくなってしまうのである。

四 「キリストは律法の目標」

そもそも、なぜ神はイスラエルの民に律法を与えたのだろうか。それは、イスラエルの民が、どんな場合にも神の愛を思い起こし、神と結ばれて生きるためだった。主である神は生きておられ、どんなときでも人間を愛しておられるということを前提とし、その愛と結ばれて生きるために律法が与えられたのである。ところが、イスラエルの民はそれを誤解し、律法を守らなければ神から愛されることができないと考えるようになった。律法を、神から愛されるための条件と考えるようになり、神の無条件の愛を見失ってしまったのである。神の愛を条件付きのものと考えるこの誤解から、自己義化の誤謬が生まれることになった。イスラエルの民は、神から与えられた条件を満たすことによって自分の力で神の愛を勝ち取ることができると考え、神ではなく自分の力に頼るようになっていったのである。律法学者たちはこうして傲慢に陥り、神の愛から遠ざかっていくことになった。自分の罪深さを認め、謙遜な心で神の前に跪くことをやめてしまったのである（参照：ルカ一八・九―一四）。

律法の限界を見てとった神は、律法を完成させるため、すなわち神と人間との間に結ばれた愛の絆を完成させるため、イエス・キリストをこの地上に送られた。石板や羊皮紙に書かれた律法ではなく、生きている律法をお与えになったのである。石板や羊皮紙に書かれた律法であれば、それを暗記し、機械的に実践してゆくことができるが、生きている律法はそのようなわけにはいかない。生きている律法を読もうとすれば、イエスと向かい合い、イエスと語り合う以外にないのである。律法はその場その場でイエスから与えられるものとなり、誰も律法を自分のものとして誇ることができなくなった。律法は、自分の力で神の愛を手に入れるための律法ではなく、すでに与えられている神の愛を思い起こし、神の愛と出会うための律法としての本来の姿をとり戻した。律法の不完全さが、生きている律法としてのイエス・キリストによって取り去られたのである。その意味で、イエスは、「律法の完成」（マタイ五・一七）なのである。

この律法を、イエスは二つの掟に要約している。すなわち、「心を尽くし、精神を尽くし、思いを尽くして、あなたの神である主を愛しなさい」（マタイ二二・三七）という神への愛の掟と、「隣人を自分のように愛しなさい」（マタイ二二・三九）という隣人愛の掟である。イエスの生涯は、この二つの掟に要約されると言っていい。神を愛すること、自分自身を含めて人間を愛すること、その二つこそが神の愛と結ばれるための道なのである。神を愛するとは、神の愛に気づくということに他ならない。神がどれほどわたしたちを愛して下さっているかに気づくとき、わたしたちは「心を尽くし、精神を尽くし、思いを尽くして」神を愛さずにいられなくなる。神が自分を含めてすべての人間をどれだけ愛して下さっているかに気づくとき、わたしたちは「隣人を自分のように」愛さずにはいられなくなる。

では、具体的にどのように愛したらいいのか。どうしたら、神の無条件の愛と完全に結ばれ、救われることができるのか。その答えは、イエス・キリストの生涯の中にはっきりと記されている。十字架上で、イエスがどのようにして神を愛し、人類を愛したかを思い起こすとき、わたしたちはその答えをはっきり知るのである。イエスは、十字架上でどのようにして神を愛し、人類を愛したか。それは、何もできない惨めな自分を神に差し出し、神に助けを求めることによってであった。ここに、救いの業の頂点がある。救われるために、何かができる必要などまったくない。救われるために必要なのは、ただ自分の弱さを認め、神の手に自分をすっかり委ねることだけである。イエスは十字架上で、そのことをはっきりとわたしたちに教えた。その意味で、十字架こそ、生きている律法としてのイエスの生涯の頂点なのである。まったく何もできない自分を受け入れ、謙遜な心で自分のすべてを神に差し出すとき、わたしたちは初めて、まったく無条件にわたしたちを受け入れて下さる神の愛と出会い、救われる。神を愛するためにも、自分を愛するためにも、隣人を愛するためにも、わたしたちは何もする必要がない。ただ、何もできない自分を神に差し出せば、あとは神様がすべてを成し遂げて下さるのである。あふれんばかりの愛でわたしたちの心を満たし、神を愛し、自分を愛し、隣人を愛する力を与えて下さるのである。十字架上のイエスは、いまもわたしたちにそのことを語り続けている。

まとめ

イスラエルの民は、すでに与えられている神の愛に気づき、神の愛と結ばれていくために与えられた律法を、神の愛を手に入れるための条件と誤解したために、神の意図したこととまったく逆の方向に向かっていった。律法を研究し、それを実践している自分たちだけが「神の子」と呼ばれるにふさわしいと考え、律法を知らない人たち、律法を実践できない人たちを見下したのである。神の前で謙遜になるようにと与えられた律法を、自分の力に頼って傲慢になるための律法にしてしまったのである。

このイスラエルの民の過ちを、わたしたちは繰り返していないだろうか。神の前に遜《へりくだ》り、神の愛に心を開くために与えられた聖書を、自らを誇り、人を裁くための道具にしてしまっていないだろうか。教役者としての務めを形式的に果たし、教会での奉仕に携わるだけで、神の前に跪く心を忘れてしまっていないだろうか。キリストの教えとまだ出会っていない人々を、心のどこかで見下していないだろうか。どれほど聖書を読み、どれほど教会に通って奉仕をし、「立派なキリスト教徒」になったところで、そのことを誇って神の前に跪く心を忘れてしまうなら、救いからは遠ざかるばかりである。わたしたちの救いは、謙遜な心で、何もできない自分を神に差し出すときにのみ訪れる。そのことを忘れないようにしたい。

わたしたちの生きるこの世界は、神の愛に満ちあふれている。いまこの瞬間も、大地を潤す春先の雨のように、神の愛はわたしたちの上に優しく静かに降り注いでいる。この恵みから除外される人は誰もいない。神から愛されていない人など存在しないのである。いるのは、神の無条件の愛に気がつかず、神から愛されていないと思い込んでしまっている人たち。何かを持たなければ、何かができなければ神から愛される資格などないと思い込んでしまっている人たちだけである。その不幸な思い込みを取り去るために、イエス・キリストはこの地上にやって来られた。人間は、行いによってではなく、信仰によって救われる。イエス・キリストが告げたこの福音を、パウロと共に力強く証するものとなってゆきたい。

参考文献

聖イグナチオ・デ・ロヨラ『霊操』ホセ・ミゲル・バラ訳、新世社、一九八六年

ローマの信徒への手紙　一〇章五―一三節

徳田　宣義

主イエス・キリストのよみがえりを堅く信じさせてください。ここにいのちがあり、ここに望みがあり、ここに愛があるとの確かな信仰を、あなたが与えてくださいますように。

加藤常昭『ローマ人への手紙3』一九九〇年
ヨルダン社、二八一頁

文脈的考察

新共同訳聖書当該箇所五節には訳出されていないが、ギリシア語テキストの二語目に、「というのは」、「すなわち」、「なぜなら」の意味を持つギリシア語「ガル」がある。したがって当該箇所は、直前四節の「キリストは律法の目標であります、信じる者すべてに義をもたらすために」を受けていることがわかる。「目標」を意味するギリシア語「テロス」は、フェルディナント・ハーン、ケーゼマン、ミヘェル、岩波訳、田川訳、フランシスコ会訳等では「終わり」、ワルケンホーストは「終わり」と私訳しつつ「目的」とする。クランフィールドは「目標」、ヴィルケンスは「目標」と「終わり」両方の意味を生かそうとし「最終目標」としている。バレットは、「終わり」とし、「彼（主イエス）は、律法のすべてを壊すためではなく、それを実現するために、律法に終止符を打った」と理解する。四節の「テロス」に関する議論は複雑で繊細である。簡単に決定し得ない。しかし、ローマ書第七章二節に「律法から解放されるのです」とあり、同六節にも「律法から解放されています」とあることを考えると、「目標」というより、主イエスが律法を終わらせたと理解し得る。多くの学者の支持する「終わり」、あるいは「実現するために終わらせた」という理解をするバレットの線が妥当ではないだろうか。主イエスは、「律法の終わり」、「律法の最終目標」である。そのことを受けた当該箇所において、「律法による義」を制定したモーセと擬人化された「信仰による義」が、鋭く対立させられているのである。

ローマ教会に、ユダヤ人キリスト者と異邦人キリスト者が混在していた。神の目に正しいとされているのは、誰か。どうすれば神と正しい関係が与えられるのか。さまざまに語られていたのであろう。パウロが当該箇所で、何度も旧約聖書を引用しているのは、神がご自身を示している聖書に聴くことが最も大切だからである。パウロは、聖書による裏付け作業をしながら、ローマ教会でなされている議論に、加わるのである。

当該箇所の特徴として、前出の「ガル」の多用を指摘し得る。新共同訳では、あまり反映されていないが、五節、一〇節、一一節、一二節には二回、一三節にある。九節には、同様に「なぜなら」と訳すことのできる「ホティ」もあるが、「ガル」「ガル」「ガル」……と同じ言葉が何度も使われ、洗練されたというより、粗っぽい、しかし届けたいという思いが伝わってくる語り口を持つ。それが当該箇所である。

五節　律法による義について

五節では四節を受け、その内容の根拠として七十人訳のレビ記第一八章五節「人は（それを）行って、それによって生きる」（秦剛平訳参照）をパラフレーズしながら引用している。パウロは、ガラテヤ書第三章一二節においても同一箇所を引用している。モーセは律法の代表であり、このレビ記の箇所は、律法による義を支える最重要箇所の一つと理解しているからである。

レビ記第一八章五節の直前四節には、「わたしの法を行い、わたしの掟を守り、それに従って歩みなさい」（新共同訳）とある。律法は、頭で理解するだけでなく、守り、従わなければならない。律法による義は、従って歩いたという結果を要求する。しかし、神との関係の土台として律法を全うすることを頼りとするなら、神との関係は、律法の行いによって確立することになってしまう。我々人間の心と生き方は不安定である。最も正しいお方である神との関係を我々の側から成立させることはできない。パウロは、ローマ書第三章九節以下、とりわけ二〇節において「律法を実行することによっては、だれ一人神の前で義とされないからです。律法によっては、罪の自覚しか生じないのです」と記す。律法によっては、救われないのである。

六―七節　信仰による義について

六節前半には「信仰による義」について「述べられています」とある。五節では「律法による義」について「記しています」とある。岩波訳聖書のローマ書を訳している青野は、「対比を指示している」としている。川島も同様の理解を示し、「聖書の世界に限らず、古代世界は一般に『語り・聞く』ことを『書き・読む』ことより上位にあると考えた」と説明を加えている。「信仰による義」の箇所は、「信仰による義はこのように言う」と訳すことができる。「信仰による義」が擬人化され、我々に語りかけてくるというのである。擬人化されているのは、モーセと対立させるためであり、同時に「述べる」と記すことで「信仰による義」は、モーセの「記しています」となっている「律法による義」より上位であることを示すのである。

前節五節同様モーセ五書の申命記第三〇章一二―一四節が引用されている。「信仰による義」は、それを獲得するために天に上ったり、陰府に下ったりするように努力することではない。我々の側で何とかできることではない。掟によって自分の罪の償いができると思うことは、主イエスが身代わりになって十字架の上で死なれ葬られたことを否定することになる。主イエスの十字架とよみがえりにおいて我々の義認は成就している。人間の力によって実現できないことを、天からくだった主イエスがなさったとパウロは語る。「神の前には、神ご自身の義に合致しない限り、行いの義はない。私たちはすべて罪人であり、多くの罪の名残を持つゆえに、私たちの外から義とされる他ない」（カルヴァン『信仰の手引き』新教出版社）のであり、神の救いのなさり方をパウロは正確に伝えたいと願っているのである。

我々は、人間関係の中で生きている。それが壊れると悩み、生きる力を失うことさえある。必要な心のつながりが希薄であれば、我々の心は荒れ、潤いを失い干からびていく。そして、世界に悲劇が溢れ、小さな家庭の中にも追い詰め合うことが起こる。我々の命の根源である神から離れることは、命が枯れ滅びへ向かうことを意味する。この罪の悲惨を我々だけで解決することはできない。そのような我々が、神との正しい関係を得るために、我々では届かないことを主イエスがしてくださった。聖書における「義」とは、神との正しい関係のことである。信仰によって義とされるとは、信仰によってのみ、神と正しい関係にあると認められるということである。主イエスのみが、新しい義として立ち、主イエスのおられるところで律法は終わった。そして、主イエスが持っておられる神との正しい関係が、主イエスだけに留まらず、受けるに値しない我々にまで注がれる。信じる者に、贈りものとして与えられるのである。

八節　御言葉があなたの近くに

我々は、言葉に囲まれて生きている。言葉によって慰められ、言葉によって傷を負う。言葉は、その人の人間観と世界観を作り、人との関係を作る。そうであれば、神の言葉によって造られた人間が、神の言葉によって造られたこの世界で人間らしく生きていくために「御言葉はあなたの近くに」ある必要がある。神の言葉によって造られた我々に必要なのは、神の言葉である。人間や世界、そして神に対する理解を高めるのは、神の言葉である。神の言葉によって造られた我々は、神の言葉イエス・キリストによって救われ、神の言葉である聖書、神の言葉である説教によって永遠の命に養われていく。我々が生かされるために、神は、十字架にかけられた主イエスを死から復活させ、その主イエスを自らの敵となるほど離れている人間に贈りものとして与えることによって、この世に義を注いでくださる。パウロは、この神の恵みの祝福がどんなに我々に近いかを語ろうとするのである。

「わたしたちが宣べ伝えている信仰の言葉」とは、すでに起こった救いの出来事を知らせる信仰の言葉である。主イエスが、律法の不可能なことを成し遂げてくださり（ローマ八・三）、我々のために陰府に下り、天に上られた。主イエスは、弟子たちが宣べ伝え、教会において聴かれ、心で信じ、口で公に告白することが許されている信仰の言葉に臨在される。それほど「近くに」主イエスは来てくださるのである。

九節　信仰と告白において

九節冒頭には、「なぜなら」と訳すことのできるギリシア語

「ホティ」があり、八節を説明する役目を果たしている。「御言葉はあなたの近くにあり、あなたの口、あなたの心にある」(八節)の「口」にあり、「心」にあるとは、どういうことかを語ろうとするのである。

イエス・キリストこそ主である。この主は、ローマ皇帝でも、戦時中の日本でも、現代日本の国家でも、私自身でも、あなた自身でも、他の誰でもない。これらに優先するイエス・キリストを主と信じ、従い、このお方のものとなって生きる。それが「イエスは主である」とする生き方である。

「主」とは関係を表す言葉である。「イエスは主である」と告白することは、主イエスとの関係を表現し、キリスト者であることの最も明らかなしるしとなる。キリスト者であるということは、主イエスを自分自身の主と認めることであり、自分の全生活を主イエスの主権の下に置くことである。その主権は、主イエスが「死者の中から復活」されたことによって確立した。七十人訳聖書や中間時代の諸文書で、「主」は神の称号として用いられていた。パウロは、この称号を主イエスに用い、主イエスを信仰の対象として示しているのである。

「神がイエスを死者の中から復活させられた」のギリシア語は、「神は彼(イエス)を死者の中から起こした」と訳すことができる。ハーンは、復活の出来事についての証言のほとんどは信仰告白文になっており、この九節では、主イエスは生きて、現臨していることが信仰的に証言されていると説明する。信仰告白文ということは、信仰は、主イエスが臨在される礼拝と密接に関わるということである。「口でイエスは主であると公《おおやけ》に言い表し」、神が主イエスを死からよみがえらせたと心で信じるなら、我々は新しい命にあずかっている。我々が信じている主イエスが我々を救ってくださる。信じるために正しいことをするのではない。我々が正しくされるために信じるのである。我々が救われるために、神は信仰を告白する礼拝へ我々を招いてくださるのである。

一〇節　救われるために

信仰は、神の導きによって心に与えられ、それを我々は口で言い表す。「言い表す」は、「告白する」、「讃美頌栄する」という意味を含み、洗礼と結合している。したがって、信仰告白は、洗礼においてなされ、そこで信仰による義が遂行されることを暗示している。信仰は、心において信じられることであるが、自分の心の中だけの問題ではなく、神と人との前で告白されるべきものであるとパウロは語る。聖書は、心を人格の中心として実存全体を指すものと考える。心で信じ、口で公にするとは、個人的にそう思うということではなく、全人格をもって、神に応答し、信仰を告白するということである。主体的に責任的に、深く関わることを神は願っておられるのである。

口の告白の内容は「主イエス」である。「イエスは主である」のは、「神がイエスを死者の中から復活させられた」ことと結合している。「イエスは主である」ことと「復活」とは、分離することができない。主イエスへの信仰、主イエスへの告白は、復活信仰と一つである。ケーゼマンは、「公に言い表す」は、もともと法律用語であり、法的に拘束力のある公の宣言のことであるという。最も正しいお方である神との関係が、法的に回復することは重要である。そのような救いへの道筋に生かされるために、我々は福音に耳を傾けるのである。

パウロは、礼拝の言葉「イエスは主である」が終末論的な救済と不可分な根本的な信仰告白であると示す。クランフィールドは、教会初期の告白であり、礼拝において繰り返されたとしている。十字架につけられたキリストこそが、神によって生き返らされ世界の支配者へと高められた主であることを承認し、その支配の中に入り、讃美と祈りによって自らを主のものであると宣言する信仰の告白である。信仰そのものと同様、信仰告白もまた、近くにある言葉（八節）、つまり福音なのである。パウロの記した第一コリント書第一二章三節によれば、人間がキリスト・イエスと告白できるのは「聖霊によってだけ」であり、信仰者が聖霊を受けるのは、「信仰を生じさせる宣教から」なのである（ガラテヤ三・二、三）（『ギリシア語新約聖書釈義事典Ⅱ』参照）。

主イエスを救い主と、教会は、迫害の中でさえ告白してきた。キリスト者だけの力では、不可能なことであった。しかし、その告白さえも、神の力によって可能となる。我々が主の日の礼拝に、神によって集められるのは、この告白をし得るほど主のものとされるためである。主イエスが、誰であるかを告白することは、この我々が誰であるかを知ることであり、主イエスが我々の救い主となってくださるという祝福をいただくことなのである。

主イエスの出来事の中には、神ご自身の導きがある。そのことを信じる、それが我々の信仰である。主イエスを死者の中から復活させられたことは、神が信頼できるお方であることの証拠である。主イエスの復活が示すのは、神は死さえも克服なさるお方であり、死を超える力を持つと信じ得るお方だということである。主イエスを心から信じることが我々を神との修復された関係へと導く。「キリストの恵みを受けるか拒むかという決断がわれわれに強いられることとなって、歴史的世界はこの決断の場所とせられ」（熊野義孝全集第7巻参照）たのである。

一一節　だれも失望することがない

第九章三三節で引用されていたイザヤ書二八章一六節である。「だれも」と訳すことのできるギリシア語「パース」が付加されている。一二節に「ユダヤ人とギリシア人の区別はなく」、一三節「主の名を呼び求める者はだれでも救われる」とある。「だれも」「区別はなく」「だれでも」とパウロは強調する。ユダヤ人とユダヤ人ではない民という区別は、主イエスにおいてなくなったからである。創世記第一二章三節「地上の氏族はすべて、あなたによって祝福に入る」、詩編第六七篇四節「神よ、すべての民が、あなたに感謝をささげますように」（四七・九、九九・二、一〇五・一、一四八・一一、イザヤ書二・二・三等を参照）、このように万民の救い（当該箇所新共同訳聖書の小見出し）は、旧約聖書に示されている。我々は、救い主を信じている。したがって、究極的な意味で失望することはないのだとパウロはいうのである。

一二節　区別なく

我々は、この社会に生きる限り、さまざまな評価をされている。しかし、それらは一面の評価に過ぎない。神にとって、生まれ、生い立ち、地位、肌の色、才能の違い等は、問題にならない。我々は、人の目を気にする。社会が、そのことを気にするからである。しかし、神にとって問題にならない。神は同じ恵みを、キリストを信じる者にお与えくださる。だから、失望しないとパウロは語ったのである（一一節）。

　罪の力のもとでユダヤ人とギリシア人の間に何の区別もなかったように（ローマ三・二二）、すべての者の主である同じ唯一の神（同九・五）の恵みの豊かさの前では、彼らの間に何の違いもない。神の言葉の支配のもとにあっては、どこにおいても、信仰のみが重要である。神の愛に国境はなく、人間の理性によって狭められることなどない。神は、主イエスにおいてなさっていることを受け入れる者を、受け止めてくださる準備を整えておられるのである。

一三節　主の名の力

　救いは、我々を神に結びつけるためにある。特権はない。神の救いの御業は、限定されない。信仰のみ、恵みのみによってしか特権を打ち砕くことはできない。これが、選ばれた民の中に今やイスラエル人はもちろん異邦人も含まれることの理由である。救われることに区別はなく、神の救いの恵みは、惜しまずに与えられる。神を呼び求めるすべての者は、それを受けるのである。

　神との関係は、我々によって維持されているのではない。神の信頼性に依存している。我々は感謝するのみである。キリスト者は、主イエスに近づいていただくために、何かをしなくてはいけないということから自由である。主イエスの臨在を、どうこうする力は、我々にはない。主イエスを信じる。すべての人に開かれている道が、ここにあるのである。

参考文献

K・ワルケンホースト『万民とイスラエル――ロマ書の解釈九―一一章』中央出版社、一九七六年

ウルリッヒ・ヴィルケンス『ローマ人への手紙（6―11章）』（EKK新約聖書註解VI／2）岩本修一・朴憲郁訳、教文館、一九九八年

E・ケーゼマン『ローマ人への手紙』岩本修一訳、日本基督教団出版局、一九八〇年

川島重成『ロマ書講義』教文館、二〇一〇年

田川建三訳著『新約聖書　訳と註　第四巻』作品社、二〇〇九年

フェルディナント・ハーン『新約聖書神学I　上』大貫隆・大友陽子訳、日本キリスト教団出版局、二〇〇六年

加藤常昭『ローマ人への手紙3』（加藤常昭説教全集19）教文館、二〇〇五年

C. E. B. Cranfield, *Romans 9-16*, The International Critical Commentary, ICC, T&T. Clark limited, 1979.

C. K. Barrett, *The Epistle to Romans*, 2nd edition, Black's New Testament Commentary, A. & C. Black, 1991.

ローマの信徒への手紙 一〇章一四—二一節

加藤 常昭

コンテキスト

ローマの信徒への手紙第一〇章は、信仰とは何か、そして、信仰を呼び起こす言葉、つまり説教とは何か、を語るときに、常に私どもが引用する聖句に満ちている。特に一七節の「信仰は聞くことにより」という一句は、ルターが「信仰は説教から生まれる」と訳したことで知られ、説教論の基本を語るとされることがある。しかし、このルターが「説教」と訳したアコエーというギリシア語の〈聴く〉という意味を消してしまうのは、よくないのではないか、とシュラッターが強調したこともあり、今、ローマの信徒への手紙の注解を書く者で、直接、説教論をする者は、ほとんど見当たらないようである。関根正雄が、ここで教会における説教の問題を考察していることが目立つくらいである。しかし、信仰がどうして成り立つかということを論じるとき、信仰が言葉を聴くことから始まるというパウロの言葉を聴くとき、ここで説教とは何かを真剣に考えることはプロテスタント教会の者としては当然のことである。ただし〈聴く〉というパースペクティヴにおける説教論でもあることを忘れないようにしよう。ついでに言えば、新共同訳が用いる「聞く」ではなく、「聴く」と表記したい。この方が、耳をそばだてて聴くという姿勢が強調されると思うからである。

そしてもうひとつ。このパウロの〈説教論〉は、きわめて具体的なコンテキストにおいて語られているということを忘れないようにしよう。つまり、これが、第九章から第一一章までのイスラエル論のなかで語られているということである。イスラエルに使徒の宣教の言葉、説教が届いていなかったのではない。イスラエルの人びとは説教の言葉を聴いていたのである。だが、聴いて従わなかった。聴従の歩みを起こさなかった。つまり、これは、聴き入れてもらえなかった説教の話である。しかも、パウロ自身の説教の話である。きわめて深刻なことである。説教者として苦しいことである。その苦しみ、悲しみの中での説教論である。

ドイツ福音主義教会の説教テキスト配列のなかに、この箇所は含まれていない。教義上重要な意味を持つ聖書テキストは、どこかで取り上げられていることを考えると、福音主義教会の急所とも言うべきなのに、なぜ取り上げないのか。このテキストをイスラエル論の一節と見ているからであろうか。

しかし、いずれにせよ、信仰が成り立つ上で、言葉、特に使徒が語る言葉、説教の言葉が論じられているのが、イスラエル論という、具体的な、しかもイスラエルの不服従というコンテキストにおける問題として語られることは、かえって意味が深いのではないかと、私は思う。宣教の歴史の最初において、イスラエルの救いの歴史から生まれたキリスト教会の説教の言葉は、そのイスラエルの民そのものにおいてほとんど成功しなかった。旧約聖書を生んだ神の民が、そのままキリスト教会の母胎となることはなかった。考えてみると不思議なことである。神のご意思は測り難い。パウロのイスラエル論は、説教論のなかで捉えられている。そうも言えるのである。そこで説教の意味が問われている。説教者たる者、襟を正し、説教を聴く者もまた、祈りを深くしつつ聴くべき言葉が、ここにあるのである。

義とされる道

新共同訳でも、この部分は、五節以下、二一節までをひとくくりとする区分の後半である。この区分の小見出しは「万人の救い」であるが、適切とは思わない。少なくも中心主題ではないからである。説かれるのは、信仰による義である。こころで信じて、公に言い表す信仰である。それを一三節で、「主の名を呼び求める者はだれでも救われる」というヨエル書の言葉で語った。一四節は、その続きである。

一四節以下は、問いの連続である。対話の連続である。イスラエルの人びとに問うているが、実際にはローマの教会の人びとにも問うている。共に考えてもらっている。信仰とは主の名を呼び求めることである。だが呼び求めるとき、その主を信じていなければ、それは意味がない。信仰の呼び声にはなっていない。そして、信仰は、呼ぶべき方を語る言葉を聴いていないと成り立たない。誰を呼んでよいか、わからない。

私が関心を持つのは、イスラエルの信仰生活、神の名を呼ぶ生活の中心は神殿であり、神殿における祭儀であったのではないかということである。パウロがエルサレムの神殿について語ることがなかったのはなぜかということである。コリントの信徒への手紙一では、私どもキリスト者のからだが、霊の神殿であると言う（六・一九）。神殿から解き放たれているからこその言葉であろう。神の名を呼ぶことや、神の臨在を語るとき神殿が話題になることはない。それは、エルサレム神殿からの自由であり、神殿で行われる祭儀とは無縁になったことを意味する。教会の礼拝のひとつの原型は、シナゴーグにおける集会であったようであるが、シナゴーグは祭儀の場ではなかった。祭儀に代わる儀式が意味を持ったわけでもない。パウロは、これらのすべてを問題にしない。神を呼ぶ信仰は言葉を聴くことによってのみ成り立つ。神を知るには言葉の道しかないのである。

教会の歴史において、祭儀が礼拝行為となったことはある。主の食卓が、ミサ聖祭となり、祭儀と化したのである。ルターの改革で、言葉を回復することによって始まったプロテスタント教会は、まさしく祭儀からの訣別において成立した。言葉に集中することによって始まった。それは、パウロの原点に立ち戻ることであった。私どもは、その原点を語るべきなのである。

パウロは、テサロニケ伝道成功の理由をここに見出す。「わたしたちは絶えず神に感謝しています。なぜなら、わたしたちから神の言葉を聞いたとき、あなたがたは、それを人の言葉としてではなく、神の言葉として受け入れたからです」（Ⅰテサロニケ二・一三）。また、やはり鋭く信仰による義を、律法による義と対立させて語ったガラテヤの信徒への手紙では、こう語っている。第三章一節以下である。「ああ、物分かりの悪いガラテヤの人たち、だれがあなたがたを惑わしたのか。目の前に、イエス・キリストが十字架につけられた姿ではっきり示されたではないか。あなたがたに一つだけ確かめたい。あなたがたが〝霊〟を受けたのは、律法を行ったからですか。……あなたがたに〝霊〟を授け、また、あなたがたの間で奇跡を行われる方は、あなたがたが律法を行ったから、そうなさるのでしょうか。それとも、あなたがたが福音を聞いて信じたからですか」。聖霊を受けるとは、福音の言葉を聴いて信じるところで知る経験である。ついでに言うと、私どもが〈説教〉という言葉を使うのは、実際に礼拝において語られるべき言葉にはふさわしくないと時々思う。私どももまた、常に「福音」を語っている。福音は単なる教えではない。聖霊を受ける出来事が起こるために語られる言葉である。十字架につけられた姿のキリストをはっきり示す言葉である。

キリストの言葉

私どもは、まだほんの少ししかパウロの言葉を聴いてはいない。畳み掛ける問いはこう続くのである。「また、宣べ伝える人がなければ、どうして聞くことができよう。遣わされないで、どうして宣べ伝えることができよう。『良い知らせを伝える者の足は、なんと美しいことか』と書いてあるとおりです。しかし、すべての人が福音に従ったのではありません。イザヤは、『主よ、だれがわたしたちから聞いたことを信じましたか』と言っています。実に、信仰は聞くことにより、しかも、キリストの言葉を聞くことによって始まるのです」。

聴くためには、言葉を語る者が必要である。その言葉を語る者を「宣べ伝える（ケーリュッソー）」者と言い表す。私どもの言葉で言えば、説教者とも言える。しかし、ここでは、そこで止まらない。更に遡る。説教者は遣わされなければ存在しない。説教者は遣わされた者、アポストロス、つまり使徒として語る。ここでコリントの信徒への手紙二第五章一八節以下を思い起こさせる注解者は多い。神から遣わされた全権大使として和解を呼びかけ得る使徒の姿である。ここでは、神という名は用いられないが、神がここにおける最も重要な主体として語られていることは確かである。だからこそ、ここでイザヤ書第五二章七節が引用されるのである。

ついでのようであるが、この箇所は旧約聖書の引用が目立つ。イスラエルの民も、新しいイスラエル、キリストの民も、共通に神の言葉として聴いたのが、今日旧約聖書と呼ばれるようになった聖書の言葉であった。竹森満佐一が、ここを説きつつ、聖書論を丁寧に説いたのも、そのためである。使徒パウロは、聖書の言葉をもってイスラエルの民を説得するのである。

「なんと美しいことか」と訳されるのが通例である「ホース・ホーライオイ」であるが、「ちょうどよい時に」という訳も可能である。そうなると、これはきわめて終末論的な意味における〈時〉を意味すると理解することができる。ローマの信徒への手紙を読み、また説く者が、カール・バルトに学んだし、ケーゼマンも異なった視点から強調している、終末論的パースペクティヴが、ここでも働いていることを思い起こさせられる。考えてみると「美しい」というのも、見た目の美しさではないことは明らかであり、神の救いの美しさであり、告げ知らせる内容が、知らせに走る者の足まで美しくみせるということに他ならない。最終の決定的な神の救いを告げ知らせる者の足の美しさである。

注目すべきは、この引用にすぐ続くイザヤの言葉が、第五二章にすぐ続く第五三章一節の言葉だということである。第五二章の引用も、この関連を強く意識してのことである。つまり、イザヤ書が語る苦難の僕の歌のうちでも、その頂点に達する第四の歌の引用である。これが当時、メシア預言であると理解されていたことは確かなようである。使徒パウロが、「福音」と呼ぶのは、この苦難の僕の預言の成就、実現と言うべき、キリストの十字架のことであることも、先に言及したガラテヤの信徒への手紙第三章からしても確かなことである。コリントの教会に対しても、第一の手紙が示すように、自分の宣教の言葉は「十字架の言葉」に尽きると言ったが、ここでも、そのことを暗黙のうちに語っているのである。そして、十字架の言葉は、ユダヤ人には「つまずかせるもの」と言ったが（Ⅰコリント一・二三）、それがまさにここに起こっている。「主よ、だれがわたしたちから聞いたことを信じましたか」という預言者の嘆きが、十字架の使徒パウロの嘆きとなっている。われわれも知る伝道者の苦闘するところである。特に選民イスラエルにとって、苦難の僕として現れたメシアを迎え入れることは厳しいことであったろう。自分たちで裁き、殺した者を、まさにその死刑のゆえに、自分たちのための救いをもたらしてくださった方として迎えるというのである。

こうした言葉を重ねたところで語られるのが、一七節である。これは前後のコンテキストにうまく当てはまらないということから、本文には属さず、一種の注のように挿入されたのではないかという推測もなされる。たとえそうであったとしても、パウロが、ここで最も言いたかったことを言い表しているとも言える。そのために、むしろ最初からここにあり、それどころか、このパラグラフにおける中心的メッセージを語っているという捉え方もできる。原文には動詞はない。「信仰は聴くこと（アコエー）から（エックス）」とまず言い、それを言い換えるように、「（信仰とは）、キリストの言葉（レーマ）を通じて（ディア）聴くこと」だと言うのである。それを新共同訳は「聞くことによって始まる」と意訳している。来る、生じる、目覚める、と、いろいろな訳語が用いられるところである。青野訳は、「信仰は聞くことから生ずるのであり、その聞くことは、キリストの言葉をとおして起こるのである」としている。

信仰が成り立つためには聴かなければならない。それは既に語った。誰の言葉を聴くのか、遣わされた者の言葉、使徒の言葉である。パウロからすれば、私が全権大使として語る神の言葉を通じて聴くのである。ところが、ここでは、キリストの言葉を通じて、と言う。そこに、この一七節の言葉の特質がある。ここでいう「言葉」は原文ではレーマである。同じ「言葉」を意味するロゴスは、新約聖書全体で三百三十の用例があるが、レーマは、六十八の用例に留まる。おそらくラレオー（語る）という言葉との関連で言えば、〈語られる〉言葉というニュアンスが強いようである。そこで、ここではキリストを語る言葉と読むことができる。属格で名詞を伴う場合、その用例が多いようである。ここでも、おそらく十字架の言葉を語る使徒の言葉という理解を強調すれば、そのように理解することができよう。植村正久に従って言えば、キリストを紹介する言葉である。

しかし、シュニーヴィントは、これをキリストが語られる言葉として理解した。語る言葉の内容ではなく、言葉の主体を、キリストと理解する。ケーゼマンもこれをよしとする。そして関根正雄もそれを受け継ぎ「復活したキリストの言葉」と理解する。宣教の言葉は、聖霊によって語られる言葉であるが、その限り、人間が語っているのではなく、復活の主が語っておられる言葉であることは明確だと言うのである。事柄は、それほど単純ではない。宣教の言葉、説教の言葉は、人間の言葉であることをやめるわけではない。しかし、それが、既にテサロニケの教会の人びとに告げたように、人間の言葉としてではなく、神の言葉として聴かれるという、神に感謝すべき出来事が起こるのである。この言葉を「神の言葉」と書いている写本もあり、それを採用している翻訳もある。それは、言葉の主体を神と理解するからである。

いずれにせよ、パウロが、ここで私どもプロテスタントの伝統にとって、かけがえのない説教理解の基礎を据えていることは明らかである。ここを説教で説くとき、このことをよくこころに留めよう。

神のご意志を聖書に聴く

パウロは、このように、自分の立つところを明らかにする。異邦人の使徒であることに使命を見出しつつ、イスラエルの救いを問い続ける。自分が捨てられてもよいと思っている。そこで、なぜ、という問いを避けることはできない。問いつつ聖書からの答えを聴き続ける。

なぜか。イスラエルの人びとに福音の声は届いてはいないのか。改めて問うこの問いに対する聖書の答えを詩編第一九篇に聴き取る。「その声は全地に響き渡り、その言葉は世界の果てにまで及ぶ」。詩編は創造のみわざが、神の啓示を語り、讃美すると歌ったが、その後半は、律法の言葉の力を歌う。パウロは、この詩編を歌いつつ、そのようにキリストの言葉は、世界の果てにまで聴こえているのだ、と信じたのである。聴こえませんでした、という言い訳が成り立たないほど、明瞭に聴こえたのである。

それならば更に問いたい。「それでは、尋ねよう。イスラエルは分からなかったのだろうか」。聴こえていても認識していなかった。聴きわけることができなかった。しかし、パウロは、そのイスラエルの愚かさを直接に責めることをしない。ここで引用されるのは申命記第三二章二一節である。それは神に選ばれた民の外での神の働きを語る。それは申命記の記された過去のことであるよりも、異邦人伝道に献身する使徒パウロが自ら味わっている神のわざである。選民意識のなかで育ち、キリストとその教会に対する敵意に燃えたことがあるパウロ自身が知る神のみわざである。「あなたがたにねたみを起こさせ、愚かな民のことであなたがたを怒らせよう」と集中的に表現するとき、妬みでよい、怒りでよい、こちらを向いてほしいと願っていたのではなかろうか。

「イザヤも大胆に、『わたしは、わたしを探さなかった者たちに見いだされ、わたしを尋ねなかった者たちに自分を現した』と言っています」。

預言者イザヤの「大胆さ」はどこにあるのか。思い切って大胆に何を語ったのであろう。神を尋ねなかった者、探さなかった者に、ご自身を現された神を語ったのである。信じない者が神を呼び求めるであろうか、と語り出したパウロ自身の言葉にさえも矛盾するのではないか、とすら思われる。神の選びから漏れている者もまた神を求めるではないか、というのではない。求めてもいない者が神を見出す。パウロが経験する伝道とは、まさしく、そのようなものではなかったのか。そして私どもが、この日本の地で伝道するとき、やはり、そのような神の恵みの自由が呼び起こす奇跡に驚くのではないか。イザヤの大胆さは、この神の働きに支えられる。

しかも、イザヤは、更に信頼を込めて、大胆に続けて語ったのである。「わたしは、不従順で反抗する民に、一日中手を差し伸べた」。預言者は、不従順の民、反抗の民に、忍耐深く差し伸べられた神の手を見続け、それを指し示し続けた。その神の手を使徒パウロも見たのである。だからパウロも大胆な伝道者であり得たのではないか。

参考文献

いつものような注解書と竹森満佐一の説教を読んだが、今回、特に興味を持って読み、参考に用いたのは、関根正雄著作集第20巻『ローマ人への手紙講解　下』（新地書房、一九八九年）であった。

ローマの信徒への手紙一一章一—一〇節

小副川　幸孝

大いなる救いのパースペクティブの中で

九章から「痛み」をもって（九・二）始められたイスラエル人の救いの問題は、いよいよこの一一章で結論の部分に達することになる。パウロの論理の展開の仕方は、ちょうど螺旋階段を上っていくように進められるので、同じ主題が展開されているように見えても、少しずつ前進している。したがって、ここで展開されている神の選ばれた民としてのイスラエルの問題に対するパウロの思想を理解するためには、その構造の全体や論理の螺旋階段が向かう先をはっきりと認識しておく必要があるだろう。

また、「選ばれた民」の問題は、すこぶる教会の問題でもある。信じて洗礼を受け、信仰者となったキリスト者自身の問題でもある。

それゆえ、そのことを深く認識しながら、パウロが神の救いをどのように理解していたかを私たちはこの箇所から聞いていきたい。それがこの箇所の説教のポイントとなるであろう。

パウロが指し示す螺旋階段の先はきわめて明瞭である。それは、ユダヤ人であれ非ユダヤ人であれ、それらをすべて含めた人類全体の救済である。彼の視点は、つねに「万人の救いという神の壮大な救いの計画」にある。その壮大なパースペクティブの中に、「神の選び」という事柄を中心にしてユダヤ人と私たちの問題を位置づけるのである。

現代の私たちは、ここでパウロが示したような神の救済の壮大なパースペクティブというものを失いつつあるのかもしれない。それは、ヘーゲルに由来する楽観的歴史主義に対する反省もあるかもしれないが、現代社会が、その現実主義のゆえにあまりにも一時的・刹那的になってきているからであろう。政治、経済、そして私たちの生活上の諸問題に対して対処療法だけが取られ、それによって事柄がうまく処理できたように見えても、実は、本当に大切な「変わらないもの」や「永遠という視点」が失われてきているのではないだろうか。

パウロは、彼自身極めて現実主義的ではあったが、神の救済計画における「未来の万人の救い」という視座を決して失うことはなかった。そして、そこからユダヤ人、自分自身、そして異邦人（非ユダヤ人）キリスト者と教会、世界を位置づける。

パウロがここで展開しているユダヤ人の問題は、先述したように、単にユダヤ人だけの問題ではなく、神の新しい選びの民である教会の問題でもあり、信仰をもって生きる人間の問題でもあるのだから、パウロが示したこのパースペクティブは、社会と歴史の中で生きる私たち自身の位置を明瞭に自覚させてくれるものになっている。

それゆえ、救済史という概念の適・不適は別にしても、私たちがまぎれもなく神の救済の計画の中にあるということを明瞭に認識したうえで、与えられている箇所の黙想に入りたい。

神はイスラエルを棄てられたのか

パウロは一〇章で、神の約束の民として選ばれたイスラエルが、神の言葉を聞いたにもかかわらずそれを理解しなかったために、イスラエル以外の異邦人に救いの手が差し伸べられたと語ったが、ここで再びイスラエルの救いの問題に戻って、「神は御自分の民を退けられたのであろうか」（一節）と問う。

新共同訳聖書で「では、尋ねよう」と訳されている一節の最初の言葉は、直接には一〇章の終わりを受け継ぐ形で言われている言葉であるが、内容的には九章六節以下で語られている「神の民として選ばれたイスラエル」の問題を受けたものである。

彼は、イスラエルが神の民として選ばれたにもかかわらず、その不従順のゆえに神に棄てられてしまったのか、イスラエルにはもはや救いはないのかと、問うのである。そして、「決してそうではない」と強く否定する。

ここには、「主は御自分の民を決しておろそかになさらず、御自分の嗣業を見捨てることはなさいません」という詩編九四編一四節に表されているイスラエルの神への深い信仰が貫かれていると言えるかもしれない。神の選ばれた民としてのイスラエルを神は棄てられたのかという問いに対して、パウロが、これを強く否定する時、おそらく、当時の多くのユダヤ人が共通して主張していたその詩編の言葉が彼の思いとしてあったのではないだろうか。パウロは、人々の共通理解を大胆に肯定しつつ、それを「神による万人の救済」という大きな枠の中で位置づけていくのである。

パウロは、その証拠として、ここでは、キリストの救いの福音を受け入れた自分自身のことをあげる。自分もまたイスラエル人であり、アブラハムの子孫であり、しかも、全イスラエルを代表するようなベニヤミン族に属する者だという。その自分に救いの御手が差し伸べられたのだから、すべてのイスラエル人が棄てられたのではない、と語るのである。

そして次に、パウロはイスラエルの歴史を振り返って、エリヤの出来事を引用し、神が「前もって知っておられた御自分の民を退けたりなさいませんでした」（二節）ということをあげる。

神が前もって知っておられた御自分の民

神が退けない者（見棄てない者）について、二節でパウロは「前もって知っておられた御自分の民」という表現をしている。この表現は、「初めから神の選びによって交わりの中に入れられた者」を意味し、ここで使われている「前もって知っていた

（プロエグノー）」という言葉は八章二九節でも使われている。そこでは、次の三〇節で「あらかじめ定められた者（プロオーリセン）」とも言い換えられており、いずれも神の選びが、イスラエルの人々の業や行いによるのではなく、全面的に神の恵みと愛によることが強調されている。彼らは神の御心によって神との交わりに入れられたのであり、その神の恵みと愛は変わらないと言うのである。その証拠が、エリヤの出来事における「残りの者」で示されていると続けているのである。

ちなみに、「残りの者」について最初に明瞭に語ったのはイザヤであろうが、パウロは当時のユダヤ人に人気の高かったエリヤに言及することで、神の恵みと愛が変わらずに注がれ続け、それに応えて神との交わりをしっかりと保った人々がいたことを明瞭に示そうとしていると思われる。

エリヤの出来事と残りの者

パウロがここで言及しているエリヤの出来事というのは、アハブ王の時代（在位：紀元前八七一―八五二年）に、王妃イゼベルの影響もあって、サマリアに異教の神バアルの神殿を建て、アシェラ像を建立し、イスラエルの預言者たちを殺して、これに抵抗したエリヤも殺そうとした出来事を指している（列王記上一六・二九―一九・一八）。

「バアル」は、文字通りには「主」という意味であるが、早くからパレスチナに定住していたカナン人が信仰の対象としていた農耕、生産の主神の名である。イスラエルがそこに定着した時からカナン人の宗教と無関係に生活することは難しく、多くの影響を受けて、宗教混淆や生活習慣などの問題が生じてきていた。農耕や生産の神を崇めるのは自分たちの豊穣や物質的豊かさを願うからであり、豊かさを願う心情は誰の心にもある。だから、聖書の神への信仰は常に危うさの中に置かれてきたのである。エリヤの闘いはその危うさとの闘いであった。

ここで（三節）エリヤの言葉として引用されているのは列王記上一九章一〇と一四節であるが、「彼らは……あなたの祭壇を壊しました」というエリヤの訴えには、根底から神への信仰が覆ってしまったことを示す言葉が使われている。神への信仰が失われてしまった状態を指すのである。そして、「わたしだけが残りました」ということに対する神の言葉として、列王記上一九章一八節が引用されて、決してエリヤ一人だけでなく、「わたしは、バアルにひざまずかなかった七千人を自分のために残しておいた」という言葉が記されている。これは列王記上の正確な引用ではなく、おそらく、パウロの記憶に残っていた言葉をそのまま記したものであるだろう。

「七千人」の「七千」は完全数であるが、パウロは、人数の多さ少なさや、この人々がどれくらいの割合なのかを指す数字ではなく、むしろ、これらの「残りの者」に対する神の恵みと愛の完全さを表す数字としてこの言葉を引用していると思われる。「七千人」という数が多いと思うにせよ少ないと思うにせよ、数の問題ではなく、神の救いの恵みはそれらの人々に完全に示されていくものとしての「七千人」である。だから、神はイスラエルを棄てたわけではないし、イスラエルが棄てられたわけでもなく、神の救いの恵みは十分に示されていると、パウロは論じるのである。

神の恵みは、「残りの者」として神との交わりを保つ者に十分に表される。それゆえ、今や、「残りの者」がイスラエルを代表する者となる。そして、エリヤの時代に示されたことが、「今、この時」にも当てはまると、彼は類型論的に続ける。

現に今も

パウロは、「現に今も、恵みによって選ばれた者が残っています」（五節）と、「現に今」を強調する。パウロがここで、単に時間の長さや歴史の流れを表す「クロノス」ではなく、特定の時期や絶好の機会を示す「カイロス」を使っているのは、現在の、イエス・キリストを通して示された恵みとしての救いの福音を受け入れたキリスト者たちの存在の意義を強調するためであろう。エリヤの時代の「七千人」と同じように、現在のキリスト者たちを「神の恵みによって選ばれた残りの者」として位置づけるのである。

それは、現在の、信仰をもって生きるキリスト者たちに、自分たちの立ち位置を明瞭に認識させてくれるだけでなく、大きな励ましとなるものでもあるだろう。つまり、私たちは、神の救いの恵みが十分に示された、神の恵みによって選ばれた「残りの者」であり、この世界に対して「残りの者」としての役割を負う者であり、神の恵みが十分に示される者であると言うからである。そこには、終末論的救済という大きなパースペクティブが横たわっている。

しかし、パウロはここで注意深く、この「残りの者」が「恵みによって選ばれた者」であることを強調する。「残りの者（レインマ）」は「選ばれた者（エクロゲーン）」であるが、それは全面的に「神の恵み」によるものである。選びの主体は人ではなく神である。ましてやそれは人間の業や功績によるものではない。人間的な判断によってではなく、神の自由な恵みによって、人は、「残りの者」とされるのである。

六節はその説明のようなものであるが、ここでもパウロの「信仰義認」ということが明瞭に理解されておく必要があるだろう。それは「義となる」というのではなく、どこまでも「義とされる」ということであり、人はただ、語られる神の恵みの言葉を聞いて、「然り（はい）」と応えることができるだけで、そのことによってのみ神との交わりの中に置かれ、それによって「残りの者」とされるのである。「恵み」はどこまでも「恵み」であり、人はそれを受けて祝福されるだけである。人はそれを自らの所有物とすることはできない。「恵みが恵みである」というのはそういうことであり、ここに新しい神の民としての教会と信仰者の信仰生活というものの根幹があるのである。

選ばれた者とかたくなにされた者

以上のことを語ったうえで、パウロは七節から再び神の民としてのイスラエルの救いの問題を論じていく。ここでは、最初の恵みの選びによって神の言葉を聞いたイスラエルの人々が、それに聞き従うことができずに、恵みをないがしろにしたことの救済史的位置づけが行われる。パウロはそれらの人々を「他の者」と呼び、「かたくなにされた者」と呼ぶ。「残りの者」と

「他の者」との対比的構造がとられ、「他の者」は「かたくなにされた者」なのである。

「かたくなになる」というのは、心が頑迷になることであり、受け入れることができないことである。イスラエルの人々は、信仰や神の救いを自分の所有物であるかのように考えたり、業や行いによって達成できるものであるかのように考えたりして、恵みを恵みとして受け入れることができずに、イエス・キリストによって示された神の救いの言葉を受け入れることができず、ついには「求めているもの」を得ることができなかったと、パウロはイスラエルの問題を指摘する。

イスラエルが「求めているもの」とは、九章三一節では「義の律法」と明言されているが、要するにそれは「神の義」、つまり「神の救い」であろう。彼らはそれを得ることができなかった。しかし、そこには隠された意味があった。それが「かたくなにされた」という受動態で表現されていることの意味であろう。

何人かの聖書解釈者は、この「かたくなにされた」という受動態表現には、そのようにされたのは神であるから、ここには神による裁きということが前提になっていると語るが、七節以下の議論は一一節以下へと続いているので、これはそのコンテキストの中で理解すべきことではないかと思われる。

つまり、イスラエルの問題は、次に続く異邦人の救い、あるいは万人の救いという神の救いの壮大なパースペクティブの中で位置づけられることであり、すべては神の救済の計画の中で起こったことで、彼らの姿は神の御心の中にあることである。救済の主体はどこまでも神であるから、「他の者」については「かたくなにされた」というアオリストの受動態で表現されているのではないだろうか。パウロにとって、その神の救いの計画を示すことこそが重要であったに違いないからである。そのことの論述が一一節以下で展開されている。

だが、その前に、パウロは「かたくなにされる」ことがどういうことであるかを、まず、申命記二九章三節の言葉を引用して語る。同じような言葉はイザヤ書六章一〇節にも記されているが、「かたくなにされる」ことは、無感覚、無自覚に陥ることであると言うのである。

見えない目と聞こえない耳

「鈍い心」とは、字義的には「眠りこけて人事不省になっている状態」を意味するが、心（精神、プニューマ）が働かずに、恵みを恵みとして受け取ることができるような感受性が失われていることを指すだろう。感性の鈍化は理解の鈍化を生み、理解力の鈍化は判断力の低下をもたらす。それゆえ、神の言葉が語られても、それを正しく理解することができない。「見えていても見ないし、聞こえていても聞かない」のである。目と耳があっても、それらは、結局は「見えない目と聞こえない耳」と同じである。

人の五感はその人の感性と密接に関連したものであるが、特に目や耳というものはその人の心（精神）の働きと関係している。見ようとしなければ見えないし、聞こうとしなければ聞こえないからで、無自覚で鈍くなった心は神の救いの恵みを恵みとして受け取ることができない。それは当然、語られる神の言葉への理解の欠如を生む。神の民として選ばれたイスラエルの問題はそこにあるとパウロは指摘するのである。

ルカの報告によれば、パウロ自身もダマスコ途上でのイエスとの出会いで、「目からうろこのようなものが落ちた」経験をしている（使徒九・一八）。それはパウロの信仰の覚醒を意味しているだろう。自覚と気づきは信仰と信仰生活の要となる要素である。

そして、心が鈍くなり、無自覚で無感覚となり、神の恵みを恵みとして受け取ることができない者は、結局は、自らの罠にかかることになり、その無理解のゆえにつまずくと、パウロは指摘する。そのことを次に詩編六九篇二三節以下を引用して述べる。

罠とつまずき

ここで引用されている詩編の言葉は、自分を嘲り苦しめている者たちが自分たちだけで楽しげに食卓を囲んでいる中で、彼らの楽しみは根拠のない一時的なものであるがゆえに、その享楽そのものが自らをおとしめる罠となり、つまずきとなり、神の真実を見ることができなくなることを願うものである。

食卓を囲むことは神の祝福を分かち合うことを意味したが、神の恵みを恵みとして受け取らない食卓は躓きの食卓となると、パウロは指摘しようとするのである。「罠」も「網」も、共に突如として襲い来る破滅を意味する表現であり、「見えなくなる」は「神の働きが見えなくなること」、また「背をいつも曲げている」は「天を仰ぐことができない状態」を意味している。詩編の言葉では「腰が絶えず震える」で、これは、「しっかりと立つことができない状態」を示すものである。

パウロがここでこれを引用しているのは、七節で述べた「かたくなにされた他の者」の状態を、さらにたたみかけるようにして明瞭に示すためであろう。八節で申命記とイザヤ書に記されている言葉を引用し、九節で詩編に記されている言葉を引用することで、パウロは聖書全体（旧約聖書）が「かたくなにされた他の者」の姿を証していることを示そうとしたのではないだろうか。それらは、神の恵みを恵みとして受け取ることができない者の姿に他ならない。

説教のための小さなまとめ

与えられている箇所の中心をなす概念は「残りの者」である。イスラエルの「残りの者」と現在の「残りの者」としてのキリスト者が、同じように神の恵みを恵みとして受け取り、神の救いの真実を十分に表すものとして存在する。そしてそれらと、選ばれた民としてのイスラエルの問題を神の救済という壮大なパースペクティブの中で位置づける。これらは私たちの教会と信仰者の問題でもあり、私たちの位置づけが明瞭になされていることでもある。それらを心に留めて説教黙想に当たりたい。

参考文献

P・アクティマイアー『ローマの信徒への手紙』（現代聖書注解）村上実基訳、日本キリスト教団出版局、二〇一四年

ローマの信徒への手紙　一一章一一―一六節

吉村　和雄

与えられている箇所は、第九章から始まるユダヤ人についてのパウロの議論の最後に位置するものである。パウロの同胞であるユダヤ人が、キリストとその福音を拒否し続けているという現実は、パウロにとって深い悲しみであり、心の痛みであった（九・二）。同時にそれは、神の救いの歴史の中で起こっていることであり、その中心的な存在であるべき神の民に起こっていることであるから、単に悲しみや痛みであるということ以上に、神学的に考察すべきことであり、そのようにしてその意味を明らかにすべきことである。第九章から第一一章まで、パウロはこの課題と取り組んでいる。

その時にパウロが、第一に自分の拠って立つところとして明らかにしているのは、「神の言葉は決して効力を失ったわけではありません」（九・六）という、神の言葉、神の約束に対する絶対的な信頼である。ここに足場を据えないと、事実を正確に捉えることができなくなるからである。例えば創世記一二章二節には、神がユダヤ人の先祖であるアブラハムに対して「わたしはあなたを大いなる国民にし、あなたを祝福し、あなたの名を高める、祝福の源となるように」と語ったと書かれている。祝福の源とは、彼を通して全ての人々に神の祝福が与えられるという意味である。そしてさらに、一七章七節には同じくアブラハムに対して「わたしは、あなたとの間に、また後に続く子孫との間に契約を立て、それを永遠の契約とする。そして、あなたとあなたの子孫の神となる」と語られている。ここでは彼の子孫が言及され、彼らと永遠の契約を結ぶと言われる。その内容は、神が彼らの神となってくださるということである。これは契約に基づくものであり、しかもそれは永遠の契約である。

契約には成立条件があって、それを結ぶ双方がその条件を守ることで成り立つ。一方がそれを破れば、契約は無効となる。しかしながら神とイスラエルが結んだ契約においては、そうではなかった。イザヤ書四三章二五節には「わたし、このわたしは、わたし自身のために、あなたの背きの罪をぬぐい、あなたの罪を思い出さないことにする」という神の言葉が記されている。イスラエルが罪を犯した時に、神は、イスラエルのためではなく、ご自身のために、すなわち、ご自身が神でいますというそのことのために、彼らの罪をぬぐい、思い出さないようにしようと言われる。そのようにして「わたしは神であり、人間ではない」(ホセア書一一・九)ことを示されるのである。

このようにして、神がアブラハムの子孫であるイスラエルと結ばれた契約が永遠の契約であって、それがイスラエルの背きによって簡単に解消されてしまうものでないことが、「神の言葉は決して効力を失ったわけではありません」というパウロの確信の背景になっている。同時に、そのようにして神がイスラエルの神でいますことをおやめにならない限り、イスラエルに起こる出来事は、神の言葉の外にあるものではなく、あくまでも神の言葉の内側にあるものであることが確信される。そのような確信に基づいて、パウロは、多くのユダヤ人がキリストとその福音を拒否しているという現実を、神の言葉によって解釈してみせているのである。

出来事の意味を求めて

第九章から第一一章にかけて、パウロの「それでは、尋ねよう」とか、「では、尋ねよう」という言葉が四回繰り返される。そのように問を重ねることによって、読者が事態をより深く理解できるように導こうとするのである。今回与えられている箇所はその最後の問である。第九章からここに至るまでは、ユダヤ人がこのようにキリストとその福音を拒否してきた、その原因を問うてきたと言えるだろう。例えば、アブラハムの子孫が自動的に神の永遠の契約の相手というわけではなく、神の自由な選びによることである(九・六以下)とか、ユダヤ人が信仰による義を求めず、律法の行いによって自分の義を立てようとしたこと(九・三〇以下)、などが挙げられる。あるいは、ユダヤ人は福音を聞かなかったのか(一〇・一八以下)、彼らは神に退けられたのか(一一・一)というように、次々と問を重ねて、ユダヤ人の現実がどのような原因によるものであるかを、明らかにしようとしてきた。

しかしながら一一章一一節における最後の「では、尋ねよう」に導かれて出される問は、原因を問うものではなく、目的を、あるいはその意味を問うものである。すなわち、「ユダヤ人がつまずいたとは、倒れてしまったということなのか」と問うのである。この「倒れてしまった」とは、二度と起き上がれない形で倒れてしまったということであり、滅びが確定したという意味である。彼らがキリストとその福音を拒否しているということは、彼らの滅びが確定してしまったということかと問うのである。新改訳聖書ではこれを「彼らがつまずいたのは倒れるためなのでしょうか」と訳し、口語訳も「倒れるためであったのか」と訳している。このように訳すと、そこに神のご意志があったということが含意される。実際に、そのように訳すことも可能なのである。

そういう問を立てて、それに対して「決してそうではない」と、それを否定する。そして続けてユダヤ人たちがキリストとその福音を拒否していることが、どのような目的を、あるいは意味を持つものなのかを、明らかにしようとするのである。

ねたみを起こさせるため

その意味とは、一一節にあるように「彼らの罪によって異邦人に救いがもたらされる結果になりましたが、それは、彼らにねたみを起こさせるためだった」ということである。ここで「彼らの罪」とあるが、それは直近のこととして、彼らがパウロの宣べ伝えるキリストとその福音を拒否したことにある。その結果として異邦人に福音が伝えられることとなり、多くの異邦人が救われることになったのである。しかしながらクランフィールドはこの箇所における注解の中で、この「彼らの罪」という言葉によって、パウロは同時に、彼らがキリストを拒否して異邦人の手に引き渡したことをも言い表しているというバルトの見解を紹介している。その結果、キリストは十字架で死なれることとなり、その死によってこの世と神との和解が実現したのである。一五節に「世界（と神と）の和解」という言葉が用いられていることから、このような理解が正しいだろうと言っている。恐らく、その通りだろう。この箇所において、「ユダヤ人の罪」という言葉は、二重の意味を持っているのである。

そして、そのようにして異邦人が救われることは、ユダヤ人にねたみの心を起こさせるためだったというのである。「起こさせるため」という言い方は、そこに神のご意志があったことを示している。

このような理解は、パウロ自身が一〇章一九節で引用している申命記三二章二一節の言葉に拠っている。申命記の言葉で言えば「それゆえ、わたしは民ならぬ者をもって、彼らのねたみを引き起こし、愚かな国をもって、彼らの怒りを燃えたたせる」である。イスラエルが彼らの神を捨て、神ならぬものを神としたことは、彼らの神のねたみを引き起こした。ねたみにもいろいろあるが、この場合のねたみは、愛のゆえに心に生じるねたみである。イスラエルがご自分を捨てて、神ならぬものに従おうとするときに、彼らを心から愛しておられる神は、その心にねたみを覚えざるを得ない。もしそこに愛がなければ、ねたみの心が生じることもなく、平気でいられるのだが、愛があるがゆえに、平気ではいられないのである。そのねたみの心に動かされて神がなさることは、ご自分の民でなかったものをご自分の民として愛されることである。このようにしてイスラエルの中にねたみの心を呼び起こし、ご自分のもとへと帰るようにしようとされるのである。このようなことは、極めて人間的なことである。そのような方法をとってでも、神はご自分の民をご自分のもとへ帰らせようとなさるのである。イスラエルを愛される神の愛が、どれほど大きいかがわかる。

ユダヤ人の罪、異邦人の富

一一節で述べられたことが、展開された形で一二節で繰り返される。「彼ら（ユダヤ人）の罪が世の富となり、彼らの失敗が異邦人の富となるのであれば、まして彼らが皆救いにあずかるとすれば、どんなにかすばらしいことでしょう」と言う。ユダヤ人がキリストを拒否したことによって、救いがこの世にもたらされた。それは世の富である。この「富」についてはコリントの信徒への手紙二、八章九節にも言及がある。一一節の「救い」とほぼ同義である。彼らの「失敗」と訳される言葉は、「弱い」とか「少数」という言葉から来ていて、それゆえにフランシスコ会訳ではここを「彼らが少数となったことが」と訳している。新共同訳「彼らが皆救いにあずかる」は、「彼らが満たされる」という意味の言葉で、そこをフランシスコ会訳は「彼らの数が満ちる」と訳すことによって前の言葉とつながる。神の民でありながらキリストを拒否することによって、救われた者の数としては少数になった。それが異邦人の富となったのであるが、彼らがねたみに動かされてキリストに立ち帰り、その数が満たされたなら、どんなにすばらしいことか、と言うのである。

新共同訳はこの訳を採用せず、新改訳や口語訳と共にこれを「失敗」と訳した。救いを得ることに失敗したのである。もちろん本人たちはこれを失敗とは考えていない。しかし、キリストによる救いを得られなかったことは、明確に失敗である。

前述したように「彼らが皆救いにあずかる」の原語は「彼らのプレーローマ」であり、直訳すれば「彼らが満たされる」である。一部の者が欠けていたのではプレーローマではない。すべての者が救われて初めてプレーローマになる。そこから「彼らが皆救いにあずかる」という訳が出てくるのである。

一一節と一二節で述べられたことは、一五節で違う言葉で言い表される。「彼らの罪」「彼らの失敗」が「彼らの捨てられること」になり、「世の富」「異邦人の富」が「世界の和解」となる。そして「彼らが皆救いにあずかる」が「彼らが受け入れられる」となる。一二節の「どんなにかすばらしいことでしょう」の部分は原語にはない。新共同訳はそれを補って訳している。しかし一五節ではここが「死者の中からの命」となっている。

「彼らの捨てられること」とは、具体的には「彼らがキリストを捨てたこと」である。しかし実際には、捨てられたのは彼らの方であって、キリストではない。巨大なものを押し飛ばそうとすれば、逆に自分が押し飛ばされるように、キリストを捨てる者は、自分が捨てられるのである。

「世界の和解」とは「世界が神と和解する」ことである。ユダヤ人たちがキリストを捨てて、異邦人に引き渡し、キリストは十字架で殺された。しかしこれは神の御心によることであって、キリストはその御心に服従して十字架の死を迎えたのであった。それによって世界が神と和解する道が開かれた。同時に、パウロが宣べ伝えているキリストを彼らが拒否したために、福音が異邦人に宣べ伝えられることとなり、異邦人世界と神との和解が現実のものになった。二重の意味でユダヤ人が捨てられたことが、世界の和解になったのである。

その彼らが受け入れられることは、死者の中からの命でなくて何であろうとパウロは言う。この「死者の中からの命」は、「死者の中から復活した人々への生命」の意に解釈して、終末における復活がここで述べられていると理解するか、あるいはこの命を霊的な命と理解して、福音が全地に及んで霊的復興が起こると理解する。いずれも現在のことではなく、将来のことである。確かに「一部のイスラエル人がかたくなになったのは、異邦人全体が救いに達するまでであり、こうして全イスラエルが救われるということです」（一一・二五―二六）というパウロの言葉から理解すれば、「彼らが受け入れられる」のは将来のことということになるだろう。でも同時にこれを、単に将来起こる出来事を語っているのではなくて、その出来事の本質を言い表しているという理解もあり得るのではないか。例えば、キリストが十字架の上で「なぜわたしをお見捨てになったのですか」（マルコ一五・三四）という言葉と共に死なれたことが、世界と神との和解をもたらしたのである。しかし、神はこのキリストを「死の苦しみから解放して、復活させられ」（使徒二・二四）た。キリストの復活は、その死が神の御心によるものであり、死に至るまでその御心に従順であられたキリストを神が受け入れておられることを示すものであった。そしてその全体が、わたしたちには考えもつかないような、深い神の知恵に基づいた救いの業であった。それと同じ御業を、神が全イスラエルの救いという形で行ってくださるという思いが、パウロにはあるのではないか。それはまさしくキリストの復活の出来事に匹敵することと考えているのではないだろうか。このように考えることによって三三節の「ああ、神の富と知恵と知識のなんと深いことか」という言葉も、理解できるのではないかと思う。

異邦人のための使徒として

パウロがここで語っていることは、神学的な考察である。旧約聖書の言葉を手がかりに、現実に起こっていることを解釈している。しかしながらこのことはパウロにとっては、机上の作業ではなかったことを、心に留めておく必要があるだろう。彼自身は、自分が割礼を受けていない人々に対して福音を語ることが委ねられていることを知っていたし（ガラテヤ二・七）、それは彼をお召しになった方の御心でもあった（使徒九・一五）。しかしそのことが現実のこととして彼に示されたのは、多くの出来事を通してであった。使徒言行録によれば、彼は福音を宣教しながら、二度「自分は異邦人の方に行く」と宣言をしている。一度目はピシディアのアンティオキアで宣教をしていたときのことであり（使徒一三・四六）、二度目はコリントでの伝道のときである（使徒一八・六）。どちらもパウロの宣べ伝える福音に対して、ユダヤ人が反対し、口汚くののしったことによる。しかし異邦人たちはパウロの言葉に耳を傾け、多くの者が福音を受け入れて洗礼を受けた。コリントにおいては「この町には、わたしの民が大勢いる」（使徒一八・一〇）という、神の言葉が与えられている。そのような出来事を通して、自分が異邦人のための使徒であるとの思いが、確かなものとなったのであろう。神の御心が、現実の出来事を通して、彼に示されたのである。

そのような異邦人のための使徒として召されたことを、パウロ自身は、自分に与えられた務めとして光栄に思っているのであるが、しかしそれはユダヤ人を捨て去って、異邦人のことだけを考えて伝道をするということではない。自分が異邦人伝道に力を注ぎ、それによって救われる異邦人が多く出ることによって、ユダヤ人の中にねたみの心を呼び起こし、彼らがキリストのもとへと立ち帰ることを目指すのである。彼がいつどのようなきっかけでこのような捉え方をするようになったのかは、明らかではない。しかし恐らくそのことは、異邦人伝道に力を注ぎつつ、同時に自分の同胞であるユダヤ人がキリストの福音を受け入れていない現実に心を痛めながら、彼らの救いのために祈り続ける中で、示されたことであろう。何よりも、神の言葉は決して効力を失わないという確信がある。

そこで最後に、その希望を麦の初穂と練り粉の関係、また根と枝の関係を例に挙げて説いている。これは民数記一五章一七—二一節、またレビ記一九章二三—二五節に基づいたものであろう。麦の初穂とは、救いに入れられた少数のユダヤ人を指し、根とはユダヤ人の先祖たちを指す。そして練り粉と枝は残りのユダヤ人を指す。すでに救いに入れられた同胞によっても、先祖たちによっても、彼らは聖なる者とされている、というのである。これはパウロの希望であり確信である。そして同時に、そのようにして、救われた異邦人たちが傲慢に陥ることがないようにと語りかけるのである。

参考文献

C. E. B. Cranfield, *A Critical and Exegetical Commentary on the Epistle to the Romans*, International Critical Commentary, T. & T. Clark Limited, 1980.

岩隈　直『希和対訳脚註つき新約聖書8　ローマ人への手紙』山本書店、一九八三年

竹森満佐一『ローマ書講解説教Ⅲ』新教出版社、一九七二年

ローマの信徒への手紙 一一章一七—二四節

鈴木 浩

ユダヤ民族の運命

パウロは九章から一一章にかけて、同胞ユダヤ人のことを取り上げ、彼らがなぜイエス・キリストを拒んだのか、その謎に取り組んでいた。この箇所は、一見前後の文脈には関係がない挿入部分のように見える。実際、「神の愛」について高い調子で語っている八章の締め括りの言葉、「……他のどんな被造物も、わたしたちの主キリスト・イエスによって示された神の愛から、わたしたちを引き離すことはできないのです」（八・三九）という言葉は、それに続く九章一節の言葉との繋がりがあまりよくなく、むしろ、九章から一一章の部分を飛び越えて、一二章一節の「こういうわけで、兄弟たち、神の憐れみによってあなたがたに勧めます。自分の体を神に喜ばれる聖なる生けるいけにえとして献げなさい」という言葉に繋げた方がずっといい感じがする。

しかし、同胞の運命について「深い悲しみ」と「絶え間ない痛み」（九・二）を感じて、「兄弟たち、つまり肉による同胞のためならば、キリストから離され、神から見捨てられた者となってもよいとさえ思って」（九・三）いるパウロにとっては、救いの約束が与えられ、その約束を担ってきた「同胞」が、その救いの歴史の決定的場面で、つまり救いの約束が成就しようとしているまさにそのときに、イエス・キリストをなぜ拒んだのかという謎は、どうしても解明しないではいられなかったのであろう。それは、神の救いの計画全体に関わる重大な問題でもあった。

しかし、同胞ユダヤ人がイエスを拒み、異邦人が逆に救われているという現状を見ていても、パウロは「イスラエルの再興」を信じて疑わない。だから、現状は救いの計画の最終段階ではない。神の救いの計画は「秘められ」ているので（一一・二五）、全貌はまだ目に見えないが、「一部のイスラエル人がかたくなになったのは、異邦人全体が救いに達するまでであり、こうして全イスラエルが救われる」（二五—二六節）という希望がある、とパウロは指摘する。その希望がある限り、現状がどのようであれ、パウロは失望しない。確かに「神の富と知恵と知識」（一一・三三）はあまりにも深いので、神の計画の全貌を見通すことはできないが、それでも「全イスラエル」が救われることは、その計画の中に収められている。それがパウロの信念であり、希望であった。

パウロがそう確信する裏には、パウロ自身の体験があったと思われる。「徹底的に神の教会を迫害し、滅ぼそうとしてい」た（ガラテヤ一・一三）パウロが、それにもかかわらず、やがてイエスに出逢い、救いを体験したというだけでなく、今やその福音の担い手として宣教の先頭に立っている、という事実がある。パウロはその一環としてこの手紙の宛先であるローマの教会を訪問しようとしているのだ。それだけではない。パウロは、神が「わたしを母の胎内にあるときから選び分け、恵みによって召し出してくださった」（ガラテヤ一・一五）とさえ語って、人知を越えた神の選びの測りがたさも指摘していた。すねに傷を持つ自分でさえ救われたのだから、ましてや神の約束を担ってきていた「同胞」ユダヤ人に、どうして神の救いがやがて到来しないことがあろうか。全イスラエルの救いというパウロの確信の背後には、自分の救いと使徒職への召し出しという裏付けがあったのだ。

野生のオリーブと根

「しかし、ある枝が折り取られ、野生のオリーブであるあなたが、その代わりに接ぎ木され……」（一七節）と語り出したパウロは、異邦人キリスト者のことを「野生のオリーブ」と呼ぶ。「折り取られ」た「ある枝」とは無論、不信仰なユダヤ人である。パウロは現状を「ある枝が折り取られ、野生のオリーブが接ぎ木され」た（一七節）状態であると表現する。そして、この比喩がこの箇所全体の構図を規定している。

接ぎ木された「野生のオリーブ」は「根から豊かな養分を受けるようになっ」ている（一七節）。それが、イエスを信じた異邦人にもたらされた恵みである。その根とは、アブラハム以来、ユダヤ人が受け継いできた救いの約束である。異邦人が今、その実りを受けているのは、それに先立って連綿と救いの約束を継承してきたユダヤ人たちがいたからである。だから、パウロは、その実りを享受している者たちが、「折り取られた枝に対して誇ってはなりません」と警告する。「思い上がってはなりません」というのだ。確かに事実に即して言えば、「あなた（接ぎ木されたオリーブ）が根を支えているのではなく、根があなたを支えている」（一一・一八）ことに違いはない。「根によって支えられている接ぎ木されたオリーブ」……これが異邦人キリスト者の自己理解でなければならない。あなたは接ぎ木された枝に過ぎず、あなたの実りは、根によって支えられている、そのことを忘れるなら、一切が水泡に帰してしまうかもしれない。

しかし、ひょっとして「枝が折り取られたのは、わたしが接ぎ木されるためだった」と言う人がいるかもしれない。パウロは、おそらくは皮肉交じりに「そのとおりです」と応じる。確かにことの次第はそのように見えるかもしれない。しかし、自分が「根によって支えられている接ぎ木されたオリーブ」であることを自覚しているのなら、つまり、自分の救いが、ユダヤ人によって連綿と継承されてきた救いの約束に支えられている、という事実を知っているなら、そのような反論は思いつきもしないだろう、というのがパウロの率直な気持ちではないだろうか。そこで「思い上がってはなりません」（二〇節）とパウロは再び警告する。自分が救われていることを誇ったり、思い上がったりするのなら、逆転が起こるかもしれない。異邦人キリスト者が「もし（信仰に）とどまらないなら、あなたも切り取られるでしょう」（二二節）とあるとおりである。

ユダヤ人が折り取られたのは、パウロが「ユダヤ人は、不信仰のために折り取られました」と言っているように、不信仰のゆえであった。異邦人が接ぎ木されたのは、「あなたは信仰によって立っています」と言われているように、その信仰のゆえである。ここでの分かれ目は信仰の有無である。しかし、この文脈で「信仰」とは何であろうか。端的に神の前にへりくだることではないだろうか。ただひたすら神の恵みに望みを託すことではないだろうか。一切の誇りを捨て、神の前に「無条件降伏」することではないだろうか。だから、そこで「誇ったり」、「思い上がったり」していたら、その「信仰」が根底から問い直されるということにならないのだろうか。だから、パウロは「恐れなさい」と警告する。

神の慈しみと厳しさ

「神の慈しみと厳しさ」という表現は、口語訳では「神の慈愛と峻厳」となっていた。「峻厳」という言葉は字面からして威嚇的に見える。ニュアンスとしてはそんな感じかもしれない。パウロが「恐れなさい」と言うのは、神が「慈しみの神」であると同時に「厳しさの神」でもあるからである。神の「厳しさ」は現在のところ、ユダヤ人に向けられているように見える。その結果、彼らは「折り取られた枝」になっている。しかし、神は右手では「慈しみ」を、左手では「厳しさ」を差し出しておられる、というのではないであろう。つまり、「信仰によって立っている」異邦人には「慈しみ」の右手を、「不信仰の」ユダヤ人には「厳しさ」の左手を差し出しておられる、ということではないのだ。むしろ、神の差し出しておられる招きの手に対して、人間がどのような態度を取るかによって、同じ招きの手が、一方では「慈しみ」の手として、他方では「厳しさ」の手として機能しているのではないか。

救いへの招きを拒むことは、そのこと自体がすでに裁きなのである。神の恵みによる救いが眼前に差し出されているのに、それを拒むことは、ご馳走を前にして、「あれはプラスチックの模造品に過ぎない」とかたくなに決め込んで、空腹のまま座り込むことに似ている。

他方、信仰によって異邦人が救われているのは、「信仰の従順」という一点にかかっている。そこが揺らげば、「慈しみ」はそのまま「厳しさ」として機能する。だから、パウロは「思い上がってはなりません。むしろ恐れなさい」と警告する。神が、「自然に生えた枝を容赦されなかったとすれば、恐らくあなたをも容赦されないでしょう」とあるとおりである。ユダヤ人の不信仰とそれに対する厳しさは、そのまま異邦人キリスト者の身にも及ぶ可能性がある。それは単なる理論的可能性ではなく、直ちに現実に転化する可能性である。神は人を偏り見ることがないからである。

再び接ぎ木される

パウロは次いで、彼ら（不信仰なユダヤ人）も「不信仰にとどまらないならば、接ぎ木されるでしょう」（二三節）と方向を転じる。「野生のオリーブ」である異邦人キリスト者が、接ぎ木された枝であるなら、元木の枝（口語訳）は、もっと容易に接ぎ木されるのではないだろうか。本来はそこに繋がっていたからである。農業での実際の接ぎ木がどうであれ、ここでは論理上の繋がりの方が大事である。

パウロはこの箇所では「とどまる」という言葉にこだわっている。パウロは異邦人キリスト者について、「神の慈しみにとどまるかぎり」、つまり信仰にとどまるかぎりと言っていたが、ここではそれを反転させて、「彼らも、不信仰にとどまらないならば」と指摘する。しかし、「とどまる」とはどういうことであろうか。主イエスは、「わたしにつながっていなさい。ぶどうの枝が、木につながっていなければ、自分では実を結ぶことができないように、あなたがたも、わたしにつながっていなければ、実を結ぶことができない。わたしはぶどうの木、あなたがたはその枝である」（ヨハネ一五・四―五）と語っておられたように、「とどまる」とは「つながっている」という意味である。

彼らも不信仰に「とどまらないならば、接ぎ木されるでしょう」と語るパウロは、続けて「神は、彼らを再び接ぎ木することがおできになるのです」（二三節）と指摘する。すなわち、九章から一一章全体の主題、「イスラエルの救い」へと話を繋げていくのである。

そして、「もし……ならば、まして……」という論法で、パウロの究極的関心である「イスラエルの再興」について、自分の確信を吐露していく。

イスラエルの再興

「もしあなたが、もともと野生であるオリーブの木から切り取られ、元の性質に反して、栽培されているオリーブの木に接ぎ木されたとすれば、まして、元からこのオリーブの木に付いていた枝は、どれほどたやすく元の木に接ぎ木されることでしょう」（二四節）とパウロは語る。

注目したいのは、「もともと野生であるオリーブの木から切り取られ」た、という指摘である。異邦人キリスト者は、それまでの生き方、価値観、世界観など一切のものから切断され、「イスラエルの伝統」へと接ぎ木されたのである。だから、彼らは「切り取られる」という経験をしていたはずである。彼らがそこから切り離されたものの中には、懐かしいもの、心惹かれるものがあったかもしれない。そこにはある種の「別離の痛み」があったかもしれないが、彼らはそうした一切のものから「切り取られ」て、イスラエルの父祖たち以来、連綿と受け継がれてきた救いの約束へと接ぎ木されたのである。だから、接ぎ木されたオリーブの枝は、「切り取られる」という体験を「不信仰のユダヤ人」と共有していることになる。しかし、ユダヤ人はその不信仰によって、救いの約束から「切り取られ」ていた。そして、そのことが結果として「野生のオリーブであるあなた（異邦人キリスト者）が、その代わりに接ぎ木され」

るという出来事になっていた。しかし、元のオリーブの枝が切り取られるということと、野生のオリーブの木が接ぎ木されることとの間には、論理的因果関係はない。そこにあったのは、神の計り知れない計画と神の恵み以外の何ものでもない。

だから、もともと「約束の民」でなかった異邦人が、それにもかかわらず、接ぎ木されたとすれば、もともと「約束の民」であったが、切り離されていたユダヤ人は、なおのこと容易に元の木に接ぎ木されるのではないのかというのが、パウロのここでの論理である。

だから、「誇ってはなりません」（一八節）、「思い上がってはなりません」（二〇節）という警告は、極めて真剣に受け止めねばならない警告であった。神の厳しさは約束の民にも容赦なく向けられていた。その厳しさは同様に、あるいはもっと容易に「もし（信仰に）とどまらないなら」（二二節）、「接ぎ木された枝」である異邦人キリスト者にも向けられるであろう。パウロは、「誇ってはなりません」、「思い上がってはなりません」と警告していただけではなく、次の文脈では、「兄弟たち、自分を賢い者とうぬぼれないように」（二五節）とも指摘する。内容的にはすべて同じ警告である。

しかし、パウロがここで究極的に言いたいと思っていることは、「全イスラエルが救われる」（二六節）ということである。すなわち「イスラエルの再興」である。

「深い悲しみ」と「絶え間ない痛み」への回答

パウロは、九章から一一章へと続くこの一連の段落を、「わたしには深い悲しみがあり、わたしの心には絶え間ない痛みがあります」という書き出しで始めていた（九・二）。そこにはイスラエルの民の現状についてパウロが感じていた深い嘆きがある。イスラエルの民は、もともと「神の子としての身分、栄光、契約、律法、礼拝、約束」（九・四）を持っていた。先祖たちから受け継がれてきた輝かしい遺産も本来彼らのものであった。そして、何よりも、イエス・キリストご自身が「肉によれば」彼らの間に生まれていた。

しかし、彼らは「切り取られ」、「折り取られる」ことによって、そうした一切のものと無縁なものになってしまっていた。これが、パウロの見るところのユダヤ人の現状であった。それは実に嘆かわしい状態であって、アブラハム以来、紆余曲折がありながらも、神の恵みのもとに連綿と受け継がれてきていた信仰の継承が中断されてしまっていた。そうした現状を見て、パウロは「わたし自身、兄弟たち、つまり肉による同胞のためならば、キリストから離され、神から見捨てられた者となってもよいとさえ思っています」（九・三）とさえ語っていた。いささかの修辞的誇張があったにしても、これはパウロの本心だと思われる。だから、パウロは九章の冒頭から一一章の終わりに至るまで、なぜこういう事態になってしまったのかという謎を解明しようとしてきたのである。

そこには「（神の）秘められた計画」（二五節）があるので、人知ではとうてい計り知れない部分があるにしても、それでもその幾分かでも知りたいという願いがパウロには強くあった。そして、彼の「深い悲しみ」と「絶え間ない痛み」への回答が、

「一部のイスラエル人がかたくなになったのは、異邦人全体が救いに達するまでであり、こうして全イスラエルが救われる」ということであった。「全イスラエルが救われる」こと、それがもともとからの救いの計画の目的であった。

「副産物」としての接ぎ木?

もしそれが救いの計画の「本筋」であったのなら、「その代わりに接ぎ木された」異邦人の救いは、いわば「副産物」でしかなかったのだろうか。「その代わりに」という言い方は、聞き方によっては、「その代役、ピンチヒッターとして」という感じだから、余計にそのように響く。パウロが異邦人キリスト者に向かって、繰り返し「誇ってはなりません」とか「思い上がってはなりません」という警告をしていたことも、何かしらそんな感じを抱かせるのに役立っているように思われる。

イスラエルへの救いの約束、その約束の継承、イエス・キリストの到来によるその約束の成就という本筋の最終段階で、イスラエルの不信という状況が起きたので、その救いの道筋が反れて、異邦人の方へと曲がって行った、というのであろうか。そのように見えなくもない。

しかし、「神の富と知恵と知識のなんと深いことか」とパウロが慨嘆しているように、だれに「神の定めを究め尽くし、神の道を理解し尽く」すことができるだろうか。そうしたことは、もともと人間に見通せることではないのかもしれない。しかし、はっきりしていることがある。神の救いがユダヤ人のためだけでなく、今やすべての人に及んでいるという事実である。

パウロはこの手紙の冒頭で、「福音は、ユダヤ人をはじめ、ギリシア人にも、信じる者すべてに救いをもたらす神の力」（一・一六）だと語っていたし、ガラテヤの諸教会に宛てた手紙でも、「そこではもはや、ユダヤ人もギリシア人もなく、奴隷も自由な身分の者もなく、男も女もありません」（三・二八）と語っていた。イエスご自身も、「だから、あなたがたは行って、すべての民をわたしの弟子にしなさい。彼らに父と子と聖霊の名によって洗礼を授け」なさい、と語っておられた（マタイ二八・一九）。

だから、最後の最後に分かることは、ユダヤ人やギリシア人（つまり、異邦人）の区別もなく、身分の違いもなく、男女の違いもない、普遍的な救いがもともと目指されていたという事実である。「イスラエルの再興」は、言ってみれば「最後から一歩手前の言葉」であった。最後に聞こえてくるのは、「ユダヤ人をはじめ、ギリシア人にも、信じる者すべてに救いをもたらす神」の福音の言葉なのである。

参考文献

パウル・アルトハウス『ローマ人への手紙』（ＮＴＤ新約聖書註解６）杉山好訳、ＡＴＤ・ＮＴＤ聖書註解刊行会、一九七四年
ウルリッヒ・ヴィルケンス『ローマ人への手紙（６―11章）』（ＥＫＫ新約聖書註解Ⅵ／２）岩本修一・朴憲郁訳、教文館、一九九八年
マルティン・ルター『ローマ書講義』下（ルター著作集第二集９）徳善義和訳、リトン、二〇〇五年

ローマの信徒への手紙　一一章二五―三六節

石井　佑二

一　私訳

二五節　あなたたちが知らないでいてもらいたくないのだ。兄弟たちよ！　この奥義を。自分の知恵であれこれ空想しはじめないために。一部のイスラエル人が頑固になったのは、異邦人の全てが救いに入る時までであり、

二六節　こうして、全てのイスラエル人は救われるであろう。こう書かれている通りである。「救う者がシオンから来るだろう。そしてヤコブから不信心を追い払うだろう。

二七節　そして、これが彼らと結ぶ、私の契約である。彼らの罪を取り去るときの」。

二八節　福音について言えば、彼らはあなたたちのゆえに敵とされているが、選びについて言えば、彼らはあなたたちのゆえに愛されている。

二九節　なぜなら、取り消されないからだ！　神の賜物と召しとは!!

三〇節　ちょうど、あなたがたが、かつては神に聞き従わない者であったが、今は、彼らの不従順によってあわれみを受けているように、

三一節　彼らも今は、聞き従わない者となっているが、それは、あなたがたの受けたあわれみによって、彼ら自身も、今、あわれみを受けるためである。

三二節　神は閉じ込めた。全ての人を不従順の中に。なぜならそれは、全ての人をあわれむためである。

三三節　ああ深いかな、神の富と知恵と知識は。その裁きは究め尽しがたく、その道は理解し尽しがたい。

三四節　「誰が主の心を知っていただろうか。誰が主の計画にあずかったたか。

三五節　また、誰が、まず先に主に与えて、その報いを受けるであろうか」。

三六節　そういう訳で、神から出で、神によって成り、神に帰するのである。万物は。神に栄光、とこしえに。アーメン。

二　文脈

パウロは「異邦人を信仰による従順へと導く」（一・五）、その使命に従い、地中海諸国を巡り、イエス・キリストの救い

を宣べ伝えている。その道中、数多くのユダヤ人と出会った。その際に、「キリストを信じないイスラエル」の救いは、如何なるものとして考えるべきか、ということが当然に問われた。K・ワルケンホーストはそのことについてこう言う。「地中海諸国のどこへ行ってもユダヤ人に出会い、彼らの不信心をどのように理解したらよいかという問題から逃げることはできなかった。これは、イスラエルを愛するユダヤ人であり、パリサイ人であるパウロ……にとり、また神からの召し出しを受け、そのみ旨に従ってみことばを愛するパウロにとっては、信仰や生活のすべての中で第一の問題であった」（ワルケンホースト『万民とイスラエル』三頁）。このことのゆえに、パウロは九章の最初からここまで、言葉を重ねてきた。イエス・キリストの出現（九・四、五）は、将来におけるイスラエルの救いにも大きな影響を及ぼす、神の選びを語っている。イエス・キリストを信じていないイスラエルであっても、決して神から見捨てられているのではない（一〇・二一）。キリストはつまずきの石であったが（九・三二）、それはイスラエルが倒れるためではない（一一・一一）。イスラエルは切り取られたオリーブの木であるが、神は、その切り取られた枝を元のオリーブにつぐ力を持っている（一一・一七―二四）。イスラエルには、なお救いの可能性が豊かに与えられている（ワルケンホースト、二三二―二三三頁）。パウロはこの確信の中で同胞のことを思いながら、同じく神によって同胞である、兄弟である、ローマの人々に言葉を語る。そしてその語りは、ただイスラエルの救いだけから考える事柄ではなく、万物の救いから考えた時にこそ分かるものであると言いたいのである。その意味でここでの救済理解は、この手紙が語る福音の急所だと言っても過言ではない。

我々がこのテキストを黙想するに当たり、雨宮慧の次の言葉を聞きたい。「これは一一章の結びですから、ユダヤ人の救いをテーマとする九―一一章全体の結びにもなっています。書き出しと結びとを読み比べると、パウロの心に大きな変化が起こっているのが分かります。彼は『深い悲しみ』と『絶え間ない痛み』に苦しんでいたのに、結びでは『ああ、神の富と知恵と知識のなんと深いことか』と述べて、神を賛美しているからです。このような大変化を生じさせたのは、書き出しと結びの間に書かれた事柄のはずです」（雨宮慧『主日の聖書解説〈A年〉』二七四頁）。我々はこの「大変化」を生じさせた福音、「悲しみ」も「痛み」も、大いなる神賛美に変えることを可能とする福音を、パウロと共に見るのである。

三　神がイスラエルを不従順に閉じ込めた「奥義」を知る

パウロは「兄弟たちよ！」（私訳）と力を込めて語り出す。それはこれまでの言葉の総括を、兄弟であるあなたたちに伝えたい、という心である。そこにはイスラエルもまた、救いの兄弟である、ということを伝えたいという思いがあるに違いない。二五節「あなたたちが知らないでいてもらいたくないのだ。兄弟たちよ！　この奥義を」（私訳）。あなたたちにはイスラエルを通して、神の「奥義」が語られている、と言う。「奥義」、それはギリシア語で「ミュステーリオン」である。元来それは

「閉じる」「閉ざす」を意味し、「口を閉ざす」「黙る」ということを意味する。それは宗教用語であり、神秘的な儀式を前にして、そこでの体験は「黙って」受け入れるしかない。そのことを表現する言葉であり、「秘儀」とも呼ばれ得るものである。またさらに、P・アクティマイアーによれば、そのような神秘的な事柄を知る最初の段階としての「黙る」ということを持って、この「ミュステーリオン」は「何かに加入させられるという意味の概念」でもある（アクティマイアー『ローマの信徒への手紙』三〇三頁）。このことを踏まえれば、パウロがここで語りたいことは、イエス・キリストへの不信心にあるイスラエルは「奥義」を示す、神が何かを語る、その始まりであり、我々はそこから、次の新しい神の言葉を聞くようにと促されている、ということだと言える。私たちが「黙る」時、神の「静かにささやく声」（列王記上一九・一二）が響き出す。だから「知らないでいてもらいたくないのだ」と必死に勧める。神の「奥義」を知らないままでいたら、的外れなことを「自分の知恵であれこれ空想しはじめ」る（私訳）。そんなことであってはならない、と言うのである。

その「奥義」の内容の説明として言う。「一部のイスラエル人が頑固になったのは、異邦人の全てが救いに入る時までであり、こうして、全てのイスラエル人は救われるであろう」（二五、二六節）。「福音について言えば、彼らはあなたたちのゆえに敵とされているが、選びについて言えば、彼らはあなたたちのゆえに愛されている」（二八節）（私訳）。神はイスラエルの救いについて、その約束を少しも変えてはおられない。「なぜなら、取り消されないからだ！　神の賜物と召しとは‼」（二九節）（私訳）。パウロはこの確信に立って、全ての言葉を重ねる。二八節を受けて、竹森満佐一は言う。「福音、すなわち、イエス・キリストによって救われるということから言えば、彼ら、イスラエルは、神の敵となったのであります。しかし、それも、実は、異邦人が救われるようになるためなのであります。ところが、神の選びということから言えば、彼らは、父祖たちと連なっているのですから、その子孫として、当然、選ばれるということになるのであります」（竹森満佐一『ローマ書講解説教Ⅲ』一四七頁）。イスラエルに対しての神のあり方は、福音と選びという区別があることを示す。そこに敵対と救いが同時に語られている。それは矛盾だろうか。そうではない。パウロは、この一見相反する事柄がイスラエルにおいて起こっている、そのことから、このことを同時にもたらしている、ひとりなる神に目を向けることを求めているのである。「パウロが言いたいことは、神の選びと福音とが矛盾しないということです。それが矛盾するように見えるのは、神の選びか、福音か、どちらかの理解の仕方がまちがっているからであります。この二つは、本来、ひとりの神から出たものであります」（竹森、一四八頁）。我々が考えるべきことは、不信心なイスラエルがどのようにして救われるか、ということではない。神の大いなるご計画である。「なぜなら、取り消されないからだ！　神の賜物と召しとは‼」ということに徹底的に立ちながら、神のご計画を見つめることが求められているのである。

そしてそのことが語られた上で、三〇節以下が語られる。神に聞き従わなかったあなたがた異邦人が救われたのは、イスラエルの不従順によることであった。そのイスラエルに向けられている神のあわれみがイスラエルの不従順によって異邦人に向けられた。そういう神であられるのだから、はじめから現されている神の選び、そのあわれみによってイスラエルもまた救われる、と言う。この不思議な救いの事柄を、パウロはこう言葉にする。三二節「神は閉じ込めた。全ての人を不従順の中に。なぜならそれは、全ての人をあわれむためである」（私訳）。神は「全ての人をあわれむ」。これが、取り消されない神の賜物と召しである。このために神は「全ての人を不従順の中に閉じ込めた」。不従順、それは罪である。では罪を犯させるために神が人間に働きかけたということか。それはあり得ないことだろう。しかし、それがあり得ないと思うのは、人間の罪の現実をどうやって神は解決なさるのか、ということに心が捕らわれているからではないか。そうではない。我々が見るべきは、神が取り消されることのないあわれみのご計画を持って、この不従順、罪の現実にいて下さるということである。そう見る時に、我々は「大変化」を経験する。竹森はこう言う。「人間は、神に対して従順でありたいと願い、努め、励むのですが、不従順にならざるを得ないのです。……しかし、……自分の不従順さに手も足も出ないわれわれなのですが、それをさえも、神はあわれみによって救って下さるのであります」。「そのあわれみは、神の一時の気まぐれではなく、……どんなことにも優先するほど大きな、力強いものであります。神は、そのあわれみの全力をもって、われわれを救って下さるのです。神は、決して、小指一本だけを動かして人間を救おうとなさるのではないのです。あらゆることを尽して、われわれをあわれんで下さるのでありなます。そうであれば、救われたものから言えば、われわれの不従順さえも、神のあわれみのみ業による、と言うほかはないのであります」（竹森、一五一―一五二頁）。我々の不従順、罪、その現実もまた、神の救いから遠くない。いや、むしろ神の救いの中にそれが置かれている。イスラエルの救いの真実が、何より我々にそのことを語る。そうパウロは言いたいのである。これは、私たちの世界、不従順と罪と悲しみが存在する、この世界を見つめる視点そのものを「大変化」させる信仰である。

四　神の富のど真ん中に立ち、賛美に生きる

パウロは、このイスラエルの救いの語りを、全ての人に及ぶ、神の大いなる救いのご計画を語ることで、一区切りをつけようとする。そのことを神賛美によって果たす。「ああ深いかな、神の富と知恵と知識は」（三三節、私訳）。神の知恵、その深さは救いの知恵の深さである。人間には極められない裁きの奥深さである。神の知識、それは神の私たちに対するあわれみの知識である。言い換えると、我々を救うために、「われわれ以上にわれわれのことを知っておられる」、その知識である（竹森、一五六―一五七頁）。このことと直面した時、人間にできることは、神を賛美する、ということでしかあり得ない。しかしそうであることをパウロは勧めるのである。またパウロはここで「神の富」とも言う。このことを説明するために、加藤常昭は、ローマ書第九章二三―二四節を引用する。「それも、憐れみの

器として栄光を与えようと準備しておられた者たちに、御自分の豊かな栄光をお示しになるためであったとすれば、どうでしょう。神はわたしたちを憐れみの器として、ユダヤ人からだけでなく、異邦人の中からも召し出してくださいました」。「御自分の豊かな栄光」、この言葉から、「神の富」とはこうだ、と加藤は言うのである。「これは、少し言い換えますと、神が神であられることの豊かさ、と言っても良いものであります。神が神であられることこそ神の栄光でありますから、ここでも、『ああ、神が神であられることの豊かさよ』というのであります」（加藤常昭『ローマ人への手紙3』四三八頁）。パウロはここで、神のご栄光の富と、その救いのご計画の知恵と、私たちを知っていて下さる知識とに対して、感嘆の声、賛美の声として「ああ」と口にし、その深さを称える。ところでまた加藤は、パウロのこのような言葉を聞く時にどうしても聞きたい御言葉があるとして、エフェソの信徒への手紙第三章一七―一九節を引用する。「信仰によってあなたがたの心の内にキリストを住まわせ、あなたがたを愛に根ざし、愛にしっかりと立つ者としてくださるように。また、あなたがたがすべての聖なる者たちと共に、キリストの愛の広さ、長さ、高さ、深さがどれほどであるかを理解し、人の知識をはるかに超えるこの愛を知るようになり、そしてついには、神の満ちあふれる豊かさのすべてにあずかり、それによって満たされるように」。この「キリストの愛の広さ、長さ、高さ、深さ」を知るために、としてこう言うのである。「その人は、その〔キリストの愛の〕中に立っているのではないか……。自分はそのど真ん中にいる。端っこにいるのではありません。外にいるのではもちろんありません。中にいるのであります」。その者はキリストの愛のど真ん中に立っている。それだからこそ「広さ、長さ、高さ、深さ」は理解し得る。そう語り、ローマ書において神の富の「深さ」を称えるパウロも、神の富、そのご栄光のど真ん中に立っている、と言うのである（加藤、前掲書四三九―四四〇頁）。圧倒的な神の偉大さにパウロは打たれ、声を上げるしかない。しかしそれは、人間の手の届かない所におられる神に対して隷属するしかない、という声ではない。この大いなるお方が、その偉大なる愛によって私を包み込んで下さっておられるという喜ばしき驚きの声なのである。

そして最後にパウロは言う。三六節「そういう訳で、神から出で、神によって成り、神に帰するのである。万物は。神に栄光、とこしえに。アーメン」（私訳）。この「そういう訳で」が指しているものは、九章から始まるイスラエルの救いについての語り、その全てのことである。「神から出で、神によって成り、神に帰するのである」。イスラエルも、あなたがた異邦人も、この世界の何もかも、偉大なる神のご計画、そのあわれみに依って立っている。ただこのことが分かれば、イスラエルの不信心について疑問に思うことなど、もうあり得ないだろう。ひいては、私たち全ての者が抱える不信心、罪、またそこから来る、全ての悲しみある現実に対しても、確かな勇気を持って生きて行ける。そう言いたいのである。「なぜなら、取り消されないからだ！　神の賜物と召しとは‼」。この真実において、私たちは生かされているからである。

五　御子を不従順な者として登場せしめる神

それでもなお、私たちの世界には、私には、不従順の課題に押しつぶされてしまう心がある。しかし神はそのような私たちの弱さをも良くご存じでいて下さる。そのためにもイエス・キリストをお与え下さった。それは救いの真実を示し、その救いの結果において今を生きることへの慰め、励ましを与えるだけではなく、その時の中、今を生きる力そのものを与えるための恵みでもあるのである。カール・バルトが一九五七年、バーゼル刑務所において、捕らわれ人である会衆に向かって、ローマ書第一一章三二節をひもとき、こう語った。「神は私たちすべての者を不従順の中に閉じ込めることによって、……はっきりと、神の憐れみが働き、明らかになるような位置に置かれる、つまり、私たちを神の教会として集め、私たちの主イエス・キリストとの交わりの中に置いてくださるのである。なぜなら、神は御自身の愛する、従順な御子を、私たちに代わって不従順な者として登場せしめ、私たちに代わって死なしめたもうことによって、ほかならぬこのイエス・キリストを私たちの救い主とならしめたもうたのであるからである。……イエス・キリストは、まさにそのことに反対せず、かかる道を甘受された。ここにイエス・キリストの神への従順があったのである。しかしながら、そこから次のことが結果として出て来る。神のものとなるために、神がイエス・キリストにおいて示された永遠の憐れみ、イエス・キリストによる救いにあずかり、かつそれを喜ぶために、しかも、この憐れみ、この救いの御力によって生きるためには、『神によって不従順の中に閉じ込められた』ということが私たちの身にもまた起こるようにせしめられる以外、私たちには何も残されていない」（カール・バルト『カール・バルト説教選集11』一四九頁）。私たちの不従順に先立ってイエス・キリストが不従順の中に置かれた。その者として裁かれた。私たちが不従順の罪に抗えないで苦しむ時であっても、神は、イエス・キリストは、このことを知っていて下さっておられる。先立ち、また伴って下さっておられる。その者として、私たちは不従順の中においても、キリストと共に、キリストが伴って下さり、神のあわれみの道を歩んでいると知ることができる。私たちが神のあわれみに生きられない時に、神の方から、イエス・キリストによって、全ての人に、そのあわれみの道を与えて下さっているのである。

参考文献

雨宮　慧『主日の聖書解説〈A年〉』教友社、二〇〇七年
K・ワルケンホースト『万民とイスラエル――ロマ書の解釈九―一一章』中央出版社、一九七六年
カール・バルト『カール・バルト説教選集11』蓮見和男訳、日本キリスト教団出版局、一九九二年
竹森満佐一『ローマ書講解説教Ⅲ』（オンデマンド版）新教出版社、二〇〇四年
加藤常昭『ローマ人への手紙3』（加藤常昭説教全集19）教文館、二〇〇五年
P・アクティマイアー『ローマの信徒への手紙』（現代聖書注解）村上実基訳、日本キリスト教団出版局、二〇一四年

ローマの信徒への手紙　一二章一―二節

橋谷　英徳

一　全生涯を神に献げて生きる

与えられたテキストは、ローマの信徒への手紙において大きな区切りとなる。この手紙は、一章一三節以下で人間の罪について、三章二一節以下ではキリストによる救いを語る。そして、ここから、この一二章から救われた者の生活が語られていく。ハイデルベルク信仰問答も、この手紙の構成に依っており、第三部は「感謝の生活」と呼ぶ。あるいは、この手紙の構成は、回心と信仰と愛という三つの言葉で言い表されることもある。まず回心が説かれ、次に信仰が語られ、最後にここから愛の生活が説かれる。また、このような三つの区分ではなく、一二章までを教え（原理）、一二章以下を生活（実践）というように二部構成で理解することも可能である。

教えと生活は分かち難く結びついている。教えのないキリスト者の生活はないし、善き生活を生み出すことのない教えもない。私たちキリスト者の生活は福音の言葉、教えによって形作られていく。この場合、まず見つめなければならないことは、教えが先で、生活はそれに続くということである。量から言えば、教えが七分で、生活が三分である。教えが、キリスト者の生活を生み出していく。その意味では、生活は福音の教えの実りである。信仰生活は、善い生活を生み出すが、福音の教えに基づくことのないキリスト者の生活は、本当の生活にはならない。それは偽善となるほかない。例えば、ファリサイ派の人びとは、キリスト者に勝る善き生活を築いた。しかし、彼らを主イエスは、「偽善者」と呼ばれた。それは、他者をも自分自身をも、病ませてしまうようなものでしかなかった。それに命はなかったのである。なぜか。それは彼らの行いは、福音の教えから出たものではなかったからである。逆に、福音の教えから生まれる行いには命がある。

「こういうわけで、兄弟たち、神の憐れみによってあなたがたに勧めます」（一節）。原文では、パラカロー・ウーン・ヒューマスと冒頭にある。ウーンは、ここまでの事柄を受けて、「そこで」「だから」という意味を持ち、ここまでとの結びつきを明らかにしている。注解者のなかには特に一一章との結びつきを考える者もあるが、やはりここまでの全体と考えるべきであろう。パウロは、ここで「命じる」ではなく「勧める」（パラカロー）という言葉をこの手紙ではじめて用いる。この言葉は、「慰める」、「励ます」、と訳すこともできる言葉で、善いことをしようとする心を呼び起こすときに用いられる。その場合、それは私たちに無いものではなく、すでに私たちの内に存在する。このすでに私たちに存在するものが、「神の憐れみ」である。この場合の憐れみは、複数形である。ここまでパウロが語ってきたことが「神の憐れみ」という一語で語られる。この神の憐れみは、神の愛であり、それが主イエス・キリストの救いの御業において現れ、それが私たちに与えられた。

パウロにとって、キリスト者の生活とは、神に自分自身を献げて生きることである。ここでのからだ（ソーマ）は、肉体のことではなく、肉体も魂も含めた、全人のことである。そのようにして自分自身のすべてを「神に喜ばれる聖なる生けるいけにえとして献げる」。神は、ひとり子イエス・キリストを十字架にかけられた。この御子の贖いを信じる信仰によって私たちを義としてくださる。これが神の憐れみである。この神の憐れみ、神の愛を与えられた者は、自分自身を神に献げて生きるようになる。神の愛に感激し、熱くされ、駆り立てられて、その身を神に献げて生きるようになる（Ⅱコリント五・一四）。

ここに神と私たちとの交わりがある。神がまずその身を献げられ、その神の愛に駆り立てられ、私たちがその生涯を神に献げて生きはじめる。ここに私たちと神との交わりが生起する。そして、この場合の神と私たちの交わりは愛の交わりとなる。

そのように人が神に自分を献げて生きること、「これこそ、あなたがたのなすべき礼拝」である。ここでの「礼拝」とは、「日々の生涯」、「聖き義しき愛の生涯」（内村鑑三）とも言い換えることができる。それは、教会における主日礼拝のことだけではない。私たちの全生活、全生涯が礼拝となる。

このことは、私たちがなにか特別なことをしなければならないということを意味しない。神を礼拝し、神に身を献げて生きること、それは本来のもっとも人間らしい生き方である。神は人を、神を崇めて生きるように造られた。人の生きる主な目的は、「神の栄光をあらわし、永遠に神を喜ぶこと」だからである（ウェストミンスター小教理問答問一）。アダムにあって罪を犯し、堕落した私たちは、神を礼拝するというこの本来の人間の生き方を失ってしまった。しかし、この私たちを神は、憐れみ、イエス・キリストによって罪を贖われ、救われた。そのとき、私たちの礼拝者としての姿もまた回復されたのである。

まだ学生であった頃に、この聖書の箇所から講演を聞いた。「いかに生きるか」という題でアライアンス教団の田村耕造牧師が話された。私たちキリスト者がいかに生きるか、将来の道を選択していくときにも、このローマの信徒への手紙が意味を持つと語られた。青年たちに、「皆、誰でも一度、自分が牧師として召されているのではないかと真剣に疑ってほしい。そして、そこで悩んで、自分は牧師になる、あるいは牧師にはならないけれども、こうやってこれからの生涯を献身して生きると決心して欲しい」と熱く語られた。記憶のなかの言葉なので正確ではないかもしれないが、この講演を通して、この御言葉を聞いたことが、私の場合は牧師として献身するということになった。

今、日本の教会では献身者の不足が嘆かれている。それはただ神学校に行く人が少ない、若い人が少ないということにとどまらない。教会全体の献身力が弱っているように思えるのは杞憂であろうか。そのような背景を考えるとき、このテキストから説教を語ることの意味は非常に大きい。礼拝での説教というだけではなく、修養会や少人数の小さな集まりで、膝を付き合わせるようにしてキリストの救いの恵みを語りつつ、献身して生きることをこのテキストから勧めても良いかもしれない。

二　ロゴスにかなう礼拝

パウロはこのように献身を勧めて、「これこそ、あなたがたのなすべき礼拝です」という言葉を加えている。ここで「なすべき」と訳されている言葉は、原文では「ロゴスにかなう」という意味の言葉である。新改訳聖書がここを「あなたがたの霊的礼拝」と訳していることは興味深い（口語訳も）。ロゴスとは、知的な、論理的な、理性的なという意味であるが、それを霊的と訳している。この日本の国において、「霊的」という言葉はどのようなこととしてイメージされるであろうか。霊的という場合、そこから論理や知性、つまりロゴスということが思い浮かべられることはまずないであろう。むしろ、「霊的」という場合には、論理や知性というものを超越したものが連想されることが多い。極端な場合には、恍惚状態をもたらすような神秘的ものが、霊的と受け止められることも少なくはない。しかし、聖書においてはそうではない。霊的であることは、ロゴスと密接不可分である。神の救いには論理がある。ロゴスがあるのである。だからこそ、パウロもまたここまで、神の救いの教えを語ってきたのである。しかしながら、この聖書の語るロゴス、信仰の論理は、この世の論理とは異なることも覚えておきたい。この世の論理を超越した論理なのである。

改革派の伝統に立つ教会が教理を重んじる根拠もこういうところにある。教会の教理もまた、この神の救いの筋道を辿ってロゴス化したものである。その意味で教理もまた霊的なものである。このテキストを説く説教もまた、このような意味で筋の通ったものであることが求められる。

今日の日本の社会、とりわけ政治の右傾化、ナショナリズムの問題も、このことと関わる。ナショナリズムは、パトス（情念）の世界である。ロゴスを軽んじる。この国は、ロゴスではなくパトスにいつも過度に傾斜して、その道を誤ってきた。

今の政権が、安保法案に対して、国会で憲法学者たちが「これは違憲だ」と指摘した。職人の世界でいうと、目利きが、これはダメだと判定したことを意味する。しかし、政権の座にある人たちは一向に耳を傾けようとはしない。このようなところにも、ロゴスではなくパトスに傾く姿が見られる。ロゴスが無視され、情念の道が選択されてしまう。これが、この国の現実である。教会も無縁ではない。教会の礼拝も今、問われているのではないか。何よりも私たちの説教が今、問われている。神の救いの道、論理をはっきり示す説教をしたい。説教黙想もまたそのロゴスの道を尋ねる営みである。ロゴスにかなう説教を語りたい。その説教はロゴスにかなう礼拝となる。そこにロゴスにかなう献身の生活が生まれていく。

三　世に倣ってはならない

パウロは、一節で献身について語り、勧めたが、それに続いて、「あなたがたはこの世に倣ってはなりません」と語る。一節と二節は、つながっている。原文においては、一節の「神の憐れみによってあなたがたに勧めます」は、二節にもかかっている。「あなたがたが、この世に倣って生きないようにわたしは勧める」という意味である（ワルケンホースト）。ここでもまた、パウロはキリスト者の生活の基本を説いている。

しかし、「この世に倣うな」とはどういうことであろうか。これは世から離れて、孤独に隠遁生活を送ることを意味しない。キリスト者は、あくまでもこの世に生きる。しかし、この世に生きて、この世に倣うことなく生きる。口語訳では「この世と妥協してはならない」と訳されている。妥協するとは、ある型にはまっていくことである。原文では、シュスケーマティゼインという、ギリシア語のスケーマ、英語ではスキーム（型）という言葉の動詞形、がここで用いられている。自分自身をスケーマにあずからせる、一緒になる、それを自分のものとして生きること、流行に身をゆだねて生きることを意味する。スケーマをパウロが用いるとき、それはこの世の有様が過ぎ行くことを意味する。パウロは他の箇所で、「この世の有様（スケーマ）は過ぎ去るからです」（Ⅰコリント七・三一）と述べる。それはただ日本的な意味で栄枯盛衰のような意味にとどまらない。パウロが考えているのは、「罪」と「死」によって支配されているこの世のことである。「死」が支配者として入ってきた「この世（コスモス）」である。それがこの世のスケーマになった。このスケーマは過ぎ去る。なぜなら、キリストがすでに十字架にかかられ、復活されたからであり、再び来てくださるからである。そのことを知る私たちキリスト者たちが、過ぎ去ってしまう、この世のスケーマに自分を合わせて生きることのないようにとパウロは勧める。

内村鑑三が『ロマ書の研究』で、この箇所から語っている言葉は痛烈である。少々長くなるが引用したい。

しかるに、キリスト教会の多くが、またキリスト信者の多くが、この世の流行にならいつつあるは、痛嘆すべきことである。変わりゆくこの世の相《すがた》におのれを似せ、周囲の色の変わるごとにこれと同じ色に塗りかえ、世が帝国主義を高唱する時はこれに同《どう》じ、世が社会運動に熱狂する時はまたこれに加わり、もしかく世にならわざる時は教会または信者の生命は衰うべしと考える。しかし世にならわざるところに教会および信者の生命がある。世は教会に向かっておのれにならうべきを要求すれど、少しく時日を経過すれば、おのれにならうものを卑しむるのである。しかるときは味を失いし塩のごときもの、後は用なし、外に捨てられて人に踏まるるのみである。……（中略）この世は滅ぶべきもの、その根本精神は物欲追求にある。神を信じて永遠の国をおもう者は、かかる世の流行風潮の外に超然として独自の境を守っていなくてはならぬ。ゆえにいう、「この世にならうなかれ」と。

内村の息遣いが聞こえてくるような痛烈な批判の言葉である。しかし、ただの批判の言葉であるだけではない。預言者的な言葉であり、愛による言葉でもある。キリスト者は、世に対して、「超然として独自の境」を今日の私たちは持っているであろうか。この境があいまいになり、いつの間にか、世に倣って揺り動かされながら、生きてはいないか。しかし、イエス・キリストは救いの岩であり、毅然として動かない。このキリストに信従して生きる時、私たちもまた毅然として立つことができる。今、私たちはこういう言葉を、聞かなければならないのではないか。預言者的な説教の言葉を私たちは今、語らなければならないのではないか。

四　神の御心を知るために

どうすれば私たちが、この世に倣うことなく生きる者とされるのかが、さらに語られている。それは二つのことである。「心を新たにすること」と、「自分を変えていただくこと」である。「心を新たにすること」は、受け身形で翻訳されることもあるが、文法的には新共同訳のように訳す方が理にかなっている。しかし、だからといって私たちが自分自身の努力で、新しくするということではない。聖霊が私たちのうちに働くときに、こうしようと願うようになる。ここでは聖霊の働きと、私たちの行為を、対立的なこととして受け止める必要は必ずしもないであろう。説教において、私たちは「あなたはヌースを新しくしなければならない」とまっすぐに語っても良いのではないか。それは「悔い改めよ」と語ることと同じである。ここで「心」は原文では、カルディアではなくヌースである。ヌースは、理解力や判断力を意味する。それを新しくすることがここで求められている。ここでも再び情的なことではなく、より理性的なことが強調されていることには特に注意したい。

またここで「自分が変えられる」というのは、人間としての存在が根本的に変革されることを意味している。つまり、少し修正すれば良いというのではなく、存在そのものが根本的に新しくされなければならない。

しかし、なぜそのようにするのであろうか。それは「何が神の御心であるか、何が善いことで、神に喜ばれ、また完全なことであるのかをわきまえるように」なるためであるとされる。私たちが心を新しくして、自分を変えていただくことは、神の御心を知ることができるようになるためである。私たちが神の御心を知るために神によって与えられたものは聖書である。けれども、この聖書を通して、私たちが神の御心を知り、判別するためにも聖霊によって、ヌースを新しくし、私たち自身が変えられることは必要なのである。だから、私たちは祈って、聖書に聴くのである。私たちはなんといっても内なる弱さを抱えてこの世を生きている。私たちは狼の群れの中にいる羊のようなものである。この世の流行、この世のあり方に流されやすい。しかし、だからこそ、私たちは、心を新たにし、自分自身を変えられて、神の御心をわきまえ知るようになることがどうしても必要なのである。

五　むすび

神がこのように、私たちに求められるのは、私たちの「体」、つまり私たちの全存在を通して、この世において神の国、神の支配を来らせられるからである。それなのに、もし私たちが神の御心を退けて、罪と死の支配するこの滅びるべき世に倣い、世と同化してしまうならば、神の支配は、この世に実現することはない。そうならないように、「世に倣うな」と、神はここでパウロを通して私たちに語られる。そして、その根源に、御子イエス・キリストの十字架と復活の罪と死への勝利がある。

若い日に信仰問答をとおして人生の目的が、「神の栄光を現し、永遠に神を喜ぶことである」と教会で学んだ。そのときに私が経験したのは、人生の目的を見出した喜びではなかった。むしろ、強い抵抗感、躓きを覚えた。「自分の人生は自分のものである。それを喜びとすることなどできない」と思った。あまりにも距離感があった。しかし、それでも礼拝に集い、聖書の言葉に聞き続け、聖餐にあずかり続けた。そのなかで、少しずつ、このことこそ真理であると信じることができるようになった。それは説教者となった今もなお継続しているというべきかもしれない。

必ずしも一足跳びに突然に、説教に耳を傾けている一人一人もここに生きることができるわけではないかもしれないと思う。それでも礼拝に集い、聖書の言葉に耳を傾けている。

そのことは決して、無意味ではない。神の言葉は、空しく地に落ちることはないからである。私たちの信仰に決定的な意味を持つテキストである。心して備えて説教に臨みたい。

主な参考文献

内村鑑三『ロマ書の研究』角川書店、一九七〇年

K・ワルケンホースト『ロマ書の戒め――ロマ書の解釈一二―一六章』中央出版社、一九八一年

松木治三郎『ローマ人への手紙――翻訳と解釈』日本基督教団出版局、一九六六年

安田吉三郎『ローマ人への手紙』（新聖書講解シリーズ６）いのちのことば社、一九八二年

ローマの信徒への手紙　一二章三―八節

小泉　健

信仰と倫理

ケーリュグマ（福音の使信）とディダケー（教え）、福音と律法、教理と生活は一体である。キリストがしてくださったことと、わたしたちがどう生きるかということは、分けることができない。

> それなら、戒めは何をせよと勧告するのでしょうか。キリスト者の倫理はどんな内容を持っているのでしょうか。あなたがたは、キリストによってなったものでありなさい。それ以外のものであってはならない！　キリストによってあなたがたのものと認められた義が、あなたがたの生活の中で働くようになさい。それ以外のものが働くのでないように！　キリストによってあなたがたのもとにまで来た恵みが、あなたがたの存在において現れ出るようになさい。それ以外のものが現れてはならない！　キリストからいただいた賜物を、あなたがたの行為において用いなさい。それ以外のものを用いてはならない！
>
> （ハンス・ゲオルク・ガイアの説教より）

一、二節とは異なり、この箇所には、そもそも命令法が用いられてはいない。三節の主動詞は「わたしは言う（レゴー）」である。「わたしに与えられた恵みによって」とパウロが付け加えるとき、それはたしかに（注解者たちが指摘するとおり）「使徒としての権威をもって（勧める）」ということを意味していよう。しかし、同じように「与えられた恵みによって」（前置詞は異なる）と語る六節から明らかなとおり、それは一つの体を形づくる部分として、他の部分に仕えるための賜物である。だからここで聞きとられるべきなのは、「命令的な響き」（ケーゼマン）ではなく、キリストご自身の恵み深い御声である。

「キリスト者の行為は、キリスト者がキリストにあるという事実によって決定せられる」（ニグレン）。それなら、キリスト者の行為を引き起こすのは、「こうしなさい。こうするべきである」という命令の言葉ではなくて、わたしたちもまた「キリストにあるという事実」を明らかにする言葉である。

説教者の位置

書簡を読むとき、わたしたちは学ぶ者の位置に立ちやすい。

使徒の教えと勧めを学ぶ。すると説教する際には、学んだ者として、今度は教える側に立つことになる。このことについてよく自覚していないと、使徒の位置、御言葉の位置に立って教えることになってしまう。(蛇足だが、注解書は学問的方法論にのっとって書かれているために、学問的権威を帯びている。共に御言葉に聞く仲間として、注解者と対話をするのならよいが、注解者を権威ある者とみなして依存してしまうと、注解書の文体を説教に持ち込むことになる。この場合も、説教者は教える者として、御言葉と肩を並べつつ会衆の上に立つことになる。もっと悪い場合には、御言葉の上にさえ立つことになる。)

使徒の教えは、たしかにキリストを指さしている。しかしそれだけではなく、書簡を書かなければならなかった使徒と、その言葉を受け取らなければならなかった教会にキリストが働いておられる。その状況のただ中でキリストの御業がなされているのである。このように語られ、聞かれたという事実が「キリストにあるという事実」を映し出している。説教者は、福音書を読む時と同様に、書簡を読む時にも、生きておられるキリストの証人なのである。

さらに書簡を受け取った教会は、わたしたちの教会とつながっている。出来事の一回性を無視して、抽象化・普遍化してはならないが(それでは、歴史性を失った、普遍的な「教え」を読みとるだけで、生きておられるお方に出会うことにはならない)、だからと言って、二千年前の教会についての歴史的資料として読むのでもいけない(それでは、わたしたちのためのイエス・キリストの歴史にならない)。わたしたちの教会を建て、生かし、導いていてくださるお方の言葉を聞く。

どなたが語っていてくださるのかが決定的に重要である。このお方の前に立つのが説教者の位置である。キリストを見失うとき、福音と律法は分裂する。説教が、説教者のする教えや勧めになってしまう。

「信仰という尺度で正しく思う」

パウロが、与えられた使徒としての務めのゆえに語るのは、教会の中での思いの持ち方である。

「《思う(フロネオー)》べきことよりも《越えて思う(ヒュペルフロネオー)》ことのないように。むしろ《正しく思う(ソーフロネオー)》ようにと《思う(フロネオー)》ように(とわたしは言う)」(三節、私訳)。

「正しく思う」としたところは、新共同訳で「慎み深く評価する」と訳されている言葉である。「慎み深く」と言うと倫理的な姿勢のように聞こえる。実際「ソーフロスュネー」はギリシアの美徳であって、中庸を保つこと、節度を守ること、そのようにして思慮深く、慎み深くあることだと説明される。しかし、この語をギリシア哲学の意味によって理解するべきではない。ギリシア的な慎み深さに倣った、キリスト教的に色づけされた慎み深さがある、という話ではない。

段落全体は教会の話である。キリスト者は、キリストにあって一つの体である。キリストが賜物を与え、一人一人を用いてキリストが働いてくださる。だから、「働いたのは、実はわたしではなく、わたしと共にある神の恵みなのです」(Iコリント一五・一〇）。このように思うことこそが、「正しく思う」ことなのである。

三節の（原文での）末尾には「神が各自に分け与えてくださった信仰の度合いに応じて」と言われている。しかしこの訳では、神が各自に異なる度合いの信仰を与えておられるかのように読めてしまう。しかし信仰は一つであり、あるかないかである。ここでの「メトロン・ピステオース」については、「ピスティス」の理解、「メトロン」の理解（単語の意味は「度合い」ではなく、「尺度、はかり」である）、「ピスティス」のかかり方等々について議論があるが、「信仰という尺度」と理解してよいであろう。神が信仰を与えていてくださり、思いと行いの基準として「信仰という尺度」を与えていてくださる。この尺度に照らして思うとき、持っているもので、いただいたのでないものはないことを知り（Ⅰコリント四・七参照）、生きているのは、もはやわたしではなく、キリストがわたしの内に生きておられることを知るのである（ガラテヤ二・二〇）。

六節の「信仰に応じて（カタ・テーン・アナロギアン・テース・ピステオース）」も、直訳すれば「信仰の比率に従って」とでもいうことになろうが、内容は同じことを言っていると思われる。いずれの場合にも、信仰を自分が所有できるもののようにみなし、その度合いや程度に応じて考えたり働いたりする、といったことではない。すべてのことを神の恵みによる贈り物として神の御手から受け取り、さらにすべてのことを通してキリストご自身がお働きくださると信じる。それが、信仰という尺度で思い、信仰に応じて働くことである。

一つの体とその部分

わたしたちはキリストにあって一つの体であり、一人一人は部分である（五節）。異なる部分として異なる賜物を与えられ、異なる働きをする。ここで語られていることは、コリントの信徒への手紙一、一二章で語られていることと一致している。ただし、「キリストの体」（Ⅰコリント一二・二七）という言い方は、わたしたちの箇所では用いられていない。「あなたがたはキリストの体である」と言うときには、キリストと一つとされていることが際立たせられる。ローマの信徒への手紙では、そのことは六章で「キリスト・イエスへと洗礼を受けた」（三節、私訳）という言葉ですでに語られた。わたしたちの箇所がそれを強調していないにせよ、前提としていることは、「キリストにあって」という言葉に示されている。

キリスト者とは「キリストにある」者である。そして「キリストにある」とは、わたしがキリストの体に結ばれて、キリストのものとなり（七・四参照）、神の霊を与えられて、神の子、神の相続人とされているということにとどまらない（八・一四－一七参照）。「キリストにある」とはまた、教会にあること、他のキリスト者たちとともに一つの体であることでもある。

教会がキリストにある一つの有機体であり、わたしはその部分である、ということの意味は広く深い。六節以下に具体的に語られるように、わたしの働きは部分的でよく、また断片的でよい。わたしは一人でいろいろなことをしなければならないわけではないし、また自分のわざを自分で完成しなければならないわけでもない。また、皆で協力して完成させるのでもない。

教会は「キリストにある」有機体なのであって、働いておられるのは実はキリストご自身なのだからである。

「教会は神の家族」という言い方がなされる。教会が共同体であることを表現しようとしたものであろう。「家族」であるということは、感覚的に理解することができる。「わたしたちは大勢でも一つの体である」ということは、感覚的に理解することができることとではない。わたしたちは同志であるだけでなく、同体である。これは、キリストにあって与えられている秘儀的な現実であり、信仰によってしか捉えられないことである。

これらのことを考えると、「メレー（メロス）」を「部分」と訳すことにいささかのもどかしさを感じる。「部分」というのでは、固有の働きを担うことが十分に表現されないからである。コリントの信徒への手紙一、一二章の比喩では、「メロス」は具体的には足、手、耳、目である。「肢体」（口語訳）は音がよくない上にふつうは手足のことしか指さないし、「器官」（新改訳）と言われてふつうに連想するのは内臓の諸器官であって、耳や目はともかく、手足を指して用いるのは難しい。（その点、英語の member は便利な単語である。）「肢」と書いて「えだ」と読ませるのは（文語訳）、ぶどうの木とその枝のイメージ（ヨハネ一五・一―八）を喚起させるおもしろい訳であった。

賜物（カリスマ）

「カリスマ」の語はローマの信徒への手紙ですでに用いられてきた。ただし、これまで語られてきた賜物は、「無罪の判決が下される」こと（五・一五―一七）、「永遠の命」（六・二三）、選ばれ、招かれていること（一一・二九）、すなわち、神の恵み（カリス）によって与えられる救いそのもののことであった。それを受けて、ここで「異なった賜物」のことが語られている。だから、まず覚えておかなければならないことは、わたしたちは皆、根源的な賜物である救いを与えられていること、そしてそれぞれの「異なった賜物」もすべてのキリスト者に与えられているのだということである。

「あの人は賜物がある」「わたしには賜物がない」という言い方がある。若い人は友人の賜物の豊かさをうらやましく思い、自分の賜物の乏しさを嘆く。しかしそのように言うとき、「賜物」は「才能」の意味になり、個人の所有物として考えられてしまっている。そうではない。自分に与えられている能力を、そして能力だけではなくて、時間も、さらには労苦することさえも、神からのプレゼントとして、すなわち「賜物」として神の御手から受け取ることが許されていよう。その意味では、たしかに才能も賜物の一つである。けれども、それを自分のものとして、自分を大きくするために使うならば、どんなにすぐれたものであっても、それは「賜物」とは言えない。それが「賜物」になるのは、他者に仕えるために用いることによってである。そしてさらには、キリストご自身がお働きくださるために用いることによって、すなわち、キリストに仕えるために用いることによってである。

賜物が与えられていることについて、わざわざ「与えられた恵みによって」と付け加えられている。賜物（カリスマ）は恵み（カリス）の現れである。また「霊の働きの現れ」（Ｉコリント一二・七）である。わたしたちがキリスト者として何かを心にかけるとき、またたれかに身を向けるとき、わたしたちは小さなキリストとされている。恵みが現れている。そのとき、賜物が働いているのである。

預　言

六節から八節にかけて七つの賜物が挙げられている。少し図式的かもしれないが、まず大きな務めとして「預言（プロフェーテイア）」と「奉仕（ディアコニア）」が挙げられ、その後の分詞が具体的な働きを述べていて、そのうち前半の二つ「教える人」と「勧める人」は預言の働きを、後半の三つ「施しをする人」「指導する人」「慈善を行う人」は奉仕の働きを述べていると解したい（ヴィルケンス）。

「預言」は神の言葉を語ることである。そして神の言葉を語ることは、「教える（ディダスコーン）」ことと並んで、「勧める（パラカローン）」ことでもある。「パラカレオー」は「勧める」だけでなく「慰める」という意味合いも込められているであろうし、さらには、意味を規定する文脈がないのだから、原意にさかのぼって、「語りかける」という意味を読みとるべきであろう。「パラカレオーする者はパラクレーシスにおいて」と言われている。「慰める者は慰めにおいて」。「語りかける者は語りかけにおいて」。神が慰めていてくださる。生きておられる神が語りかけていてくださる。神から受け取ったものを手渡すのである（Ⅱコリント一・四参照）。ここの「慰め」も「パラカレオー／パラクレーシス」である）。だからこそそれは「預言」になる。神の言葉になるのである。ここに、パウロの説教論を読みとることができる。

奉　仕

「奉仕」は僕として仕えることである。その具体的な内容が三つ挙げられている。「施しをする」「指導する」「慈善を行う」。ここは、翻訳によって違いがある。翻訳に解釈が入っているからである。まずはできるだけ直訳的に読んでみたい。

「分け与える者は純粋さにおいて、前に立つ者は熱心さにおいて、憐れむ者は楽しさにおいて」（八節、私訳）。

注解者たちは、それぞれが当時のキリスト者のどういうわざに該当するのだろうかと推測する。しかし、あまり意味を限定する必要はないのではないだろうか。「分け与える」とは、「施し」も含まれようが、とにかく受けた恵みを分け与えることであるに違いない。金銭や物資だけでなく、慰めや励ましを受けた経験を分かち合うことも含めてよいであろう。その際に「受けるよりは与える方が幸いである」（使徒二〇・三五）との主の言葉に生きて、純粋な思いで与えたらいいというのである。

「前に立つ者」とは、なるほど指導者なのだろうが、その人がするのは「指導する」ことだけではあるまい。先頭に立って祈り、弱い者のために配慮し、外に向かって伝道するのである。そのようにして群れ全体の働きを導いていく。そのことを熱心にするのがよいと言われている。

「憐れむ」ことも同様に、そのままの広い意味に取ってよさそうである。たしかに「慈善」は憐れみのわざの一つではあるだろうが、それだけでなく、病人や弱っている人を介護すること、貧しい人を助けること、虐げられている人のために力を尽くすことなど、さまざまなことが考えられる。それは果てしのない愛の労苦である。疲れ果ててしまうこともある。重荷になってしまうこともある。しかし神の憐れみに支えられて、楽しく、明るくその務めにつきなさい、というのである。

教えること、語りかけることは「預言」と呼ばれていた。キリストご自身がお語りくださるのである。それと同じように、分け与え、先頭に立ち、憐れんでくださるのもキリストご自身である。「奉仕」とは、キリストが仕えてくださるのである。わたしたちは、キリストの御声を聞いた者として、その言葉を取り次ぐ。キリストにもてなされ、生かされた者として、その業を届ける。恵みの賜物によって、キリストご自身が次の人に語りかけ、働きかけてくださることにお仕えする。キリストの口として、キリストの手として、キリストご自身の体としてキリストのわざを担うのである。「働きにはいろいろありますが、すべての場合にすべてのことをなさるのは同じ神です」(Ｉコリント一二・六)とあるとおりである。

愛することへ、そして外へ

コリントの信徒への手紙一、一二章で霊的な賜物と多くの部分から成る一つの体である教会のことが語られた後、「もっと大きな賜物」としての「愛」が語られ(一三章)、「愛を追い求めなさい」と勧められた。それは、教会を作り上げ、信じていない者が信じるようになるためであった(一四章)。

わたしたちの箇所も同じである。九節以下のキリスト者の生活には「愛には偽りがあってはなりません」との見出しが立てられ、一三章では隣人愛が語られ、一四章では愛をもって兄弟姉妹を生かすことが勧められている。わたしたちの箇所が語る賜物は、愛するための賜物なのである。

愛には区別がない。九節以下には兄弟愛とともに、「迫害する者」への愛が語られている。だからわたしたちの箇所が語る賜物も、キリスト者同士のための賜物、教会を建てるための賜物と受け取るべきではない。むしろわたしたちは一つの体として、初めから教会の外に向かって語りかけ、まだ教会に来ていない人々に仕えるのである。

参考文献

＊聖書、注解書
田川建三訳著『新約聖書　訳と註　第四巻』作品社、二〇〇九年
アンダース・ニグレン『ローマ人への手紙講解』ルーテル社、一九六四年
E・ケーゼマン『ローマ人への手紙』日本基督教団出版局、一九八〇年
ウルリッヒ・ヴィルケンス『ローマ人への手紙(12―16章)』(EKK新約聖書註解Ⅵ／3)岩本修一訳、教文館、二〇〇一年
＊説教黙想
Gottfried Voigt, 1. Sonntag nach Epiphanias. Röm. 12, 1-3 (4-8). in: ders., Das heilige Volk. Göttingen ^{2}1984, S. 95-102.
＊説教
Hans Georg Geyer, Römer 12,1-6. in: Rudolf Landau (hg.) Calwer Predigtbibliothek. Bd 3. 1997 Stuttgart, S. 92-99.

ローマの信徒への手紙 一二章九－二一節

高橋　誠

テキストの響きと説教の構想

本黙想のタイトルは「善を生きる」である。テキストは明らかにキリスト者の生を問い、それが善であると明確に方向づける。当該テキストを考える上で「愛」（九、一九節）と「善」（九、二一節）の関わりを見ておくべきだろう。善は愛の確かな現れである。神の愛を受けて、愛に生き始めた人間が、お互いの関わりにおいて善い行いに生きるということである。愛は原理、善は実践という見立ても可能だろう。

「善（アガソス）」は、テキストの区分の始めと終わり（九、二一節。一七節の「善」はカロス）にあって、このテキストの流れの重要な思想を担っていることがわかる。さらに、パウロがこの「善」を彼の論述全体でどのように考えたかといえば、第七章で集中的に考えられ一九節で中断し、それ以降は第一二章二節まで現れない（九・一一は除いて考えてよいだろう）。第七章でパウロは善について「わたしは、自分の内には、つまりわたしの肉には、善が住んでいない……わたしは自分の望む善は行わず、望まない悪を行っている」（一八、一九節）と言う。パウロが律法に死んでいるということは善にも死んでいるのである。要するに人間は善を行うことができないとパウロは結論づけている。そう考えるパウロが、ここに来て善を改めて語り始める。善を行えない人間に善を勧める。とすれば、その善は何に由来するのかを考えることが迫られるのである。

その意味で見ておくべきは、善は愛に根拠するという関連である。しかも愛はこれまでもっぱら神に関して語られてきたのだが、ここでキリスト者が仲間に対して負うべき事柄として語っている（クランフィールド）。人間相互の愛を新しく語りはじめたのではなく、これまで語られた神の愛に人間の愛を重ねるように語られている。それは〈神に愛されるからこそ他者を愛するのである〉という関連である。人に神の愛がにじんでくるところにおいて人間の善の勧告の可能性が生まれてくる。それを読み損ねたところには律法主義が顔を覗かせる。

そうすると自己の罪深さと善の同居ということにもなるが、それは罪深さが神の愛に染められつつ善を覚えるようになるというような力動的な関連である。善を行い得ない「惨めな人間」（七・二四）こそが、キリストの甦りの力に真剣に依り頼む。そのまことの依存に善は授けられる。惨めさは過去のことではないとすれば、「愛には偽りがあってはならない」という言葉が問うのは純粋さなどではなく、自分の兄弟愛の不全への正直さであり、そのゆえに「たゆまず祈」ること（一二節）を余儀なくされるのである。惨めさにかまけず兄弟を愛する愛に生きるとは、神の愛に憧れることと言えるだろう。憧れは望むべき姿への喜ばしいつながりを語る概念である。自分の惨めさを嘆くことに捕らえられず、貧しくとも前のめりに善に生きようとする。神の愛の力強さは、人間にそのように律法主義とは別の仕方で善に傾斜する姿を与えると考えておくべきだろう。

以下の説教の構成を提案する。一　偽りのない愛。二　高ぶりと復讐を去ること。

一　偽りのない愛

パウロが「愛には偽りがあってはなりません」（九節）と人間相互に関わって語り始める時に、否定形で語り始めている。愛が偽ることを彼はよく知っているのである。「愛は真実・本物であるべきだ」ということでは足りない。あえて「偽るな」と語る意図は、手紙の読み手たちが常々感じている、人間の愛がしばしば偽るという悲しみへの寄り道である。そこから真実な愛を求める祈りへと彼らを招いている。

〈愛を偽るな〉の大筋の意図は確かに真実・本物の愛を指さすことである。どこにその本物の愛を見るか。自分の理想的な姿のなかにか、それとも自分の外側にすなわち神の愛にであるか。これは明確にしておかなければならない。そこでこの〈偽りのない愛〉と言う時、神の愛と自分の愛という二つの局面でその響きを聴き取っておくべきだろう。神の愛という局面では、そこにだけ偽りのない真実の愛があると言うことである。そして自分の愛という局面で〈偽りのない愛〉を問うとすれば、自分の抱える愛が貧しいということを偽りなく正直に認める以外になく、〈偽りなさ〉は〈正直さ〉を意味する。

自分のなかに純粋という意味での偽りのない愛を見出そうとすることでは、どうしても愛の偽りは生まれる。この「偽ってはならない」という言葉のもとになっているヒュポクリノマイは、舞台で役を演ずることを意味する。つまり、パウロはあたかも役者が舞台で演じているようなことはするなと言うのである。舞台用の衣装を脱いで裸に戻るのである。そこで自分自身の偽りのない正直な姿を考えれば、惨めな姿以外ではない。

若い頃に読み、何度でも思い起こしている忘れられないイーヴァントの語るルターの言葉を再び思い起こす。「今は彼（ルター）は肉の欲を宗教的事柄において見る目を得る。敬虔な生活も自己愛（amor sui）によって全く汚されうることを彼は認識する」。そうしてイーヴァントはルターの言葉を語る。「人間が自分のものを求めるところではいつも、宗教的生活においてでさえも、否まさにそこにおいてこそ、肉の欲へ陥るからである。……その結果、われわれがこれらのことを為すのは、神に喜ばれるからではなく、それによって自分を満足させ、心の安らぎを得、あるいは人から賞賛を得るからであることになる。それらを為すことによって非難を被ったり、それらの内にある甘美で力づけられるもの、心の内にある調和を神がわれわれから取り去る時、われわれは徳を続けることをやめ、われわれに浴びせられた非難に対してやり返し自分を弁護するからである」。要するに人間の愛は、他者への愛に生きても最終的には自分がほめられることが関心となっていると言うのである。

私たちの場合、事柄はもう少し複雑である。これ見よがしの善行を疎み慎ましさを好む日本的な美徳もある。パウロが私たちのテキストで「相手を優れた者と思いなさい」と言いつつ善行を勧めていることと、私たちの価値観はそういう意味では重なるところがあるだろう。けれども、ルターの言葉は（そしてパウロの言葉も）そうした私たちをも穿つ。つまり、密かに相手に注いだ愛が不意に非難される時、「自分はこんなにも間違いなく愛を行ったのだ！　それなのに！」というところで正義が止めようもなく動き始める。他者との関係のなかで何が造り上げられたかと遠景から問い直せば、せいぜい相手の非礼があぶり出されるというだけのことである。それが善、しかも慎ましさという美徳を兼ね備えたものであっても、ひとかどの自分を保証するためのものだということが最後に残るのである。

こうした私たちの自己愛の構造は複雑であり、どこまでも私たちにからみつき、拭いがたく何らかの見返りを期待してしまっている。それゆえに、私たちが自分で考える愛の延長線上に理想像を見定めようとしたところで、結局自己愛に戻ってきてしまう。つまり、人間の愛はそもそも自己愛であって、その脈絡では、自己愛を克服することができない。

偽りのない愛は神がお示しくださる以外にはない。パウロの語る自己愛に基づかない善行は、主イエス・キリストが山上の説教で「施しをするときは、右の手のすることを左の手に知らせてはならない」（マタイ六・三）と語られたことと重なっている。主イエスの語られたことも、施しに単に密やかさ、慎ましさという徳目を加えよとの教導には留まらない。決定的なのは、ひたすら相手に向けて注ぐということである。密かな施しを語られた方御自身の右と左の手には十字架の釘あとが刻まれることになるのである。語られているのは、そうであっても貫かれる施しである。確かに、主イエスは直前に「敵を愛し、自分を迫害する者のために祈りなさい」（五・四四）と言われた。施しの愛と敵に注ぐ愛とは一体である。この偽りのない愛の模範は主イエスに見出される。

そうすると、主イエスの偽りのない愛の姿と自分の偽りのない愛の姿は何と違うことであろうか！　主イエスの愛の前に自分の愛の真実を並べ立てるというわけにはいかない。この差が決定的であるゆえに、パウロが第七章で善に砕けて「わたしはなんと惨めな人間なのでしょう。死に定められたこの体から、だれがわたしを救ってくれるでしょうか」（ローマ七・二四）と言う姿は、第一二章においてなお彼の姿である。そこにおいて彼の愛は、偽りなく惨めなものであり、それゆえに偽りない主イエス・キリストにおける神の愛のそばを離れるわけにはいかないのである。このように私たちの語りうる偽りのない愛は、「主キリスト・イエスによって示された神の愛」（八・三九）のもとに留まるところでしか語り得ない。

善もそこにおいて初めて語りうる。パウロが「善から離れず」（九節）のコラオー（結ぶ）という言葉もここまで見てきたようなキリストとの関連を読み取るべきだろう。新共同訳は、「離れず」と否定によって固着の意義を強める訳を選択しているると思われる。原文は否定形ではない。口語訳の「親しみ結び」が原文に近い。ワルケンホーストは、この動詞がたいていの場合人を対象にする感情もろともの愛の表現であるとする。その上で、この動詞の七十人訳でのギリシア語の用法をたどりつつヘブライ語のダーバクとの対応を言及する。ワルケンホースト自身は、このダーバクを詩編一一九編三一節から、一心に律法を愛するという態度を語るものとする。しかし、もっと単純にこうした律法と人間の偽りない関係の先頭を行く「善」なるキリストに「親しみ結」ばれることをパウロが念頭に置いていると読むことも許されるのではないか。パウロがコラオーと言う時、脳裏で動いていたであろう母語ダーバクは、それだけで心惹かれる言葉である。創世記二章二四節で「男は父母を離れて女と結ばれ」という時の、結びを意味する言葉である。七十人訳の当該箇所はコラオーである。偽りのない愛で善そのものを行い給うキリストへの感情もろともの愛と固着をこの「親しみ結び」（口語訳）は言い表すと読み取ることが許されるのではないか。

そうすると、善に対する信仰者の態度を「憧れ」として語ることが事柄をよく解くだろう。善を行い給うキリストを心もろともに憧れるのである。憧れとは、憧れている対象が今はまだ獲得されていないけれども、すでにそれへの固着が生まれている状態と言えるだろう。そうして、自分の貧しさから解き放たれている。

筆者のもう成人した娘が、小学生の低学年の頃ピアノを習い始めたものの、教師があまりに厳しくやめた。それから、半年ほど経った頃だっただろうか、彼女が再び自分でピアノを弾き始めた。これまでの嫌々の練習とは異なって、一時間でもそれ以上でも弾いている。学校でピアノを上手に弾く友人に憧れを抱いたのである。もう一度習いたいと言う。すぐに別のピアノ教師を見つけて習わせた。あっという間に目を見張る上達を見せた。今では教会の奏楽者の一人となっている。憧れとは、今手にしているものが少なくとも、そんな自分の貧しさにかかずらってはいない。もうすでに新しい姿へと心の根っこのところから立ち上がっている。自分の至らなさはたいした問題ではなく、憧れの姿がほんの少しでも自分に刻まれてくることを喜ぶのである。偽りのない愛で生き、善に親しみ結ぶとは、そのように生きてくださった主イエス・キリストを憧れ、倣うことなのである。悪にはこうした深い喜びはない。悪を憎むのは努力というよりも、深い善の喜びに生きることに随伴するのである。

二　高ぶりと復讐を去ること

そうは言うものの、パウロはここで非常に現実的である。彼は、キリスト者がキリストに倣いつつ善に生きるということがそう簡単ではないということを現実的に知っている。パウロはその意味での自分自身の惨めさを知っているし、事態はローマの信徒でも同じと考えている。キリストの愛との相違を無視するわけにはいかないのである。

そこでパウロは、愛というものを善という現実への現れで規定していたことを、一〇節からはさらに具体的なものとして、キリスト者の生活に即するものとして言っている。一〇節から一三節に具体的な十の勧めを数え、十戒になぞらえて受けとめる読み方もある（ワルケンホースト参照のこと）。さらに、二一節までとなるとさまざまな勧めが語られている。一つひとつ説教において触れていく可能性もあるが、ここでは九節にあった愛を善に規定する論述の動きをパウロがさらに具体化しているという流れを見つつ、説教の言葉を獲得することを考えたい。確かにヴィルケンス、クランフィールドが言うように、ここに上げられていること相互の緊密な関係やそれらを結ぶ論理展開はなく、むしろ戒めを聴き取るべき教会の現実を網羅するというような言葉の動きと言うべきだろう。しかし、少なくとも二つのトピックを拾い上げることは全体を捉える上で有用だろう。「高ぶ（り）」（一六節）と「復讐」（一九節）に対しての戒めである。善を行うというインプットが不可解にも悪をアウトプットしてしまうという道筋があることを知っている。そのような混乱には善にからみつく高ぶりと復讐が介在しているのである。

高ぶりに関しては、一〇節と一六節である。言葉自身は一六節で語られるが、一〇節の相手に対する尊敬の勧めからすでにパウロが問題にしているのは高ぶりであると言えるだろう。ヴィルケンスもワルケンホーストも指摘するところであるが、一〇節のプロエーゲオマイのへーゲオマイには「指導する」と「みなす」という二つの意味がある。そこに「先」の意味のプロが合わさっている。そこから、口語訳では人に先んじるという意味合いを捉えて「進んで互いに尊敬し合い」と訳している。これは一旦捉えておくべきだろう。そこにパウロが問いかけている教会の現実的な問題があると思われるからである。たとえば、クランフィールドはここに謙遜の偽装という現実が生じることを読み取っている。謙遜競争に顔を覗かせる高ぶりである。慇懃無礼さと言いうるだろう。ここにも九節の「偽り」の可能性は及んでいる。もちろんパウロはそうした表面上の謙遜競争を奨励しているのではない。心から相手に光栄を与えることができる真の謙遜というものがあると信じているのである。クランフィールドは真実の謙遜への道として、隣人への愛は他者に人の子イエスご自身の不思議な臨在があることを思い起こしているべきことを語る。

具体的に言えば、教会の、たとえば世間話にも顔をのぞかせる現実であろう。はしたなさを巧妙に隠しつつ、密かに話を自分の方に引っ張るというようなことである。パウロはそうした日常にまで福音の光を届かせるべく、まことの謙遜へと招いている。相手が話し始めたら、相手の話に真剣に聞きなさいということと言えるだろう（Ｉコリント一四・三〇）。そこにもキリストのみ姿が見えているということを忘れてはならない、というような共同体相互の関わりである。

もう一つは一九節で二度語られる「復讐」という問題である。しかし、パウロの復讐という問題への言及は一四節から始まっている。迫害者への祝福という、山上の説教に由来した、世界には他に見いだせない教えが語られる。パウロの語り方も印象的である。一四節は祝福が二回、呪いが一回語られるのである。祝福が勝っているのである。注目すべきは、祝福が裏切られたら即報復という、祝福と呪いがすぐにでも裏返りうるイーヴンなものとしては語られていないことである。祝福の願いが、自分の注いだ正義を数えるというプロセスを経て復讐に変わるということは案外あることである。以前にラジオで犯罪について語られていたことを思い起こす。詳しい数値等はもう忘れたが、他者を害する形での犯罪の場合、相手が家族や親しい人物であることが相当なパーセンテージを占めていた。もちろん、テキストは家族に限定されてはおらず、むしろパウロは教会の外の人々のことを考えているだろう。しかし、原理として抽出しておくべきことは、祝福という経過がある場合、「祝福を注いだのに」という貸しによって呪いがより熾烈なものに変わるということで、この原理は私たちからそう遠くないということである。愛が憎しみへ、祝福が呪いへという不自由な道に私たちはあるのである。祝福と呪いは思いのほか近い。祝と呪の字が似ているのは偶然ではないのである（紙数の都合で各自で調べることにゆずる）。パウロはそういう悪の結果への終息を直接問いつつ、悪にしてやられるなと言うのである。

そうすると二〇節の善によって相手の頭の上に炭火を積むという行為がある種の復讐を意味しているという読み方は、文脈上否定される。相手の悪に対して善を報いることで相手の不誠実さをあぶり出すというようなことが語られているのではない。「神の怒りにまかせなさい」（一九節）の〈まかせる〉はトポス（場所）を与えることである。そこに何の構造物も立っていない余地を神に差し出すことが、神にゆだねることなのである。そうすると訳出されていない二〇節の「アラ（しかし）」は、重要な響きを有している。神が復讐をなさるということは一つの可能性ではあるが、しかし人間は目の前にあるのが悪であったとしても今は善に生きるのである。復讐という予断をもって祈るということは、パウロにおいてはなお祝福の祈りへと導かれるべきものということになるだろう。

いったいこうした神のなさることが復讐であるかもしれないところで、まるで神に先んじているような他者への愛の歩みというものが人間に可能なのだろうか。いったいそれをどこに立てうるのか。その姿は、神御自身がキリストにおいてお示しくださった姿に局限する以外にないだろう。敵に対する神の態度は、「敵であったときでさえ、御子の死によって神と和解させていただいた」（五・一〇）というところで決定されている。悪に対して善を行い続けられたのは神御自身である。この「燃える炭火」としてのキリスト・イエスにおける神の愛を頂いて、パウロは善に駆り立てられている。神の敵であった自分自身が愛の負い目を神に対して負っている。十字架のもとで、十字架を指し示しつつ、愛を語っている。そこでは、自分の愛の到達度など全く問題にはならず、喜ばしい負い目に応えるほかないのである。このキリストのもとでこそ、私たちの善は悪に対して勝算を得るのである。

参考文献

K・ワルケンホースト『ロマ書の戒め――ロマ書の解釈一二―一六章』中央出版社、一九八一年
ウルリッヒ・ヴィルケンス『ローマ人への手紙（12―16章）』（EKK新約聖書註解Ⅵ／3）岩本修一訳、教文館、二〇〇一年

ローマの信徒への手紙　一三章一―七節

楠原　博行

一　支配者への従順？

「こんなにも奇妙に、突然開始されるローマ書一三章冒頭には、国家権力に対するキリスト者の姿勢についての有名な言葉が置かれている」とヴァルター・リュティは言う（『ローマ書』二六五頁）。「はかない支配者に対して、われわれがキリスト者としてどう関わるのか、正しく読めば三文でまとめることができる。一、支配者とは、神により定められたものである。二、支配者は『神に仕える者』である。善を求め、これを行う者を報い、悪を押さえ、これを行う者を罰するからである。三、だからすべての者は権威を持つ支配者に従うべきである」（同）。

マルティン・フィッシャーの黙想は次のように始まる。「このテキスト箇所のように、説教者と釈義者をひどく動揺させ不安にさせる箇所がいくつか存在する。その際に大切なことは、注意深くそのテキストを取り扱った方が良いということではない。むしろシュラッター、リッチュマン、ニグレン、バルト、ブルンナー、ミヒェル、アルトハウス、アスムッセン等を何頁にもわたって引用して、そのニュアンスまで示し、吟味するのが良い。すべてが帰結するところは豊かな交わりである。しかし同時に誰の目にも、このテキストが悪用される可能性が存在し得る。誰もが、自分が誤りに陥る心配なくして、解釈を試みようとすることはないだろう」（『主よ、わたしの唇を開いてください2』一三〇頁）。一九六二年に出版された説教黙想であるから、挙げられる名前の古さが指摘されるかもしれない。ヴォルフガング・シュラーゲがこの箇所についてのシュラッターの説明をひとことでまとめてくれている。「重要かつ幅広い観察をA・シュラッターが行っている。彼によると、このテキスト箇所が扱うのは国家論ではなくて、キリスト者の国家への関わり合いについてである」（『聞き問いかける四／2』二一四頁）。加えるなら、比較的新しいジェームズ・ダンの注解書『ローマ書九―一六章』は、フリートリヒ、ペールマン、クランフィールド、ヴィルケンス等の名前を挙げる（もちろん彼の注解には他に多くの参考文献が示されてはいるが）。

接続する語もなく、突然にして三人称で開始されるローマ書一三章のこの箇所は、ローマ書の著者パウロに帰することができるのかも問われてきた。ただ、一方で、今回筆者が参照したすべてがパウロの著者性を疑わない。パウロは確かにイスラエルの知恵の伝統に立っている（「あなたたちの権力は主から、支配権はいと高き方から与えられている。主はあなたたちの業を調べ、計画を探られる。あなたたちは国に仕える身でいながら、正しい裁きをせず、掟を守らず、神の御旨にそって歩まなかった」旧約聖書続編、知恵の書六・三、四）。J・ダンはペトロの手紙一第二章一三―一七節を挙げる。「主のために、すべて人間の立てた制度に従いなさい。それが、統治者としての皇帝であろうと、あるいは、悪を行う者を処罰し、善を行う者をほめるために、皇帝が派遣した総督であろうと、服従しなさい。善を行って、愚かな者たちの無知な発言を封じることが、神の御心だからです。自由な人として生活しなさい。しかし、その自由を、悪事を覆い隠す手だてとせず、神の僕として行動しなさい。すべての人を敬い、兄弟を愛し、神を畏れ、皇帝を敬いなさい」。これはまた、一世紀のキリスト者共通の立ち位置でもあったのである。

二　キーワード

この箇所のキーワードは基本語句ばかりだろう。J・ダンによる解説を紹介するにとどめる。「エクスースィア（権威）（一―三節）、タセッサイとその派生語（従う）（一、二、五節）、アガソス（善）／カコス（悪）（三―四節）、フォボス（恐れ）／フォベイスサイ（恐れる）（三、四、七節）という鍵となる概念を繰り返すことにより急所がしっかりと示されている。このような言葉が用いられるのは、『キリスト者は進んでより大きな社会に属そうとするのであり、その社会の秩序を壊そうとする者ではないことを、読者に告げるためである』（パーキンス『愛』九八頁）」（ダン、七五九頁）。

エクスースィアはここでは「公的権力あるいは権威」という限定的な意味で用いられており、通常「当局、政府当局」の意味であり、そのことは続いて、ヒュペルエクーサイス（権威、上部にあるもの）の語を伴っていることから確認できる。これらの語は王や支配者の権力に対する態度についての、キリスト者への勧告の中で定まっていった語なのである（Ⅰペトロ二・一三、Ⅰテモテ二・二参照）（ダン、七六〇頁）。

ヒュポタッソー（ヒュポ「下」、タッソー「置く、定める」）は明確に「服従させる、従属させる」という意味を持つ。中間態、受動態では「服従する、従属する」であり、むしろ応える意味のヒュパクオーよりも強い語である。いかなる権威が問題になろうとも、エクスースィア、ヒュペルエコーとの自然的関係であり、それは、夫について（エフェソ五・二二、コロサイ三・一八、テトス二・五、Ⅰペトロ三・一、五。そこでは当然家父長制が前提とされる）、両親について（ルカ二・五一）、主人について（テトス二・九、Ⅰペトロ二・一八、ディダケー四・一一、Ⅰバルナバ九・七）、または世俗的権威について（歴代誌上二九・二四、テトス三・一、Ⅰクレメンス六一・一、およびこの箇所ローマ一三・一）言う。これらキリスト教会のテキストにおいて目立つのは、社会的地位の現実を受け入れること、また初代キリスト者は通常社会的に下の立場として勧告されることを受け入れるようにと勧められていることである。社会的な関わりは今日まったく異なってはいるが、そのような服従がキリスト者の謙遜の美しさの不可避かつ不可欠な発露であると言えるのである（ダン、七六〇頁以下）。

三　ドイツの黙想集から

参照するのは一九六〇年代（M・フィッシャー）と七〇年代後半（W・シュラーゲ）の二つの説教黙想である

M・フィッシャーはこの箇所が説教に対して、今日大きな課題を与えると言う。イデオロギー（アンチ・イデオロギーもまた！）により国家権力が悪化するということが、教会がこの問題に関して「教える」ことを必要とすると言うのである。彼は、先の二十年間、つまり四〇年代、五〇年代の闘争が明らかにしたことは決して失われてはならないと主張し、自らの講演を引用する。「通例、神は、前もって政府を、本来の機能へと引き戻されるのである。実際の抵抗により理性的なものへと引き戻し、また理性を通して、イデオロギー指導者の計画を打ち砕かれる。これにより世界は生きる。しかしイデオロギーが無傷で、そのむなしい力を保持し続けて教会を迫害するならば、頭を上げることが肝要である。なぜなら終わりが近いからである。遅くとも終わりの時にはその不法が明らかになる。通例なら、その前に、政治なるものが崩れ去る時には、イデオロギー的支配が自ら崩れ去ることが明らかとなるであろう」（M・フィッシャー、一四一頁）。「だから私は、もし法治国家のみを政府として敬い、それ以外の国ではただ恒常的なサボタージュや他国への移住を考えるよう教えるならば、それは絶望的な教えであり、キリスト者に対する過大な要求であると考える。国外への移住は決して常に可能ではないし、決して全国民が移住したり、キリスト者だからと言って免除できない任務を怠ることもできない。どの政府に対しても、ただ無視したり、憎んだりするように促す者は、この世に対して、主のために呼び覚まされねばならない、公的な責任を拒んでいるのである。これではイデオロギーを克服することなどできない！　だからキリスト教会は国家を肯定する。神により人間は任務を与えられているとの、神の秘義を信じるからである。そう、教会は神のご意志を国に対して宣べ伝えなければならない。国が秩序をもたらすための課題を共に考える際に、他の一般的な任務の他に、ただ一つ教会に命じられる特別な任務がある。それは愛を行うことであり、そうすることによって人間に対する神のご意志にお仕えすることなのである」（同）。これはドイツ東西分裂のしばらく後、一九五二年のドイツ福音主義教会（ＥＫＤ）会議における「キリスト者の公的責任」という講演からのものだった。M・フィッシャーは、ドイツ告白教会により一九三五年に設立されたベルリン・ツェーレンドルフ神学大学の教職にあったが、一九七〇年にこれを辞し、福音主義教会連合（ＥＫＵ）の副議長、一九七二年、東西ドイツの教会の協力が不可能になるとＥＫＵの教会事務長の職についた人である。

一方のW・シュラーゲの黙想は、東西ドイツ統一の模索がはじまった時代のものである。その中で彼は、この箇所の説教が決して「服従させること」をキーワードにしてはならないと言う。そして彼は一九六八年の「イエスの死の理解について」のＥＫＵの決議を例に挙げる。「われわれは悪状況を取り除くための政治的活動に自分自身の責任において参加すること、弱者の強者による搾取を阻止するため、公共の利益において可能かつ有益である限り、人間が責任を担うべき部分を拡大するための、あらゆる努力を支持する自由を有する。われわれは今豊かな国の中にあって、この世界の危機的な飢餓状況、例えば助けを必要としている人々に、可能なら、その経済システムに大きく手を加えて、生産物の分配を開始することを支持する自由を有する。それがこのようなカタストロフを防止するために必要である。それゆえわれわれの現在の社会システムを検証することを支持する自由も有する。

公平な生活が保障されなければならず、人間の尊厳が守られねばならない。なぜなら神はイエス・キリストの死によって、この世界の救いのために十分に答えてくださったのだから、われわれはこの世界の幸福のためにどれほど努力しても十分ではないのである」（シュラーゲ、二二二頁以下）。

後述する竹森満佐一の説教にも明らかであるが、政治とキリスト者の関わりについて、政府が権威を有するという時、その鍵になるのは「主イエスの十字架の死」だと言うことである。そこにおいて神は正しさを貫かれた。その正しさをこの世で貫かれるために神は、この地上に権威をお立てになったのである。

W・シュラーゲは、残念ながら、キリスト教会が政治的世界から孤立し、その使命が、いわゆる霊的なものに制限された、宗教的なゲットーの中に押しやられてしまわないための前提がないと言う。政治的禁欲、あるいは政治的責任を政治家におしやることは、いずれにせよローマの信徒への手紙第一三章が意図するところではない（同二二二頁）。

四　説教のために

われわれは教会において、この箇所をどのように説教するだろうか。

W・リュティは、この章を最後まで注意深く読み、有名な冒頭箇所だけで満足しない人には、この章の最初と終わりの間に存在する確かな緊張が隠されたままにはなり得ないだろうと言う。一三章冒頭を、一三章一一、一二節の、「夜は更け、日は近づいた」、「あなたがたが眠りから覚めるべき時が既に来ています」と併せて読まなければならないのである。この世の支配者を尊重すること、それは終わりの時が迫っているのに、家の中をきちんと保つ論理だと彼は言う。それは神の論理である。終わりの時まで何百年という長い年月をパウロは考えているのではない。十年、一年、一日という短い時間に、今やとキリストの再臨を待ち望んでいるのである。

そのような中にあっても、もちろん今も古い世界との戦いがある。そこにおいてわれわれは国家の市民であり、冒頭に記した三文で示されるキリスト者の支配者への関わりがある。W・リュティは支持政党の候補者が選挙に落選したとき、いやそれどころが支配者が国の父としてふるまうのでなくて、「ネロ」のようであったならと問いかける。その一つの解答は次のようである。

この地上における自分の住処が、将来壊されるのだとしても、新たにペンキを塗り、注意深く掃除をする助けをしないだろうか！　たとえこの古い世界が沈み行く船だとしても、神の子であるわれわれが、船から逃げ出すようなネズミとなる権利はない。船がなお進みゆく限り、浮き続ける限り、われわれは持ち場に着かねばならない。神のご誠実を知っているのだから、われわれはこの地上に忠実でなければならない。だからこそ「人は皆、上に立つ権威に従うべき」（一節）であり、「貢を納めるべき人には貢を納め、税を納めるべき人には税を納め、恐るべき人は恐れ、敬うべき人は敬」う（七節）べきである。

われわれは支配者なくしては存在することもできないとさえW・リュティは言う。われわれキリスト者がお互い平和に暮らすことができるならば、それはパラダイスである。しかしわれわれはパラダイスを失ってしまった。キリストは世の終わり、世界の果てまで共にいてくださるが、パラダイスは決して元通りにはならない。キリストを信じて、この中間時を暮さなければならない。

竹森満佐一の説教は最初に、信仰者の生活が教会を中心として行われることを告げる。それは教会の中だけで生きるということではなくて、どんなことでも信仰を中心にして生きることであり、教会が与える信仰生活が変わることのないよりどころとなっていること、だから信仰者にとっての権威は、最終的には神に、具体的には教会にあることを、彼はまず確認する。そしてそれを前提として外の権威について語る。竹森はまずこの箇所の直前に「復讐するのは神」と記されていることを指摘する。その直後に「上に立つ権威」のことが語られていることが重要だと言うのである。神が正しさを行われるという問題は、キリストの十字架において教会の中ではすでに解決がついている。しかしこの世の生活の中で正しさが貫かれるためには、この権威が必要だった。「そこに、神がお立てになった権威があるのです。この権威が、その正しさを、神が復讐するように、守ってくれるのであります」（竹森、一二四頁）。

心に留めるべきはM・フィッシャーも、W・シュラーゲも、W・リュティも竹森満佐一も四人ともが、われわれの箇所とローマの信徒への手紙一二章一節の「これこそ、あなたがたのなすべき礼拝です」を結び付けて語っていることである。新共同訳で「なすべき」と訳された語はロギコスであり、通常、「精神的な、理性的な、ふさわしい」と訳される語である。キッテルの新約聖書神学辞典によれば、ロゴスの派生語として、「言葉にかなった、理性にかなった、精神的な」の意味で用いられ、「祭儀に精神的意義を与える」の意味では、まさにローマ書一二章一節が挙げられるのである。「キリスト信仰以前の礼拝では動物のからだが犠牲として献げられた。それが今やキリスト者の体が神に献げられる、すなわち神の所有となる。これがロゴスにふさわしい礼拝なのである」（キッテル編、ブロミリ英訳版『新約聖書神学辞典』「ロギコス」の項、第四巻一四二頁）。ドイツ語テキストでは一貫して vernünftig（理性的な）が訳語として用いられており、J・ダンは「精神的な礼拝」、新国際訳（NIV）では「真実のふさわしい礼拝」、新欽定訳では「ふさわしい」と訳して「理性的な」との注が付されている。

終わりの時を、主キリストの再臨を、目前のこととして待ち望みつつ、自らを神への献げものとする、神のロゴスにふさわしい礼拝を、この世界で、この地上で献げるキリスト者。過ぎ去るものであることを既に知りつつも、その住処を美しく保ち、キリストがおいでになるのを待っている。「『時は過ぎ、終わりは近い。まもなく主は来られる。ハレルヤ』……住人は明らかにキリストの再臨を、終わりの時を待っている。それなのに自分の家を手入れしないではいられない。輝くように美しく整え、ペンキは塗りたてである。まさにそれが神の論理である。そしてまさに使徒が『理性的な礼拝』と言う時、そのことを意図しているのである」（W・リュティ、二六二頁以下）。

竹森満佐一は神によって立てられた権威を語る際に、六節にある「仕える者」という字を考えてみる必要があると言う。つまりこの権威者、すなわち「仕える者」の業は、神を礼拝することを背景にしなければ、正しくその任務を行うことはできないのである。「仕えるという字は礼拝という字に関係がありますが、そのためというよりは、事柄そのものが、神を拝むことを無視すれば、正しく行なわれないことが分かると思います。だから、そうでない時には、その権威が自分を礼拝させようとするようになるのであります。これらの勧めが、はじめから、礼拝の形で教えられたことを思い出してみる必要があります（一二・一）。そして、それが権威なるがゆえに、神の権威の確立されることを、いつも、心がけていなければ、すべてが空しくなるのであります」（竹森、二三〇頁）。

当然と言うべきか、竹森満佐一も加藤常昭もサムエル記上のサウルが王として立てられる箇所を示す。

「王を求める気持は、神の恵みを忘れるところから出てきたのであります。そうすれば、それは、神に立てられた権威として、十分に働くことはできないでありましょう。『神をおそれ、王を尊びなさい』（Ｉペテロ二・一七）ということを、深く考えてみる必要があります」（竹森、同頁）。

「神は、権威というものが、初めからどんな大きな罪を抱え込むものであるか、ということをよく見抜かれながら、ご自身のみこころにおいて、それを定められたのです」（加藤常昭『ローマ人への手紙４』一四五頁）。

参考文献

竹森満佐一『ローマ書講解説教Ⅲ』（オンデマンド版）新教出版社、二〇〇四年

加藤常昭『ローマ人への手紙４』（加藤常昭説教全集20）教文館、二〇〇五年

James D. G. Dunn, *Romans 9-16* (Vol. 38B), Word Incorporated, Dallas 1998.

Walter Lüthi, Der Römerbrief, Verlag Friedrich Reinhardt AG., Basel 1955.

Martin Fischer, in Hg. Georg Eichholz, Herr, tue meine Lippen auf, Band 2, S.130ff., Emil Müller Verlag, Wuppertal-Barmen, 3., unveränderte Auflage 1962.

Wolfgang Schrage, in Hg. A. Falkenroth und H. J. Held, hören und fragen Band 4/2, S.213ff., Neukirchener Verlag, Neukirchen-Vluyn, 1976.

Kittel, G., Bromiley, G. W., & Friedrich, G. (Eds.). (1964). *Theological Dictionary of the New Testament* (electronic ed., Vol. 4). Grand Rapids, MI: Eerdmans.

ローマの信徒への手紙 一三章八―一〇節

蔦田　崇志

ここでパウロの福音はいよいよ佳境に入ると言っても過言ではない。節数としては短い区分であるにもかかわらず一つの段落として区切られているのは、ファリサイ派出身のパウロが律法と福音とを麗しく調和させた瞬間であるからに他ならない。

一切負債を負わないように

強烈な文頭で聖句は始まる。立て続けに二つのメーディス（二つ／一人も……ない）が並び、それに続く禁止の命令「借りがあってはならない」を最大限に強調する。最初のメーディスは男性形単数の与格なので「誰に対しても……ない」と訳され、続くメーデイスは中性形単数の対格なので「何物をも……ない」となる。このあらゆる例外を許さない命令文は直前七節の貢、税、畏敬、そして尊敬について借りがあってはならないという戒めを受けての指示である。翻して言えば、信仰者として良心に従って善を行うことと（五節）、社会的な義務を果たすこととは（七節）調和することが確認されたのである。八―一〇節までの段落がそれまでの文脈と遊離しておらず、連続性の中にあることは、例えば七節の「義務を果たしなさい（アポドテ……オフェイラス）」を思い起こさせる八節の語句の選択「借りがあって（オフェイレテ）」からも汲み取ることができる。聖徒たるもの、断じて負債を負ってはならないのである。

これまで、教会の中で与えられた賜物に応じて働きをなし（一二・一―八）、また他者に対して、それが主にある兄弟姉妹であれ信仰に対して反対をする者であれ愛と善意をもって接することを諭し（一二・九―二一）、さらに為政者たちに対して、また彼らが課す社会の規範や義務に対して従順であることが神の喜ばれることだと語るパウロは（一三・一―七）、まるでそれまで触れてきた全てについて、実に例外なく全てについて釘を刺すかのようにキリスト者としての責務を果たすよう戒める。

当時のギリシア・ローマ世界にあっていかなる負債も負っていない人物が尊ばれ、尊敬の対象であったのは、彼らが自由を謳歌していて誰にも束縛されることがなかったからであったことが指摘されている。R・ジュエットは注解書の中でいくつかの例を紹介する。あるローマ人女性の墓石に、その女性が「よく生き、誰にも何も負わなかった（メーデニ・メーデン・オフェイルーサ）」と刻まれているという。一三章八節の冒頭三文字との類似点が見過ごせない。また、ある青年から母親への手紙の中に「私は他者から一オボロスでも借金するよりは、身体の不自由な者になることを望むことを知っていてほしい」と訴える文書が残されているという。オボロスとはギリシア貨幣の単位である。また喜劇作家のフィレモン（紀元前三六二―二六二年）は「第一に健康を望む。第二に成功を、第三に幸せであることを。そして最後に誰にも負わないことを」と書き残したと言われている（出典の詳細はジュエットの注解書八〇五頁を参照のこと）。キリスト者が世にあるあらゆる債務から自由であるならば、「その自由をもって新たな責務に仕えることが可能になる」とジュエットは注釈を加えている。そのような観点からも負債を負わないことがキリスト者に望まれたと言えよう。

愛についてなら負債に甘んじる

さてところが「このほかは（エイ・メー）」と綴り、一つだけ例外が認められる。実にこの例外のために究極的な禁止の命令が下されたと言って過言でない。そしてその唯一の例外とは「互いに愛し合うこと」である。ここに強調されているのは相互の不思議と対等な関わりである。ちょうど本書一章一一―一三節にてすでに表されているような聖徒同士の有機的な関わりと重ねることができるかもしれない。パウロとローマの信徒の間にはパウロが与える霊的なものもあれば、互いに分け合うものもあり、そしてパウロが受けることを望む慰めがあると挨拶をしている（二三頁参照のこと）。愛し合う互いは体良く均衡のとれた関係ではなく、相互に愛において負債を担い合う関係なのである。一方ではあらゆる人に対して、そしていかなる事情についても負債を負ってはならないことを戒めつつ、愛することにおいては相互に負債に甘んじるように勧めるパラドクスは私たちを熟考へと誘う。

愛の債務を負う隣人について

しかも「人を愛する者」と訳されている「人」に当たる語は「ヘテロス（他者）」という語であって、単に隣人や兄弟姉妹を意味する「人」ではなく、微妙な距離にある人々を暗示するような語の選択となっているところがまた引っかかる。無論信仰を共にし、苦難や恵みを分かち合う兄弟姉妹を愛することが含まれていることは言うまでもない。またその対極にあるような反対者や迫害者を、あるいは世俗に属する人々をも等しく愛することもすでに述べられていることである。しかしここでパウロが少なくとも暗示している「他の人（ヘテロス）」とはこれら両極の間に存在する、もう少し具体的な他者ではなかろうか。ジュエットは一四章で言及される「信仰の弱い人」たちがこの「ヘテロス」であろうと論じるし、さらに踏み込んでこの手紙はそもそもローマの信徒の中でも異邦人出身の聖徒たちに宛てられたもので、「ヘテロス」は同じ教会に属するユダヤ人クリスチャンを指していて、彼らに対する異邦人出身クリスチャンたちの偏見や侮蔑を指摘するものであったとする説も昨今発表されている。クラウディウス帝によるユダヤ人退去令によって一時ローマ教会を離れていたユダヤ人キリスト者が皇帝の死後（五四年）再び教会に戻ろうとする時期に、ローマに留まった異邦人キリスト者とユダヤ人キリスト者との間に歪みが生じてしまった。それで前者が後者を愛をもって受け入れるように促しているのがこの手紙の目指すところであり、この場面の勧告の目的だ、とする。岩上敬人はその著書で「パウロは、一貫して異邦人クリスチャンに対して手紙を書いている」と論じている。とすれば、ここに取り上げられる「他者（ヘテロス）」とは苦楽を共にする兄弟姉妹、あるいはその対極にいる反対者や異教徒、というよりは同じキリストによって救いに与ったものの文化や習慣、価値観が異なるために距離感を禁じ得ない人々を指していると読むことができる。ジュエットもパウロはここで「家の教会の内々の集まりを超えて愛を表す責務」を訴えているのだと解釈する。ヘテロスが具体的に指す人々の正体を断定することはできずとも、兄弟と呼び合う気のおけない仲間と、迫害と悪意をあからさまに向ける反対者との間に、実はキリスト者が相互の関係を改めて吟味し、その健全性を検討しなければならない「他者」が存在してはいないか、と問われているのではないだろうか。同じ教会に属しながら声をかけることの少ない兄弟姉妹たち、同じ救い主によって贖われたにもかかわらず、信仰告白の違いや、歴史的経緯の事情で手を取り合うことが希薄な「他者」に改めて目を向ける機会をこの聖句はもたらしているのではないだろうか。

愛することと律法を全うすること

他者を愛することと「律法を全う」することとが結びついていることもそうすると合点がいく。異邦人出身の聖徒たちに敢えてユダヤ人が重んじる「律法」を提示して、しばし「他者」と同じ視点を持つように招いている。そして九節に進み、具体例として十戒のうちの四つを掲げる。これら四つが選択されたことにも異教徒出身の聖徒たちに対するパウロの配慮があったと言われている。第一戒から四戒までが省かれているのは、それらがユダヤ人独自の信仰のアイデンティティーと関わるものであるために、ここで改めて取り上げる必要がなかったからだと考えられる。第五戒の父母への敬意についての戒めは、信仰を持ったために血肉の家族と信仰の家族との間に歪みが生じてしまった異邦人キリスト者の立場を苦慮して、ユダヤ人が抱き得る両親への敬意と同質のものを、いまだ異教徒である親に対して向けることの困難さを配慮して省かれたと考えられる。偽証の禁止については、教会員のほとんどがローマの法廷にて証言を求められるような立場になかったであろう現実を鑑みて省略をしても差し当たって問題はなかったであろうと考えられる（ジュエット、八〇九―一〇頁参照）。

「姦淫するな、殺すな、盗むな、むさぼるな」、これら四つの戒めが採択された背景に異邦人キリスト者への配慮を垣間見るが、これらの戒めは間違いなく読者たちにユダヤ人の律法を想起させる。同時にその律法を満足に遵守することが人には不可能であることを本書前半にて示したことをも想起させる（ローマ三・二〇他）。律法を全うさせることは人にはできないことだとパウロは先に論じているが、ここにもパラドクスが現れる。全うできないはずのモーセの律法を、互いに愛し合うことで全うさせるというのである。

律法が要約されることについて

「そのほかどんな掟があっても」への言及は、ユダヤ人の律法に限定されることなく、聖徒たちがローマ市民として遵守すべきあらゆる掟にまで及ぶひとつの原則が存在することを意味する。そしてその原則とはレビ記一九章一八節の聖言である。「要約されます」とパウロは説明する。モーセの律法もそのほかのどんな掟も全てが「要約される」とは一体どういった了見であろうか。「要約する」に当たるアナケファライオーという動詞そのものもまれなことばで、額面通りに言えば「かしらのもとに集める」というような意味になる。語頭に前置詞アナが加えられていて、意味合いが強められている。今一度新約聖書ではエフェソ書一章一〇節にて「頭《かしら》であるキリストのもとに一つにまとめられます」との文意で使われている。それで肝心な律法の要約についてであるが、例えば第二神殿時代のユダヤ人ラビたちの中にも律法を要約した者はいた。紀元前一世紀に活躍をしたヒレルは「あなたが忌み嫌うことを同胞にしてはならない。これこそが律法の全容、その他は皆補足に過ぎない。行って学べ」と諭す。ラビ・アキバ（紀元五〇―一三二年）は興味深いことにレビ記一九章一八節を「律法における最も偉大な総合原則だ」と断言した（出典の詳細についてはダン、七七八―九頁参照のこと）。律法を特定の聖句に集約させる教えは当時も実践されていたことは見て取れるが、二つの点でパウロの記述は当時のユダヤ教の教えと一線を画していた。第一にレビ記一九章一八節の採用はパウロ以前のユダヤ人教師たちの教えには見られない（ジュエット、八一二―三頁）。同じ聖句を取り上げたユダヤ人教師に既出のラビ・アキバがいるが、パウロは彼に先んじて「要約」している。この要約は決してパウロ独自の神学と断定すべきでなく、むしろ主イエス自身の教えに源があると捉えるべきであろう（マルコ一二・三一他並行記事）。それから第二に、ユダヤ教にあって律法がなんらかの聖句や文言に要約されるときにも、律法の全体が変更されたり、ないがしろにされたり、また破棄されるようなことは示唆さえされない。どのように要約がなされようと、その要約はあくまで律法の凝縮であり、またその要約からはモーセの律法がひもとかれるのである。ところがパウロを含め、新約聖書にあって律法の全体が「要約」されるとき、そこにはモーセの律法からイエスの教えへの本質的な変換がされるのである。「隣人を自分のように愛しなさい」から滲み出る掟はイエスの御心と御教えなのである。パウロの理解と確信は、隣人愛こそがあらゆる律法や掟のかしらとなるというところにあった。あるいはエフェソ書一章の文脈ではもう少し明らかであるように、あらゆる掟のかしらは、隣人愛をそもそも指されたイエスご自身であるとの思いもあったかもしれない。

　そして前述されたように、ここで「隣人」と言われている愛の対象もまた、旧約的な文脈、あるいはユダヤ教的な前提にあるような「同胞」に限定されるものではなく、自分とは背景や考え、価値観や習慣が異なるにせよ、同じ救い主によって贖われた「他者」を特に意識した「隣人」である。これもまた実にイエスの教えそのものである。「わたしたちに逆らわない者は、わたしたちの味方なのである」（マルコ九・四〇）、そして「互いに平和に過ごしなさい」（同九・五〇）とイエスが弟子たちを戒められたことを想起させる。

愛は実に活動的である

さて一〇節に進み、この黄金律は今一度形を変えて表現される。「愛は隣人に悪を行いません」は黄金律の裏返しである。イエスの聖言に遡れば「人にしてもらいたいと思うことは何でも、あなたがたも人にしなさい」（マタイ七・一二）を覆した聖言、また既出ヒレルのことば「あなたが忌み嫌うことを同胞にしてはならない」を想起させるような聖言である。さらに、レビ記の引用に立ち戻れば、一九章一七節はそもそも禁止の命令「心の中で兄弟を憎んではならない」から始まり、「復讐してはならない」「民の人々に恨みを抱いてはならない」と禁止が続く中で戒められる反意の奨励「自分自身を愛するように隣人を愛しなさい」であることも思い起こされる。禁止と奨励が表裏一体となることで、その戒めの持つ意味と範囲がこの上なく鮮明になる効果がある。パウロの奨励に戻って、この短い段落の中で二度繰り返すようにこの律法を「全うする」ように迫る文脈であるだけに、その徹底ぶりは決して不自然なものではない。

また、本節の冒頭の「愛」は原語において定冠詞が付されている点にジュエットは着目している。ギリシア語において「愛」のような抽象名詞に定冠詞が付される場合、「愛というものは」という具合に一般概念を表すこともあれば、「この愛（こそ）は」と訳せるような特定的な意味合いを表すこともある。ここでパウロが奨励している愛は、そもそも一般的な愛ではない。世俗的な愛は眼中に入っていないし、かといって旧約の隣人愛をそのまま引用しているのでもない。レビ記の「隣人」とパウロがここで指さしている「隣人」との間にはローマ教会に適用された「愛されるべき隣人」が具体的に意図されている。とすれば、ここは「この類いの愛は」と訳出してもよいくらい、特定の愛について、ローマ教会の文脈と問題・課題に則した愛についての結語と取るべきだとジュエットは主張する（ジュエット、八一三－五頁）。無論この愛はローマ教会にのみ適用されるという意味で特定化されているのでなく、キリスト者全体に適用されるという意味での特定化である。イエスにあってキリスト者の生きる愛はこの上なく豊かにされ、そのダイナミズムの中で聖徒たちは愛をかたちに表すように招かれているのである。

最後に愛は「悪を行わない」と言われている点に目を留めたい。これは原文カコン・ウーク・エルガゼタイの直訳である。「行わない」という否定形ではあるものの、愛は行為に表れるものだというところに光が当てられている。愛は「行う」ものなのである。このことを実のところ生き生きと語っている聖言は他でもない第一コリント書一三章である。特に四－七節にかけて愛の特質が列記されていると説明されるが、実のところその区分に記されているのは愛の特質ではなく、愛の行為の数々なのである。またしても文法的な観察になるが、この区分には十五を数える愛の特色が「形容」されているかのように訳出される。「忍耐強い」「情け深い」「ねたまない」「高ぶらない」等々。ところが原文を確認すると四―七節までの短い区分は実に十五の動詞がしかも全て直説法で列記されている。つまり、この区分に記されているのは愛がどのような言動に及びどのような行為を控えるのか、ということを表しているのである。愛は「忍耐強い」のではない。愛は「忍んで待ち望む」のである。愛は「情け深い」のではない。愛は「情けをかける」のである。動詞が直説法で十五も続く段落は新約本文中でもまれである。少々冗長的でさえあるかもしれない。それでもパウロは敢えてそのように愛を綴る。愛は実に活動的なのである。「愛は隣人に悪を行いません」とは単に黄金律を裏返した表現なのではなく、その愛がいかに活動的であるのかを言い表した鍵句なのである。これこそがパウロの確信する福音の姿、愛の姿である。愛は思想や神学の文言で表して事足りるものでなく、情感の豊かさのみで測るものでなく、愛は実に隣人に何を語り、何をするのかで身を結ぶ。キリスト者はこの愛に押し出されて、身の回りにいる隣人に愛を表し、また愛を受けるのである。ローマの聖徒たちもこれから具体的に「この愛」をだれにどのように表すことが求められているのかを知らされるのである。例えば隣人である「信仰の弱い人」を「受け入れなさい」と（一四・一以降）。そしてキリスト者はいつの時代も同じ問いを絶えず受けるのである。この愛をどの隣人にいかにして表すことが求められているのか、と。

結語

結びにパウロは「だから」と整理して宣言する、「愛は律法を全うするものです」。結語らしくここでパウロは直訳をすれば「愛は律法の盈満だ」と断言する。しかし新共同訳は八節で一度取り上げられたテーマであることに着目をしたのか、またそこから始まって描かれる愛の活動的な特質を捉えてなのか、プレローマを「盈満、十全である」といった形容詞形で訳出せず、「全うするもの」だと表現した。パウロの真意が生き生きと表現されている。実際、八節の「全うしている」は動詞プレロオーの直説法完了形で記されていて、愛が「充満した状態」であるよりは「精一杯表されている行為」であることがすでに示唆されているのである。

ローマの聖徒たちは引き続き迫りを受ける。一一節では「あなたがたが眠りから覚めるべき時が既に来ています」とパウロは訴える。ローマ教会の聖徒たちが愛に生きる機会と場面を逃していることを眠りになぞらえてパウロは彼らを押し出しているのかもしれない。主イエスも折あるごとに「目を覚ましていなさい」と戒められたことを思い出す。

参考文献

James D. G. Dunn, *Romans 9-16* (Vol. 38B), Word Incorporated, Dallas 1998.
Robert Jewett, *Romans: A Commentary*, Hermeneia, Fortress, 2007.
岩上敬人『パウロの生涯と聖化の神学』日本聖化協力会出版委員会、二〇一〇年（特に一七二―一八一頁参照のこと）。
Anthony C. Thiselton, *The First Epistle to the Corinthians*, NIGTC, Eerdmans, 2000.

ローマの信徒への手紙 一三章一一―一四節

浅野　直樹

アクティマイアーは、ローマ書全体を大きく四つに区切っている。

①神の主権と過去の問題：（神の）恵みと怒り
（一・一―四・二二）
②神の主権と現在の問題：（神の）恵みと律法
（四・二三―八・三九）
③神の主権と未来の問題：イスラエルと恵み豊かな神の計画
（九・一―一一・三六）
④神の主権と日常生活の問題：（神の）恵みと生活のかたち
（一二・一―最後）

パウロが手紙を書くにあたって、こうした構成を実際に意識したかどうかは別にして、この区分は書簡全体を俯瞰し、ローマ書にこめたパウロの中心的メッセージをわかりやすく描いてくれている。中心メッセージとは、「反逆した被造物に対して、神がもう一度主権を取り戻すためにとった恵みのわざ」（アクティマイアー）である。こうした全体構造と中心主題を念頭に入れて、本テキストが手紙の中でどのような位置を占めているのかを、まずはみていきたい。

キリスト者の今

パウロが宣べ伝える神はユダヤ人の神である。この神は、旧約聖書に描かれた歴史上の出来事を通してユダヤ人を救った。けれどもこの神はユダヤ人だけの神ではない。諸国民の神でもある。ローマにある諸教会で神を礼拝する人たち、生粋のユダヤ人であろうと、異邦人と呼ばれたローマ人であろうとギリシア人であろうと、あるいは純血だろうと混血だろうと、血縁と言葉と文化的背景の違いは何も問わないで、この神はすべての人のための神である。今やそのことが明らかにされたのだ。かつて神はアブラハムを通してユダヤ人を祝福し、モーセを興して彼らの救いを実現した（過去）。けれども神の憐れみと恵みは、ユダヤ人だけと限ってしまうほど狭量ではなく、すべての民を救うためでもあった。そこで神はひとり子イエス・キリストを受肉させ、この世に遣わした（パウロにとっての現在）。ひとり子イエスによって、あとに続く歴史を生き抜くすべての民を神は救おうとされている（未来）。「イエス・キリストは、きのうも今日も、また永遠に変わることのない方です」（ヘブライ一三・八）。したがって、キリスト・イエスにつながるすべての兄弟姉妹は、神の恵みに与った者にふさわしく今を生きるように心がけること。これが、ローマの教会で礼拝をする人々に書き送った、パウロの勧めである。

本テキストはこの最後の部分に関わる。パウロは、ローマの教会のキリスト者がこれから如何に生きていくべきか、どのように人と接するべきかについて一二章から一五章にかけて述べている。具体的かつ実践的に教え諭している。そしてその際、パウロは「今」のカイロスを差し迫った特別な時と捉えており、その意味でもキリスト者はうかうかしていられないのだ。「救いは近づいている」（一一節）のだ。

ローマの「今」

パウロがローマの教会に指し示した「今」は、いったいどんな時なのだろうか。どのような「カイロス」を、訪問したこともない、これまで無縁だったローマのキリスト者の群れとパウロは共有しようとしているのだろうか。パウロがこの手紙を書き送ったのは紀元五〇年代後半とされる。その数年前に皇帝クラウディウスが勅令を出して、ユダヤ人をローマから追放している。追放の理由は、「クレストスの煽動によって（ユダヤ人の間に）騒ぎが起こった」からだと、ローマ人歴史家スエトニウスが伝えている。キリストを「クレストス」と表記したのだとすれば、ユダヤ人が集まるシナゴーグ内でメシア信仰が生じ、そのために起こった内部分裂による騒動だったのではないかと考えられている。ローマにはいなかったが、パウロもこうした事情を耳にして危機感を募らせたことだろう。「あなたがたは今がどんな時であるかを知っています」とパウロが語るとき、「クレストス」を信じる人たちの間では、それがなにを意味しているのかは、すぐに理解できたことだろう。ローマのキリスト者たちがみずからの信仰のゆえに抱いていた不安と恐れを、パウロはこうして共有しようとしている。この危機感がパウロを終末論へと駆り立てる。そしてパウロの終末論は、同時にキリストの再臨を意味する。ローマ書全体を見渡したときに、終末論は決して色濃く表出しているわけではないが、冒頭に掲げたアクティマイアーの四区分に照らし合わせてみていくと、そこには神の主権が過去から現在そして未来へと及ぶ時間枠で描かれていて、それが最後に終末論で締めくくられるという流れは理解しやすい。したがって、少なくとも本論における聖書箇所は、パウロの終末論を考慮せず読むことはできない。

ふたつの「時」

一一節にはふたつの「時」があるが、原典においてはそれぞれ別の単語が使われている。「眠りから覚めるべき時」が「ホウラ」であり、「今がどんな時であるか知っている」がカイロスである。「眠りから覚めるべき時」の時は、いわば「さあ、時間ですよ」に似ている。「学校に行く時間ですよ」、「そろそろ帰る時間だな」という時である。次なる行動へと促される予定された時、社会生活におけるタイミングである。それに対して、「今がどんな時か知っている」というときのカイロスは、そうした人間生活の社会的時間とは一切関わりなく、突如やってくる。「その日、その時は、だれも知らない。天使たちも子も知らない。ただ、父だけがご存じ」（マタイ二四・三六）の時である。いつなのかはパウロにも誰にもわからない。けれどもカイロスがそろそろ起こりそうだというのは、パウロもローマのキリスト者も、共に感じていたのである。

眠り

「眠りから覚める時」における「眠り」について高橋は、「主体的な意志の緊張を失い、肉の欲するままに、何の抵抗もなく、これに身を委ねる生活態度」と表現している。それに対してエフェソの信徒への手紙五章一四節に出てくる「眠り」はどうだろうか。「眠りについている者、起きよ。死者の中から立ち上がれ。そうすれば、キリストはあなたを照らされる」。これは洗礼式のときに唱えられた定型句で、ここでの「眠り」は、人が洗礼を受ける前、まだ罪に溺れた状態を意味している。

本稿における「眠り」は、ローマの教会のキリスト者に向けられているので、彼らはすでに洗礼を受けた兄弟姉妹とするべきであり、エフェソ書の用例とはその点において微妙な差異がある。またパウロは、第一コリント書と第一テサロニケ書において好んで「眠り」の比喩を使っているが、ここではいずれも明らかに死者を指している。先ほどの高橋の表現は、洗礼を受けて教会につながり、罪から解放されたはずのキリスト者であっても陥りやすい「眠り」を指摘している。前述のように本箇所は、基本的には終末を視野に入れた文脈で理解すべきではあるが、高橋が指摘する「眠り」の危険性というのは終末を意識するしないにかかわらず、怠惰なキリスト者にいつもつきまとう。それゆえ、ここで述べられる状況をローマにおける特殊事情として片付けるべきでなく、現代にも適用できる警告ともいえる。

「肉の業」の説教

「眠りから覚めるべき時が既に来ている」、「信仰に入ったころよりも、救いは近づいている」、「夜は更け、日は近づいた」、「闇の行いを脱ぎ捨てて光の武具を身に着けましょう」。一一、一二節で語られるこれらは、いずれも終末が近いという状況を訴えつつ、そのときに備えてこれからは生活を改めましょうという奨励である。そして一三節と一四節は、改めるべき生活態度について実例をひとつひとつとりあげて、「酒宴と酩酊、淫乱と好色、争いとねたみ」など、これはいけませんよと具体的に示す。パウロは、ガラテヤ書やコリント書でもそうだが、こうした「肉の業」（ガラテヤ五・一九）をひとつひとつリストアップしては読者に注意を喚起している。現代における礼拝説教ではどうかと考えると、このような警告はなかなか行われないというのが実状ではないだろうか。その理由はいろいろあると思うが、生活態度を改めるよう会衆に迫ると、それによって説教が福音としてうまく伝わらないというのが最大の理由ではないだろうか。伝わらないどころか、語り方によっては説教が裁きとなってしまう危険性を孕んでしまう。しかしながら、肉の業がみことばとして語られているのに、それを避けて通るように語るとなれば、それは真に福音を告知しているとはいえないであろう。たとえばルター派ならば「律法から福音」のパターンに従い、会衆は肉の業のリストを突きつけられ、自分自身の罪の現実に気づかされる。そこにイエス・キリストの十字架が示され、キリストによる罪のゆるしと救いが福音として響くだろう。あるいはバルトの「福音から律法」のパターンに従うならば、罪の現実を知らされたうえで、福音の力をもってしてこのような肉の業さえ克服できると語れるかもしれない。

もっとも、肉の業を示して罪の問題を説教のなかで語るとき、個人の倫理的生活の重要性を強調するあまり、キリスト者としての正しい生き方を語り過ぎてしまうと、その説教はキリストの福音から遠ざかっている可能性が高くなるので、注意が必要である。

説教しにくい終末論

再度繰り返すが、この部分は終末論抜きでは考えられないので、説教においてこのテーマを回避すべきではないだろう。しかしながら、さきほどの肉の業同様、終末論もまた説教としては非常に扱いにくい主題である。本テキストから終末論が語りにくい理由を端的に示すなら、この箇所でパウロが間違ったことを述べたという事実を指摘すれば十分であろう。「救いは近づいている」とのパウロの見立ては幸か不幸か、はずれた。パウロが思い描いていた終末は、彼の生存中にはやってこなかったのだ。キリスト教の歴史の中で、このような過ちはたびたび繰り返されてきた。

歴史的インスピレーション

「品位をもって歩もうではありませんか」（一三節）、この倫理的生活の呼びかけと、「救いは近づいている」という終末論的背景が、本稿の聖書箇所からの説教を困難にしているのは確かにそのとおりだが、逆に、それゆえにこそ豊かなインスピレーションがここから湧いてくる。教父アウグスティヌスは、それを受けた一人である。彼は母親から受け継いだキリスト教信仰を離れてマニ教を信奉した。そうかと思えば女性と同棲して私生児が生まれたり、肉欲に支配され荒れ狂った生活に走った。そんなあるとき彼に囁いた声があった、「Tolle, lege（取りて読め）」。そのとき示された聖書箇所が、ローマの信徒への手紙一三章一三節、一四節であった。この倫理的な戒めが福音として届き、それが歴史を作ってきたのである。

今を語る終末的説教

「救いは近づいている」。だから「品位をもって歩もうではありませんか」と、パウロは諭す。終末への備えと倫理にかなった模範的生活の教えが、ここで固く結びついている。世の終わりが近いのだから、これまでの堕落した生活を棄ててもっとまじめに暮らしなさい、と聞こえる。まるでここまでのクリスチャン生活がだらしなかった、とでも言っているかのように。「まもなく世の終わりが来るから、イエスさまに迎えていただけるように悔い改めて、まじめに生きてください」と。仮に、この箇所からこのようなメッセージが語られるなら、まだ信仰をもたない人たち向けに語られる伝道集会メッセージならわからないでもないが、主日礼拝で信者たちに向けられた説教だとすると、品行方正なおこないに励んで神に義と認められるよう努めなさいと説いているようで、それは純粋な福音説教とは言いがたい。終末を待望する緊張感のなかで、高い倫理性を追求しようとする態度を否定することはできないが、それが行為義認とならないためには、終末思想と倫理の関係性を見直す必要があるだろう。そもそもパウロすら見誤った。イエス自身が、「気をつけて、目を覚ましていなさい。その時がいつなのか、あなたがたには分からない」（マルコ一三・三三）と言っていることを考えれば、未来のある時を指して予言的に「世の終わりが来る」と説教で語ることは断じてすべきではないし、パウロに倣って「救いは近づいている」と語るのも、説教倫理に反すると筆者は考える。

では終末的説教はどのようにして可能だろうか。大貫は「未来を既知化しようとする誘惑から自由になって、問題を『今』に取り戻さなければならない」、「終わりについて発言する者は、実は自分の今について語っているのである」と指摘する。将来起こるかも知れない天変地異を、今、語ることが終末論的説教ではない。すなわち「今」から「終わり」を語るのではなく、「終わり」から「今」を語ることが終末論的説教となり得る。語られるべき時は、「今」である。それはイエスが説く終末論とも一致する。マルコ一三章にあるイエスの終末論をみると、「人に惑わされないように気をつけなさい」（五節）、「慌てではいけない」（七節）、「あなたがたは自分のことに気をつけていなさい」（九節）「まず、福音があらゆる民に宣べ伝えられねばならない」（一〇節）、「最後まで耐え忍ぶ者は救われる」（一三節）という言葉からもわかるように、イエスは繰り返し「今」を語っている。そして後半に至っては、「目を覚ましていなさい」と、やはり今の生き方に念を押す。しかも驚くことに、三度にもわたってイエスはこれを繰り返すのである。終末がいつやって来てもいいように、普段からそのときに備えて今を生きる。これこそ説教者が語るべき、終末論的説教の視座である。

その時を待望しつつ、緊張した面持ちで身構えるのではない。今より高い倫理性を追求する必要もない。「たとえ明日、世界の終わりが来ようとも、わたしは今日、リンゴの木を植える」。一般にはマルティン・ルターの言葉として知られているこの名言が、最も端的な終末論的かつ福音的説教といえる。

愛を軸にする

この箇所だけに注目すると終末論が大いにクローズアップされ、そこに説教の中心を置きたくなるが、実はそうあってはならない。終末論はローマ書における中心メッセージではないからだ。パウロは一二章以降、日常生活の諸問題とキリスト者の生活のあり方についてずっと述べてきており、本箇所もその流れに位置している。一二節と一三節からもそれは明らかである。我々の視野をもう少し広げて、本テキストの前後の脈絡をもしっかりと踏まえておきたい。前半部の八節から一〇節にかけて、パウロは互いに愛し合うことを勧める。愛が律法を全うするのだと説く。本テキストの直後では、「信仰の弱い人を受け入れなさい」と教え、他者への寛容な態度というかたちの愛が語られている。本テキストの一一節から一四節は、いわばこれらふたつの愛のメッセージによってサンドイッチされている。したがって本テキストからの説教にあっても、愛の教えをはずしたくはない。たとえば、「日中を歩むように、品位をもって歩もうではありませんか」という勧めは、それに則して解釈できる。終末観に煽られて実践する、緊張を伴う「ねばならない生活」ではなく、日常的で穏やかな暮らしに表れる、地道な愛の実践こそが、神の愛を隣人に証する。

伝統的ペリコーペでは本テキストを待降節に読む。そうだとすれば、終末がキリストの到来を待ちわびる信徒の希望でもあることを強調したい。「互いに愛し合いなさい」はパウロの言葉であると同時に、なんといってもイエスが示した新しい掟としての福音である。パウロがイエスから受け継いだ一致したみことばなのである。イエスは愛を新しい掟といい、パウロは愛が律法を全うすると語った。今や律法が支配する時代は終わりを告げて、愛が支配する時代になったのである。全き愛による支配が、終末に対する希望を聞く者に伝えてくれる。

宣教的展開

説教者が「今から終わりを語る」のではなく「終わりから今を語る」ことで、会衆の中では流れの逆転が起こる。ここから、「今」から「終わり」に向かっての生き方が始まる。一二章に始まるキリストにおける新しい生活についての教えは、ここまで（パウロが生きる）「今」のあり方として語られてきたが、本テキストによって終末的視点をもつことで、こうした生き方が新たに終末を射程にいれた生へと変化する。自身の救いのために熱心に励む生活から、救いを他者と分かち合うために生きる生き方への変化である。すなわちキリストを証するという使命、ミッションを担う生き方への変化である。説教を聴き福音に喜ぶだけにとどまらず、さらにそこから、授かった恵みへの応答としての生活が始まる。ミッションを担って神に遣わされていく生き方へと押し出されていくのである。

参考文献

P・アクティマイアー『ローマの信徒への手紙』（現代聖書注解）村上実基訳、日本キリスト教団出版局、二〇一四年

大貫　隆『終わりから今を生きる――姿勢としての終末論』教文館、一九九九年

高橋三郎『新稿　ロマ書講義　下』山本書店、一九八四年

松木治三郎『ローマ人への手紙――翻訳と解釈』日本基督教団出版局、一九六六年

ローマの信徒への手紙 一四章一―四節

片柳 弘史

一一章まで信仰による義についてさまざまな角度から論じてきたパウロは、一二章から信仰によって義とされた者の「新しい生活」について論じはじめる。その全体は、「自分の体を神に喜ばれる聖なる生けるいけにえとして献げなさい」という一二章冒頭の言葉に要約されるであろう。人を行いによってではなく信仰によって救う神は、わたしたちのどのような生活態度を喜ばれるのか。パウロは、一二章以下でこのテーマを詳しく展開してゆく。今回取り上げる一四章一―四節では、「信仰の弱い人」たちにどう接するべきか、自分とは違った宗教的確信を抱いた人たちにどのような態度を取るべきかが論じられる。

一 義とされた者にふさわしい行い

肉食の是非をめぐってパウロは、「食べる人は、食べない人を軽蔑してはならないし、また、食べない人は、食べる人を裁いてはならない」（三節）と言う。これは、「人は行いによってではなく信仰によって義とされる」というパウロの中心的な主張の当然の帰結と言っていいだろう。神は、その人の行いではなく、心の中にある罪の痛悔や謙遜、神に自分のすべてを委ねる信頼や従順、すなわちその人の信仰を見ておられる。まさに、その点で義とされた者が、他人の行いを見てその人を裁き、不義と見なすならば、それは明らかな矛盾である。自分が大きな罪をゆるされていながら、他の人の行いを見てそれを厳しく裁く者は、まるで自分が多額の借金をゆるされていながら、他の者の借金をゆるすことができない「恩知らずの家来」（マタイ一八章）のようなものだ。

信仰のみによって救われるのだから、行いはどうでもいいということには決してならない。信仰によって義とされた者には、信仰によって義とされた者にふさわしい生き方が求められる。罪をゆるされた者には、隣人の罪をゆるす使命が与えられるのである。自分自身がゆるされたにもかかわらず、隣人の罪をゆるすことができない者は、「恩知らずの家来」と同じ目にあっても仕方がないのである。信仰によって義とされた者は、こうして再び行いの問題に立ち返ることになる。神から受けた恵みにこたえ、神を悲しませずに生きるにはどうしたらいいか。神に喜ばれる生活とはどのようなものなのか。それぞれが答えを見つけなければならないのである。

ここで大切なのは、「各自が自分の心の確信に基づいて決める」（五節）ということである。神を喜ばせるために何をすべきか、何をすべきでないかは、一人ひとりが神から与えられた自分の使命に基づいて決定してゆく以外にない。教師として働く使命を与えられた者が、自分はそれにふさわしくないからと言って大工になったとしよう。大工の使命は尊いものであるが、神から与えられた使命に背いて大工になるなら、それは神を悲しませる行いである。行いの是非の判断は、その人がまず自分に与えられた使命を見極めることから始まる。与えられた使命に忠実な行いは神を喜ばせるよい行いであり、不忠実な行いは神を悲しませる悪い行いなのである。その人に与えられた使命が何であるかは、その人と神との関係の中で示されるものであって、外からうかがい知ることができない。そのためわたしたちは、神を喜ばせるためにどうしたらいいかということについて、他人を裁くことができないのである。

二　召し使いとしての生き方

肉を食べない人たちを裁くなら、それは「他人の召し使いを裁く」（四節）ようなものだとパウロは言う。信仰によって義とされた者と神との関係は、父と子であると同時に、主人と召し使いでもあると言っていい。自分が父なる神の子であることに気づき、子として神の前に立つとき、わたしたち一人ひとりに使命が与えられるからである。自分に与えられた使命をしっかりと見極め、確信を抱いたならば、わたしたちはその使命に全力で邁進《まいしん》しなければならない。それこそが、父の子として、召し使いとして最もふさわしい生き方だからである。

自分に与えられた使命に邁進するとき、わたしたちの心に誘惑が訪れる。自分と違ったやり方で神に奉仕している者を軽蔑し、裁くという誘惑である。神のみを見、ただ神への愛ゆえに使命を果たしているあいだは、そのような誘惑が起こることはない。神から目をそらし、周りの兄弟たち、召し使いたちに目を向けるとき、わたしたちの心に誘惑が起こってくる。自分と他の者たちを比較し、自分に与えられた使命の方が尊い、自分の方が神から愛されていると考えるとき、わたしたちは他の者たちを軽蔑し、裁くようになるのである。神から与えられた使命に、優劣などない。それぞれが「神の国の実現」という大いなる目的のために必要不可欠なものであって、どれも同じくらい尊いのである。

自分とやり方が違っているからといって、それは間違っているということではない。単に、神から与えられた使命が違うというだけのことなのである。神はそれぞれの召し使いに違った使命を与えられる。召し使いは、それぞれに自分が与えられた使命だけを考え、その使命に全力で取り組めばよいのである。他の召し使いと自分を比較している暇などはない。

わたしたちが使命に全力で取り組んでいるとき、神が見ておられるのはわたしたちの従順である。罪をゆるされ、神の子とされた者としての喜びにあふれ、使命に邁進するわたしたちの姿を見るとき、神は喜ばれる。使命がうまくいっているかどうかは関係がない。神は、わたしたちの心の中に燃え上がる信仰だけを見ているのである。もし自分に与えられた使命をうまく果たせなかったとしても、神への愛ゆえに全力を尽くしているならば神は喜ぶ。逆に、自分がうまく使命を果たせていることに思い上がり、神のことを忘れて自分を誇るならば神は悲しむ。「行いによってではなく、信仰によって義とされる」という原則は、信仰によって義とされた者の行いにもそのまま当てはまるのである。

「召し使いが立つのも倒れるのも、その主人による」（四節）、とパウロは言う。意味があいまいな箇所であるが、次のように考えてみることが可能であろう。召し使いは、自分の使命を果たそうとして途中で倒れることもある。だが、倒れるのも神の御旨である場合がある。召し使いが張り切りすぎて自分の力以上のことをしようとし始めれば、神は止めようとして召し使いを倒すかもしれないのである。倒されたならば、わたしたちは自分の使命の果たし方を見直すべきなのであろう。神は、わたしたちが苦しみの中で自分にふさわしい使命の果たし方、自分にふさわしい働きのペースを見つけたときに、もう一度立ち上がる力を与えて下さる。神への愛に燃え上がった心が、自分にふさわしい使命の果たし方を見つけるとき、その人の心に神からの力が惜しみなく注がれるのである。

三　信仰の弱さと強さ

「信仰の弱い人を受け入れなさい」（一節）とパウロは言う。肉を「食べない人を軽蔑してはならない」と言いながら、食べない人について「信仰が弱い」と決めつけることには、矛盾があるようにも思われる。「神の前ではあらゆる食べ物が清い」というパウロの確信から見るとき、「肉は汚れたものであって食べるべきではない」という考え方は信仰の「弱さ」に見えるということであろう。宗教的な行いについて何らかの確信を抱いた人の目からは、その確信と違う行いは「弱さ」と映るのである。いずれにしても、神が受け入れたものであるならば尊重すべきことであっても、自分にとって信仰の「弱さ」と見えるだというのがパウロの結論であることには間違いがない。

肉を食べる、食べないという行いそのものは、その人の信仰の弱さ、強さとまったく関係がない。それは、トルストイやシュバイツァーが菜食主義者であったことからもはっきりしている。肉を食べるから信仰が強い、食べないから弱いということはまったくないのである。信仰の強さ、弱さは、その人がどれだけ神に自分を委ね、明け渡すことができるかどうか、どれだけ神に従順であるかどうかにかかっている。神の召し使いの価値は、召し使いが成し遂げた成果によってではなく、どれだけ忠実な召し使いであったかによって測られるのである。

ある人は、肉を食べることは動物の命を絶つということであり、自分のために動物が命を絶たれることに耐えられないと考えて菜食を選ぶ。菜食を生きることによってこそ、良心に呵責を感じることなく、神の子としての使命を十全に果たすことができると考えるのである。良心は神がそれぞれにお与えになったものであり、仮に他の人の目から見て不可解であったとしても、本人としてはそれに従う以外にない。神は、自分の良心としっかり向かい合い、可能な限り誠実に生きたいと望んでその人が出した結論をよしとされる。自分は肉を食べるべきではないと確信したならば、その確信は貫かれるべきである。ある人は逆に、神はある種の動物を人間の食物として創造された。神がお創りになり、人間にお与えになったものを食べないのは神の御旨に反すると考え、動物の命を奪いたくないという自分の思いを犠牲として捧げつつ肉を食べることを選択する。その人が真剣に自分の良心と向かい合い、そのことを選んだのであれば、神はその選択をよしとされる。自分は肉を食べるべきだと確信したならば、その確信は貫かれるべきである。

同じことが、神に仕えるために結婚するかしないか、聖職者を立てるか立てないか、私有財産を持つか放棄するかなど、あらゆる信仰の実践に当てはまるであろう。大切なのは、結論としてどちらを選ぶかではない。その人が徹底的に神の御旨と向かい合った結果としてその道を選択し、自分の選択について確信を持っているということである。その確信の強さこそ神への誠実さであり、その人の信仰を表すものと言っていい。

四　自己義認と裁き

信仰の弱さ、強さは、その人がどのくらい神を信頼し、神に自分を委ねて生きているかにかかっている。大切なのは、神への信頼とまったき委ねであって、その人が何をするかではない。マザー・テレサに次のようなエピソードがある。四旬節を迎えたある日、一人の修道女がマザーのもとにやって来て「わたしは、この四旬節のあいだ、肉をまったく食べないことにしようと思います。そうすることで、イエスのために犠牲を払いたいのです」と言った。するとマザーは次のように答えた。「あなたは、この四旬節のあいだ、他の修道女が食べるのと同じものを食べなさい。それこそ、あなたが払うべき犠牲です」。

修道女として一番大切なのは、自分一人が何か特別な犠牲を払うことではない。修道会を通して神に自分のすべてを捧げ尽くすことだとマザーは言いたかったのだろう。肉を食べないという犠牲を払うことはすばらしいことかもしれないが、それが神の望んでいることでないならば何の意味もない。肉を食べないという犠牲を払いたいという気持ちをこそ犠牲として捧げ、他の修道女たちと同じものを食べるなら、それは神の前に尊いことなのである。

神と向かい合う中で得られた、「肉を食べるべきである」、「肉を食べるべきでない」というような信仰実践についての確信は、さらに大きな神の御旨の中で犠牲として捧げられなければならない。「主人」である神の御旨である全人類の救いのため、「神の国」の実現のために、わたしたちは互いの「弱さ」をゆるし合わなければならないのである。

確信に基づく信仰の実践は、一瞬のうちに律法主義に陥る危険をはらんでいる。大切なのは神への忠実であり、従順であるにもかかわらず、自分がしている行いそのものに価値を見出し、自分の行いを絶対化して他者を軽蔑したり、裁いたりし始めるとき、その人は律法主義に逆戻りするのである。わたしたちは信仰によって義とされるのであって、行いによって義とされるのではない。そのことをわたしたちは、日々の信仰生活の実践の中で絶えず思い起こす必要がある。一度信仰によって義とされ、救われた者であっても、思い上がって自分が「ゆるされた罪人」に過ぎないことを忘れれば、ただちに罪の闇に呑みこまれてしまうのである。「神はわたしを、信仰によって義として下さいました。わたしは救われたのです」ということだけでは済まない。信仰によって義とされた者は、信仰によって義とされた者としてふさわしい行いによってその信仰を日々、実践していかなければならないのである。

「神の子」として謙遜な心で神の前に立ち続ける限り、わたしたちは救われている。使命を果たすための力も神が与えて下さるから、何の心配もない。だが、謙遜な心を失って自分の行いを誇り、他の兄弟を見下し、裁くとき、わたしたちは自ら救いを拒み、救いから離れてゆくことになる。弟の行いをゆるすことができない「放蕩息子」の兄が、自ら祝宴に入ることを拒み、闇の中にとどまり続けたのと同じように、他の兄弟の信仰実践を裁く者は、その裁く態度のゆえに闇の中に取り残されてしまうのである。

五 「信仰の法則」による一致

神はユダヤの民を救いへと招くために、信仰実践の指針としての律法をお与えになった。しかし、民が神の前に跪く謙遜さを失い、自らの行いを誇るようになったとき、律法はかえって民を神から遠ざけるものとなった。律法を行うことができない人々は、律法を行うことができる人々によって罪人と決めつけられ、神殿から排除された。「神の国」は、律法を理解し、文字通りに実践できるわずかな人々によって独占されてしまったのである。行いによって自分を神の前で価値のある者とし、自分を誇る人は、同じ行いの尺度によって他の人々を裁くようになる。その意味で、「行いの法則」は「裁きの法則」だと言っていいだろう。

イエスは、律法がもたらした「行いの法則」の悲劇を取り除くためにやって来られた。「キリストは、わたしたちの平和であります。二つのものを一つにし、御自分の肉において敵意という隔ての壁を取り壊し、規則と戒律ずくめの律法を廃棄されました」（エフェソ二・一四―一五）とパウロが述べているとおり、イエスが律法を廃棄（ないし完成）したのは、律法のゆえに神の民の間に生まれた「敵意という隔ての壁」を取り除くため、互いを裁きあうことから生まれる神の民の分裂をなくすためであった。イエスがやって来たのは、わたしたちの心から隣人を裁く傲慢さを取り除き、地上にキリストの平和を実現するためだったとさえ言っていいだろう。

キリストの平和を実現するため、イエスはわたしたちに「行いの法則」の代わりに「信仰の法則」を与えた。人間が義とされるのは、自分の罪深さに打ちひしがれ、謙遜な心で神の前に跪く信仰による。「正しい者はいない。一人もいない」（三・一〇）。わたしたちは誰も、神の前に子として立つことをゆるされた罪人なのである。「神の民」とは、教会とは、ゆるされた罪人の集まりなのである。そのことを自覚するとき、わたしたちは決して他の兄弟姉妹が誠実に取り組む信仰の実践を軽蔑したり、裁いたりすることなどできない。「信仰の法則」によって救われた民は、神の前での謙遜、そして互いへの労りと尊敬の中で一つに結ばれてゆく民なのである。キリストの平和とは、罪人として神の前に跪く謙遜の中で、互いが互いを「神の子」として受け入れ、尊敬しあうことから生まれる一致なのである。

兄弟姉妹の信仰実践は、ときにわたしたちの目に「信仰の弱さ」と映るかもしれない。しかし、信仰とは神とその人との間に結ばれる聖なる絆であり、神秘なのであって、わたしたちがそれを批判すべきではない。神は、一人ひとりのために違った救いの計画を持っておられる。そのことを忘れ、自分の思いに従って傲慢に兄弟姉妹を裁き始めるとき、わたしたちは「信仰の法則」によって救われた民の群れから離れざるを得なくなる。兄弟姉妹の信仰の実践を裁かないこと、謙遜な心で互いを受け入れあい、一致していることこそ、その人が救われていることの証だと言ってもいいだろう。

まとめ

信仰によって義とされた者には、信仰によって義とされた者にふさわしい行いが求められる。信仰によって義とされた者は、神の憐みによってゆるされた罪人としての謙遜さに基づいて行動すべきなのである。自分がゆるされた罪人であることを忘れ、自らの行いの正しさに頼って傲慢な心で人を裁くとき、わたしたちは神を悲しませ、神の子としてふさわしくない者となる。せっかく与えられた神の子としての義を、自ら手放すことになるのである。神の前に跪く信仰において固く一致することで、わたしたちが「神の子」、「神の民」であることを証してゆきたい。

参考文献

片柳弘史『世界で一番たいせつなあなたへ――マザー・テレサからの贈り物』PHP研究所、二〇一五年

ローマの信徒への手紙 一四章五―一二節

徳田　宣義

何よりも神の独り子が本当に死んだのである。そうである以上、すべてはそこから考えねばならない。

（芳賀力『救済の物語』日本キリスト教団出版局、一九九七年、二三七頁）

人間の魂をハープとするならば、この魂に出会う神の言葉は、ハープを奏でる演奏者ということになる。ところで、ハープの弦が純粋なものであればあるほど、また、よく調律されていればいるほど、調べはより清らかに、より澄み切ってひびきわたる。

（ボンヘッファー『主のよき力に守られて』新教出版社、一九八六年、二二六頁）

五節　問題は何か

「ある日を他の日よりも尊ぶ人もいれば、すべての日を同じように考える人もいます。それは、各自が自分の心の確信に基づいて決めるべきことです」。

五節の内容から、直前の「弱い人」の議論が続いていることがわかる。ローマ教会のユダヤ人キリスト者の中には、律法の食物規定や祭日を守り続ける者があった。「弱い人」とは、そのような「ある日を他の日よりも尊ぶ」人のことである。彼らはそれをしない異邦人キリスト者を軽蔑していた。「弱い人」にとって、律法はなお、キリスト者の生活を規定するものであったのである。

五節で「尊ぶ」、「考える」と訳されているギリシア語「クリネイ」には「判断する」「区別する」等の意味がある。五節には、二度使われている。一つ目は、「ある日を他の日よりも尊ぶ」と「判断する」人々に対して。二つ目は、「すべての日を同じように」「判断する」人々に対して用いられている。前者と関わるセンテンスには、ギリシア語「パル」がある。比較を表す「より以上に」という意味がある。そうすると「より以上に判断する」、つまり新共同訳聖書にあるように「尊ぶ」となる。さらに「重視する」という意味をも導き出すことができる。特定の日々を他の日より重視する。したがって、他の日に対しては「尊ばない」、もっと言うと「軽視する」という意味合いを言外に持っていることになる。そうすると「弱い人」の反対に立つ「強い人」の立場が見えてくる。異邦人キリスト者たちは、聖なる日について区別をせず、「すべての日を同じように」、つまり毎日を同じように神の奉仕にささげる日と考えていた。パウロは「強い人」の可能性をよりよいものと見ている。しかし、「強い人」は、主イエスの救いの力によって、律法の規定は廃棄されたことを根拠にし、ローマ教会内の律法に縛られている者たちを批判していたのである。

異なる確信を持つキリスト者が同じ交わりの中にあるとき、どうすべきなのだろうか。パウロは、争点となっている事柄に対し、どちらにも加担しない。それぞれに配慮し、違いがあることを確定するに止める。パウロが心を配っているのは、この問題が及ぼす教会への影響である。したがって、どちらにも通じる重要なことを語る。ローマ書第一二章二節でローマ教会の教会員に対し、「心」を新たにするよう戒めた時、神の御心を吟味することを求めていた。そのような仕方で、「各自が自分の心の確信に基づいて決めるべきことです」というのである。

六節　感謝のかたち

「特定の日を重んじる人は主のために重んじる。食べる人は主のために食べる。神に感謝しているからです。また、食べない人も、主のために食べない。そして、神に感謝しているのです」。

六節では、「主のために」という言葉が三度繰り返されている。それぞれの立場を配慮し、弁護するためである。「重んじる」と訳されているギリシア語「フロネイ」には、「目標のはっきりした意図」（『ギリシア語新約聖書釈義事典Ⅲ』教文館、一九九四年、四八八頁参照）という意味がある。このように「主のために」という、はっきりとした目標があるとパウロは「弱い人」を弁護する。そして、この「主のために」ということが「神に感謝している」ことにつながるのだと説明する。どちらの立場にあっても共通することだからである。「食べる／食べない」ことが、いずれにしろ「主のために」「神に感謝している」という重要な事柄に関わるというのである。

「弱い人」が、それを他のキリスト者に強制しない限り、「強い人」は、容認しなくてはならない。反対の場合も同様である。食べ物や日の問題は、同じ主を信じることを妨げることにはならない。パウロは、お互いがお互いを裁くところから、神への感謝に両者を結びつけようとするのである。

「感謝する」というギリシア語は「エウカリスティ」である。「恵み（カリス）」とも「喜び（カラー）」とも共通の語根を持つ。神への感謝は、神の恵みへの喜びに満ちた応答なのである。

神に造られた人間は、軽蔑の対象であってはならない。人間は、神の愛の対象である。神の創造の豊かさは、人間を貧しい画一化から解き放つ。キリスト者は、創造主によって造られ、救われた者として自由に歩むことが許されている。神に命を与えられた人間が、神の被造物である他の人間を裁くことは、本来あってはならない。神のみが正しく、人間は罪人だからである。我々は、神の救いの恵みに応答し感謝する。それが救われた人間らしい姿なのである。

七節　何のために生き、死ぬのか

「わたしたちの中には、だれ一人自分のために生きる人はなく、だれ一人自分のために死ぬ人もいません」。

罪は、この世の支配者のように、人間に服従を求める。我々人間は、この力から自力で逃げ出すことはできない。しかし、主イエスが来てくださった。新しい支配者となってくださった。このお方との関わりなしに、本来の生き方はできない。人間の命は、神と向かいあうものとして創造されている。したがって、ローマ教会の問題は、人と神との正しい関係によって解決が与えられる。キリスト者が仕えるのは、唯一の同一の主である。異なる生活をする人々をも十分に認め、受けいれることが大切である。主のために生きるということが、自分たちの持つ限界を超える交わりを生み出すからである。

八節　我々は主のものである

「わたしたちは、生きるとすれば主のために生き、死ぬとすれば主のために死ぬのです。従って、生きるにしても、死ぬにしても、わたしたちは主のものです」。

神の言葉によって露となるキリスト者の姿である。洗礼を受けた者は、主のものとされる（ローマ六章参照）。洗礼によって、所有権の転換が起こる。主イエスが受洗者の主となり、罪や死の支配から、そして、その人自身の支配から解き放つ。主イエスが主である事実の中に受洗者は導き入れられ、主のものという新しい属性が与えられる。これが、神のものと回復された人間の姿である。

洗礼によって、「キリストと共に葬られ」（六・四）、キリストと共に復活させられる（六・五）という新しい生活がはじまる。したがって、「主のために生きる」とは、主イエスによって表された神の愛に応える生き方のことである。死においても、主のために死ぬ。なぜなら、キリスト者は自己の洗礼以来主イエスに属し、主イエスの死と復活に与るからである。主との関係は死んだとしても切断されることはないのである。

我々が、一日を振り返る時に、「今日も『主のために』生きることができた」と言い得るかどうか、そのことが問われている。しかし、我々は毎日毎日、誤魔化すことなく、主のために生きていると心の底から言えるのだろうか。トーマス・G・ロングが、次のようなことを伝えている。

「親愛なるマザー・テレサでさえ、悲惨な状況にあるコルカタの人々のために、自分を顧みず世話をした修道女として、半世紀にわたって世界中の人々の心を動かし、カトリック教会の聖者の列に加えられるのを待っている人でありながら、深いところに、傷のある部分を持っていたのである。一九九七年に彼女が死んで初めて明るみに出された彼女の手紙を読むと、その奉仕の生活のほとんどの期間、神の愛を、時には神の存在さえも疑うような、魂の騒乱の暗闇を耐えていたことが、明らかになる」（トーマス・G・ロング『歌いつつ聖徒らと共に』吉村和雄訳、日本キリスト教団出版局、二〇一三年、一九五―一九六頁）。

マザー・テレサであっても、主のために生きることはたやすくなかった。なぜ逃げ帰らなかったのだろうか。なぜ信仰を捨てなかったのだろうか。インドの暑さ、繰り返される単純労働、どうしようもないジレンマ、しかし、そこに踏みとどまりえた秘訣は驚く程単純なことであった。「朝四時ごろと夕方八時ごろのミサがその活力の源」（松永希久夫『イエスの生と死』日本放送出版協会、二〇〇一年、一〇二―一〇三頁）であったのである。

主のものとなって生きるとは、並外れた聖さに生きることではない。我々はどこに望みを、見出し得るのか。我々は主のものとされているという事実が繰り返し礼拝の説教で示されなければならない。そうでないと、神に造られながら神から離れ激しく劣化し、枠組みの壊れた世の中にいる我々は、自分自身を見失い、神を見失ってしまうからである。何のために生きるのか。取り残されないためか。人よりいい生活をするためか。食って寝るためか。神を愛し、隣人と共に生き、主のために生きるため、主のために死ぬためではないのか。無意味なもののために命などかけることはできない。主のものとして生きる。ここに最大の意味がある。神の恵みの中を生きることは、主イエスが臨在される礼拝と切り離すことはできない。この礼拝に加えられてこそ、主のものとされている自分自身を再発見し、日々の生活の意味を知らされるのである。礼拝に生きることは、日常の言葉を変える。我々の母国語である神の言葉が浸透し、我々に心の通った言葉を語らせるからである。家庭生活を変える。神が損得抜きで我々に関わってくださったからである。仕事への向き合い方を変える。神のために働く、それは同時に神が造られた他の人々のために働くことであるからである。

我々は主のものである。自分を必要以上に責め続けることはない。自分を嫌う必要もない。命を粗末にすることなどできない。主は、ご自分のものを大切にしてくださる。我々は、主のものなのである。

九節　キリストが主となられるために

「キリストが死に、そして生きたのは、死んだ人にも生きている人にも主となられるためです」。

「死んだ人にも生きている人にも」とあるように、両方の領域において主イエスは主権を持っておられる。「主となられる」と訳されているギリシア語「キュリエウセー」は、「彼が主として支配する」という意味がある。主イエスが、この主権を獲得されたのは、主イエスご自身が死の領域に入られ、死を克服し、命の主として復活されたからである。主イエスは、両方の領域で主権を確立された。キリスト者たちは、どんな領域においても、主イエスのものとされている。人間の現在と将来、時と永遠とにわたって、主となってくださったのである。

五節以下で語られていた「日」を守る人、守らない人、食べる人、食べない人、いろいろな形で励むキリスト者たちを、主イエスが支配される。神の恵みが、我々の人間の限界を超える。我々人間の生き方も、自分の思いを超える神の御心に向かっていく。主イエスの十字架と復活の出来事が、我々の現実を基礎付ける。こうして圧倒的な主の支配の中で、「強い人」と「弱い人」が対立している問題は、取るに足りないものとなるのである。

一〇節　それなのに、なぜ

「それなのに、なぜあなたは、自分の兄弟を裁くのですか。また、なぜ兄弟を侮るのですか。わたしたちは皆、神の裁きの座の前に立つのです」。

キリストに属する者が、キリストに属する者を裁く、それはどういうことなのか。人の罪を裁くことは、主イエスまた神にのみ属している最高権限を横領することである。熱心な信仰者が陥りやすい罪である。いや、教会に来たばかりでも、洗礼を受けたばかりでも、教会の仲間を批判することはたやすいのである。

「前に立つのです」と訳されているギリシア語「パラステーソメサ」には、「前に立たせられる」という意味がある。我々は、例外なくそのような神の前に立たせられ、裁きに向かって歩んでいる。しかし、主イエスが、我々罪人を軽蔑したり断罪したりするようなことなく、我々罪人のために死んでくださった。この主イエスのために肉を食べず、日々を遵守する者が、同じことをしない者を裁いてよいのだろうか。また、後者が前者を非難してよいのだろうか。主イエスの赦しの御業は、相違を乗り越える。信仰の仲間を自分の「兄弟」として受け入れるように促す。「死んだ人にも生きている人にも主となられる」（九節）主イエスの支配が、キリスト者に互いに理解し合う心を与える。この寛容が、自分とは異なる生活を実践しているキリスト者を自分の「兄弟」として受け入れることを可能にするのである。

「前に立つのです」と訳されているギリシア語「パラステーソメサ」は未来形である。我々は果たして終わりの日の神の裁きに耐え得るのだろうか。主イエスの聖さだけが我々の聖さである。この聖さに支えられて、我々は裁きの前に立つことができる。神の裁きの座は、主イエスの執り成しの場所だからである（八・三四参照）。この希望を与えられている者として、この地上の歩みにおいて、同じ主に仕える信仰の仲間との交わりと和解の実を結ぶべきことが期待されているのである。

一一―一二節　主は言われる

「こう書いてあります。『主は言われる。「わたしは生きている。すべてのひざはわたしの前にかがみ、すべての舌が神をほめたたえる」と』。それで、わたしたちは一人一人、自分のことについて神に申し述べることになるのです」。

パウロは、イザヤ書第四五章二三節と第四九章一八節をパラフレーズしながら引用する。一一節は九節「キリストが死に、そして生きたのは、死んだ人にも生きている人にも主となられるためです」と深く関わる。主イエスは、死んだが、よみがえられ、生きておられる。主として支配しておられる。このためにパウロは「わたしは生きている」とイザヤ書を引用するのである。

神の創造の御業がすでに恵みである。さらに神の御子主イエスが、罪の呪いと裁きを引き受けられ十字架にかかってくださった。我々の罪は、それほど重く、この救いの御業は天地を揺るがすほど大きい。この神の御業によって救われたのが、キリスト者である。神の救いの恵みに対して、人間がつまらない自分の思いにとどまり続ける理由はない。神への感謝が、我々の生き方の基本となる。この基本から離れないこと、それが分裂のない統一した人格を形成する力となる。

我々が「神に申し述べることになる」のは、自分自身に関してであって、他人に関してではない。神に対して「申し述べること」と、犯した罪を告白することはユダヤ人にとって同じ意味を持つ。キリスト者にとって、「申し述べる」とは、神を礼拝することであり、犯した罪を告白することである。パウロの兄弟を裁かないようにという戒めに対し、我々はただ主イエスを礼拝することによって神の裁きの座の前に「立つ」、赦しの恵みをいただくために立つのである。そして、神の憐れみを受けたものは、当然、他人を裁くことはできなくなる。自分が受けた赦しを他者に与えることを拒むなど、赦された者に相応しくないからである。圧倒的な神の救いの御業を「ほめたたえる」「舌」で、主イエスによって救われた信仰の仲間を裁くことは、そぐわないのである。

「聖なるものは、恐れとおののきをもたらすと共に、人を魅了し感謝と讃美をもたらす両面を持つ。恐れとおののきが感謝と讃美に変わる瞬間は、贖いの経験によってもたらされる。それが、物語る教会の礼拝の中で、今も伝承され続けている」(芳賀力『神学の小径Ⅱ』キリスト新聞社、二〇一二年、一三三頁)。

主のためにとは、驚くべき聖さに生きることではない。神の前に、人間の施すメッキなど通用しない。大切なのは自分が主のものとされていると知り続けることである。人を裁くのではなく、礼拝において、共に悔い改める心を神に献げる。ここに我々が共に生きる道がある。憎しみが憎しみを生む、そのような人間の歴史を食い止める道が、主のために生きるところから始まるのである。

参考文献

ウルリッヒ・ヴィルケンス『ローマ人への手紙(12―16章)』(ＥＫＫ新約聖書註解Ⅵ／3)岩本修一訳、教文館、二〇〇一年

Ｅ・ケーゼマン『ローマ人への手紙』岩本修一訳、日本基督教団出版局、一九八〇年

Ｋ・ワルケンホースト『ロマ書の戒め――ロマ書の解釈一二―一六章』中央出版社、一九八一年

Ｐ・アクティマイアー『ローマの信徒への手紙』(現代聖書注解)村上実基訳、日本キリスト教団出版局、二〇一四年

加藤常昭『ローマ人への手紙2』(加藤常昭説教全集3)ヨルダン社、一九九〇年

上田光正『カール・バルトの人間論』日本キリスト教団出版局、一九七七年

『ギリシア語 新約聖書釈義事典Ⅰ～Ⅲ』教文館、一九九三―一九九五年

F. W. Danker, W. Bauer, A Greek-English Lexicon of the New Testament and Other Early Christian Literature, University of Chicago Press, 2000.

ローマの信徒への手紙　一四章一三―一七節

加藤　常昭

説教のパースペクティヴ

与えられている区分は、大きな区分の一部分である。少なくとも第一四章一節から始まる区分と見ることもできる。「信仰の弱い人を受け入れなさい。その考えを批判してはなりません」。ここに示された基本的な命題が、ここでも展開されていると見ることもできる。

「信仰の強い人」、そのようなひとは信仰の生活の仕方で、弱い人との違いを見せる。信仰の強い人にも弱い人にも語りかけているという理解もあるが、やはりまず強い人に語りかけていると言えよう。本来キリスト者に与えられている信仰は強いものだからである。第一四章全体の叙述からすれば、何かにこだわり、そのために制約される人が弱い人である。信仰にとって無意味な制約から自由になれない人である。強い人、それは、そのような制約を捨てた人である。つまり、自由なのである。

これまでの手紙全体を貫いて語ってきた信仰の義に生きる者は、ガラテヤの信徒への手紙第五章一節が高らかに宣言したように自由に生きる。ローマの信徒への手紙はガラテヤの信徒への手紙のように「自由」を高らかに歌わないが、同じように、無益な囚われから解き放たれた者の生きる姿勢を語る。

ところで竹森満佐一は、一三節から一六節までを説教しようとして、こう語り始める。われわれが生きるとき「人生の大事」と言われることとして、学校を卒業し、就職し、結婚することなどを考える。だが、それらは、まだこの世の世界のなかだけのことである。そう言って、マタイによる福音書第二五章三一節以下で語られたみ言葉を思い出させる。最後のさばきにおいて何が問われるのか。問われるのは、一見小さなことである。人生の大事とは言えないかもしれない。さばきのときに自分では思い起こせないほどの小さなわざである。そのようにささやかな隣人への心遣いである。それを主は、「この最も小さい者の一人にしなかったのは、わたしにしてくれなかったことなのである」（四五節）と言われるのである。このさばきのパースペクティヴはローマの信徒への手紙そのものにおいても明らかである。

われわれに与えられているテキストの直前に、一〇節以下で語られるのは、われわれが神の審きの座において申し開きをしなければならないということである。兄弟を侮ったならば、なぜそうしたのか、申し開くのである。修道院の歴史、伝統を開いたベネディクトゥスは、その『戒規』において、修道院長が「弱い兄弟」をどのように導いたか、審きの座で問われるのだと戒めている。

愛の自由な歩み

ヴィルケンスは一三節までを一区分とし、こういう表題をつけた。「愛を通じての自由、愛としての自由」。キリストによって義とされた者の自由、それは、愛を通じてこそ具体化する。それを第一として、どうしても付け加えたかったことは、愛そのものが自由であって、愛以外に自由の具現はないということである。ここでもガラテヤの信徒への手紙第五章が語る愛の自由を思い起こす。

汚れからの自由

信仰の愛の自由と向かい合うのは、律法のもたらす不自由である。ここで語られる食べ物をめぐる不自由に囚われた人びとも、律法の食べ物の規定に縛られた人びとのことである。食物規定は「汚れたもの」を避けることを求める。ここでの汚れを決めるのは道徳問題ではなく祭儀規定である。キリスト者、教会員のなかに、なおそのような祭儀規定にこだわった者がいたのである。ユダヤ教の祭儀規定であったかもしれない。異邦人キリスト者のなかには、それまで信じていた異教の教えが定めた規定になお囚われていた者がいたのかもしれない。古代における宗教的な食べて良い食物の規定は、今日では考えられないほどやかましかったのではないか。キリスト者になっても、福音ではなく、そのような宗教的慣習がまだ自分を縛っていたのかもしれない。そのほうが安心だったのであろう。自分のこころだけではなく、当時の社会が、そのようなことに縛られていたのであろう。

そこでパウロは自分の立場を、こう言い表す。「それ自体で汚れたものは何もないと、わたしは主イエスによって知り、そして確信しています。汚れたものだと思うならば、それは、その人にだけ汚れたものです」（一四節）。この「主イエス」という表現は、律法主義者と戦われた、地上の歩みをされたイエスのことである。おそらくパウロは、その意味での主イエスのご生涯とみ言葉について多くのことを知っていたのである。そのイエスの教えを知り、それに生かされていた。そこに自分を生かす確信を与えられていたのである。

たとえば、マルコによる福音書第七章では、人間の言い伝えではなく神の言葉に生かされるべきことを丁寧に述べて、たとえば一八節以下に、こう主は言われたのである。「あなたがたも、そんなに物分かりが悪いのか。すべて外から人の体に入るものは、人を汚すことができないことが分からないのか。それは人の心の中に入るのではなく、腹の中に入り、そして外に出される。こうして、すべての食べ物は清められる」。「人から出て来るものこそ、人を汚す」。

クランフィールドは、しかし、ここでの「汚れ」は、特に祭儀に関わるものであろうと言う。ヘブライ固有の汚れ理解が背景にある。たとえば使徒言行録第一〇章九節以下、ペトロが異邦人コルネリウスに会う前に見た幻のなかで見させられた「汚れた物」などが典型的に、その意味を明らかにしている。だが、そこでペトロが体験したように、キリスト者は、汚れから自由になる。自由にひとに会い、食物を食べる。それは「主イエス」が与えてくださった自由である。主イエスは、明確に神殿祭儀から別れておられる。キリスト者は、神殿祭儀を拠点とする生活規律から自由にされた。そこでなお「汚れ」に固執する者は、そのことによって自分自身を汚れから避けることをなお生きる基準とするようなことになるのである。

ところでクランフィールドは、この「主イエス」を、地上のイエスと理解することを受け入れつつも、それよりも、まず「復活され、天に挙げられた」キリストのことだと理解する。更に一般的な言い方をすれば、イエス・キリストにおいて啓示された神ご自身のご意志に基づくと言える。従って、パウロの確信は、復活と高挙のキリストの権威に支えられたものなのである。教会に生きる者は、この権威に生きるのである。

愛の歩み

「あなたの食べ物について兄弟が心を痛めるならば、あなたはもはや愛に従って歩んでいません。食べ物のことで兄弟を滅ぼしてはなりません。キリストはその兄弟のために死んでくださったのです」(一五節)。

このパウロの言葉は驚くべきものである。主イエスが与えてくださった汚れからの自由を誇る言葉が続くわけではない。そうではなくて、その自由に生きるとき、そのために食べ物の汚れにこころを捉えられている「弱い」兄弟のこころが痛むかどうかにこころせよ、と言うのである。それどころか、それが理由で、その兄弟が滅びないか、こころを用いなさいと教える。ここでは、明らかにローマの教会の交わりを考えながら理解すべきであろう。第一六章で詳細に語られるローマ各所に散在する共同体を造る信徒たちのなかで、使徒パウロが主張する自由を生きる人びとも多かったであろう。だがそのかげで、食べ物に固執せざるを得ない思いに生きていた者もあったであろう。こころを痛め、苦悩し、遂には共同体を去る人びともあったかもしれない。それをやむを得ないこととしつつも、自由人の共同体として教会を形成することをパウロは許さなかった。信仰の弱い者の挫折は、そのひとの責任、無理解、せっかく主イエスが拓いてくださった自由を歩む勇気のなさ、を責めればよいということではなかった。そのことについての強い者の責任が問われるのである。われわれの教会でも起こり得ることである。そう思えば、改めてわれわれ自身を問わざるを得ない。

そこで問われるのは、われわれの「歩み」である。人生の日常の営みを「歩み」という言葉で語るのは、ごく普通のことだと考えがちである。毎日、こつこつと歩むのが人生だと考えるのは常識であろう。しかし、古代において哲学の道を拓いたギリシアの世界において、「歩む」という言葉が生きる歩みを意味したことはなかった。ギリシアの哲学者が歩きつつ哲学の知恵を思索し、討論し、学んだことは知られている。しかし、自分たちが歩む足元に視線を向けることはなく、まなざしは理念の世界に向けられていた。天にだけ向いていた。地上の歩みに関心は向かなかった。

だが旅する民イスラエルの信仰は、歩みを重んじた。詩編ひとつ取ってみても歩みが歌われる。自分たちが歩み、主なる神に担っていただく歩みである。誰よりも、神の民の歴史のなかで際立って「歩み」を重んじたのは使徒パウロであろう。ときには自分の生きる姿を「走る」と語ったこともあるが、地上を生きる自分たちの足に目を留め続けるのである。

「愛に従って」と訳されているように、ここでは「愛のなか」の歩みを語ってはいない。自分の歩みを定める基準がある。そうも言えるが、「愛を追って」とも言える。われわれの歩みは孤独ではない。教会で生きる。信仰の仲間がいる。まずそこで愛が問われる。そして教会の仲間でないひとにも会う。そのように出会う人びとをどう見るかが問われる。われわれの隣人を見るまなざしが愛のまなざしかどうかが問われる。愛のまなざし、それは、このひとのためにも「キリストは死んでくださった」と見ることなのである。

ずいぶん以前のことであるがエードゥアルト・トゥルンアイゼンの『牧会学Ｉ』を訳したとき、人間に呼びかける可能性を説いたところで、英国の女性運動家ジョセフィン・バトラーを紹介する文章を見つけて感銘を受けたことがある（加藤常昭訳『牧会学Ｉ』一三四頁）。

バトラーは、ある女性の受刑者を刑務所の病床に見出した。男性の牧師が乱暴な女性を持て余した。バトラーは近づき、まず無言で病床の枕を直し、それから語りかけた。バトラーは夢中で自分が何を受刑者に語ったかは覚えていなかった。何を語ってよいかもわからなかった。ただバトラーは、この女性のためにもキリストは血を流されたのだとだけ考えていた。そして語りかけに成功したのである。

またかつてルードルフ・ボーレン教授は、東京神学大学の学生に日々の祈りを教えた。まず朝に使徒信条を祈り、そこで、その日に出会う人びとのことを思う。一日のわざを終えてまた使徒信条を祈り、そこで、その日に出会った人びとを思い起こす。救い主キリストのまなざしで人びとを見ることを、そのようにして学んでほしいと勧めたのである。

ここではパウロは「主イエス」ではなくて「キリスト」のみ名を語る。贖い主キリストである。キリストの死が明示した神の愛を思い起こす。そのパースペクティヴにおいてひとに出会うのである。そのとき、そのひとの滅びをもたらすようなわざは消えるのである。

審きからの自由

「従って、もう互いに裁き合わないようにしよう。むしろ、つまずきとなるものや、妨げとなるものを、兄弟の前に置かないように決心しなさい」。

ここでようやく、これまで黙想の直接の対象としてこなかった一三節に目を向ける。本来の主題提示である。ここに注目したい言葉が繰り返される。「裁く」という言葉と「決心する」という言葉である。訳語も異なるし、原文で用いられる形も違うが、ここではギリシア語「クリノー」が用いられている。『新約聖書釈義事典』によれば、新約聖書には一一四回使用され、うち三分の一がパウロ書簡に用いられているそうである。

基本的な意味は「分ける」であるが、そこからいろいろな意味が生まれる。裁く、罰するなどという意味もある。いくつかの道のなかからひとつを分け、選ぶということから、決心するという意味にもなる。別れ道においていずれかの道を選ぶということから、更に決断、あるいは危機を意味することにもなる。われわれが常用するクライシスという英語もこのギリシア語から生まれたのである。あるいは批評を意味するクリティサイズという言葉も生まれている。このような多様な意味を持つクリノーという言葉をここで用いるパウロの用法にユーモアを読み取るひともいる。しかし、事柄は深刻である。

自由に生きる強いキリスト者が、不自由に囚われる弱い者を、その弱さを理由に分け隔てること（クリノー）をしてしまわないようにと戒める。むしろ、そのような区別が生まれるような、弱さを弱さとして暴露し、弱い兄弟が兄弟でいることができなくなるようなつまずきの石を置かないように決心する（クリノー）ことを勧める。

われわれの日常の歩みにおいて不可欠なのはクリノーである。さまざまな関係に生きるわれわれは、価値判断、分別、批評、選別をしないわけにはいかない。そう思っている。「分別」という日本語は「ぶんべつ」とも読むし、「ふんべつ」とも読む。「ふんべつ」は「ぶんべつ」における知恵を意味すると言える。何よりも問われる知恵は、他の人びとと共に生きて、「分ける」ことにおける知恵である。夫婦、家族、友人、学校、職場、何よりも教会において隣人と共に生きて、絶えずわれわれがひとを分別し、価値評価をし、裁いている。しかも、そのとき多くは自分が正しく、相手が間違っていると裁いている。そして争っている。相手がつまずくことをひそかな喜びとする。

分け隔て、裁くクリノーの過ち、その罪を捨てて、分け隔てを捨てる決心（クリノー）に生きることを勧めるパウロの言葉は、われわれに深い悔い改めを呼び起こすのではないか。このわれわれのために「キリストの死」が不可避であったことを身を低くして思い起こすべきではないか。信仰の強さは、そこにこそ現れるのではないか。このテキストを説く説教は、まさに、その意味で悔い改めの説教となる。

私にとって善いことが

「ですから、あなたがたにとって善いことがそしりの種にならないようにしなさい」（一六節）。

「ですから」という言葉が示すように、ここまでの一連の勧告を受け止めて、最終的な勧告の言葉が生まれたと見ることができる。自由に生きる仲間たちに与えた使徒の勧告なのである。

「善いこと」とは何か。この理解をめぐってはいろいろな議論がある。「あなたがたにとって」という言葉が付されていることからすれば、ここまで述べてきた福音信仰がもたらす自由を意味したと考えることが自然であろう。信仰の強い者は、これこそ自分にとって「善いこと」として自由に生きる。ところが、それがそしりを招く。信仰に関わるそしりを招く。自分勝手な、自分の利益しか考えないキリスト者であるとそしられる。

パウロは、そのようなそしりが招く教会の交わりの危機を憂いている。実際に、そのようなそしりの声が聞こえていたのではないであろうか。福音の自由に生きるキリスト者が、その自由のゆえにそしりを招き、教会共同体の危機を招きかねない状況にあったのではないか。そのように考えると、パウロが言う「弱い者」の勢力が、われわれが想像する以上に強かったのではなかろうか。いわゆる律法主義者、食べ物の汚れをめぐる規定に代表されるような生活規定に従って歩みを定めることで、こころの安定を得ようとする人びとが想像以上に多かったのではないか。それは今日の教会を考えても、強い福音信仰、福音の自由に生きる者が必ずしも多くはないことから推測できることである。そこでパウロは、一方で、律法ではなく福音による自由を、ガラテヤの信徒への手紙が示すような、ときに激しい口調で主張しながら、他方では、ここで示されるような、愛の忍耐を求める言葉を語るのである。これは、とても興味深いことである。

神の国に生きる歩み

「神の国は、飲み食いではなく、聖霊によって与えられる義と平和と喜びなのです」。

新共同訳もそうしているように、このテキストは、一三節から二三節までを一区分とすることが多い。そうするとあまりにも内容が多くなるので分けることもできると、ここでは考えたのである。しかし、パウロは、そのような区切りを考えずに筆を進めている。ここでは明らかに一六節から一七節に連なる。「神の国」という言葉はパウロの手紙においては珍しい。しかし、ここにも地上を歩まれた主イエスの神の国の福音宣言を継承する姿勢は明らかである。そして、その「神の国」、つまり「神の支配」が、教会においてまず現実となっていることをわきまえている。主イエスの教えと行動、キリストの贖いの救いのわざが、ここで福音の現実、出来事となっている。そこでわれわれは生きる。この神の支配がわれわれの歩みを造る。

その歩みの特質が「義と平和と喜び」である。新共同訳と異なり、「聖霊による」を喜びにだけかかるとする読み方もある。教会、そしてキリスト者の歩みの特質は、何よりも喜びであるが、そこにこそ、聖霊に生きる者の現実が現れる、と理解する。そのような理解もこころを惹くところがある。

まず「義」である。神との関わりが義しく整えられる。そして神との和解に生きる者は、隣人との和解に生きる。そこで生まれるのが平和である。その歩みは簡単ではない。それに耐え、平和を生きる者として生きる。それこそ神の義と平和の支配に生きる者の歩みであるが、それを支えるものがある。それは、ここまでに語られていなかったもの、すなわち聖霊の賜物、喜びである。第五章一節以下を思い起こす。聖霊が明示する、神の敵であった「わたしたち」のために死んでくださったキリストの死に明示された神の愛を語り、われわれは、その「神を喜ぶ」と語ったパウロの言葉である。聖霊における喜びとはまさに、主イエス・キリストの愛に生きる喜びなのである。

参考文献

今回は、特にクランフィールド、ヴィルケンスの注解書、そして竹森満佐一の説教の恩恵を受けた。

ローマの信徒への手紙　一四章一八―二三節

小副川　幸孝

背景

一四章一節から教会内の具体的な問題について、特に何を食べるかという問題（二節）や特定の日を重んじることの問題（五節）について論じるパウロは、一三節で「もう互いに裁き合わないようにしよう」と勧告し、一七節で「神の国は、飲み食いではなく、聖霊によって与えられる義と平和と喜びなのです」と述べて、教会の中で最も大切なことが「義と平和と喜び」であることを示した。

与えられている一八節以下は、そのことを受けての展開である。従って初めに、ここに至るまでの文脈の背景を少し押さえておくことにしたい。

パウロがここで最も案じていることは、生活上の具体的なことを巡っての教会内での分裂である。

パウロは、ローマの教会をまだ訪れたことがなく、実際には教会の現状を知らないが、ローマの教会には異邦人（非ユダヤ人）キリスト者とユダヤ人キリスト者の両方が集っていることを知り、これまでのガラテヤの教会における特定の日を重んじることの争い（ガラテヤ四・九―一〇）や、コリントの教会における偶像に供えられた肉を食べることの問題（Ⅰコリント八章、一〇章）などから、ローマの教会が同じようなことで分裂してしまわないように願って、一四章以下を具体的な勧告として付加しているのである。

パウロは、こうした生活上の具体的な問題を福音の真理とは別の些細な事柄と思ってはいない。福音の理解とそれに基づく信仰者の生活は、具体的な生活上の個々の事柄に対する態度や姿勢に現れるし、生活上の諸問題についての対立は深刻で、お互いに相容れないという分裂をもたらすからである。

初期のころの教会のユダヤ人キリスト者たちは、ユダヤ教の律法の生活習慣や規定を守ることを大切なことだと考えており、そのことが新しくキリスト者となった律法に束縛されない異邦人（非ユダヤ人）キリスト者たちとの間で深刻な対立を生んでいた。パウロがアンティオキアで使徒の中心人物であったケファ（ペトロ）やそれまでの同労者であったバルナバを非難せざるを得なかった原因もそこにあった（ガラテヤ二・一一―一四）。

肉食や飲酒に関して言うなら、もともとはユダヤ教（律法）には肉食や飲酒を禁じるような戒めはなかったが、禁欲主義は信仰的敬虔さと結びついて、強いインパクトをもって主張される傾向があった（ダニエル書一〇・三など）。食肉となる動物も人間と同じような魂を持つものと考え、その命を奪うことに恐れを感じるということだけではなく、多くの市場に出回っている肉や酒が神々の偶像に捧げられた後で引き渡されたものであったことから偶像礼拝と結びつくことを危惧したのである（Iコリント八章など）。そのほかにも、種々の食物規定を始め、安息日や断食日、あるいはユダヤ教の祭礼日などに重要な意味を認めて、これらを厳密に守ったり、太陽崇拝などの天体礼拝と結びつく月や日に特別な意味を付与する習慣を守ることを主張したりして、信仰の敬虔さを強く主張する者たちがいたのである（ガラテヤ四・一〇など）。

これらの禁欲主義や生活上の戒律の厳守の主張は容易に信仰的敬虔さの強調と結びつきやすく、それだけにいつでもどこでも起こってきたし、また起こり得ることである。表面的な敬虔の強調は、かえって信仰の形骸化に至る危うさを伴うが、強固な主張は党派を結成しやすい。キリスト教会もまたキリスト教的生活と称して生活上の戒律を作り、その戒律によって教会内で分派を生み出してきた歴史がある。

パウロ自身は、彼がさまざまな書簡で語っているように、彼の信仰と福音の理解から導き出されることとして、この種の禁欲主義や戒律主義から自由である。彼はそれらのことに捕らわれることはない。彼の信仰の強さと深さは、その種の表面的な敬虔さとは無縁である。彼は、ここでも「それ自体で汚れたものは何もない」（一四・一四）し、「すべては清い」（二〇節）と述べ、「わたしは主イエスによって知り、そして確信しています」（一四節）と語って、何を食べても何を飲んでも自由であり、そういうことに捕らわれる必要がないと考えている。特定の月や日を重んじることについても、「それは、各自が自分の心の確信に基づいて決めるべきことです」（五節）と、各自の自由に委ねる。

しかし、より重要なことであるが、パウロはここで、肉食や特定の日を重んじることの是非を論じているのではない。彼が危惧するのは、そのことによって意見の相違が生じ、同じようにキリストによって救われている兄弟姉妹の信仰共同体である教会内で対立と分裂が起こることである。事柄の是々非々よりも、具体的な教会内で互いに裁き合うことによって起こる対立が問題であり、彼は、それを何とかして乗り越え、互いに共存しうる神の共同体の道を指し示そうとするのである。言い換えれば、彼が指し示すものは、異なる者が共に生きるための困難さを克服する道であり、生活習慣や文化、あるいは主義主張の異なる者同士の共存の道でもあるだろう。共存は、今日の人類全体の大きな課題である。そのことを覚えつつ、内容に入りたい。

共存を求めて――キリストに仕える人

文化や宗教上の風習、あるいは生活習慣などで意見や主義主張が異なり、批判合戦が繰り返されて争いと分裂が生じるとき、パウロはそれを乗り越える道筋の最初に、「何が最も大切なことであるか」を置く。事柄の本質を見抜き、そこから導き出されることが対立を乗り越える鍵となるからで、信仰者の生活は、その福音理解に基づいて営まれるべきことだからである。それゆえ、一七節で「神の国は、飲み食いではなく、聖霊によって与えられる義と平和と喜びなのです」と明言し、一八節で「このようにしてキリストに仕える人は、神に喜ばれ、人々に信頼されます」と語る。

「キリストに仕える人」とは、言うまでもなく、キリストに従うキリスト者である。信仰者は、何よりもまず「何が神に喜ばれるか」をよくわきまえ、自分の正しさによって他の人を裁くのではなく、神によって与えられる「義と平和」のうちに生きる者に他ならない。「何よりもまず、神の国と神の義を求めなさい」（マタイ六・三三）というイエスの教えは信仰者の基本的姿勢である。そして、神の義と平和は神の愛とゆるしの中で生起し、キリストの十字架はゆるされざる者をゆるす出来事なのだから、それに従うキリスト者の基本が、神の愛に基づくものとなるようにするのは当然のことである。「愛は律法を全うするもの」である（ローマ一三・一〇）。

パウロは、その原点から「だから、平和や互いの向上に役立つことを追い求めようではありませんか」（一四・一九）と呼びかける。それは、まさに「呼びかけ」であって、命令でも押しつけでもない。

「互いの向上に役立つ」というのは、「互いに高め合う」ということであるが、「育て合う、建て合う」という意味でもある。もしそうであるなら、キリストの十字架によって示された神の愛とゆるしという土台の上に、互いに協力してキリストの体である教会を建てていきましょう、ということにもなるであろう。いずれにしてもキリストに仕える人として「義と平和と喜び」のための建設的な生き方をしようということである。

諸問題を乗り越えて共存するために必要なことは、この基本的な目的をしっかり見据えておくことであり、そこでの一致に他ならない。そして、そこから互いの向上を目指してそれぞれのあり方を認め、受け入れていくことにある。それを「追い求めようではありませんか」というパウロの呼びかけは、この呼びかけ自体が、ローマの教会の多様な人々を主にある兄弟姉妹として、つまり共に生きる者として認めるがゆえの呼びかけである。原理主義的な対立を乗り越えることは容易なことではないが、このパウロの姿勢は重要な示唆を与えるものである。

神の働きを無にしない

これらのことを受けて、パウロは二〇節で「神の働きを無にしてはなりません」と言う。「神の働き」というのは、言うまでもなく、イエス・キリストを通して示されたゆるしと愛であり、「義と平和と喜び」のうちに人が生きる道が開かれたことをいう。それを人間的な正しさの判断や主義主張で無にしないように勧めるのである。人の秤には常に限界があることを知らなければならない。「無にする」は、一九節で使われた「向上に役立つ」（育てる、高める）と反対のことで、「台無しにする、破壊する」というほどの意味であるが、ここでは「無駄にする」というほどの意味であろう。神の救いの恵みを人間的な尺度で無駄にしないようにしよう、と言うのである。ことに「食べ物のために」と、再び食べ物という具体的で日常的な問題に戻り、肉を食べるとか食べないとかいうことで、神の恵みを台無しにしないようにしようと語る。

彼は、どこまでも「神の救いの恵み」と「それによって救われた兄弟姉妹の教会」という視座にしっかりと立ち、そこから物事の判断をしていくことを勧める。そうして見た時に、それ自体で汚れたものなどなく、「すべては清い」が、「食べて人を罪に誘う者には悪い物となります」と注意を促す。

イエスが「口に入るものは人を汚さず、口から出て来るものが人を汚すのである」（マタイ一五・一一、マルコ七・一五）と言われたように、それ自体で汚れたものなど何もない。「すべては清い」とパウロは断言する。この言葉は、おそらく飲食や風習に関して自由な態度をとった異邦人（非ユダヤ人）キリスト者の間で標語のようにして使われていた言葉かもしれない。パウロはそれを用いて、信仰者の自由な態度を強調する。そして、その自由を、「肉に罪を犯させる機会とせずに、愛によって互いに仕える」（ガラテヤ五・一三）ように促すのである。そこから「食べて人を罪に誘う者には悪い物となります」（ローマ一四・二〇）と語る。この一文は「食べて人を罪に誘う者」の解釈が難しいが、文脈から考えて、何を食べても自由だとして肉を食べることを主張することが肉食を禁じる人々にとって躓きとなるなら、その場合には、肉食の肉は悪い物になってしまうという意味であろう。肉が問題なのではなく、他の人を躓かせるということが問題であるというのである。他者への思いやりと配慮を欠く愛など存在しないし、愛において働く真理こそが福音の真理に他ならないからである。

兄弟を罪に誘うようなことはしない

それゆえ、パウロは肉食や飲酒に関して、コリントの信徒への手紙一、八章七―一三節で述べていることを言い換えて、「肉も食べなければぶどう酒も飲まず、そのほか兄弟を罪に誘うようなことをしないのが望ましい」（二一節）と言う。コリントの信徒への手紙一では、「食物のことがわたしの兄弟をつまずかせるくらいなら、兄弟をつまずかせないために、わたしは今後決して肉を口にしません」（八・一三）とさえ語っているが、ここでは呼びかけの口調にふさわしく「望ましい」という表現を用いている。

パウロ自身は、先にも述べたように「すべては清い」のだから肉食や飲酒については自由な考えを持っているが、そのことを「つまずき」と感じる兄弟姉妹がいるのなら、その兄弟姉妹のために自分の考えや判断を捨て去る。大切なことは、肉食や飲酒の是非ではなく、たとえそれがどのような信仰の段階にある人であれ、主にある兄弟姉妹として共に生きることだからである。そこに教会の交わりの豊かさと愛がある。「愛は律法を全うする」（ローマ一三・一〇）のである。

神の御前での確信

現代の神学に大きな影響を与えたカール・バルトは、これらのことが自由主義的傾向を持つパウロ的信仰に対する警告であると述べる（バルト『ローマ書』）。それは主義主張に捕らわれて福音の本質を失うことの非を指摘するものである。

原理主義者や主義主張によって党派性を主張する人の問題は、自らの正しさの主張で、そうではない他者を攻撃するところにある。ことに宗教上の問題において、それがどの宗教であれ、人類はそのことを度々経験してきた。私たちは、ここでパウロが語る信仰者のあり方をよく考え、福音の真理が愛であり、「愛は人を生かす」ということを繰り返し考慮し続けなければならないのではないだろうか。「信仰」を他者を攻撃するために用いてはならない。

そしてパウロは、より重要なことは、「自分が抱いている確信を、神の御前で心の内に持っている」（二二節）ことであると、語る。

この「確信」と訳されている言葉は、「信仰」を意味する「ピスティス」である。この「ピスティス」は、これがパウロ的な自由な考えを持つ人に対する呼びかけであるというここでの文脈から、キリストによって救われ、罪の奴隷から自由にされたことを意味しているだろう。「信仰（ピスティス）」は、パウロにおいては極めて重要な多くの意味を含む概念であるが、新共同訳聖書は、キリストによって与えられた自由を確かなものとして認識するという意味で「確信」と訳しているのであろう。その信仰を、他者を非難したり、攻撃する道具として用いたりするのではなく、「神の御前」で自分の「心の内に持っている」だけで十分であると言うのである。信仰は自分の道具として用いることができるようなものではないからである。このことは次の二三節の理解とも関係してくる。

「神の御前」はヘブル的表現で、明らかに「神の裁き」ということが前提となっている。その意味では、終末の裁きの時に、キリストによって救われた自由を持って神の前に立つということが意図されていると言えるであろう。この自由がもたらすものは、神の恵みへの喜びと感謝であり、それによって愛のうちに兄弟姉妹と共に生きることである。「神の前で、神と共に生きる」あり方をすること。それが信仰者のあり方であろう。

いずれにせよ、肉食や飲酒に関して、それが禁欲的であれ自由主義的であれ、「自分でよしと決めたこと（自分の決心）」に、裁きの時に神の前で「やましさを感じない」で立つことができれば幸いであると、パウロは言う。周りを見回して、自分が是と判断したことに反して雷同するなら、自らの中に「やましさ」を覚えるに違いないし、そのような関係は、一時しのぎであり、疲れを覚え、いつかは破綻する。自分自身と他の人のそれぞれの異なったあり方を認め、キリストにあってそれを受容し、「互いの向上に役立つことを追い求める」（一九節）ようにすることが肝心である。

疑いながら食べる人は罪に定められる

それゆえ、自分の良心に反して付和雷同し、「疑いながら食べる人は、……罪に定められる」（二三節）とさえ、パウロは言う。

この「疑いながら（ディアクリノマイ）」というのは、「疑う」のほかに「躊躇する」とか「迷う」とかいう意味の言葉で、前節で用いた「決心する（クリノーン）」の否定語である。

つまり、自分自身がしっかり立っていない状態を意味している。この人が「疑いながら（躊躇しながら）食べる」のは、この人が「神の前」ではなく、「人々の前」に立っているからである。人々の動向によって自分のあり方を変えようとするからである。パウロは、ガラテヤの信徒への手紙の中で「こんなことを言って、今わたしは人に取り入ろうとしているのでしょうか。それとも、神に取り入ろうとしているのでしょうか。あるいは、何とかして人の気に入ろうとあくせくしているのでしょうか。もし、今なお人の気に入ろうとしているなら、わたしはキリストの僕ではありません」（一・一〇）とさえ語り、「キリストの僕」である信仰者がどこまでも「神の前」に立って生きる者であることを強調した。「疑いながら食べる」という行為は、「人の気に入ろうとする」行為である。それゆえに、それは「信仰（ピスティス）に基づいていない」行為に他ならない。新共同訳聖書はこの節の「ピスティス」を前節からの流れを受けて「確信」と訳しているが、事柄を明瞭にするためには、むしろ「信仰」と訳したほうがよいような気がする。

「疑いながら食べる人」は、信仰によるのではなく、世の中や人々の論理や主張に従って行動しているわけで、やがてはそれが真実の関係を破綻させることになるがゆえに、「罪に定められる」と語る。「罪」は、神との関係を失い、それによって人との関係を失って、本来の人としてのあり方が失われた状態をいう。自分の良心に反して「疑いながら食べる」という行為は、他の人との関係をうまく保とうとしながら、かえってそれを失う行為に他ならない。それはまさに「罪の行為」となる。

そこからパウロは、「確信に基づいていないことは、すべて罪なのです（すべて信仰によらないことは罪である）」（二三節後半）と結論づける。

この二三節後半の部分は、かつて多くの誤解を生み、信仰の絶対化と異教徒の排斥という愚かしい出来事を生じさせてきたが、パウロがここで「確信に基づいていないこと（信仰によらないこと）」と語る内容は、「神の前」ではなく「人々の前」で生きようとすることである。それは神の救いの意図に反するがゆえに「罪」なのである。

説教黙想のための短いまとめ

飲酒や肉食といった生活上の具体的なことがらで相反する考えや判断があり、それが高じて分裂がもたらされようとするとき（多くの分裂はこうしたことで生じる）、キリスト者の交わりにおいて大事なことは、異なった意見を持つ者であっても共にキリストによって救われた兄弟姉妹であり、お互いを認め、受容し、互いの向上に役立つことを追い求めるという方向を持つことであり、それによって「共に生きる」ということに他ならない。愛が必要なのである。教会は愛によってのみ建てられる。そのことを覚えて黙想に入りたい。

参考文献

P・アクティマイアー『ローマの信徒への手紙』（現代聖書注解）村上実基訳、日本キリスト教団出版局、二〇一四年

ローマの信徒への手紙　一五章一―六節

吉村　和雄

この前の箇所である第一四章でパウロは、信仰の弱い者を受け入れなさい、と訴えている。そこで問題になっていたのは、ひとつには食べ物のことであり、もうひとつは特定の日を重んじることであった。キリスト者はこのような束縛からはすでに解放されているのであり、食べ物にとらわれず、暦にも支配されない生き方を与えられている。しかしながら教会の中にはなお、そこから自由になれずに、肉を食べずに野菜だけを食べる者や、特定の日を大切に守っている者たちがいた。しかもそのような者たちと、自由に生きている者たちとの間で心がひとつになれないという問題があった。自由に生きている者たちは、自由になれない者たちを、不自由な人間として軽蔑し、軽蔑された者たちは自分たちを軽蔑する者たちを裁いたのである。そのような問題を取り上げて、互いに裁き合うのはやめようと訴えたのであった。

強い者たちは

第一五章に入って、パウロはその問題をさらに一歩踏み込んだ形で取り上げている。ここで初めて「強い者」という言葉が用いられる。「わたしたち強い者は、強くない者の弱さを担うべきであり、自分の満足を求めるべきではありません」と言う。「べきである」と訳されたオフェイローは、義務と責任があることを示す言葉である。強い者には強くない者の弱さを担う義務と責任があると言うのである。

ここで「わたしたち強い者は」という言葉がまず心に残る。「わたしたち」とは誰か。パウロとその仲間たちということであろうか。確かにパウロが強い人であることを否定する者はいないだろう。その仲間であるならば、強い者であるかも知れない。しかしここで「わたしたち」とは、それだけの意味なのか。そうではないだろう。ここには、この言葉を読むすべての人に対するパウロの招きがあるのではないか。「あなたも強い者のひとりなのだ。そうだろう?」という。確かに、自分を強い者と公言する人は多くはない。しかし誰でも、もっと弱い者の前に立てば、強い者になる。強いか弱いかは相対的なものだからである。わたしたちは誰でも、ここでのパウロの言葉を、自分に語りかけられている言葉として聞くことが求められるのである。

ここで言われる強い、強くないは信仰の事柄である。人間的な強さや性格のことではない。ここで「強い」と訳された言葉はデュナトスであって、「できる者」の意味である。「強くない者」はアデュナトスであって「できない者」の意味である。すなわち、強い者とは、主イエスの御心に従って、信仰の自由に生きることのできる者であり、強くない者とはそれができない者のことである。御心に従い得ず、信仰の自由に生き得ない者たちが、自分たちの生き方に固執して、それこそが信仰的な生き方だと考えた時に、そこに一種の強さが現れることがある。ワルケンホーストはその注解書の中で、「逆説的理解であるが、信仰の弱い者は確かに自分自身の力に頼り、自分自身を強い者として考えるであろう。しかし彼らは、自分の弱さから自分自身を解放しないのである」と書いている。人の目から見て強さだと感じられるものが、実は弱さに過ぎないことがある。逆に、弱さと思えるものが実は強さであることもある。パウロはそこを見抜く目を持っていた。わたしたちも同じ目を持つ必要がある。

そこで、強い者は強くない者の弱さを担うべきである、と言われる。担うとは自分の身に負うことである。当然のことであるが、そのためには忍耐が求められる。ここで「強くない者の弱さ」が、わたしたちの目には一種の強さと映ることに注意しよう。それは相手を裁く強さとなって現れることがある。そのような場合に、弱さを担うとは、そのような裁きに耐えることを意味する。

ある教会の青年会で、事あるごとに強い言葉を語って、交わりの中に問題を起こすメンバーがいた。そのことに心を痛めたメンバーの一人が牧師に相談して、あの人が多くの人の躓きになっているから、牧師から諫めてもらいたいと願った。しかし牧師はそれを断った。あなたが躓かなければよいのだ、と言ったのである。

この世においては、そのような者を諫めて、一時的にせよ、問題が起こらないようにするのが常であろう。しかし信仰者の群れにおいても、それでよいのであろうか。もちろん、問題を起こす人間は、信仰的に未熟なので、もっと成長しなければならない。しかし成長が必要なのはその者だけではなく、群れ全体である。

そのように、強くない者たちの弱さを担った時に、それは当然のことながら、自分を喜ばせる生き方を捨てることになる。自分を喜ばせた者の例として、ルカによる福音書第一八章九節以下の、徴税人と共に神殿に上ったファリサイ派の人を挙げることができる。彼は遠く離れた徴税人を見て、自分の正しさを誇り、それを喜んだ。しかしそれは主の御心にかなうことではなかったので、彼は義とされることなく神殿を去ったのである。ワルケンホーストはその注解書の中で、次のように言っている。もし彼が自分を喜ばせなかったならば、彼は罪人のところへ行き、彼らと共に生活しながら、自分の正しい信仰を告白したであろう。しかしその場合には、彼はキリストと同じく、罪人の側からもファリサイ派の側からも侮辱を招いたであろう、と。強くない者たちの弱さを担うとは、そのようなことであると言うのである。

互いの向上に努める

次にパウロが命じることは、「おのおの善を行って隣人を喜ばせ、互いの向上に努める」ことである。直訳すると、「おのおの隣人を喜ばせるべきである。善のため、建てるために」となる。ここで「隣人」という言葉が用いられていることに注意しよう。主イエスによれば、隣人とは単に自分の隣にいる人のことではなくて、自分がこの人の隣人になろうとしている、その人のことである（ルカ一〇・三六）。従ってここでは、自分がこの人の隣人になろうと決心した上でその人を喜ばせることが命じられているのである。

兄弟を喜ばせることについて、コリントの信徒への手紙一第一〇章三三節で、パウロは次のように語っている。「わたしも、人々を救うために、自分の益ではなく多くの人の益を求めて、すべての点ですべての人を喜ばそうとしているのですから」。従って、隣人を喜ばせるとは、自分の益ではなく、その人の益になることを求めることである。その人のためになることをするのである。その思いが相手に伝われば、相手を喜ばせることになるだろう。しかし、すぐにはそれが伝わらないとしても、それはいずれその人の喜びになると信じるのである。

「善のために」という言葉を、新共同訳では「善を行って」と訳して、強い者のなすべき行為と理解している。しかし他の翻訳では「その人の益となるように」とか「その益を図って」のように、相手を喜ばせる目的のひとつと理解している。この場合の「善（アガソス）」は、神に喜ばれること（ローマ一二・二）であるとすれば、それはどちらにも解釈できる。強い者が「神に喜ばれる」ことを行うことによって、相手が「神に喜ばれる」存在となると理解できる。そのことは、それに続く「互いの向上に努める」と共通する。

「互いの向上に努める」という言葉は、直訳すれば、「建てるために」である。「建てる（オイコドメオー）」は、もともとは家を建てるという意味であるが、信仰者としてのその人を、あるいは信仰者の交わりとしての教会を造りあげる意味で用いられる。ここでは「建てるために」となって、誰を建てるかは明示されない。他の翻訳では「その徳を高め」とか「隣り人の徳を高めるために」と訳していて、これは相手のための行為を意味している。新共同訳はそれを「互いの向上」と訳して、強い者が弱い者のためにするというだけでなく、双方が造りあげられると理解している。これはなるほどと思わされる。相手が造りあげられるように、自分の満足を求めず、相手を喜ばせようとした時に、その行為が、それをするその人自身を造りあげる。相手のためと思ってすることが、本人をも成長させる。新共同訳はそのように理解するのである。

キリストに倣って

そのように強くない者の弱さを担うことが、信仰の行為であるならば、それは必ずわたしたちの主であるキリストと関わりのあることであり、それ故にわたしたちをキリストと結びつけることである。わたしたちは「生きるとすれば主のために生き、死ぬとすれば主のために死ぬ」（ローマ一四・八）のである。従ってパウロはここでキリストのお姿を描き出す。「キリストも御自分の満足はお求めになりませんでした」と言うのである。このキリストの姿については、新約聖書の至るところにその証言を見つけることができる。「キリストは、神の身分でありながら、神と等しい者であることに固執しようとは思わず、かえって自分を無にして、僕の身分になり、人間と同じ者になられました」(フィリピ二・六―七)。「御自身、試練を受けて苦しまれたからこそ、試練を受けている人たちを助けることがおできになるのです」(ヘブライ二・一八)。

ここでは、詩編六九編一〇節が引用される。「あなたをそしる者のそしりが、わたしにふりかかった」と言われるとき、その「あなた」とは神ご自身のことである。詩編においてこの言葉の前にあるのは「あなたの神殿に対する熱情がわたしを食い尽くしているので」である。これはヨハネによる福音書二章一七節において主イエスの行為の意味を明らかにする言葉として引用されている。自分たちは神に従っていると思いつつ、その実神に逆らっている者たちの批判が、主イエスに加えられる。これはこの場面だけでなく、主イエスの地上の生涯を通して繰り返されたことである。

そのように、ここにおいて「あなた」とはまず第一に神ご自身のことである。しかしながら同時にこれを、わたしたち人間をも意味すると理解することはできないだろうか。マタイによる福音書第四章は、荒野において主が悪魔の試みに遭われた出来事を記している。そこで現れた「悪魔」とはディアボロスであり、そのまま訳せば「そしる者」である。誰をそしるかと言えば、わたしたち人間をそしるのである。要するに人間は食べることが第一だと言い、また人間は見なければ信じないものだと語る。そしてあらゆる力と繁栄を手に入れることが人間の願いだと言う。このように、人間をそしる者に対抗して、主は人間を信じる道を選ばれた。人間は神の言葉によって生き、見なくても信じることができ、仕える道を生きることができる。そう主は信じてくださった。その主は最後に十字架にかかられる。ここで悪魔が主に語った「神の子なら」という言葉を、主はもう一度、その十字架の上で、今度はご自分をそしる言葉としてお聞きになった。「神の子なら、自分を救ってみろ。そして十字架から降りて来い」。

そのように理解した時に、「あなたをそしる者のそしりが、わたしにふりかかった」という言葉は、まさしくわたしたちに向けて語られた言葉として受けとめることができるのではないか。主はわたしたちをそしることをせず、悪魔のそしりに対抗してわたしたちに望みを持ち、わたしたちを信じ抜いてくださった。そのために、ご自分の上に降りかかるそしりを耐えてくださった。十字架はそのしるしである。そう考えた時に、それは、より深いところで、わたしたちを主イエスと結びつけることになるだろう。

聖書の忍耐と慰め

四節において、「かつて書かれた事柄」が取り上げられる。これは「前に書かれた事柄」「前もって書かれた事柄」である。直接には、前節で引用された詩編の言葉を指すだろう。それが「すべてわたしたちを教え導くためのものです」と言われるのは、ローマの信徒たちの中に、ユダヤ人の聖書である旧約聖書を受け取りたくない人がいたからだろうという考えがあるが、あるいはそうかも知れない。ただ、現代の日本に住むわたしたちにとって「かつて書かれた事柄」は単に旧約聖書を意味するだけではない。新約聖書を含めた聖書の全体が「かつて書かれた事柄」である。そしてそれは「すべてわたしたちを教え導くためのもの」であると信じるのである。

この「教え導く」は、単に正しい知識や行いを教えるだけではないことを、わたしたちは経験から知っている。続いて言われているように「聖書から忍耐と慰めを学んで希望を持ち続けることができる」のである。直訳すれば「聖書の忍耐と慰めによって」、希望を持ち続けるのである。わたしたちは聖書から忍耐と慰めを学ぶだけではない。それを学びつつ、現実の生活において忍耐するための力を受け、また苦しみの中にあって慰めを受けるのである。

旧約の律法は、わたしたちに正しい道を教える。その戒めに従って正しい道を歩ませる力は、その律法の与え主でいますと同時に「わたしは主である」と言われる神との霊的な交わりである。しかしながら旧約においてはしばしばその交わりが見失われ、それ故に人は自分の力で律法を守らなければならないことになった。主イエスがファリサイ派を批判して「彼らは背負いきれない重荷をまとめ、人の肩に載せるが、自分ではそれを動かすために、指一本貸そうともしない」（マタイ二三・四）と言っておられるが、それは人並み外れて厳しく律法を守り、それを教えながら、一番大切な神との交わりを教えることができなかった彼らの状況を批判されたのである。

ここで、聖書から忍耐と慰めを学ぶと言われるのは、単に忍耐の必要性と慰めの存在を学ぶのではなく、実際に忍耐する力と慰めを与えられることである。それは五節の言葉で言えば、「忍耐と慰めの源である神」を知ることである。それはとりもなおさず、主イエス・キリストを知ることである。

加藤常昭がこの箇所でしている説教の中で、岩下壮一神父の逸話を紹介している。岩下神父が御殿場にあった復生病院というハンセン病の施設長であった時に、戦時中であったので、防空演習をしなければならなかった。その演習の時に、ひとりの、まだ洗礼を受けて間もない患者が、自分たちが逃げる時には、ご聖体をまず持って逃げなければいけないでしょうね、と言ったというのである。カトリックでは聖餐で聖別されたパンであるホスティアを聖堂の中に安置しておき、信者はその前に跪いて拝礼をするという。それほどに大切なものである。だから真っ先にそれを持ち出さなければならないと考えたのである。しかし岩下神父はそれに同意しなかった。「ご聖体は痛くもかゆくもない、大事なのはあなたの体だ。あなたがたが無事に逃げる練習をなさい」と言ったというのである。そして加藤は、この言葉を、キリストがご自分を喜ばせないで何をしてくださったかを、最もよく表す言葉だと語っている。

しかしながら、もしその問いを発した患者が、岩下神父の言葉を、そのようなキリストを言い表す言葉であると受けとめたならば、実際の空襲の時に、ご聖体を放り出して自分が真っ先に逃げることをしなかったのではないか、とわたしは思う。何よりもまず聖堂に行き、キリストご自身であると信じるご聖体が焼けないように、持ち出したのではないだろうか。キリストを知り、その真実に触れることが、わたしたちに忍耐する力と慰めとを与える。そしてそれは同時に、望みをも与えるのである。

心を合わせ、声を揃えて

五節と六節はパウロの祈りである。そこで中心となるのは、「キリスト・イエスに倣って互いに同じ思いを抱かせ」という言葉である。リアルなキリストに触れることである。あらゆるよい戒めや勧めに従う力の源がここにある。キリストに触れ、そのキリストに倣いたいと願う。その点において群れがひとつになるために、強い者は強くない者の弱さを担うべきである。おのおの善を行って隣人を喜ばせ、互いの向上に努めるべきなのである。

同時に、もし群れ全体が、キリスト・イエスに倣って互いに同じ思いを抱き、心を合わせ、声をそろえて父でいます神をたたえるような群れであったならば、そこにおいてこそ強い者がそうでない者の弱さを担う力が与えられ、おのおの善を行って隣人を喜ばせ、互いの向上に努めることが、出来事になるであろう。生きておられるキリストに触れていることが、決定的に大事なのである。

参考文献

C. E. B. Cranfield, *A Critical and Exegetical Commentary on the Epistle to the Romans*, International Critical Commentary, T. & T. Clark Limited, 1980.

K・ワルケンホースト『ロマ書の戒め――ロマ書の解釈一二―一六章』中央出版社、一九八一年

竹森満佐一『ローマ書講解説教Ⅲ』新教出版社、一九七二年

加藤常昭『ローマ人への手紙4』(加藤常昭説教全集20)教文館、二〇〇五年

ローマの信徒への手紙 一五章七―一三節

鈴木　浩

信仰の強い人と弱い人

パウロは一四章一節から、ローマ教会の中に緊張を引き起こしていた「信仰の強い人」と「信仰の弱い人」の対立を憂慮して、「信仰の弱い人を受け入れなさい」（一四・一）と勧告していた。その考えを批判してはなりません」（一四・一）と勧告していた。その勧告は無論「強い人」に向けられていた。「わたしたち強い者は、強くない者の弱さを担うべきであり、自分の満足を求めるべきではありません」（一五・一）とあるように、パウロ自身も自分を「信仰の強い人」の中に含めている。しかし、「信仰の弱い人」とは、どういう人たちであったのか。「集会中の明らかに少数派と見られる一群の人々が、肉食を拒否し、それにおそらく、ぶどう酒をも『汚れたもの』（一四14）として断ち、また宗教上の理由から一定の週日をも特別視していたのであった」（NTD新約聖書註解『ローマ書』三四四頁）。他方、「信仰の強い人」は、そうした点での拘りから解放されていた多数派のグループであったと思われる。パウロは「多数派」に「少数派」の考え方や態度を批判してはならない、と勧告する。

パウロは「特定の日を重んじる人は主のために重んじる。食べる人は主のために食べる。神に感謝しているからです。また、食べない人も、主のために食べない。そして、神に感謝しているのです」（一四・六）と指摘して、そうしたことは「各自が自分の心の確信に基づいて」（五節）決めればよいことだ、と自由な判断を促している。律法は食物規定や祝日規定を定めているかもしれないが、福音によって、そうしたものから解放されたのだから、そうした規定に対して自由な態度をとることができるからである。食べてもいいし、食べなくてもいい。特定の祝日を守ってもいいし、守らなくてもいい。そうしたことに対する自由が与えられているからである。だから、同じ主を信じ、同じ主に受け入れられて、兄弟姉妹として一つの群れを形成しているのだから、自分とは違った考えやライフスタイルの人を批判しないようにしよう、と勧告する。もっとも、パウロは「食べる人は、食べない人を軽蔑してはならないし、また、食べない人は、食べる人を裁いてはなりません」（三節）とも言っていたので、「弱い人」にも、裁いてはならないという勧告は向けられている。

互いに相手を受け入れる

「だから」とパウロは、この箇所（一五・七）を始めている。パウロは、これまでに述べて来たことに基づいて、「だから……」と書き出したのである。「あなたがたも互いに相手を受け入れなさい」（七節）と語っているように、パウロはこの箇所に来て直接「強い人」と「弱い人」双方に呼びかけている。これまでは、主として「強い人」への勧告であったが、ここでは双方への勧告になっている。だから「互いに」なのだ。

互いに相手を受け入れるようにという勧告の根拠は、「自分の満足を求めるべきでは」ない（一五・一）という勧告の根拠が、「キリストも御自分の満足を」求めなかった（三節）という事実にあり、また「キリスト・イエスに倣って互いに同じ思いを」抱くように（五節）ともあるように、「キリストがあなたがたを受け入れてくださった」（七節）という事実に基づく「イミタティオ・クリスティ」（キリストに倣いて）である。自分たちがキリストによって受け入れられ、そのことによって生かされている以上、どうして「互いに相手を受け入れる」生き方へと押し出されていかないなどということがあろうか、とパウロは指摘しているのである。

教会内の対立

ところで、最初期の教会員はすべてユダヤ人であったが、その当時の教会内での最初の対立は、「ギリシア語を話すユダヤ人」（ギリシア語が話されていたディアスポラの地からエルサレムへと戻ってきていたユダヤ人）と「ヘブライ語を話すユダヤ人」（ヘブライ語……実は同系統のアラム語が話されていたパレスティナ在住のユダヤ人）の間の対立であった（使徒六・一以下）。次いで異邦人からの改宗者が出て来ると、ユダヤ人キリスト者と、ユダヤ的伝統を持たない異邦人キリスト者の間でも対立が生じた。

この時代は、地中海地域のほぼ全域がローマ帝国の支配下にあり、交易や旅行などは基本的に自由な時代だったので、人口の流動性はかなり高かったと思われるし、「すべての道はローマに通じる」という交通網のインフラ整備のおかげで、ローマの教会には、キリスト者人口が他の地域よりも多かった東方出身の人も少なからずいたであろうし、他の地方出身者もいたであろう。だから、ラテン語が使われていたローマにあった教会でも、礼拝は地中海世界の共通語のギリシア語で行われていたのである。教会の中には、それぞれの人の背後の文化的違いからの軋轢や緊張もあったであろう。一四章以下では、食物と祝日が対立の事例として特に取り上げられているので、ユダヤ的背景を持つ教会員とそれを持たない教会員の間の対立、ということであったのかもしれない。

いずれにしても、この部分は、一四章一節から始まった大きな段落の締め括り部分となっている。それが、「神の栄光のためにキリストがあなたがたを受け入れてくださったように、あなたがたも互いに相手を受け入れなさい」という最終的勧告であった。

割礼ある者に

パウロはここで、やや唐突にユダヤ人に言及し、キリストは「割礼ある者たちに仕える者」となった（八節）と指摘する。それには、三つの理由があった。「神の真実を現すため」、「先祖たちに対する約束を確証するため」、「異邦人が神をその憐れみのゆえにたたえるようになるため」である。

「神の真実を現すため」とあるが、この「現す」は意味を分かりやすくするために翻訳段階で付け加えられた言葉で、「神のアレテイア（真実、真理）のために」がもともとの表現である。キリストが「割礼ある者に仕える者」となったというその事実によって、「神の真実」が示され、「先祖たちに対する約束」すなわち「救いの約束」が現実のものとなり、その結果、その事実が神の憐れみに基づくものであったことを理解した「異邦人が神を……たたえるように」なった、というのである。パウロはそのことを裏付けるために、畳み掛けるように旧約聖書の章句を引用する。最初に引用されているのは詩編一八編五〇節で、ヘブライ語からの翻訳は、「主よ、国々の中でわたしはあなたに感謝を捧げ、御名をほめ歌う」となっている。一〇節にある引用は、申命記三二章四三節からのもので、ヘブライ語からの翻訳は、「国々よ、主の民に喜びの声をあげよ」となっている。一一節にあるのは、詩編一一七編一節からの引用で、ヘブライ語からの翻訳は、「すべての国よ、主を賛美せよ。すべての民よ、主をほめたたえよ」となっている。

このように、ローマ書で「異邦人」と訳されている言葉は、旧約では「国々」とか「国」と訳されている。日本ではかつて「日本人」と「外人」という区別があって、日本人以外はすべて「外人」であったが、ユダヤ人の間でもユダヤ人以外は、すべて「異邦人」であった。だから、旧約聖書の「国々」や「すべての国」という複数表記は、必然的に異邦人を指すことになる。

九章から一一章まで、ユダヤ人の運命について詳細に論じていたように、「異邦人の使徒」パウロは、ユダヤ人がイエス・キリストを拒んだという謎に真剣に取り組み、「わたし自身、兄弟たち、つまり肉による同胞のためならば、キリストから離され、神から見捨てられた者となってもよいとさえ思っています」（九・三）とまで語っていた。パウロは、「一部のイスラエル人がかたくなになったのは、異邦人全体が救いに達するまでであり、こうして全イスラエルが救われる」（一一・二五―二六）と指摘して、イスラエル再興の望みを語っていた。ここでも、キリストは「割礼ある者たちに仕える者となられた」（一五・八）と語って、「全イスラエルの救い」に通じる根拠が据えられたことを指摘する。

異邦人にも

最後に引用されるのは、イザヤ書一一章の一〇節である。パウロが引用しているのは七十人訳からであった。この箇所はヘブライ語原文からの翻訳との差違がやや大きい。比較してみる。

七十人訳からの翻訳

エッサイの根から芽が現れ、
異邦人を治めるために立ち上がる。

異邦人は彼に望みをかける。

ヘブライ語からの翻訳
その日が来れば、
エッサイの根はすべての民の旗印として立てられ、
国々はそれを求めて集う。
そのとどまるところは栄光に輝く。

パウロは旧約から四箇所の引用をしているが、それは、三つの目的の最後に掲げられた「異邦人が神をその憐れみのゆえにたたえるようになるためです」（九節）という主張を擁護するための引用になっている。

つまり、キリストは「割礼ある者たちに仕える者となられたのです」と書き出していながら、「異邦人が神をその憐れみのゆえにたたえるようになるためです」という言葉との関連で、「神をたたえる異邦人」、「神に望みを置く異邦人」について語っている旧約聖書を引き合いに出して、キリストが「無割礼の者たちにも仕える者」となったとも語っているのである。新共同訳の小見出しが「福音はユダヤ人と異邦人のためにある」とあるのは、それが理由であろう。

この段落の締め括りとなっているイザヤ書からの引用が、「異邦人は彼に望みをかける」という言葉で終わっていることに呼応して、「希望の源である神が」と書き出されるパウロの祈りで、この段落が締め括られている。パウロは、最後まで存続するのは、「信仰・希望・愛」である、と語る（Ⅰコリント一三・一三）。

一四章一節から始まり、一五章七節で締め括られるパウロの勧告は、「わたしがあなたがたを愛したように、あなたがたも互いに愛し合いなさい」（ヨハネ一三・三四）という弟子たちに与えたイエスの最後の勧告に通じている。だとすれば、ここには最後まで存続する「信仰・希望・愛」という組み合わせが見られることになる。同時に「エッサイの根」（イエス・キリスト）、（父なる）神、聖霊への言及があるので、三位一体への示唆もあることになる。パウロは、緊張と対立があったローマの教会の教会員たちが、「喜びと平和」で満たされ、「希望」に満ち溢れるようになることを「喜びの源である神」に祈って、この段落を締め括る。

段落全体を振り返って見ると

パウロは多分、一六章で挙げられている親しい知人の誰かから、ローマの教会の中に「強い人」のグループと「弱い人」のグループの間で対立があることを聞いたのであろう。コリントの教会の中にも類似した対立があった（Ⅰコリント一・一〇―一七）が、パウロはそうした対立を深く憂慮し、一連の勧告を行ってきていた。そして、この箇所（ローマ一五・七―一三）は、そうした勧告を締め括る部分になっている。

考えてみれば、「キリストの体」である教会は、同時に罪赦された罪人の集まりでもあって、そこからさまざまな軋轢や対立が生じていた。最初は、「ギリシア語を話すユダヤ人」と「ヘブライ語を話すユダヤ人」の対立、次いで、「ユダヤ人キリスト者」と「異邦人キリスト者」の間で伝統の違いから生じた対立、律法を引き続き重んじたいと思っていた人々と、福音によって律法から解放されたと信じた人々の間の行き違いなど、対立の種は尽きないような印象すら与える。

首都ローマの教会にも対立があった。パウロは対立しあっている二つのグループを「信仰の強い人」と「信仰の弱い人」と呼び、自分も「信仰の強い人」の中に入れている。しかし、パウロは、なぜ肉を食べず、ぶどう酒を飲まない人々を「信仰の弱い人」と呼んだのであろうか。「信仰の強い人」が、対立するグループを蔑んで、そう呼んでいたのであろうか。もしそうだとすると、パウロが自分を含め、食物規定や祭儀規定から自由になっていた人々を「信仰の強い人」と呼んでいることには、いささかの皮肉が込められていたのかもしれない。

いずれにしても、肉やぶどう酒を避け、特定の日を特別視している「信仰の弱い人」は、いわゆる「律法主義者」ではない。どちらのグループも、イエス・キリストに対する信仰という点では共通の立場に立っている。だから、この対立は、パウロと律法主義者の対立が、律法からの自由という福音の根幹に関わる事態であったのとは違って、イエス・キリストの福音が危機的状況にあるという事態にまでは及んでいない。「信仰の弱い人」は、律法からの自由という福音の中心を十分には理解できず、律法主義的な根拠からではないとはいえ、依然として食物や飲酒などの問題に拘りを見せていたのである。つまり、彼らは「キリストを信じる者は食物上の禁忌や日の吉兆などの次元の問題を完全に脱却していることを、いまだに悟っていない」(前掲書三四六頁)人々であった。他方、「信仰の強い人」は、そのことを理解している点でパウロと同じ信仰理解に立っている。つまり、「それ自体で汚れたものは何もないと……主イエスによって知り、そして確信して」(一四・一四)いるのが、「強い人」ということになる。

パウロからすれば、食物の問題などは究極的には些細な問題だったであろう。しかし、些細なことが大きな問題を引き起こすことはしばしばある。ここでの対立もそうであった。食物やぶどう酒の問題で、一方は対立するグループを「弱い人」といって侮り、他方は相手を「だらしない人」などといって非難していたのであろう。

パウロは、「信仰の弱い人を受け入れなさい。その考えを批判してはなりません」(一四・一)、「もう互いに裁き合わないようにしよう」(一三節)、「強い者は、強くない者の弱さを担うべきで」ある(一五・一)、「神の栄光のためにキリストがあなたがたを受け入れてくださったように、あなたがたも互いに相手を受け入れなさい」(七節)という具合に、繰り返し、批判しあい、非難しあうのを止め、お互いを兄弟姉妹として認めあって、「キリストの体」である教会の徳を高めるようにと勧める。

パウロは同時に、「強い人」の振る舞いが「弱い人」のつまずきにならないようにと警告する。「つまずきとなるものや、妨げとなるものを、兄弟の前に置かないように決心しなさい」(一四・一三)、「あなたの食べ物について兄弟が心を痛めるならば、あなたはもはや愛に従って歩んでいません。食べ物のことで兄弟を滅ぼしてはなりません」（一五節）、「食べ物のために神の働きを無にしてはなりません。すべては清いのですが、食べて人を罪に誘う者には悪い物となります」（二〇節）などと語って、それ自体本来は何の問題でもないことも、それが「つまずきの石」になるような場合には、「強い人」の側に自制が必要であると指摘する。それが、「わたしたち強い者は、強くない者の弱さを担う」（一五・一）ということなのであろう。

パウロはコリント教会宛の手紙では偶像に供えられた肉に関連して、次のように書いていた。「わたしたちを神のもとに導くのは、食物ではありません。食べないからといって、何かを失うわけではなく、食べたからといって、何かを得るわけではありません。ただ、あなたがたのこの自由な態度が、弱い人々を罪に誘うことにならないように、気をつけなさい。……そうなると、あなたの知識によって、弱い人が滅びてしまいます。……それだから、食物のことがわたしの兄弟をつまずかせるくらいなら、兄弟をつまずかせないために、わたしは今後決して肉を口にしません」（Ⅰコリント八・八―一一、一三）。「つまずきの石」を置かないようにという勧告は、パウロ自身の決意で裏打ちされていたのである。

一連の勧告の最後に置かれた「だから、神の栄光のためにキリストがあなたがたを受け入れてくださったように、あなたがたも互いに相手を受け入れなさい」という勧めは、一四章一節から始まる勧告を通じて響いている「通奏低音」である。キリストが彼らを受け入れてくれたという事実、この事実にすべてが懸かっていた。二つのグループは声に出してであれ、無言の振る舞いによるのであれ、相互非難で関係はこじれてしまっていただろう。だから、パウロの勧告に素直に従うことにはかなりの困難が付きまとっていたであろう。

しかし、「キリストがあなたがたを受け入れてくださった」という事実を真剣に受けとめれば、義にして聖なるキリストが罪人である彼らを受け入れることには、はるかに大きな困難があったことが改めて思い起こされるのではないだろうか。キリストの御翼が罪と汚れとを包み込んだときには、そこに大きな痛みがなかったのだろうか。そして、キリストのその痛みと苦しみとは、十字架の上に典型的に示されていたのではなかったのだろうか。

パウロの勧告が実を結ぶためには、改めてそのことに気付き、そのことにひたすら思いを集中させることが必要ではないのだろうか。「強い人」も「弱い人」も、そのことに気付くだろうか。パウロの一連の勧告は、そのことに気付かせるものであった。パウロは忍耐強く、慎重に言葉を選びながら、「キリストがあなたがたを受け入れてくださった」という事実に目を向けさせようとしている。「忍耐と慰めの源である神が、あなたがたに、キリスト・イエスに倣って互いに同じ思いを抱かせ」てくれるように（一五・五）という言葉は、パウロの心からの祈りであった。

参考文献

パウル・アルトハウス『ローマ人への手紙』（ＮＴＤ新約聖書註解６）杉山好訳、ＡＴＤ・ＮＴＤ聖書註解刊行会、一九七四年

ローマの信徒への手紙 一五章一四－二一節

石井 佑二

一 私訳

一四節 そして、私は確信している！ 私の兄弟たちよ。あなたがた自身が善意にあふれ、あらゆる知恵に満たされ、そして互いに訓戒し合う力のあることを。
一五節 しかし、私はあなたがたに、繰り返し、新たに思い起こさせるために、ところどころ、思い切って書いた。それは、神から私に賜った恵みによることである。
一六節 それは、私が異邦人のために、キリスト・イエスに仕える者となり、神の福音のために祭司の務めを果たすためである。そしてそれは、異邦人が、聖霊によって聖なるものとされ、神に受け入れられる供え物となるためである。
一七節 だから私は、神の事柄に対して、キリスト・イエスと一つになって誇っている。
一八節 すなわち、私はあえて何も語らない。異邦人を従順にするために、キリストが私を通して働かれたこと以外は。キリストは私の言葉と行い、
一九節 しるしと奇跡の力、霊の力を通して働かれた。こうして私はエルサレムから始まり、巡りめぐってイリリコンに至るまで、キリストの福音を満たしてきた。
二〇節 さて、その際に、私が切に望んだことは、キリストの名がまだ唱えられていない所に福音を宣べ伝えることである。それは他人の土台の上に建てることをしないためである。
二一節 すなわち、こう書いてある通りである。「彼のことを宣べ伝えられなかった人々は見るであろう。そして聞かなかった人々は悟るであろう」。

二 文脈

多くの注解者が、この箇所は、ローマの信徒への手紙の最初の部分と照らし合わせて読むべきだ、と言う。それはなぜか。加藤常昭は「私のまったく勝手な想像でありますけれども」と言いながら、このように言う。この手紙は前の一三節で、その中心的な、言いたいと思っていた部分を書き終えた。そうして終わりの部分に入った。パウロはこの手紙をどのように終えるべきかを考え、これまで自分が書いてきたことを読み返した。あるいは筆記者に初めから読み直してもらい、自分の言葉を聴

き直した。そうしてこの手紙の締めくくりを改めて問うたのではないか（加藤常昭『ローマ人への手紙4』三二七頁）。これは納得の行く洞察であり、確かにそのことはパウロ自身が、これまで語って来た言葉を捉えて「ところどころ、思い切って書いた」（一五節、私訳）と言っていることからも読み取れることである。加藤はさらに、この「思い切って」というパウロの心に注目してこう言う。パウロは「自分の言葉を聴き直し、あるいは自分の目で読んでみて、ずいぶん思い切ったことを言ったものだ、とそう思ったかもしれないと思います。しかし彼は、だからと言って、どうも思い切って書き過ぎたから取り消そうとか、修正しようと考えたわけではない。真実というものはしばしば思い切って語らなければならないところがあるものであります。この『思い切って』というのは、『相当の勇気をもってものを言った』ということであります。あなたはあんなことを言う勇気がよくありましたねと人に言われても当然かと思われるようなことであります。思い切ったことを言う。これはなかなか難しいことであります。しかし、どうしても語らなければならない、思い切って言わなければならないこともあるものであります」（同、三二八頁）。パウロはこの時何を思い、そしてこれらの言葉を受け取るローマの教会の人々に、最後の言葉として何を語らなければならないと思ったか。またパウロにそのような言葉を語らせたものは何だったのか。ローマの教会の人々への深い愛と信仰の確信に依って立ちながら、ここで語るべき福音の言葉が語られる。我々の黙想は、このようなパウロの心を受け止めながら、さらにここに示されている福音の真実を、パウロと共に見ることによって始められる。

三　「確信」の根拠としての神の恵み

パウロは心を込めて「私の兄弟たちよ」（一四節、私訳）と呼び掛ける。「兄弟たちよ」という言葉に「私の」と付くのは他に第七章四節のみであり、丁寧にこの手紙を締めくくろうと、言葉を選んでいることが分かる。そしてそれよりも私たちが注目したいのは「私は確信している！」（私訳）という言葉である。パウロはこのペリコーペにおいて「確信している」を強調して語っている。この言葉はこれまでに二回出て来た。一つ目は第八章三八節以下「わたしは確信しています。死も、命も、天使も、支配するものも、現在のものも、未来のものも、力あるものも、高い所にいるものも、低い所にいるものも、他のどんな被造物も、わたしたちの主キリスト・イエスによって示された神の愛から、わたしたちを引き離すことはできないのです」。二つ目は第一四章一四節「それ自体で汚れたものは何もないと、わたしは主イエスによって知り、そして確信しています」。そうしてここにおける三つ目の「確信している」である。「そして、私は確信している！　私の兄弟たちよ。あなたがた自身が善意にあふれ、あらゆる知恵に満たされ、そして互いに訓戒し合う力のあることを」（一四節、私訳）。大木英夫はこのことについてこう言っている。「この第三の確信は、先の二つと違って、恐らく一番むつかしいのではないでしょうか。それは人間、他者である人間に対する確信だからであります。もしローマ書がコリントで書かれたとすれば、この言葉は大きな戦いを経て来たことを思わせるのであります。というのは、パウロがその確信をもつことが、決して素朴な人間信頼といったものではあり得ないからであります」（大木英夫『ローマ人への手紙　現代へのメッセージ』四九五頁）。確かにパウロはローマの教会の人々に対して「あなたがた自身が善意にあふれ、あらゆる知恵に満たされ、そして互いに訓戒し合う力のあることを」（私訳）確信していると言う。だがそれは、単純な意味においての人間信頼ではない。また、ローマの教会の人々を、信仰的な大人として扱っているということでもない。それらを越えた「確信」であって、その「確信」の根拠が問われる。それは続く一五節で、「ところどころ、思い切って書いた」（私訳）と言う、その「思い切り」の根拠として言う「神から私に賜った恵みによること」。それと同じく「神から私に賜った恵みによること」。これが、あなたがたに抱いている「確信」の根拠だ、ということである。パウロは、この手紙の最初、第一章一節にて、キリスト・イエスの使徒として、あなたがたに手紙を送る、と語った。そしてすぐに、自分が使徒として生かされているのは神の子、イエス・キリストによるのだ、と書き加えている。その言葉を、この第一五章一四節以下で語り直そうとしているのである。それはこの主イエスこそ、神の賜物であり、この主イエスこそ、真実のあなたたちと私との絆だ、と言いたいのである。イエス・キリストという神の恵みに共に生かされている者として、あなたがたへの「確信」を持つ、と言うのである。大木は言う。「確信とは、神によって説得されていることであります」。確信、それは「神の信頼から来るのであります。人間は、神によって、人間信頼へと、どんな裏切るような人間の罪の現実に直面しても、説得されている、そこにここでパウロが言うような確信が生まれるのであります。この確信が、教会を形成する力となるのであります」（同、四九八頁）。

この「確信」に則って、パウロはこの手紙を、神の恵みに生かされていることを、「繰り返し、新たに思い起こさせるために」（一五節、私訳。新共同訳では「記憶を新たにしてもらおうと」）、思い切って書いたと言う。加藤は言う。「何度でも、ということであります。何度でも思い起こしてもらいたいことがある、それはあなたがたも私も、同じ神の恵みによって生かされていることだというのです」（加藤、前掲書三三六頁）。私たちはそのことをしばしば忘れてしまう。しかしそれは、初めて知らされるようなことではない。既に立ち帰るべき救いの真実が与えられている。そのことを思い起こそう。何度でも！　そのように語る恵みと責任の中でパウロはこの手紙を記すのである。私たちもまた、このパウロの恵みと責任に生きる姿を共にする。

四　伝道とは、その人を神のものにすること

一六節にてパウロは、神の恵みによって自らは「祭司の務めを果たす」者となった、と言う。そしてその具体的な務めとして、「異邦人が、聖霊によって聖なるものとされ、神に受け入れられる供え物となるため」（一六節、私訳）に働くのだ、と言うのである。ここに私たちが聴くべき、パウロの伝道理解がある。竹森満佐一はこう言う。「伝道は、ひとを、神の許に連

れて行くことでありましょう。しかしただ神の話を聞かせるのではありません。話を聞かせるのは、ひとつの方法に過ぎないのです。その人に、神を知ってもらうこともたいせつですが、少し奇妙な言い方ですが、神にその人を知ってもらうのです。あるいは、その人に、神に知られたことを、知らせる、と言ってもいいかも知れません。さらにはっきり言えば、その人を、神に献げるのです。祭司の役を勤めるのです」。「伝道は、人間を立派にするのが目的ではありません。人間を、社会の役に立つものにするのが主要なことではありません。そうではなくて、その人を神のものにすることであります。自分が伝道しようとする人が、神のものになり切った時、その伝道は成功したとも、完了したともいうことが言えましょう。それなら、伝道者は、そういう意味で人を神に供え物としてささげる祭司である、ということになるのであります。伝道される人は、信仰を与えられて、自分を、神のお喜びになる、聖い、活きた供え物にすることであります」（竹森満佐一『ローマ書講解説教Ⅲ』三三六―三三八頁）。我々は何を思い伝道をしているか。パウロのような祭司理解の中で、「この人を神に献げる」という思いがあるか。その責任と覚悟、また神への確信をもって伝道をしているか。このパウロの心を捉える時にこそ、私たちの伝道の姿、そして説教の言葉は真実に整えられる。それは「すなわち、私はあえて何も語らない。異邦人を従順にするために、キリストが私を通して働かれたこと以外は」（一八節、私訳）というパウロの心が私の心となるということである。伝道とは、神の言葉を、神の力を、私がどう用いるか、ということではない。私が神を生かそうとする時、伝道は、説教は失敗する。伝道の全ては、神が私を通して何を語ろうとしておられるかを知るということから始まる。ここに立ち、ご自身働いて下さる神に、今、目の前にいるこの人を献げる、という心。この心を持つ時に、伝道は伝道に、説教は説教になる。

五　「キリスト・イエスと一つになって誇っている」

一七節でパウロは、そうして自分が伝道の業に生きる、神が自分を通して働いて下さる、そのことを受けてこう言う。「だから私は、神の事柄に対して、キリスト・イエスと一つになって誇っている」（私訳）。この翻訳は、ＦＥＢＣで放送された加藤常昭『ローマ人への手紙』の言葉に倣ってのものである。新共同訳で「キリスト・イエスによって」となっている所を、ある英語の訳に従って、加藤は「キリスト・イエスとのunionにおいて」と訳し直し、こう言う。「私どもは英語でunionという言葉を聞くと、まず『組合』なんていう言葉を思い起こすと思います。労働組合のことをunionと言うのです。労働者が一致団結して結合する。その結合の力で戦う。キリスト・イエスと組合を造って、と言っても私はここでおかしくないと思うのです。いや、労働組合の結び付きなどよりも、もっと深く、キリスト・イエスと一つになっている。unionという言葉の中に含まれているのは『一つ』という意味です。『キリスト・イエスと一つになって誇っている』。素晴らしい言葉だと思うし、素晴らしい翻訳だと私は思います。まさに誇りに満ちている。私はキリスト・イエスと一つになっている。そのキリスト・イエスと一つになっている所で、神様への奉仕に生きたんだ」。パウロは伝道者としての自分を誇る。その誇りは傲慢な心とは程遠い。ひたすらに神に仕えて来た。ひたすらに、神ご自身が自分を用いて下さることの喜びに生きた。自分と一つとなって下さるまでに救いの恵みを明らかにし続けて下さるキリストに生きた。この手紙でパウロが語って来たことの全ては、この誇りに根ざしていると改めて知らされる言葉である。

六 「驚き」としての福音

そして二〇節でパウロは言う。「さて、その際に、私が切に望んだことは、キリストの名がまだ唱えられていない所に福音を宣べ伝えることである。それは他人の土台の上に建てることをしないためである」（私訳）。この言葉は、パウロの望みとして、まだキリストの教会の建てられていない所に伝道をするという、空間的な広がりを求めた言葉だ、と言うことができる。しかしカール・バルトは、それればかりではなく、これに加えて、パウロは常に「驚き」をもって福音を語っていた、そのことをもここで語っている、と言うのである。「われわれはここで次のことを考えねばならない。いかにパウロが、完全に驚かされ、驚嘆させせられた者の調子をもって、すでにこれまでの個所で、特に九―一一章で、福音がイスラエルの狭さから、異邦人世界の広さの中へ、その自然的根底部からあの全面的な見知らぬものの中へなだれこんでいったかについて語っていたかを」（カール・バルト『ローマ書新解』一九一頁）。そしてこの「驚き」がローマ書全体で言い表されているのであり、それに根ざして、ここでの言葉があると言うのである。「そこで起こったことは、決して自明なことではなく、まことに神の奇跡の業であり、イエス・キリストの復活による以外には事実、解明されえないことである。ローマ書を書いたかのパウロの出発点は、この出来事である。彼がこの出来事をなしとげたのではない。だが、この出来事において彼は働いてきたのである。彼はこの出来事の証人として語りまた書く。そして、それゆえに大変思い切って、またそれゆえに常に新しく、かつ独特な仕方で語りかつ書くのである。……神のあわれみを、また異邦人がイスラエルに集められることを、それほど驚かぬ者は、福音を叙述する場合にも、パウロがしたほど驚きにみちた表現をすることもなく――パウロがこの事柄について表現した偉大な驚きに対し反って心をとざしてしまうであろう」（同頁）。福音とは「驚き」である。福音はいつも、誰も見たことも聞いたこともない、それら全てを超えて起こる救いの出来事である。パウロがここで「建てる」と言うのは、具体的には教会であると言って良いであろう（竹森、前掲書、三四二頁）。どのような人間の前提、熱狂的な楽観論も絶望的な悲観論も超えた、「驚き」としての福音に立つ、教会の姿が見えて来る。

七 神喪失の世界に、神が侵入される手掛かりとなる教会

教会は世界に対して「驚き」の存在である。神の恵み、救いの福音が、いつも人間の前に「驚き」として現れる。しかしパウロはいつもそこに生きた。喜んで、誇りを持って生き抜き、伝道をし、説教をした。福音が、教会が、この意味で世を

超えて存在する。そういうものとして今日の私たちも教会で生きているということを知らなければならない。そのことを様々な形で思わされている。世界に、この日本に、悲しみと失望は絶えない。悪しき時代精神に支配され、悔い改めを求める教会の祈りなど、全く無力なのではないかと思わされてしまう今日である。しかしその時にこそ、私たちは聖書に、福音に立ち帰るべきである。教会、世に立つ教会こそ、世の誰も知らなかった「驚き」として、神の救いが果たされる場なのである。ドイツ告白教会のハンス・ヨアヒム・イーヴァントは、ヒットラー政権の時代精神の厳しさの中でこう語った。「敬虔派が悔い改めを個人に限定し、人間の自分自身に対する関係だけに限定したとき、それが過ちとなった。悔い改めはそれよりも遥かに大きな空間において起こる。神と世界の対立のなかで起こっていることなのである。悔い改める個人は、神を失っている世界に神が侵入して来られる時の侵入箇所となっている。これを考えると、ルター派教会の伝道が、その伝道実践に際して、なぜ悔い改めそのものの変革をもたらしたのかも理解できるようになるであろう。異教徒がキリスト者になったとき、それまで属していた部族から出させるようなことはもはやしなくなり、むしろ、その部族に留まるよう命じるようになった。神を失っている領域の中に神が侵入される手がかりになる者として、そこで働くようになるためである。……あなたは、一見したところ難攻不落と思われる悪魔の陣地のなかにあって、なお不確かではあるがひとつの拠点となった。……われわれは、悔い改めた教会員たちを集めて秘密結社を作るわけではない。そうではなくて、方向転換をした者たち、そのように何かが起こった人びとが、自分のいるところに留まるように配慮しなければならない。これが私の考えである。それはまさに神の侵入、神の働きなのである」（イーヴァント『説教学講義』一三四―一三五頁）。教会は、この世界に神がいない、「悪魔の陣地」だと思わされているこの世界に、まず神が飛び込んで来て下さる侵入箇所なのである。この世の有様からすれば、異質な「驚き」の場である。神はご自身が自由にお働きになる場として、教会を選ばれた。そのものとして、今日こそ、教会は教会であり続け、ただ御言葉と「驚き」としての福音にこそ、依って立て生きるべきことが求められている。悔い改める群れ、教会は「悪魔の陣地」の中に置かれた「神の侵入、神の働き」の拠点である。またその意味でも、パウロが語った「キリストが私を通して働かれた」という真実は、今日の私たち一人ひとりを通して、教会共同体を通して、なお語られるべき真実である。

参考文献

ハンス・ヨアヒム・イーヴァント『イーヴァント著作選1　説教学講義』加藤常昭訳、新教出版社、二〇〇九年
大木英夫『ローマ人への手紙　現代へのメッセージ』教文館、一九九八年
K・ワルケンホースト『ロマ書の戒め――ロマ書の解釈一二―一六章』中央出版社、一九八一年
カール・バルト『ローマ書新解』（新教セミナーブック17）川名勇訳、新教出版社、二〇〇三年（復刊第一版）
竹森満佐一『ローマ書講解説教Ⅲ』新教出版社、二〇〇四年

ローマの信徒への手紙 一五章二二―二九節

橋谷　英徳

一　夢を見る人

与えられたテキストにおいて、パウロは自らが抱いている将来のビジョンについて語りはじめる。それはまだ一度も訪れたことはないローマの教会への訪問であり、さらにはイスパニアに行くことであった。この場合、ローマの教会を訪れることは、あくまでも一時的なことであり、彼にとっては通過点に過ぎず、目的地はあくまでもイスパニアであった。パウロは、ローマの教会の人々に送り出されて、イスパニアに向かうことを願う。「イスパニアに行く」（二四、二八節）こと、それこそがパウロのビジョンであった。

ビジョン、それは幻であり、夢である。一般的には、夢とは当てにならないものであって、目覚めると空しく消えてしまうものである。それゆえ漢字ではニンベンに夢と書いて、儚《はかな》いと呼ばれる。しかし、聖書においてはそうではない。夢は希望、望みと深く関わり、神の御心はしばしば夢によって示される。そして、その夢は実現していく。

聖書には夢を見る人が繰り返し登場する。家族をエジプトに導き入れることになったヨセフは、兄弟たちから「夢見る人」と呼ばれた（創世記三七・一九）。異邦人の使徒であったパウロもまた夢見る人であった。

ここでパウロは、夢を見ている。「わたしはイスパニアに行く」と言う。ここで夢を見ているパウロは、もう青年ではない。それどころか、その人生において終盤に差しかかっているのである。その人がなお夢見る人として生きていることに驚かされる。私たちの社会では、「もう若くはないのだから、夢を見て生きるのは止めなさい」と言われるのではないか。夢見て生きることは若者のすることだと思い込んでいる。しかし、聖書においてはそうではない。老人もまた夢を見る（使徒二・一七参照）。

二　なぜイスパニアなのか？

パウロがこのようなイスパニアに行く夢を持っていたことは、新約聖書において、ここだけで語られていることである。しかし、どうしても生まれる問いは、なぜイスパニアなのかということである。彼にとっての夢は、ローマの教会に行き、教会員たちとの出会いを喜ぶことではない。それについてはこの箇所の前に語られている。パウロの願いは、「キリストの名がまだ知られていない所で福音を告げ知らせ」ること以外ではない(二〇節)。ローマにはすでに他の人によって福音が伝えられている、それゆえにそこに行くことがパウロにとってはビジョンとはならない。言うまでもないかもしれないが、このことはパウロの功名心ということではない。なんとかして一人でも多くの人たちを救いたいという思いからの言葉である。それはまた「異邦人のためにキリスト・イエスに仕える者」(一六節)としての召命を覚えていたがゆえである。まさにイスパニアは、キリスト・イエスの名が伝えられていない所なのであって、彼はそこに向かうという夢を見て生きている。

しかし、「わたしはイスパニアに行く」という意味は、それだけのことではない。イスパニア、それはスペインの呼称で、主にローマ人たちがこのように呼ぶようになった。紀元前三世紀末に、第二次ポエニ戦争でイベリア半島に介入したローマ人は、それまでの呼称であったイベリアではなく、「イスパニア」という名を用いるようになった。エルサレムからイスパニアまでは直線距離にして約二千キロを超える。当時の人びとにとってはまさに途方に暮れるような地であったに違いない。多くの注解者たちは、このパウロの時代において、イスパニアはただそのような地名だけではなく、「地の果て」を意味したと指摘している。

使徒言行録は、主イエスが昇天に際して語った言葉を記す。「あなたがたの上に聖霊が降《くだ》ると、あなたがたは力を受ける。そして、エルサレムばかりでなく、ユダヤとサマリアの全土で、また、地の果てに至るまで、わたしの証人となる」(一・八)。パウロもまたこの主イエスの言葉を伝え聞いていたのかもしれない。実際、パウロはローマの信徒への手紙一一章二五節以下でも、次のように述べている。「兄弟たち、自分を賢い者とうぬぼれないように、次のような秘められた計画をぜひ知ってもらいたい。すなわち、一部のイスラエル人がかたくなになったのは、異邦人全体が救いに達するまでであり、こうして全イスラエルが救われるということです」。だとすれば、パウロはイスパニアという地の果てに、自らが福音を伝えに行くことによって、終わりの日の救いの完成を待ち望んでいたということになるのではないか。いずれにしてもパウロのイスパニアに行くという夢は、単に個人的な願望にとどまるものではなく、ひとりでも多くの人の救いでありまた、神の国の実現である。そのために「わたしはイスパニアに、地の果てにまで行く」と彼は夢を見る。

三　破れた夢

ではこのパウロの夢は、実現したのであろうか。パウロはイスパニアに行ったのか。おそらく、この夢は実現することはなかったであろう。聖書のどこにも、パウロがイスパニアに行ったとは記していないからである。使徒言行録は、その結びに「パウロは、自費で借りた家に丸二年間住んで、訪問する者はだれかれとなく歓迎し、全く自由に何の妨げもなく、神の国を宣べ伝え、主イエス・キリストについて教え続けた」(二八・三〇―三一)と記している。パウロは、このローマで殉教したと多くの人びとは推測している。あくまでも推測でしかないが、そうだとすれば、イスパニアに行く夢は実現しなかったことになる。使徒言行録を読んでも、パウロのローマへの訪問もパウロ自身が思い描いたような仕方では実現していないことがわかる。ここに記されているように、確かにパウロはエルサレムに行く。しかし、彼はこのエルサレムで逮捕され、囚人としてローマに連れて行かれることになった。ある程度の自由は認められていたにしても、軟禁状態で二年もの期間を過ごさなければならなかった。それはパウロが、このローマの信徒への手紙を書いた時点において思い描いていたこととはおよそ異なることであったように思われる。

マーティン・ルーサー・キング牧師のこのテキスト（二四節）からの説教がある。説教題は「破れた夢」。キングもまたパウロに破れた夢を見出し、このパウロの経験を私たちすべての者の経験に重ねている。「わたしには夢がある」と説教したキング牧師が、「破れた夢」について説教していることは興味深い。説教の冒頭の言葉は次のような言葉である。

「われわれ人間の経験のうち、最もつらい問題の一つは、自分の一番大きな希望が実現するのを生きて見られる者は、いるにはいても、われわれのうちほんの少数の者にすぎないということである。われわれの子供のころの希望や成人してからのいろいろな約束は、いずれも未完成の交響曲ともいうべきものである。ジョージ・フレデリック・ワッツは、ある有名な絵の中で、希望というものを一人の静かな人物像として描いている。この人物像の女性は、地球の頂にすわって、その頭を悲しげにうなだれ、たった一本切れずに残ったハープの弦をかきならしているのだ。われわれのうちに、このような失われた希望や破れた夢の苦悩を経験しなかった者があるだろうか」。

キングは、このテキストが語っているパウロの経験は、私たちの経験の実例であると指摘し、さらにこう述べる。

「人生というものは、同じような多くの経験を写し出している。どこか遠いスペインに向かって、またはある重大な目標や、輝かしい希望実現を目ざして出発しながら、最後になってあまりにも僅かな成果に甘んじねばならなかった、という人がいかに多いことか。われわれは決して、自分たちのローマの街を自由人として歩いてはいない。それどころか現状は、われわれが小さな独房内に閉じこめられて生きるよう命じているのである。われわれの人生を横切って宿命的な亀裂がはいり、歴史の内部には非合理的な予測できない岩脈が走っている」。

このような希望の満たされない、破れた夢の経験の中で、多くの場合、私たちが取る態度は三通りであるとキングは指摘する。一つは、憤りである。それは家族や他者に対する冷酷な態度となって現れる。他を傷つけることによって、自分の憤懣を晴らそうとする。つまり、荒むのである。もう一つは、完全に自分の中に引きこもり、内向的になることである。誰にも心開くことなく、ひねくれて生きるようになる。最後の三つ目は、宿命論、諦念に生きることである。この宿命論は、一見、宗教的、信仰的に思われるがゆえに厄介なのである。信仰深くあるように見えても、実はそうではない。宿命論は、信仰者をダメにする。生きていても死んでいるかの者のようにする。なぜなら、それは「神についての恐ろしい概念を基礎」としているからである。宿命論者にとって神は愛なる方ではなく、氷のように冷酷で非情な存在でしかない。これは先に挙げた二つの例のように、否、それ以上に危険な道なのである。

キングは、「では答えは何か」と問い、次のように語る。「その回答は、われわれがなおも輝く希望を捨てないで、気に入らない不幸な状況をも喜んで受けいれることにある。また無限の希望を固く抱いて、有限の失望を受けいれることにある。これは宿命論者の苦しい苛酷な受けいれ方ではなく、『まことに、これは悩みである。わたしはこれを忍ばなければならない』（エレミヤ一〇・一九）という預言者エレミヤの言葉にみられるような業《わざ》である。諸君は、自分の破れた夢と真剣に対決しなければならない。失望を諸君の心からもみ消そうとする逃避主義的な方法を続けていくことは、心理的に有害な抑圧になるだろう。むしろ諸君の失敗を心の前面にすえて、大胆にこれを見つめるがいい」。自らの思いを抑圧するのではなく破れた夢を見つめ、対決せよ。これは呻き、且つ嘆けということであろう。そして、そこに生まれてくるもの、そこに見えてくるものがある。私たちは「失望を受けいれること、そして、希望を捨てないこと」、「破れた夢を創造的に処理すること」に招かれている。

四　わたしもイスパニアに行く

パウロの夢は彼が願ったような仕方では、実現することはなかった。それは確かにパウロにとっては痛みをもたらしたであろう。しかし、同時にパウロがこのような事態に際して、どのように創造的に向かい合ったのかということも、思い描くことができるであろう。彼は、破れた夢によって荒んで生きたのではなく、内面に閉じこもって生きたのでもない、また誤った信仰深さで諦念に生きたのでもない。そのことは彼の生涯の歩みと、その語った言葉を思い起こすことによって推測できるであろう。思えば彼の生涯は、「断念」の連続であった。与えられたトゲを取って欲しいと祈り願った時にその祈りは聞かれなかった（Ⅱコリント一二・七）。伝道のためにビティニア州に入ろうとした時にはイエスの霊にそれを阻止された（使徒一六・六以下）。これらのことは彼に苦しみを与えたが、それらの辛い経験は、同時に新しい出会いをもたらした。聞かれない祈りに対しては、「わたしの恵みはあなたに対して十分である。力は弱さの中で発揮される」という主の言葉を与えられた。行く道を塞がれたトロアスでは「マケドニア州に渡って来て、わたしたちを助けてください」という幻を見ることに導かれた。そして、この与えられたテキストにもパウロの断念は見られる。彼はローマに行く願いを持ちつつも、「妨げられて」きたのである（二二節）。さらにこの時も、ローマにでも、イスパニアにでもなく、全くの逆方向のエルサレムに彼は向かう。イスパニアに行くことが断たれたとしても、それは同じであったのではないか。彼は、失望を受け入れつつ、なお希望を捨てることはなかったであろう。

破れた夢ということで思い起こすのは、モーセのことである。モーセは、約束の地をその足で踏むことができず、その生涯を終えた。モーセにとっての夢は、約束の地に入ることであった。

しかし、彼にはイスラエルの罪のゆえに、それは許されることはなかった。ただ彼は、ピスガの頂に登って、それを自分の目で見ることだけは許された（申命記三四章）。自らの願いはその通りにならなかった、夢はまだ途上にあり、生きている間には実現することはなかった。しかし、そこには不思議にも悲壮感はない。モーセはここでは何一つ抗弁することなく、事態を受け入れているように思われる。

パウロもまたこのモーセと同じであったのではないか。本懐想のはじめに彼がイスパニアに行くことによって夢見ていたことは、救いの完成と関わることだと書いた。この点においても、モーセとパウロは重なる。いずれも途上で閉じられた。なぜか。それは救いの完成は、まだ先のことだからである。言い換えれば、モーセの夢もパウロの夢も、また先立って召された先達、聖徒たちの夢も、今も私たちに残されている。だとすれば、「わたしはイスパニアに行く」というこのパウロの夢は、私たちの夢ともなる。私たちにも「イスパニア」が存在する。

五　待ちつつ、急ぎつつ

ペトロの手紙二、三章一一節以下には次のようにある。

「このように、すべてのものは滅び去るのですから、あなたがたは聖なる信心深い生活を送らなければなりません。神の日の来るのを待ち望み、また、それが来るのを早めるようにすべきです。その日、天は焼け崩れ、自然界の諸要素は燃え尽き、熔け去ることでしょう。しかしわたしたちは、義の宿る新しい天と新しい地とを、神の約束に従って待ち望んでいるのです」。

キング牧師が言う通り、私たちの説教の聴衆も、また説教者自身も、しばしば自分の願い、自分の夢が破れることによって、傷つき、病む。彼が言う通り、私たちはそこで誤魔化すことなく、逃げることなく、しっかり破れた夢と向き合うことが求められる。そして、そこで出会う夢がある。それは自己実現や個人的な充足というようなものではなく、聖書において受け継がれてきた夢である。そして、ここに立つことの中で、私たちもまた破れた夢の中で立ち直るのである。否、ここに立つ以外の場所では私たちは立ち直ることはできないのではないか。

上記のペトロの手紙の言葉は、子ブルームハルトのモットー「待ちつつ、急ぎつつ」を生んだ聖書の言葉である。私たちもまた、この地上の現実の中で「待ちつつ、急ぎつつ」生きる。「待ちつつ、急ぎつつ」生きる生き方は、ここでのパウロの姿とも重なる。

パウロは何よりも伝道に生きる。「キリストの名がまだ知られていない所で福音を告げ知らせようと」、熱心になって生きている。私たちもまたこの伝道に生きることに召されている。そして、この伝道は嫌々義務感にかられて、あるいは教勢の拡張を目的として行うようなものではない。熱い心で喜びながら、まさに楽しい夢を見るかのように行うものである。

植村正久は生まれながらの訥弁であったため、伝道者になるための試験で落とされそうになったことがあったと言う。試験官の宣教師は、「あなたは説教も下手だし、初対面の人の印象も悪いから、伝道者には向いていない」と言って、植村を試験で落とそうとしていたらしい。その時、思いがけず友人がとりなしてくれたのである。「確かにこの男は説教は下手だし、初対面の印象が悪い。しかし、誰よりも伝道が好きだ。三度の飯よりも伝道が好きだから、伝道者にして欲しい」。このような友人のとりなしによって植村正久は伝道者となったそうである。そして「三度の飯より伝道が好き」というのはその伝道者としての生涯の間、変わることはなかったと言う。パウロもまた三度の飯よりも伝道することに生きようとしたのではないか。日本の教会史において、今以上に、伝道不振が深刻になっている時はないと聞く。伝道が振るわないのは、確かに深刻であるが、それ以上に深刻なことは「三度の飯よりも伝道が好き」というような伝道への情熱が、今日の私たちから失われていることではないか。このテキストは、そのような私たちに伝道への思いを新しくしてくれるのではないか。

またこのテキストにおいては、貧しさの中にあったエルサレム教会の貧しい人たちへの援助のことが語られてもいる。このことについては、本黙想ではほとんど触れることはできなかった。このことについては注解書などでも詳しく述べられているので、そちらを参照して欲しい。ここにも、自己目的的ではない、ひとりの信仰者の姿、当時の教会のまことに豊かな交わりの姿を見出すことができる。

このテキストからの説教において中心となるのは、パウロを語ることである。ここでのパウロは、私たちすべてのものの模範、モデルである。このパウロを語ることはまた主イエス・キリストを語ることにも結びつく。何よりも「食する暇も打ち忘れて」（讃美歌121番）、伝道し、貧しい人に仕えられたのは、主イエスご自身である。そして、この方もまた、いやこの方こそ夢破れる痛みを知っておられた。「アッバ、父よ、あなたは何でもおできになります。この杯をわたしから取りのけてください。しかし、わたしが願うことではなく、御心に適うことが行われますように」（マルコ一四・三六）。主イエスは、この杯を受け入れられ、十字架に死なれ、そして、三日の後に死人の中から復活された。それはまさに、失望を受け入れ、しかし、希望を失うことのない歩みであった。

主な参考文献

内村鑑三『ロマ書の研究』角川書店、一九七〇年
K・ワルケンホースト『ロマ書の戒め——ロマ書の解釈一二—一六章』中央出版社、一九八一年
松木治三郎『ローマ人への手紙——翻訳と解釈』日本基督教団出版局、一九六六年
マーティン・ルーサー・キング『汝の敵を愛せよ』蓮見博昭訳、新教出版社、一九六五年

ローマの信徒への手紙　一五章三〇―三三節

小泉　健

呼びかけ

パウロはこの段落を一二章一節とよく似た言葉で始めている。共通している文言を取り出すとこうなる。

「兄弟たち、……によってあなたがたに呼びかけます（パラカロー・ヒューマース・アデルフォイ・ディア……）」。

そのことが翻訳で読んでもよくわかるようにするためにも、パラカレオーを一二章では「勧める」、ここでは「願う」と訳し分けないほうがよかったであろう。（新改訳は両方とも「願う」と訳している。）

一二章一節の呼びかけから始まった勧めは一五章一三節で終わり、一五章一四節からは手紙の結びに入った、とみなす注解書が圧倒的に多い。しかし、一二章一節の呼びかけと一五章三〇節の呼びかけとが、この箇所の枠をなしているとみなすこともできるように思われる。それは、両者の言葉遣いがよく似ているからだけではない。内容からも言えることである。

一二章の初めからキリスト者の生活についての勧めが語られてきた。それは、愛によって互いに仕え合いながら、一つの体を形づくる生活であった。愛には偽りがあってはならない。それゆえ、信仰の弱い人を受け入れるべきである。強い者は弱い者の弱さを担い、互いに同じ思いを抱くべきである。そう語られてきて、一五章九節で、一二章以下では初めて「異邦人」という言葉が出る。「異邦人が神をその憐れみのゆえにたたえるようになるためです」。この異邦人の話が、一四節以下でも継続している。パウロは「異邦人のためにキリスト・イエスに仕える者となり、神の福音のために祭司の役を務めている」（一六節）。異邦人を神に喜ばれる供え物としてお献げする務めについているのである。

わたしたちの箇所はこの文脈をそのまま受け継いでいる。異邦人を神のものとし、一つの体に加えるために、パウロは今エルサレムへ行こうとしている。「エルサレムに対するわたしの奉仕が聖なる者たちに歓迎される」（三一節）ことは、「互いに裁き合わない」こと（一四・一三）、むしろ「互いに相手を受け入れ」ることと別のことではない（一五・七）。別のことでないどころか、その具体化である。だからパウロは最初にした呼びかけをもう一度繰り返して、祈りによってパウロの戦いに加わるようにと招いているのである。

呼びかけの根源

パウロの呼びかけは、一二章一節では「神の憐れみによって」、この箇所では「わたしたちの主イエス・キリストによって、また、〝霊〟が与えてくださる愛によって」なされている。ここでも両方の箇所の結びつきを見てとることができる。

パウロの呼びかけは「神の憐れみによって」、すなわち神の救いのご意志と救いのみわざ全体に基づいて始まった。呼びかけの結びにあたって、これが主イエスご自身による呼びかけであることがはっきりと告げられる。福音は生きておられるお方の語りかけによって与えられる。受け取られたものは、キリスト者の生活の中に形を取って現れることになる。

「わたしたちの主イエス・キリストによって（呼びかける）」という言い方は、典礼的な表現だと注解者たちは指摘する。たしかにそのとおりであろう。やはりこの段落は、手紙の結びの個人的な祈りの要請なのではない。礼拝における公の呼びかけなのである。翻って、わたしたち自身の言葉、とくに説教の言葉はどうなっているだろうか。神からの全権による呼びかけをしているだろうか。神の憐れみにより、また主イエス・キリストによって、神のみわざが聞き手の生活に形をとるまでに語りかけているだろうか。

「わたしたちの主イエス・キリストによって」ということと深く結びつきつつ、それと並べて「また、〝霊〟が与えてくださる愛によって」と言われている。直訳すれば「霊の愛によって」である。「霊の」という属格は、新共同訳の訳文にも現れているように、起源の属格と解してよいであろう。ここを主格的属格と解する人がいる。「御霊ご自身が愛していてくださる愛」と理解するのである。このような理解が生まれるのは、「霊の愛」という表現はこの箇所にしかないものの、「神の愛」「キリストの愛」がこの手紙ですでに語られていたからかもしれない。

「わたしたちに与えられた聖霊によって、神の愛がわたしたちの心に注がれている」（五・五）。「だれが、キリストの愛からわたしたちを引き離すことができましょう」（八・三五）。神の愛がわたしたちを救い（五・八、九）、キリストの愛がわたしたちを捉えている（八・三五）。そこでここでも、「御霊の愛によって、すなわち御霊が教会を愛し、さらに世を愛していてくださるその愛によって（呼びかける）」と解することができそうである。

しかし、御霊については他方で、「わたしたちに与えられた聖霊」（五・五）と言われ、「神の霊があなたがたの内に宿っている」（八・九、一一）と言われている。神の霊はわたしたちの霊と混合する。だから、聖霊の声がわたしたちの声になる（八・一五）。聖霊のうめきがわたしたちの祈りになる（八・二六）。聖霊はご自身をわたしたちに与えてくださっている。だから、聖霊の愛がわたしたちの愛になる。この愛は聖霊ご自身の愛であり、だからこそ同時に、聖霊がわたしたちに与えてくださる愛なのである。

聖霊は神のものをわたしたちのものにしてくださる。霊の愛による呼びかけは、異邦人が「神に喜ばれる供え物となる」ことが（一五・一六）、わたしたち自身の現実となるようにするのである。

祈りの戦い

パウロの呼びかけの内容は、「わたしのために、わたしと一緒に神に熱心に祈ってください」（三〇節）というものであった。直訳に近い岩波書店版は「神に向けた、私のための祈りにおいて、私と共に力を合わせてほしい」と訳している。

「共に力を合わせる」と訳されているのは「スュンアゴーニゾマイ」で、「アゴーン（競争、戦い）」を語幹にもっている。だから、「ともに競う」（田川訳）、「ともに戦う」（フランシスコ会訳、永井訳）という訳も行われている。祈りにおいて、共に戦ってほしいと呼びかけているのである。

祈りは戦いである。祈ること自体が戦いである。わたしたちはすぐに祈りを失うからである。現実の生活について神に期待し、神を待ち望むことをやめてしまう。神の憐れみによって、祈るようにと招かれなければならない。執り成しの祈りをすることは戦いである。わたしたちは祈りにおいて他者を見失うからである。祈りにおいても自己中心になってしまう。聖霊の愛によって、祈りの炎を燃やしていただかなければならない。祈りを続けることが戦いである。わたしたちは祈り始めても、「気を落とさずに絶えず祈る」（ルカ一八・一参照）ことができないからである。祈りの道のりを走り通すことができず、すわりこんでしまう。先だって祈っていてくださる聖霊によって、祈りを引き起こしていただかなければならない。

パウロの目標は「キリストの福音をあまねく宣べ伝える」ことであり、それによってすべての異邦人が神に従うようになることである（一八、一九節参照）。そのためにパウロは走り、戦っている。そして、ローマの信徒に、そしてわたしたちに、共に走り、共に戦うようにと呼びかける。それこそが、神の救いのみわざが、ローマの信徒たちの生活に、そしてわたしたちの生活に現れ出ることだからである。

「不従順な者たち」

パウロが呼びかけている祈りの戦いは、二つの内容をもっている。その第一は「わたしがユダヤにいる不信の者たちから守られ」ることである（三一節）。ここでの「不信の者たち」という語に注目したい。「アペイセオー」の分詞形が使われているが、この語は「不従順である」という意味である。神に従わないこと、とくにキリストの福音を拒むことを指している。イスラエル人は主イエスを受け入れず、信じなかった。だから「不信」と訳されたのであろう。

しかし、この「不従順な者たち」は、ただ否定的に、しりぞけられるべき者たちと見られているのではない。ローマ書の中で「アペイセオー」という語が使われている箇所をたどってみると、イザヤ書を引用してこう言われる。

「わたしは、不従順で反抗する民に、一日中手を差し伸べた」（一〇・二一）。

神がご自分の民であるイスラエルに対して救いのご意志を向けておられることが語られる文脈で用いられている。

続いて、イスラエル人（彼ら）と異邦人（あなたがた）についてこう言われる。

「あなたがたは、かつては神に不従順でしたが、今は彼らの不従順によって憐れみを受けています。それと同じように、彼らも、今はあなたがたが受けた憐れみによって不従順になっていますが、それは、彼ら自身も今憐れみを受けるためなのです」（一一・三〇、三一）。

不従順な者たちとは、なお憐れみによって救われるべき者たちなのである。

「不信の者たちから守られる」とは、直接にはキリストを信じないイスラエル人の迫害から守られることを意味していよう。使徒言行録を見れば、パウロが常に彼らの敵意と迫害にさらされていたことがわかる。今、エルサレムへ向かうにあたっても（二五節）、「ユダヤ人の陰謀があったので」旅程を変更しなければならなかった（使徒二〇・三）。さらに、エルサレムにおいて「投獄と苦難とが待ち受けている」ことをパウロは知らされていた（使徒二〇・二三）。

パウロはそれまでに受けた迫害において、「死ぬような目に遭ったことも度々」であった（Ⅱコリント一一・二三）。今回のエルサレム行きについても、生命の危険を感じていたことは間違いない。「守る」と訳された語「リュオマイ」は、むしろ「救う」という意味であって、深刻な危険からの救出を含意している（たとえばⅡコリント一・八―一〇）。この語を用いていることからしても、厳しい迫害とそれによる生命の危険から救い出されることを願っていることがわかる。

しかしそれは、「不従順な者たち」が神に敵対する者として滅びに至ることを願うものではない。不従順な者たちは、実はパウロ以上の魂の危機に陥っている。「死に定められたこの体から、だれがわたしを救ってくださるでしょうか」（ローマ七・二四）と叫ばずにはいられないパウロは、不従順な者たちが、パウロを迫害することによって罪を重ねることから守られ、彼ら自身がやがて罪と死から救い出されることを願っている。

未解決の問題

パウロが呼びかけている祈りの戦いの第二の内容は「エルサレムに対するわたしの奉仕が聖なる者たちに歓迎される」ことである（三一節）。「奉仕」という語を用いているが、具体的にはマケドニアとアカイアの諸教会からの献金をエルサレム教会に手渡すことである（二五―二八節）。この奉仕が喜んで受け取られることが当然のことではなく、「歓迎される」ようにとパウロが切に願い、祈りの課題としていたこと、さらには祈りの戦いの内容でさえあったことは、驚くべきことである。

エルサレム教会と異邦人の諸教会との間に緊張関係があった。異邦人を教会に受け入れることは、初めから教会の大きな課題であった。百人隊長コルネリウスに洗礼が授けられ、彼が交わりに加えられたことに対して非難がなされた（使徒一一章）。エルサレムでの使徒会議は、異邦人をどのようにして教会に受け入れるかをめぐって行われた（ガラテヤ二・一―一〇、使徒一五章）。パウロやバルナバとユダヤ主義的キリスト者との間には、すでに「激しい意見の対立と論争」が生じていた。会議はパウロが満足する形で終わったように見えた。すなわち、アンティオキア教会が行っている異邦人伝道は認められ、異邦人のキリスト者は割礼などの義務を負わされないことになった。しかし、実際には緊張関係は解消していなかった。

新しく問題になったのは、ユダヤ人キリスト者と異邦人キリスト者との共同の食事であった。共同の食事は初めから教会生活の中心にあった。その中で聖餐が祝われていたと思われる（使徒二・四六参照）。アンティオキア教会であれば、ユダヤ人キリスト者と異邦人キリスト者とが共同で食事をするのは当然のことだった。そこで教会が一つであることが表され、一つとなって礼拝を献げることになる。しかし、ユダヤ教の立場からすれば、異邦人と一緒に食事をすることは厳しくしりぞけられるべきであった。エルサレム会議の決定は、異邦人が律法の重荷を負わされないことを明言していたけれども、ユダヤ人キリスト者もまた律法から解放されていると言っているわけではなかった。そこで、エルサレム教会から来た人々がこの共同の食事に反対し、ペトロやバルナバも共同の食事に加わらなくなってしまった。パウロはこれを認めることができず、ペトロを厳しく非難することになった。いわゆる「アンティオキアの衝突」である（ガラテヤ二・一一―一四参照）。

パウロはアンティオキアの衝突について語った後、律法の実行によってではなく、キリストによって義とされると語り（ガラテヤ二・一五―二一）、続いて律法の意味を語り（三章）、キリストにあって神の子であることにおいて「ユダヤ人もギリシア人もな（い）」と述べている（三・二八）。これがパウロの結論である。しかし、アンティオキアの衝突において顕わになった福音理解の相違は残り続けていたに違いない。福音が違えば、教会が一つであることはできない。福音とは何かという根本問題、そしてそれに基づく教会の一性、公同性の問題が未解決のまま残されていたのである。

パウロの奉仕

パウロはマケドニアとアカイアの諸教会からエルサレム教会への献金を集めることに力を注いだ（ローマ一五・二六）。おそらくアジアにおいても。Ⅰコリント一六・一参照）。それはエルサレム会議の決定に基づいてのことであったらしい。そしてそれは、エルサレム教会とアンティオキア教会との一致のしるしであるはずだった（ガラテヤ二・九、一〇）。しかし、パウロが生命の危険を覚えずにはいられない「不信の者たち」にいつも取り囲まれているエルサレム教会にとっては、異邦人教会からの献金を受け取ることで、彼らとの軋轢を深める危険があった。この献金はエルサレム教会にとってはありがた迷惑なものであって、だからパウロは自分の奉仕がエルサレム教会に歓迎されるかどうかについて不安を抱いていた。

それでもパウロにとって、献金を受け取ってもらうことはどうしても必要なことだった。パウロはコリント教会に対して献金を達成するように勧め（Ⅱコリント八、九章）、その終わり近くにこう書いている。

「この奉仕の業が実際に行われた結果として、彼ら（「聖なる者たち」＝エルサレム教会のキリスト者たち）は、あなたがたがキリストの福音を従順に公言していること、また、自分たちや他のすべての人々に惜しまず施しを分けてくれることで、神をほめたたえます。更に、彼らはあなたがたに与えられた神のこの上なくすばらしい恵みを見て、あなたがたを慕い、あなたがたのために祈るのです」（九・一三、一四）。

エルサレム教会が、キリストの福音に対する異邦人教会の従順な告白や、自分たちへの交わりの純粋さのゆえに神に栄光を帰すようになること。神の恵みが異邦人教会にも与えられているのを見て、彼らを慕うようにさえなること。これが、パウロが願っていることであった。

根本的な課題は教会の一致である。神の民が一つになることである。そうでないと、異邦人を「神に喜ばれる供え物」として献げる祭司としての務めを果たしたことにならない（ローマ一五・一六）。キリスト者が皆「自分の体を神に喜ばれる聖なる生けるいけにえとして献げ」（一二・一）、キリストにあって「一つの体を形づくく」ることにならないのである（一二・五）。

一二章一節から続けられてきた呼びかけの具体化として、パウロは全世界の教会の一致を願う。それは、祈りの戦いによって戦い取られなければならない。そしてそれは、ローマの信徒たち自身の、そしてわたしたち自身の課題なのである。

パウロの憩い

パウロが呼びかけている祈りが聞かれたとき、パウロは喜びのうちにローマの教会へ行き、憩うことができる。「憩う」と訳されたのは「スュナナパウオマイ」である。二つの接頭辞を取り除いた「パウオー」は「やめさせる、静める」という意味を持つ。「アナパウオー」は「休ませる」、中動相で「休息する」という意味である。これにさらに「共に」を意味する接頭辞「スュン」が加わった語をパウロは用いた。エルサレムでの危険を伴う難しい奉仕から解放されて休息できる、と言っているのではない。教会の一致が保たれたことを喜びつつ、「平和の神」（三三節）が与えてくださる和解が実現しているゆえに、神の平和の中で共に安息を得ることができるのである。

参考文献

＊聖書、注解書

永井直治訳『新契約聖書』（初版一九二八年）基督教文書伝道会、新改版一九九二年

青野太潮訳『新約聖書Ⅳ　パウロ書簡』岩波書店、一九九六年

田川建三訳著『新約聖書　訳と註　第四巻』作品社、二〇〇九年

フランシスコ会聖書研究所訳注『聖書』サンパウロ、二〇一一年

E・ケーゼマン『ローマ人への手紙』岩本修一訳、日本基督教団出版局、一九八〇年

K・ワルケンホースト『ロマ書の戒め――ロマ書の解釈一二―一六章』中央出版社、一九八一年

ウルリッヒ・ヴィルケンス『ローマ人への手紙（12―16章）』（EKK新約聖書註解Ⅵ／3）岩本修一訳、教文館、二〇〇一年

＊説教、その他

佐竹　明『使徒パウロ――伝道にかけた生涯』日本放送出版協会、一九八一年

榊原康夫『ローマ人への手紙講解5（14―16章）』教文館、二〇一〇年

ローマの信徒への手紙 一六章一―六節

高橋　誠

テキストの響きと説教の構想

はじめにこのテキストを受けとめるために次のように捉えてみることにする。「パウロから自分の名も呼ばれる」、そう読む読み方こそそこのテキストの正しい読み方と言えるだろう。そう読めない時、私たちは聖書を偉人伝として読んでいるに違いない。しかし聖書は偉人伝であるはずがない。ひょっとすると、もっと偉い誰かが呼ばれるはずであって、自分などではないと考えるかもしれない。しかし、パウロはここにあげられる既知の名も、そしておそらく多くはここに名があがらない多くの未知の名も本当は呼びたかったに違いない。そう呼ぶことができるようになることを望みつつ、知っている限りの名をここであげている。パウロの心は選抜ではなく、皆の名を呼ぶことである。それゆえに私自身の名も呼ばれうる。

改めて思うのは、パウロがこれまで福音の教理を語る時も、ユダヤ人問題を語る時も、そしてまた倫理を語る時も、ここに名があげられていく人びとの顔を思い浮かべつつ、そうした人びとさらに教会に加わっている人びとに届くように書いているということである。こうしたことは、教理ということに向かい合う時の私たちのあり方を問うものとなるだろう。パウロにとって教理に生きるということは決して教条主義を意味しない。ローマの信徒への手紙は、教会の教理にとって時代を超えて重要な意味を持つものであるが、しかし真空のなかで考えられているというようなことではないのである。顔を思い浮かべつつ教理を述べている。その教理は、手紙の運び手と考えられるフェベを生かしているし、これまでいのちがけで教会を支えたプリスカとアキラも、アジア州の初穂エパイネトも、教会のための労苦を厭わないマリアも同じ教理に生かされている人びとである。私たちのテキストの区分を超えて、さらに名前は続く。パウロが語る教理に生かされている人びとがいる。共に歌っている人びとがいるのである。自分が告げる教理によって相手が歌えるようにと思いを注いでいたのである。そうすると難しい教理の講義の後に「今は難しい話はやめてしばしのお茶を」というような気分で、この親しい人びとの名が含まれる第一六章を語りはじめているというようなことではないはずである。脳裏に浮かぶ人びとと共に歌を響かせつつ、それが教会全体に広がるようにと願っている。そのように個人の名をあげることは優秀な信徒選抜でなく「全体性」（ヴィルケンス）獲得のための手段であることも心にとめておく必要がある。

使徒信条の第三項の「聖霊を信ず。聖なる公同の教会、聖徒の交わり……を信ず」が、説教のための骨格になるだろう。そこで告白されているのは、恵みの実体としての教会である。聖霊による教会は、努力目標などではなくて、目の前の実体である。神とキリストへの信仰は目の前の教会の恵みを数えることと一続きのものである。その信仰は実にパウロも生き、この手紙で語ってきたものである。目の前の現実のすべてが「全能の父なる神」の摂理的関与に担われていると、「聖霊」によって信じるのである。彼が語るのは、第一章から第八章までの教理は罪深さの奥にまで届かせる神の関与であるし、第九章から第一一章までの困難なユダヤ人問題にも及ぶ神の摂理的な関与である。また、第一二章から第一五章までの倫理は、そう信じるからこそ信仰者の現実もまた罪深さに負けないほどの神の関与のもとに置かれているし、本章からの人びとの実に現実的な名前と顔も、同じ神の関与のなかにある者なのである。以下の説教の構成を提案する。

一　信仰者共同体。二　人間的愛を越える。三　一人ひとりの名前にまで分け入る神の救いの光。

一　信仰者共同体

一節の「教会（エクレーシア）」は、ローマの信徒への手紙で意外にも初出である。人びとの名前を語るようになってからパウロが教会を語りはじめることは、彼にとって教会とは具体的な人の顔の見えるものであるということを語りはじめていると読める。パウロの入信の経過を考えると、たしかに顔や名前のない教会をパウロは考えることができなかっただろう。迫害者パウロは、「わたしは、あなたが迫害しているイエス」（使徒九・五）と言われる。それは、教会がイエス・キリストの体であるということを知る経験であった。つまり、単なるイエスの信奉者の集まりではなくて、キリストとの生命的関連にあるキリストの体であることを知る経験であったのである。しかも、それは名前と顔がある人びととの出会いであった。見えなくなっていた彼の目がはじめに見せられたのは、深くキリストに捕らえられたアナニアの顔であったし、ダマスコの教会の人びとの顔であった。洗礼を受けた彼は、概念としての教会に受けいれられたのではなくて、その顔も名前も持った教会の人びとに受け入れられたのである。そのようにして、現実的に存在する信徒にキリストの体なる教会を見たのである。それが、パウロの教会体験である。パウロにとって教会は概念でも理想でもなく、キリストの現実そのものなのである。

パウロにとって教会は信ずべきものなのであり、畏るべきものである。使徒信条第三項が《われは聖霊を信ず。聖なる公同の教会、聖徒の交わり……》というとおりである。しかもそれは、教会の人びとを信ずるということでもある。使徒信条がキリストを語り、そして教会を語る時、それは教会がサクラメンタルな存在であることを語っていることに他ならない。「聖なる公同の教会、聖徒の交わり」を信ずという時、遠く天上の教会を指さしているのではなくて、自分の面前にある教会を信じると言っているのである。そうすると、教会を信仰共同体として言い表すと同時に、《信仰者共同体》として受けとめることも迫られているのである。もちろん、「聖徒の交わり」については、教会同士で理解の幅がある。しかし、どちらの理解に立つにしても、意味するのは要するに今自分のところに罪の赦しの権能が見まごうことなき現実としてやってきていると受けとめるということである。人間が顔と顔を合わせ名前を呼んでいるところに、罪の赦し、からだの甦り、永遠の命という神の現実が差し込み始めていることを信じるということなのである。

一節の「教会」は、すぐに「奉仕者」と結びつく。奉仕者によって教会が支えられる実際を物語る言葉である。このようにして呼ばれるのが、フェベである。彼女は、この手紙の運び手と考えられている。そして「奉仕者（ディアコノス）」なのである。これが公的な務めなのか、あるいはもっと一般的な任意のものかについては議論があるものの、教会の務めとしてのディアコノスであったと考えるのが支配的である。こう考えると、彼女が手紙を運ぶ重要な務めを担ったということも理解できる。パウロは女性であるフェベを「援助者」（二節）とも呼んでいて深い信頼が読み取れる。女性をことさら重用するというような意識とは異なる。パウロが「男も女もありません」（ガラテヤ三・二八）と言うことの証左であろう。キリストの現実が彼女の生き方を捕らえていることへの深い信頼である。こうした彼女の生き方、奉仕のわざにまでにじみ出てくるキリストの現実がここに現れている。名は行為の集積によってその内容を獲得するというところがあるのである。存在が行為によって作られるといえば、すぐにそうした考え方は律法主義的だという問い返しを受けるかもしれないが、しかし、ここで奉仕者の実際のわざによって教会が支えられていた現実を見過ごせない。律法主義とは別に行為を問うことはやはり求められる。教会がサクラメンタルな存在であると先述したが、それは人の目には隠された神のみに見える真実な姿にはとどまらないのである。その人の肉体に表れ、その人の教会へのわざにまで表れる。

フェベだけではない。第一六章の六節までの、フェベの運ぶ手紙を受け取る人びともまたローマ教会を強く支える人びとである。名前に随伴するわざを読み取れるのである。パウロは彼らがどれほど教会のために献身的に生きるかを知るのである。プリスカとアキラは、「わたしのいのちを救うために、自分の首をさえ差し出してくれた」（四節、口語訳）と言われる。この口語訳の方が原文に近い。斬首台を巡る実際の出来事とは考えにくいが、しかしパウロがそう言うほどに具体的な命がけの援助のわざが注がれたのである。あるいは、「アジア州でキリストに献げられた初穂」としてのエパイネトも自らをキリストへの献身のわざに生きるようになり、「非常に苦労したマリア」（六節）もローマ教会のための苦労をいとわない奉仕のわざに生きた。教会は信仰者共同体であると先述したが、それは存在と行為にまでキリストの支配が食い込んでいる人びとの名によって形作られているものなのである。

二　人間的愛を越える

教会が信仰者共同体であり、サクラメンタルな存在であるということを見てきたわけであるが、うっかりするとそれは実感に据え替えられてしまいかねない。「家に集まる教会の人々」（五節）や、パウロが信徒の名前を記しつつ語る「愛」（同節）も、家族的教会が積極的に語られる私たちの文脈では、パウロの言葉を注意深く読み取っておく必要がある。ローマ教会は確かに現実的な、それが家での集まりであるような、愛の交わりの共同体から始まるのであるが、その交わりは決して家族的などという実感に終わるものではなくて、世界の宣教へと拡大する躍動を内包しているということを見逃してはならない。ヴィルケンスは、パウロが一五節までで異例なほど大勢の名前をあげることについて、「自分に未知の大多数のローマのキリスト者たちをはっきりと自分と親しい兄弟たちと結びつけ、またそのようにして最後にはすべての兄弟が互いに清い接吻を交わすことを通して彼がこの手紙によって生み出そうとしている教会全体のあの全体性が象徴されるようになる限り、個人的挨拶の依頼は意味を獲得する」と言う。個人への挨拶は全体性獲得の手段というのである。この「全体性」という指摘は鋭い。そうすると、示されている親しさは閉じられた親しさではなくて、むしろ全体をその親しさに招くためのものなのである。そう考えると、家の教会や愛が閉じられた親しさとなりかねない私たちの文脈で考える姿とはずいぶん違う様相を見せる。

私たちが生来知っていることからすれば、ある人の名前があげられる時、そこに様々人間的な感情が動く。それは往々にして、親しさの濃淡のはっきりしたものである。こうした親しさは、大いに私たちの好き嫌いという感覚に規定されているものである。相手の顔を見る目、相手の言葉を聞く耳など感覚によって、その人物への判断や評価が作られていく。感覚に依存する親しさである。しかし、パウロはそうした思いでエパイネトへの愛を述べているのであろうか。名があがらない人が、あげられる人よりも少ない愛しか受けていないというような、つまり人のねたみを引き起こすような愛ではないだろう。ある牧師は、信徒にとくに親しい関係を作らないために訪問すらしなかったと聞く。いささか禁欲的にも思えるが、しかし教会の交わりが仲のよさに解消されてしまわないための一つの態度であるだろう。パウロは、私たちのテキストでフェベを紹介する時に、彼女を受け入れるローマの人びとについて改めて「聖なる者たち……主に結ばれている者」（二節）と語っている。これは、この手紙の最初に「神に愛され、召されて聖なる者となったローマの人たち一同へ」（一・七）と書き始めていることと符合し、ローマ教会の信徒たちについてのパウロの一貫した見方を物語る。やはり、パウロは面前にある人びとを自らの親しさで見るに勝って、神に聖別された人びとと見て愛しているのである。親しさを改めて語ることもできるであろうが、そうであるとしても神の聖別に根ざす親しさ以外ではない。そのように語られている「愛」であるから、いわゆる人間的な好き嫌いとは異なる愛と言うべきだろう。

この手紙の冒頭の言葉は、次のような言葉に続いて出てくる言葉である。「わたしたちはこの方により、その御名を広めてすべての異邦人を信仰による従順へと導くために、恵みを受けて使徒とされました。この異邦人の中に、イエス・キリストのものとなるように召されたあなたがたもいるのです」（一・五—六）。異邦人を導くために使徒とされたというのは、パウロが使命を語る言葉である。彼が使徒であるためには、仕えるべき教会の人びとが必要だということである。エパイネトも、ギリシア語の名前を持つので異邦人の一人であるかもしれないが、彼を愛することは、パウロが使徒として立つためにどうしても必要なことなのである。そして、それはエパイネトのみならず、キリストにささげられるべく召された人びとに正しく仕えることが求められるのである。教会の人びとがキリストに召されたと信じるところにおいて、初めて自分も使徒たり得るのである。使徒としての自分の立場が確保されているところから、人をえり好みするようなことは考えることもできないことである。

それは、私たちにしてみれば、導くべき教会の信徒が神に召されているということを信じないところでは、自分が牧師・伝道者であることを失ってしまうということでもある。信徒相互でも同じで、兄弟姉妹が相手をキリストに結ばれているとお互いに信じることを抜きにして、真実の意味において神とキリストを信じていることにはならない。使徒信条において聖霊を告白するところで、すぐに「公同の教会、聖徒の交わり」と言うことは、自分が目にしている信仰の仲間たちを深く信じることと一つのことであり、それが聖霊を信ずるということなのである。そうした信仰を迂回したところで「わたしの手は短すぎて贖うことができず、わたしには救い出す力がないというのか」（イザヤ書五〇・二）と、神からまことの信仰からのずれについて叱責を受けざるを得ないのである。

筆者の仕える教会では、洗礼を受けたのちにも教会の生活について学ぶ学びをしばらく続ける。そのなかで、教会の交わりについて、交わりは感ずるものではなく信ずるものと理解してほしいとお願いする。教会員すべてと親しくするということは望めないし、そうする必要もない。人間的にいえばそこに必ず濃淡が感じられてくる。しかし、自分たちがすでにそこに神に選ばれて、その交わりへと自分も召されたことを信じてほしい。交わりは信ずるものであるとお願いするのである。

三　一人ひとりの名前にまで分け入る神の救いの光

目に見える現実にもかかわらずに、どうしてパウロは教会の全体の人びとについて深い信頼を向けていることができるのか。ローマの信徒への手紙が書かれたのは、五六—五七年頃と推定される。使徒として悲しみつつコリント教会に宛てた第二の手紙が書かれたのは、五四—五五年頃と推定されるので、パウロがローマへの手紙を書いた時はすでにコリント教会の混乱から、教会の現実が一筋縄ではいかないということをよく知るようになっていた。そうであるにもかかわらず、前項で見てきたような教会の全体への親しみと信頼は何によるのであるか。これは牧師にとって大変に重要な視点である。牧師としての苦悩を経験しつつ、知らず知らずのうちに、あるはずもない本物の信徒を選り分けようとするようなことに陥るのではないか。そしてパウロのようにしたたかに、教会をキリストのものとして捉えつづけることから退いてしまうことがあると思うからである。

筆者のこの手紙の黙想ですでに触れているが、パウロの深い思いは、第一一章の最後の「すべてのものは、神から出て、神によって保たれ、神に向かっているのです。栄光が神に永遠にありますように、アーメン」（三六節）という頌栄に強く表れていると思う。ユダヤ人問題を語り終えた時の言葉である。キリストを十字架に送り、その上、福音を聞こうとしない彼らが、しかし神の御手のなかにおかれている。そのゆえに、背信の背中に祝福を述べている。パウロは神の摂理の御手が隈無く伸べられているゆえに、すべてを信じているのである。

そのすべてを信じる信仰は手紙のはじめから動いている。「罪が増したところには、恵みはなおいっそう満ちあふれました。……恵みも義によって支配しつつ、わたしたちの主イエス・キリストを通して永遠の命に導く」（五・二〇、二一）と大胆に神の救いの全体性を信じ、「これらすべての事において勝ち得て余りがある」（八・三七、口語訳）と凱歌の声を上げる。神の救いの全体性の前に罪深さは追いやられるほかないのである。また、第一二章からは倫理の問題であった。その全体性を私たちの生の現実にまで押し広げて見ているのである。罪深い肉体が、しかしそれでも神に献げられる時、愛の戒めに生きることができるようにされていく。愛に生きることは努力目標として私たちの現実から離されているものではなくて、恵みが私たちの肉体をも取り残さずに働き続ける。そして、ここに来て名前が語られる時に、そのような神の全体的な救いを、実に現実的な名前にも見ている。名前を持つ一人ひとりを取り残して神の救いが進んでいくとは考えることができないのである。

確かに、先述したコリント教会にあったような問題が、ローマ教会にもないということはない。しかし、パウロは現状に見えている姿よりも、神の救いのなかに捕らえられている人びとの姿の方が確かな姿として見ている。ボーレンが、その説教学で聴衆を創造的に発見するということを、次のように述べている。「十字架につけられた方を認識することにおいて、説教者は自分の聴衆が、救いにすでに選びわかたれていることを認識する。十字架からの一条の光が世界をつらぬいて、福音の言葉を聞くすべての者の光となり、その光のなかで、説教者にとって、その聞き手が、何のために定められ、選ばれているかを示し、明らかにする。そのことによって、説教者が自分の聞き手について新しい姿を思い浮かべることができるように、これを助けるのである」（『説教学Ⅱ』二三五頁）。パウロは、信徒たちをまさに創造的に発見したのである。「十字架からの一条の光」が、名前一つひとつにまで分け入ることを知っているのである。そのような望みの光のなかで信徒たちの現状の先を明るく見通すような言葉を語り、そう語る言葉が信徒たちを作ってきた。こうしたまなざしで信徒を、そして教会を見る確かさをパウロは身をもって示しているのである。

参考文献

K・ワルケンホースト『ロマ書の戒め――ロマ書の解釈一二―一六章』中央出版社、一九八一年

C. E. B. Cranfield, *Romans: a Shorter Commentary*, T&T Clark Ltd, 1985.

ウルリッヒ・ヴィルケンス『ローマ人への手紙（12―16章）』（ＥＫＫ新約聖書註解Ⅵ／3）岩本修一訳、教文館、二〇〇一年

ローマの信徒への手紙 一六章七―一六節

片柳 弘史

一五章において自分に与えられた異邦人への宣教の使命を確認し、ローマ訪問の決意を述べたパウロは、この書簡の最終章である一六章においてローマの個々の信徒に宛てた挨拶をしためている。一般的な挨拶として見過ごされがちな箇所ではあるが、この挨拶の羅列の中にこそパウロの司牧者としての姿勢が如実に表れているように思う。パウロは、遠方にいて滅多に会うことのない信徒一人ひとりの名前をはっきりと覚え、その一人ひとりに真心を込めて語りかける司牧者だったのである。熱意にあふれた宣教者であると同時に傑出した司牧者であったパウロから、現代の司牧者のあるべき姿を学びたい。

一 同労者としての信徒への敬意

挨拶文の全般にわたって、パウロは信徒たちへの敬意を惜しまない。信徒たちを、主イエスの前にまったく対等な協力者、同労者として扱い、その一人ひとりの働きに最大限の賛辞を送っているのである。同労者である信徒への心の底からの敬意、これこそすべての司牧者に求められる最も根本的な態度であろう。一二章において「兄弟愛をもって互いに愛し、尊敬をもって互いに相手を優れた者と思いなさい」（一〇節）と述べたパウロは、自らの司牧においてこの言葉をまさに実践していたのである。

カトリック教会では、第二バチカン公会議において教会の中での信徒の役割が大きく見直された。従来の聖職者、修道者中心の教会像を改め、今後は聖職者も修道者も信徒も「神の民」として対等の立場で福音宣教に取り組んでゆくという大方針が示されたのである。聖職者、修道者と信徒の間にあるのは、教会という「一つの体」（一二・四）における役割の違いのみであり、優劣、上下はない。そのことが、改めて確認されたと言っていい。司牧の立場に立つ聖職者、修道者と信徒が、互いを尊敬し合いながら協力して宣教に当たっていくための教会の変革は、カトリック教会において現在も進行中である。

そのような動きの中でときに起こるのは、司牧者と信徒との間の競争である。長年にわたる司牧者優位の教会運営への反動から、信徒が司牧者を見下す。見下された司牧者が信徒を見下し返す、というようなことが起こってしまいがちなのである。信徒は自分の実社会や家庭生活での体験を誇り、司牧者は自分の神学的な知識や信仰の深さを誇って互いを見下し合う。これは、パウロが最も嫌っていた律法主義の再来と言っていいだろう。それぞれが自分の行いを誇り、自分で自分を義化して互いを見下し合うとき、キリストは教会の中にいない。そこにあるのは、エゴとエゴのぶつかり合いのみである。

マザー・テレサは信徒から活動を賞賛される度ごとに、「わたしにできないことが、あなたにはできます。あなたにできないことが、わたしにはできます。力を合わせれば、神様のために何かすばらしいことができるでしょう」と語っていた。すべてを捨てて貧しい人々に奉仕する人生を送れないことを恥じる人に、マザーは「あなたは結婚しているから、家族のために掃除や洗濯、料理ができます。子どもを育てることもできます。それは、貧しい人たちに奉仕するのと同じくらい偉大なことなのです」と諭したのである。貧しい人たちに奉仕することと、家族のために尽くすことは、神様の前でまったく同じくらい尊い。それぞれが、神から与えられたそれぞれの役割に全力で取り組むことによって、わたしたちは地上に「神の国」を実現してゆくことができる。マザーはそう確信していた。

このように、信仰によって義とされた者は、キリストにける兄弟姉妹を決して見下すことがない。なぜならば、自分には誇るべきものなど何もないと知っているからである。すべての恵みは神から与えられたものであり、教会におけるそれぞれの使命も神から与えられたものであると自覚している人は、決して自分を誇らない。むしろ、取るに足りない自分に大切な役割が与えられたことを神に感謝し、同じように神から大切な役割を与えられた隣人と共に、協力しながら「神の国」への道を歩んでゆくことを選ぶのである。

二　同僚である使徒への敬意

パウロが、アンドロニコとユニアスという二人の使徒について賞賛を送っていることにも注目したい。パウロは、同僚とも決して競い合うことなく、相手のよさを認めることができる司牧者だったのである。

司牧者同士が競い合うということは、教会において起こりがちである。例えば、信徒が他の教会の神父の説教を絶賛するのを聞いたとき、その神父はどうするだろうか。多くの神父は、「それは本当に大きな恵みでしたね」と心から喜ぶだろうが、中には自分の説教が批判されたと受け止めて腹を立てる神父もいる。最悪の場合、説教がうまいというその神父の悪口を言い始めることさえありうるだろう。司牧者は、他の司牧者に対して競争意識を持ちやすいものなのである。

しかし、パウロは他の優れた司牧者に嫉妬することがない。なぜなら、それぞれの司牧者に、それぞれ違った役割が神から与えられていることをよく知っているからである。説教のうまさによって福音を伝える役割を与えられた司牧者がいれば、人柄の良さによって福音を伝える役割を与えられた司牧者もいる。大切なのは、それぞれが神から与えられた使命を謙遜な心で果たしていくことだけである。互いの役割を比較して、競い合っている暇などないのである。

司牧者同士が競争することによって、二〇〇〇年の教会の歴史の中で、果たしてどれだけ多くのエネルギーが無駄に費やされたことだろうか。他の司牧者を批判し、見下しても何も生まれてくることはない。そこにあるのは、ただ無益な破壊のみである。すべての司牧者が、他の司牧者と競い合うためのエネルギーを自分自身の使命をよりよく果たすために振り向けるなら、教会はいまよりずっとたくさんの人に福音を伝えられるに違いない。

司牧者同士が競い合う姿は、信徒にとって大きな躓きにもなる。どれほどその司牧者がすばらしい説教をし、神への愛を説いたとしても、他の司牧者の悪口を言うのを聞けばどうだろうか。「この人は、神のためと言いながら、結局は自分が人から褒められるために、つまり自分自身への愛のために奉仕しているのではないか」という疑いが生じるに違いない。もし神への愛のためだけに奉仕しているなら、人と自分を比較する必要などないはずである。神への愛に駆り立てられて奉仕する人は、どうしたらもっとよく神に奉仕できるかということを考えるのに忙しく、人と自分を比較している暇などないのである。

信仰によって義とされ、心が神の愛で満たされている人は、誰かから愛されることを求めて人と争うことがない。その必要がまったくないからである。競い合うのは心に虚しさを抱えているしるしであり、そのような人はよい司牧者とは言えない。心を愛で満たされ、他の司牧者のよさを素直に認めることができる人。他の司牧者たちと喜んで協力し合える司牧者こそ、真の牧者なのである。

三　個々の信徒への細やかな配慮

ローマの信徒たちへ宛てた書簡であるならば、「皆さんにどうぞよろしく」というような書き方でまとめることもできたはずなのに、パウロはわざわざ一人ひとりの名前を挙げ、それぞれに配慮したメッセージを添えている。「わたしの同朋」「わたしの愛する」などの言葉を書くとき、パウロは一人ひとりの顔を思い浮かべ、万感の思いを込めていたのに違いない。パウロは、確かに信徒の一人ひとりを大切にする司牧者だったのである。

これは、司牧者にとって欠くべからざる資質だと言えよう。なぜなら、司牧者は一人ひとりに神の愛を伝える使命を担った者だからである。人間は、自分が誰かから大切にされたときにだけ、自分が大切な存在であることを実感することができる。言葉でどれほど「あなたは大切な存在だ」と繰り返し言い聞かされても、それだけでは決して自分が大切な存在であると実感することはできない。それゆえ、誰もがかけがえのない神の子であるという福音の本質的なメッセージを相手に伝えたいならば、司牧者は目の前にいる一人ひとりを大切にする必要がある。かけがえのない神の子として大切に扱われることによってのみ、救いを求めてやって来たその人は、自分がかけがえのない神の子であることを知るのである。目の前の一人ひとりを大切にすることこそ、福音宣教のすべてだとさえ言っていいだろう。どれほど雄弁に神の愛を説くことができても、目の前にいる一人の信徒と真摯に向かい合うことができない司牧者は、決して神の愛を伝えることができない。

　マザー・テレサと出会った人は、誰もが「自分こそ、マザーから世界で一番愛されている」と感じた。それは、マザーが目の前のその人に、自分のすべてを差し出していたからに他ならない。「たくさんの人がわたしのところにやって来ますが、そのときそのとき、目の前にいる人がわたしにとってイエス・キリストであり、わたしのすべてなのです」とマザーは言う。実際マザーは、どんな人にも心の底からの笑顔でほほ笑みかけ、相手をきらきらしたまなざしで見つめ、全身を耳にして相手の言うことを一言もらさず聞こうとした。マザーは、無言のうちに、全身で相手に「あなたは大切な存在。あなたは神の子」と語りかける人だった。マザーの心の奥深くから全力で発信されたそのメッセージは、相手の心の奥深くに届き、相手の心を揺さぶった。こうして、マザーと出会った人は、マザーを通して神の愛と出会い、自分が「神の子」であることを知ったのである。目の前の一人ひとりを大切にする。それこそが、マザーの福音宣教だった。マザーを通してキリストの愛と出会った人たちの多くが、キリストの愛から離れられなくなり、キリストについてゆく道を選んだ。パウロとマザーは、神の愛を宣教するということが何であるかを、わたしたちにはっきりと教えてくれる。どれほど雄弁な説教も、一人ひとりを大切にする愛がなければ宣教の力を持ちえないのである。

四　苦しみにおいて一致する

「一緒に捕らわれの身となった」(七節)という言葉に最も端的に表れているように、パウロは、人々と苦しみを共にする司牧者だった。人々を焚き付けて自分は安全な場所にいるような司牧者ではなく、むしろ自分自身を最も危険な場所に置き、共同体のために率先して苦しみを担う司牧者。それがパウロだったのである。

　苦しみには、時間と空間を越えて人を一つに結びつける力がある。あらゆる迫害に耐え、イエスが十字架上で味わった苦しみを共に味わうとき、わたしたちは苦しみの中で一つに結ばれてゆくのである。イエスがつけられた同じ十字架に、共につけられることによる連帯というものが確かに存在する。ローマの信徒たちとパウロは、地理的に離れてはいたが、いつも同じ一つの苦しみの中にいた。彼らは、自分が味わっている苦しみが、自分一人だけの苦しみではないこと。イエスが十字架上で味わった苦しみであり、また兄弟姉妹が各地で味わっている苦しみと同じ苦しみであることを知っていた。同じ苦しみを味わう者として、互いに祈り合い、支え合う中で、彼らの絆はより一層深いものになっていったのである。宣教の旅を続けるパウロが、遠く離れた人々とも心を通わせ一つであり続けられたのは、パウロが苦しみを共に担う司牧者だったからに他ならない。

　同じ楽しみを味わうことによって結ばれた絆は、楽しみがなくなれば消えてしまうかもしれない。だが、同じ苦しみを味わうことによって結ばれた絆は、苦しみがなくなったとしても決して消えることがない。苦しみの記憶と共に心にしっかり刻みこまれ、友として、仲間としてわたしたちを結び続ける。信徒と共に苦しみを担う司牧者がいる共同体は、いつも固い絆で結ばれた共同体なのである。

五　信仰における家庭的な交わり

一三節でルフォスの母についてパウロが、「彼女はわたしにとっても母なのです」と述べていることにも注目したい。パウロが、信仰共同体を一つの家族と見なし、その絆を心の拠り所としていたことが分かるからである。

パウロは何故、ルフォスの母を自分の母と呼んだのであろうか。尊敬の念を込めてということもあるだろうが、おそらくパウロが困難の中にあったとき、彼女がパウロを母のように支えたというような出来事があったのではないかと想像される。どんなことがあっても子どもを見捨てない無条件の愛こそ母の最大の特徴であり、パウロは彼女の中にそのような愛を見たのであろう。

イエス自身、「だれでも、わたしの天の父の御心を行う人が、わたしの兄弟、姉妹、また母である」（マタイ一二・五〇）と述べ、信仰の共同体を一つの家族と見なしている。教会は一つの家庭であり、そこに集う人々はみな家族なのである。司牧者には、教会を家族としての本来あるべき姿に導く使命が与えられている。教会を、家族であるすべての信徒がありのままの自分でいることができる場所、すべての信徒にとっての家庭にしていく使命が与えられているのである。

そのためには、まず司牧者自身が、信徒を自分の家族と思うことであろう。信徒を自分の兄弟姉妹、子ども、父母として受け入れることである。家族的な交わりの最大の特徴は、その絆が決して切れることがないということである。相手がどのような状況に陥ったとしても、家族である以上決して見捨てることはできない。楽しいときだけ一緒にいるが、重荷になればさようならということでは、家族ではないのである。自分の思った通りにならないからと言って、「お前はもうわたしの子どもではない」ということも言えない。相手が自分の思った通りにならなかったとしても、寄り添い続けるのが家族なのである。神様が結んで下さった家族の絆は、何があったとしても決して断つことができない。そのような覚悟で信徒と関わり、交わりを結んでゆくのが、教会を家庭とする司牧者なのである。

六　共同体の一致

パウロはローマの信徒たちに、「聖なる口づけによって互いに挨拶を交わしなさい」（一六節）と勧めている。口づけをするとは、互いのすべてを受け入れ合うことのシンボルと考えていいだろう。パウロは、信徒たちが互いに相手のすべてを抱きとめ、大切に慈しむ交わりが教会の中に実現することを願っていたのである。

パウロが名前を挙げた人々の中には、異邦人もいればユダヤ人もおり、奴隷もいればその主人もいる。あらゆる性別、人種、社会階層の人々が、神によって一つに結ばれることをパウロは願っていたのである。それは、「神の国」における交わりの先取りと言ってもいい。「神の国」において実現するはずの交わりを、教会の中に実現してゆくのが司牧者の役割なのである。

「キリストはわたしたちの平和であります。二つのものを一つにし、御自分の肉において敵意という隔ての壁を取り壊し、規則と戒律ずくめの律法を廃棄されました」（エフェソ二・一四―一五）とパウロが述べている通り、キリストの平和とは、すべての人が神の愛の中で一つに結ばれ、どこにも分断がない状態であると考えられる。この平和を教会に実現し、地上に「神の国」の交わりを先取りしてゆくことこそ、司牧者の役割である。そのためには、まず司牧者の心の中からあらゆる「隔ての壁」を取り除かなければならない。たった一人さえも見捨てることなく、すべての信徒を兄弟姉妹として受け入れてゆく柔和さと謙遜さがなければ、教会の中に「キリストの平和」、「神の国」を実現してゆくことはできないのである。

七　全教会との一致

最後にパウロは、「キリストのすべての教会があなたがたによろしくと言っています」（一六節）と付け加えている。迫害の中にあるローマの信徒たちに、全教会が彼らのために祈っていることを思い起こさせているのである。パウロが、つねに全教会との一致の中で行動する司牧者だったことがこの言葉から分かる。

教会で活動するとき、わたしたちはつい自分が属している教会だけを考えてしまいがちである。自分が所属し、目で見ることができる教会だけがすべてだと思い込んでしまうのである。しかし、教会は目の前にある教会だけではない。わたしたちは、目に見えない大きな教会、普遍教会の一部なのである。司牧者は、常にそのことを信徒に思い起こさせる使命を担っている。

部分である一つの共同体が大きな痛みを感じているとき、全身である普遍教会も痛みを感じている。自分たちだけでは痛みを乗り越えられないと感じるときでも、全教会の祈りに支えられることによって乗り越えてゆくことができる。それが、普遍教会と部分教会のあるべき姿である。教会が一つの体であるために、わたしたちは遠方にいる兄弟姉妹たちのことを心にかけ、その苦しみを自分たち自身の苦しみと感じる感性を養う必要がある。自分たちの共同体だけに埋没することなく、普遍教会に視野を広げ、目に見えない兄弟姉妹たちのために祈るよう教会共同体を導くのが司牧者の役割なのである。

まとめ

ローマの信徒への手紙の最後に付されたこの挨拶文を通して、わたしたちは、一人ひとりの信徒を限りなく大切にすることによって教会共同体を一致へと導く司牧者パウロの姿に触れることができる。信仰によって義とされた司牧者は、謙遜な心ですべての人を尊敬することができる者であり、一人ひとりを大切にすることによって愛を伝え、教会に「キリストの平和」を実現する者なのである。情熱に満ちた雄弁な宣教者であると同時に、一人ひとりの信徒に慈しみを注ぐ愛情深い司牧者であったパウロから、わたしたちが学ぶべきことは限りなくあるようだ。

参考文献

カール・バルト『ローマ書新解』川名勇訳、新教出版社、一九八一年
片柳弘史『世界で一番たいせつなあなたへ――マザー・テレサからの贈り物』PHP研究所、二〇一五年

ローマの信徒への手紙　一六章一七―二三（二四）節

蔦田　崇志

一六章に入りパウロは締め括りの挨拶に取りかかる。ケンクレアイのフェベを紹介し、プリスカとアキラ、エパイネト、非常に苦労をしたマリアに始まり、多くの名が挙げられる。一方でパウロの側からの挨拶伝達は簡潔かつ総括的である（一六節）。

警戒と敬遠の勧告（一七―一九節a）

パウロはひとたび一五章冒頭で一連の勧告を締め括った。「強い者は、強くない者の弱さを担うべき」だと諭し（一五・一）、また「あなたがたも互いに相手を受け入れなさい」（一五・七）と促して後、自らの使命と今後の目標についてひとしきり述べ（一五・一四―二九）、教会の祈りを乞うたパウロは、この一六章一七節以下にきて今一度最後の勧告をする。多少唐突の感を逃れず、あるいはこの段落はパウロ自身による加筆かもしれない（ダン、九〇一頁）。本書は主にユダヤ人信徒と異邦人信徒との間の軋轢を扱ってきたが、ここへきて教会外からの危険についても警鐘を鳴らす必要を覚えた。

その主題は信徒たちが「学んだ教え」（一七節）である。おそらく入信や受洗に際して学んだ教義のような原則的な教えであろう、その教えに対して異を唱える人々の存在を警戒すること、そしてさらに彼らを遠ざけるようにと訴える。彼らがもたらす害悪について二つのことが取り上げられている。「不和（ディコスタシア）」とは単なる暖簾分けではなく、敵意や悪意を伴った分裂を意味する。他方「つまずき（スキャンダロン）」は誘惑をもたらすものであったり、さらには反感や嫌悪感をもたらすものを指す。第一コリント書一章二三節に十字架がつまずきとなっている様子が描かれている（ガラテヤ五・一一も参照のこと）。換言すれば、パウロはこの人々がローマの教会を分断し、その信徒たちを真理から逸脱させる可能性をつまみとろうと試みている。彼らに対する辛辣な批判が一八節に続く。

最初に忠誠の問題を取り上げる。この類の人々は「自分の腹に仕えている」と言い切る。フィリピ書三章一九節に「彼らは腹を神とし、恥ずべきものを誇りとし、この世のことしか考えていません」とあり、腹（コイリア）が俗悪な欲を表しているのが分かる。パウロは敢えて彼らが仕える腹を「わたしたちの主であるキリスト」と並べて警戒し、自らがローマの信徒たちとともに主であるキリストに忠誠を尽くす覚悟を決めた同志であることを想起させ、信徒たちが己の腹を神とする人々と関わりを持つ余地がないことを確認する。

忠誠が異なれば生み出されるわざも大きく異なる。この類の人々は滑らかなことばと耳当たりのよいことばで人の心を欺く、とパウロはさらに注意を促す。「純朴な人々の心」とは換言すれば邪気のない（アカコス）心で、ローマの信徒たちの従順を描いている。彼らが意図的にこの教会を混乱させ、信徒たちを福音から逸脱させる人々であることをパウロは知り、最大限の警報を鳴らしている。

しかしパウロの関心は彼らにではなく、ローマの信徒たちのキリストに対する従順にある。思えば手紙の冒頭でも彼は自らの使命を「すべての異邦人を信仰による従順へと導くため」だと言い表している（一・四、一五・一八に再び同様の言及がある）。信徒たちが皆、キリストに対して信仰を働かせ従順に生きることをパウロは自身の喜びとしていた。ちょうどパウロがテサロニケの教会を喜んだように、である。「あなたがたはひどい苦しみの中で、聖霊による喜びをもって御言葉を受け入れ、わたしたちに倣う者、そして主に倣う者となり、マケドニア州とアカイア州にいるすべての信者の模範となるに至ったのです。主の言葉があなたがたのところから出て、マケドニア州やアカイア州に響き渡ったばかりでなく、神に対するあなたがたの信仰が至るところで伝えられているので、何も付け加えて言う必要はないほどです」（Ⅰテサロニケ一・六―八）。

テサロニケの教会に対してもパウロは「実に、あなたがたこそ、わたしたちの誉れであり、喜びなのです」と書き送ったが（二・一九）、いまだ訪れたことのないローマの教会に対しても同様の愛を抱くようになっているパウロがここにいる。しかも彼の抱く教会への愛は単に人情的な思慕ではなく、福音の理解に基づいたものでもあった。また彼が不和やつまずきをもたらす人々に対して辛辣で容赦ない批判を重ねるとすれば、それもまた憎しみや憤りによるものではなく、神の教会に対する思い、福音の真理に駆り立てられての言動なのである。

善に聡く、悪に疎く（一九b―二〇節）

加えてパウロは教会が善悪に対して如何に向き合うことを望んでいるか、そしてどうしてそのように望むのかを端的に言い表す。興味深いのは直前でパウロは教会に不和とつまずきをもたらす人々に対して警戒するように、無思慮に迎え入れないように、それどころか遠ざかるように戒めながら、つまり悪に対して賢くあるように戒めながら、今度は善に対して賢く、思慮深くあるように促している点であろう。さらに悪に対しては疎くあるように望んでいる。確かに福音に対してつまずきをもたらし、教会に不和をもたらす存在に対して注意が必要であるが、聖徒の賢さは悪を遠ざけるために浪費されるよりは、善を最大限に生かすために用いられるべきである。教会は「たゆまず善を行」うことに集中し、「飽きずに励んでいれば、時が来て、実を刈り取ることに」なる（ガラテヤ六・九）。

パウロはコリントの信徒たちに対しても同様に、「悪事については幼子となり、ものの判断については大人になってください」と戒め（Ⅰコリント一四・二〇）、イエスもまた弟子たちに「蛇のように賢く、鳩のように素直になりなさい」（マタイ一〇・一六）と教えて彼らを派遣された。教会の門を通過するあらゆる物事、人々に対して健全な判断力を養い保つことが絶えず求められているが、教会の本来の姿は善に対する熱心さであり、パウロはローマの教会にもそのことを望んでいる。

無論、悪に対して疎いとは、悪に対して無力であることを意味しない。終末論的な視野を広げつつ、神が「サタンをあなたがたの足の下で打ち砕かれる」（二〇節）と断言する。しかもその勝利は「間もなく」来ると期待する緊迫感は初代教会の希望の現れであり、パウロが受け、また伝えてきた福音であった。「サタンをあなたがたの足の下で打ち砕」くとは、創世記三章一五節にさかのぼることができるかもしれない（ダン、九〇五頁参照）。

お前と女、お前の子孫と女の子孫の間に
わたしは敵意を置く。
彼はお前の頭を砕き
お前は彼のかかとを砕く。

「平和の源である神（ホ・セオス・テース・エイレーネース）」との称号はパウロ書簡においてしばしば手紙の締め括り近くで紹介される神の御性質である。教会の中に、そして教会をとおして神の平和が支配することを願う使徒の祈りが込められている。

さて、ここで締め括りの祝禱が記される。後述のとおり本書の締め括りについて諸説ある。ほぼ同一の文章が異本二四節として残されているのでそこで祝禱は扱う。なお、祝禱が二四節の位置に置かれる写本は大方二〇節後半の挨拶文を省いている（西方型写本）。

パウロ側からの挨拶（二一—二三節）

ここで一七節以降しばらく途絶えていた挨拶（アスパゾマイ）が再び続く。今回はパウロ周辺の同労者たちからの挨拶伝達である。一六節では極めて簡潔な「あなたがたによろしくと言っています」であったが、改めて八名からの挨拶が加えられる。

筆頭に協力者（スンエルゴス）としてテモテの挨拶が伝えられる。一六章には既に三人、プリスカとアキラ（三節）、それからウルバノ（九節）が協力者と呼ばれている。他の書簡ではエパフロディト（フィリピ二・二五）、アリスタルコ、マルコ、ユストと呼ばれるイエスの三名が（コロサイ四・一〇、一一他）協力者とされ、またフィレモンと共にデマスやルカが（フィレモン二四節）、他に名の明かされていない協力者たちもいる（フィリピ四・三）。自らもまた神の協力者として名乗る場面もある（Iコリント三・九）。だれであれ福音のために共に労する者をパウロは「協力者」と呼んで尊んだ。

テモテは使徒言行録一六章で身の上が紹介されている。ギリシア人の父とユダヤ人の母エウニケとの間に生を受けた。リストラでパウロに見出され、以来パウロと共に福音の働きに従事している。パウロの手紙の多くに共同差出人として名を連ねる。本書は異例にも通常の挨拶文で始まっておらず、よって共同差出人の署名がないが、締め括るにあたってパウロは協力者として筆頭にテモテからの挨拶を挙げる。恐らくローマの教会との関わりは始まってはいなかったであろう。しかし彼が重要な働きを担うことを想定し、この時点で彼を教会に推薦している。

次にルキオ、ヤソン、そしてソシパトロの三名の挨拶がパウロの同胞として紹介されている。使徒言行録にアンティオキア教会の一員であるクレネ人ルキオが紹介されている（一三・一）。またルキオはルカの別称であることから福音書と使徒言行録の記者、医者ルカ（コロサイ四・一四他）と同一視されることもある（ダン、九〇九頁）。しかしいずれもパウロの同胞すなわちユダヤ人ではなく、同一人物とするのには難がある。名の挙げられている三名のうち、「同胞」が当てはまるのをヤソンとソシパトロだけに限定する読み方もあるが、不自然の感が残る。テモテのようにルカもまた片親がユダヤ人であったと考えることもできるが憶測の域を越えない。このルキオはユダヤ人（またはユダヤ系）である第三のルキオと理解するのが妥当と考えられる。となれば、彼についての詳細は全く分からない。もっともパウロの強調点は、彼の同労者にユダヤ人が複数加わっているという事実である。異邦人への宣教にユダヤ人であるパウロが召されたのは決して特殊な事例ではなく、「分け隔て」なさらない神が（ローマ二・一一）、あらゆる民のうちよりご自身のわざに召されることの証しなのである。その神に仕える同労者たちもまた、宣教の対象に分け隔てをしない。

ヤソンとはユダヤ名であるヨセフのギリシア読みだとされている。とすれば彼は間違いなくパウロの同胞と言えよう。パウロのテサロニケ訪問に際して一行を迎え入れ、そのためにねたみに駆られた「同胞」から攻撃の対象ともなったあのヤソンであると思われる（使徒一七・一―九）。そうであるとすれば、ヤソンはパウロたちの伝道により回心を経て、やがてマケドニアやアカイアの一帯にその信仰が広まるようになったテサロニケの教会の一員として「信仰によって働き、愛のために労苦し、希望を持って忍耐」（Ⅰテサロニケ一・三）してきた同労者である。

ソシパトロもまた使徒言行録中「ピロの子でベレア出身」と紹介されているソパトロと同一人物だと思われる（使徒二〇・四）。そうであるならば、彼はパウロの伝道に同行し、ベレア地域の教会の代表として認識されるほどの信徒であったと言える。彼の働きは具体的に記録されていないが、彼もまたユダヤ人同労者としてローマの信徒たちに紹介をされ、今後の交わりに期待が寄せられている様子が伝わる。

ここで手紙の筆記者テルティオが直筆の挨拶を加える（二二節）。ラテン系の名前であり、あるいはローマの信徒たちの間では知られていたのかもしれないが、彼の素性について今日の読者には他に何も明かされていない。手紙の筆記者がどの程度文面に自由を委ねられていたのかがしばしば論じられるが、クランフィールドの議論が一般的に受け入れられている。クランフィールドは、手紙のほとんどがテルティオの文責であると論じるO・ローラ（O. Roller, 1933）に反論して、「ローマ人への手紙に込められているような、極めて独創的かつ巧みな構造、また著しく難解な思想を生み出せる人物が、他者に詳細な表現を委ねた可能性の低さ」（クランフィールド、二―五頁）を指摘した。テルティオは忍耐深くパウロの言葉を丁寧に筆記し、彼のキリストに対する忠誠を表した。彼は口述筆記職人としてではなく、パウロが伝達する他の挨拶同様、同じキリスト者として筆記の労を担い、主にあって挨拶を交わしているのである。

二三節にあと二つの挨拶が続く。六人目の名はガイオであり、「わたしとこちらの教会全体が世話になっている家の主人」として紹介されている。一般的な名前で、新約聖書中にも数名同名の信徒が紹介されている（使徒一九・二九、二〇・四、Ⅰコリント一・一四、Ⅲヨハネ一節他）。この手紙がコリントから書き送られていることを受け入れるならば、このガイオは一コリントの冒頭に、パウロが洗礼を授けた数少ない教会員の一人として紹介されているガイオと同一人物である可能性が高い（Ⅰコリント一・一四）。言うまでもなく世話になっている「わたし」はテルティオではなくパウロである。そして「こちらの教会」とはコリントの教会と理解するのが自然である。ガイオはパウロの宣教により入信をし、彼から洗礼を受け、それ以来教会の働きに積極的に携わってきた。ガイオはここでホ・クセノスだと紹介されている。この語は一般的には「寄留者、よそ者」の類に訳される語であるが（使徒一七・二一、エフェソ二・一九、ヘブライ一一・一三他）、ここではむしろ宿主として労を惜しまなかったことが証しされている。「教会全体が世話になっている」ことから、ガイオがコリントでの信徒の集いに場所を提供していたと考えることもできるが、あるいはパウロが本書にて勧告しているように主にある「旅人をもてなすように努め」た人物の一人であったのかもしれない（ローマ一二・一三）。兄弟愛を実践する聖徒の一人としてガイオが紹介されている。

最後の挨拶は「市の経理係エラストと兄弟のクァルト」からのものである。使徒言行録にはパウロがテモテと共にマケドニア州に送り出したエラストの記録がある。奇しくもその頃パウロはローマ訪問の希望を明かしている（使徒一九・二一、二二）。また後年の記録ではあるがパウロがエラストをコリントに残留させている記録もある（Ⅱテモテ四・二〇）。これらが同一人物であるとすれば、彼もまたパウロの宣教に心から同調し、福音に忠誠を表して行動をした同労者である。ちなみにコリント遺跡から「造営官エラスト」との碑銘が発見され、新約聖書のエラストとの関連が論じられている。経理係と造営官を符号で結ぶことができるかが問われている。仮に同一人物でなかったとしても、コリントの教会に市の公務に携わる人物が加わっていたには違いない。様々な立場・背景の者たちが主にあって一つとなる良き証しである。

さて挨拶の締め括りを飾るのは「兄弟クァルト」である。彼が並記されているエラストの実兄（弟）である可能性は否定できないが（もっともそうであればホ・アデルフォスの直後にアウトゥが付記されよう：ダン、九一一頁）、一般的には主にある兄弟を意味していると考えられている。そういう意味ではクァルトはパウロの兄弟である。彼についてもこの挨拶文以外には紹介されておらず、素性を知る手がかりは皆無に等しい。クァルトについてはただ一言「兄弟」とだけ記されている。取り立てて目覚ましい貢献や実績がないからなのか、それとも敢えて彼の功労を明記しなかったのか、判断できないが、このような形でクァルトが紹介されているところにもパウロの同労者理解が込められているのではないか。彼にとって同労者とは決してその労苦の度合いや貢献度に準じて順位立てられる人々ではない。彼らの愛労は取り上げられ、良き証しとして記録される。そしてやがて訪れる審判のときに神より相応しい報酬を豊かに受けることは間違いない。しかし彼にとって同労者とは何にも増して「兄弟」であること、これにつきるのではなかろうか。

短い巻末の祝禱（二〇節後半、二四節）

さて、本書の巻末について、本文批評学的な観点からいくつかの選択肢があるが、大方の現代語訳聖書は新共同訳聖書と同様に二〇節後半に祝禱を位置づけ、二四節は欄外に付記するにとどめる。$\mathfrak{P}^{46}$をはじめℵ、Bなどの古い写本が二〇節に祝禱を置き、二四節を欠いていること、また一部写本にて二四節が祝禱となっていることの理由づけとしては二一―二三節が、祝禱の後に思い出したように付け加えたものであるかのような印象を読者に与えないために写本家が移動させたと考えられること、などが判断基準となっている（メッツガー、四七六頁）。また、二〇節後半の祝禱と二四節の祝禱との間では、前者が「主イエスの恵み」であるところ後者では「主イエス・キリストの恵み」となっている点、また前者が「あなたがたと共に（メト・ヒュモーン）」であるのに対して後者は「あなたがた一同と共に（メタ・パントーン・ヒュモーン）」となり、アーメンで締め括られている点で相違がある。これらも二四節に祝禱を移動させた際に、文言を付加してより丁重な祝禱にした、と考えられる。

現行の訳に従って本文は二〇節後半に祝禱があるものと考え、また文言も短いままで読むことが自然であろう。いまだ面識のないローマの信徒たちに書簡を認めるうちに、パウロの思いには既に主にある慈愛が彼らに対して生じており、従って筆を擱くに当たってまるで別れを惜しむ親友、否兄弟のように繰り返して神の加護と祝福を祈っているのではなかろうか。締め括りが近づくに従って一五章五―六節、一五章一三節、一五章三三節、と祈りが重なる。その流れを汲んで、パウロは終末の勝利に思いを寄せた時点で再び、ローマの信徒たちの祝福を祈らざるを得なかった。それで簡略な文言とはなったが、彼の祈り心は全うされた。何にも増して恵みが留まること、これこそが教会にとってこの上ない祝福であると彼は確信して祈ったのである。パウロの側からの挨拶伝達はその後でもよかった。

参考文献

C. E. B. Cranfield, *Romans* vol.1, International Critical Commentary, T&T Clark, 1975.
James D. G. Dunn, *Romans 9-16* (Vol. 38B), Word Incorporated, Dallas 1998.
B. M. Metzger, *A Textual Commentary on the New Testament* 2nd ed., UBS, 1994.

ローマの信徒への手紙 一六章二五―二七節

浅野　直樹

頌栄そして祝禱

本箇所は手紙の結び部分にあたる。締めくくり二七節の最後は、「唯一の神に、イエス・キリストを通して栄光が世々限りなくありますように、アーメン」となっていて、これは一般に頌栄（doxology）と呼ばれ、よく礼拝の最後に賛美歌で歌われたりする。一方、他のパウロ書簡をみると、締めくくりはほぼすべて「主イエス・キリストの恵みが、あなたがたと共にあるように」を基本とした言い回しとなっている。これは、手紙の読者に対してパウロがキリストの恵みを祈りつつ祝福を送っており、主日の礼拝では司式者による祝禱あるいは祝福（benediction）として応用している。パウロは頌栄によって、ローマの教会の会衆とともに賛美の声を神に向けている。祝禱では、キリストの恵みによる祝福を手紙の読者である会衆に向けている。すなわち、ひとつは神への賛美の祈り、もうひとつは会衆への祝福を願う祈りである。このふたつは、言辞の意味と方向性において異なっているので、特に礼拝式においては明確に区別すべきである。しかしながら、パウロが手紙のなかでそう扱っているように、ふたつは、礼拝や集会、あるいは手紙における言葉のやりとりの中で、キリスト者たちが最後を締めくくるときこれを用いるという点において共通している。

ただ、パウロが頌栄で締めくくっているのはローマ書だけであとはすべて祝禱であるという点は、興味深い。なぜローマ書だけは頌栄で擱筆したのかという疑問が湧いてくる。そしてさらに興味深いことに、ローマ書において祝禱がないわけではなく、実は抜け落ちてしまったようなのである。新共同訳では、「わたしたちの主イエス・キリストの恵みが、あなたがた一同と共にあるように」を二四節としているが、それは本文には入っておらず欄外に付されている。新共同訳の底本になかったからそういう扱いになったようだが、これは、ローマ書の結びもひょっとしたら、二七節の頌栄ではなくて二四節の祝禱だったのかもしれないという想像を駆り立てる。そうすると二五節から二七節がなぜここに入っているのかというあらたな疑問も出てくるのである。

本文批評に向き合う

事実、この部分は本当にパウロが書いたかどうかで新約学者たちの間で論争がある。この箇所がまったく書かれていない写本も存在している。あるいはこれを、一四章の終わりと一六章の終わりに二度配置している写本もある。岩波書店版の新約聖書翻訳委員会訳では、「ここにおける用語法からして、二五ー二七節がパウロの文章でない可能性は大」と説明している。こうした本文批評に触れると説教者は、しばし立ち止まることになる。パウロの言葉として説教するのを躊躇させられる場合もあろう。なかには、「実はこれはパウロの言葉ではありません」と、会衆に語りかける人がいてもおかしくない。

本文批評によって著者の信憑性に疑問が残る聖書箇所は、これ以外にも多数あるわけだが、説教者がそうした聖書箇所に出くわしたとき、とるべき態度はなんだろうか。著者の信憑性に問題があるからという理由で、説教者の恣意によってこれを退け、そこからの説教はしないという態度は、とるべきでないと筆者は考える。あるいは似たような例として、所与の聖書箇所が教義学的に問題を孕んでいる場合も同様であろう。筆者はルーテル教会に属しているが、ルター派にとって信仰義認という神学基盤は揺るぎない大前提である。「義認の信仰箇条がすべての教会の教えを保ち治める。この箇条がなければ、この世界はまったく死と闇の世界である」（ルター）。義認には一点の曇りもない。この立場を貫いて、ルターはヤコブ書を「藁の書簡」と呼び非難した。そうするとヤコブ書の「行いが伴わないなら、信仰はそれだけでは死んだものです」（二・一七）というみことばは、ルター派にとって排除すべき、あるいは避けてよいといった風潮になりやすいが、それを避けることが義認論を堅持することとはならない。事実、ルーテル教会が用いている聖書日課にはこの箇所も含まれており、ルター派説教者もこのみことばと向き合う必要がある。信仰義認という神学基盤をもとにして、このみことばを解釈し説教していくことが求められている。なんと言ってもこれは、説教を聴く会衆にとっては大いに関心の的である。「信仰義認はわかるけれど、ヤコブ書のこのみことばはどう理解したらいいのですか」という素朴な疑問に対して、説教者は口を閉ざすわけにはいかないのである。みことばと格闘しなければならない。黙想とは、いうなれば神のことばとの格闘である。説教者はこの格闘を経なければ、会衆に向けて神のことばを取り次ぐことはできない。その間、説教者は混乱と疑問の濁流の川をあえぎながら泳ぐことになるが、そうした苦悩を経てこそ、語るべきみことばが響いてくる。

わたしの福音

ここでパウロは「わたしの福音」という特徴的な言い方をしている。これは新約聖書全体でも二度しかなく、残る一つもやはりパウロ自身がローマの信徒への手紙二章一六節で使っている。また複数形で「わたしたちの福音」とも言っている（Ⅱコリント四・三、Ⅰテサロニケ一・五、Ⅱテサロニケ二・一四）。そもそもパウロは「福音」、ユーアンゲリオンを自身の手紙の中で他と比べると圧倒的に多用している。名詞ユーアンゲリオンに限っていうなら、福音書ではマタイとマルコ福音書に数回出てくる程度（動詞形ではルカにも登場する）だが、福音書がパウロより後期に成立したことを考えると、福音書記者が使うユーアンゲリオンは、パウロが主張した「わたしの福音」そのものを「福音」として記録し伝えたと考えられる。換言すれば、パウロが伝えた「わたしの福音」が、キリスト教の福音として定着し、広く用いられるようになったといえないだろうか。

「わたしの福音」、「わたしたちの福音」とまでいうほどに、パウロは他のユーアンゲリオンと区別しようとしているわけだが、これはパウロのユーアンゲリオンが、当時知られていた意味でのユーアンゲリオンとは違うのだという主張の表れでもある。

では、パウロが区別しようとしている他のユーアンゲリオンとはいったい何かということになるが、ひとつは世俗的な意味の「戦争の勝利の知らせ」があるが、あまりにも意味が違うのでこれを意識して「わたしの福音」と言ったとは考えにくい。やはり旧約聖書、それも七十人訳の中にあるユーアンゲリオンとの区別を意識したのではないだろうか。メシアの預言としても知られるイザヤ書四〇章九節に「福音」が二度出てくる。「良い知らせをシオンに伝える者よ」。「良い知らせをエルサレムに伝える者よ」。ここでヘブライ語バーサルのピエル形現在分詞がユーアンゲリゾーという動詞の現在分詞形となって登場する。旧約時代から受け継がれてきた神の良き知らせがパウロの念頭にあり、これとの違いをはっきりさせるために「わたしの福音」と言明したと考えたい。

キリストの福音

いうまでもなくパウロの福音は、キリストの出来事と明確に結びつけられている。この福音がそれまでの福音と決定的に違うということを強調したいパウロは、「わたしの福音」という表現を躊躇せず用いた。パウロにとってユーアンゲリオンは、戦争の勝利という世俗的な良い知らせからはほど遠いし、神が預言者たちを通してイスラエルの民に届けた恵みのみことばとも違う。それはひとえに、そして一貫して、イエス・キリストの十字架の死と復活による救いそのものを意味する用語である。

福音「ユーアンゲリオン」という単語は、単独で用いられる場合が圧倒的に多いが、「神の福音」、「キリストの福音」、「御国の福音」、「主の言葉の福音」という言い方でも出てくる。パウロも使っているし、わずかだが福音書やパウロ以外の書簡にもある。これらの所有格は、それによって福音の意味内容を特に限定しているというよりも、ユーアンゲリオンの原意を損なわないかたちで補完しているにすぎない。ただ、「キリストの福音」だけは、ユーアンゲリオンにこれまでになかった新しい意味をもたせることになった。パウロが「わたしの福音」というとき、このすべてが含まれているのだが、ではユーアンゲリオンと「キリスト」を結合させたのは、パウロが最初だったのだろうか。

シュトレッカーは、パウロ以前の伝承がユーアンゲリオンと既に関連づけられていること、そしてパウロがこの言葉を、彼が伝道した教会のみならず、まだ訪れたことのないローマの教会に対しても、ほとんど説明なしに周知の言葉として繰り返し用いていることから、ユーアンゲリオンとキリストの結合はパウロによるものではなく、既にそれより前から原始キリスト教のヘレニズム教団において成立しているとする。そうだとすると「キリストの福音」は、すでにパウロが回心する以前から初代教会の間では流布し、理解されていた用語ということになるが、この既に存在していた「キリストの福音」がパウロのいう「わたしの福音」なのだろうか。

宣教的福音

二五節で「わたしの福音すなわちイエス・キリストについての宣教によって」と述べていることから、ローマ書におけるパウロの「わたしの福音」は、多分に宣教的要素が強い。すなわちわたし（パウロ）の福音は、「キリストのケリュグマに基礎を置いている」（シュトレッカー）。パウロのいう「わたしの福音」は、宣教という行為と切り離すことができないのである。ユーアンゲリオンを動詞化したユーアンゲリゾーは、そのまま「福音を宣べ伝える、知らせる」となる。イエス・キリストの福音、すなわち十字架の贖いとよみがえりの救い主イエスを宣べ伝えてこそ福音が福音であり、これこそがパウロの福音理解である。福音は、宣教して他者と分かち合うことがその本質なのである。その意味で福音は、遠くへと届く光にたとえることができる。「ともし火をともして升の下に置く者はいない。燭台の上に置く。そうすれば、家の中のものすべてを照らすのである」（マタイ五・一五）と、イエスが証しするとおりである。

新共同訳では分かりづらいが、ギリシア語の文体からみると、「わたしの福音すなわちイエス・キリストについての宣教」に加えて、もうひとつ前置詞カタ（によって）につながる名詞句がある。それが「秘められた計画の啓示」である。「わたしの福音」、「イエス・キリストについての宣教」、「秘められた計画の啓示」、この三つによって「あなたがたを強めることができる」のが、すなわち「この知恵ある唯一の神」（二七節）なのである。パウロはこの神をほめたたえている。三つの表現になってはいるが、これが一つのことを指しているのはいうまでもない。パウロにとって「わたしの福音」とは、イエス・キリストを宣教するという福音であり、同時に、これまでは隠されていた秘められた計画、ミュステリオンの啓示なのである。

秘められた計画

「秘められた計画」ミュステリオンについて、二五、二六節において三つの現在分詞がその特徴を説明している。ミュステリオンは第一に「世々にわたって隠されていた（シガオー）」、第二に「今や現された（ファネロオー）」、そして第三に「異邦人によって知られるようになった（グノーリゾー）」（なお、これと類似した構文がコロサイ一・二六、二七にもあり、この箇所がパウロ以前に成立していた伝承だとシュトレッカーがみなす根拠のひとつとなっている）。ミュステリオンは、もともと世俗的な意味もあれば祭儀における秘儀の意味もあったが、新約にあっては、人間理性には把握できない（すなわち隠された）神の秘密をも意味するようになっていく。それがイエス・キリストの出現によって顕現し（ファネロオー）、理性で把握出来るようになった。このことを、先述した福音の本質ともいえる宣教性、すなわち光のように遠くへと宣べ伝えられるべき福音の性質にあてはめて考えると、御子の受肉すなわち誕生の出来事が、既に宣教的性格を帯びていたということができる。これまで隠されていた神の秘密が、受肉によって形を取り人の知るところとなった（ファネロオー）、受肉した御子は光となり闇を照らす、この光はやがて全世界へと広がり知られるようになった（グノーリゾー）のである。ミュステリオンが人間イエスとなり、イエスが世の光となって人々と共に生きたという時点で、宣教はすでに始まっていたのである。こうした点から本箇所は、伝統的聖書日課においても、今日世界的に多くの教派で用いられている改訂共通聖書日課（ＲＣＬ）においても、アドベントに読むテキストとして選ばれている。福音の宣教的強調と受肉という啓示は、「わたしの福音」の大きな特徴ということができる。イエス・キリストの福音は、タラントンのたとえにあるように、自分のためだけに大切に土の中に隠し持っておくものではなく、さまざまな方法を通して人々と分かち合ってこそ福音となる。

異邦人の福音

本箇所において明示すべきもうひとつの特徴としては、イエス・キリストの福音が異邦人に対して知られるようになったという点であろう。パウロの福音理解の特徴というと、コリント書やガラテヤ書で明らかなように十字架の贖いがあげられるが、ローマ書においては十字架への言及はほとんどなく、パウロの意識下にさしてなかったようである。その代わり、福音がユダヤ人から異邦人へと伝播したという点については全般的に述べている。二六節のグノーリゾーが指し示しているのは、ミュステリオンが「すべての異邦人に知られるようになった」ことなのである。

二六節の訳は、新共同訳よりも岩波書店訳のほうが原典に忠実と思われる。新共同訳ではミュステリオンは「永遠の神の命令のままに、預言者たちの書き物を通して、信仰による従順に導くため、すべての異邦人に知られるようになりました（グノーリゾー）」となっており、この構文だと「神の命令」と「預言者たちの書き物」の両方が、ミュステリオンの異邦人への宣教（グノーリゾー）を果たしたことになる。しかしながら原典ギリシア語では、「預言者たちの書き物」はむしろファネロオーにかかり、「神の命令」は、グノーリゾーへとかかる。岩波書店訳はそこを適切に訳しており、（ミュステリオンは）「預言の書をとおして明らかにされ（ファネロオー）」、「神の命令のままに、すべての民に告げ知らされた（グノーリゾー）奥義」としている。「すべての民に告げ知らされた」とは異邦人伝道のことであり、これはローマ書全般にわたってパウロが証しする重要な使信である。それが神の命令、指示として起こったとここで示される。

しかもこの使信が、書簡の最終部分のまとめとして書き留められた頌栄の中に表明されている。すなわち、秘められた神の計画はかつては隠されていたが、今やイエス・キリストによって告げ広められた結果、異邦人にまで伝わったわけだが、このことは神の命令だった。この神に栄光がありますように、という具合にローマ書は終わっている。異邦人伝道は神が命じたのだと宣言をする形で、頌栄を締めくくっている。本箇所がパウロの手によるものであろうとそうでなかろうと、異邦人伝道が頌栄というコンパクトな祈りとしてまとまった表現の中に書き加えられていることからも、これがパウロのローマ書における中心メッセージであることが読み取れる。

宣教という神の知恵

二七節の「知恵ある（ソフォス）唯一の神」の知恵はいかなる知恵であるか。ローマ書の中でパウロは人間の知恵（一・一四、二二）と神の知恵（一一・三三と本節）を使い分けている。人の知恵という場合、それは一般的な賢さであり分別をつける能力を意味するが、パウロがいう神の知恵は、第一コリント書のパウロ自身の言葉によって初めて説明できる。それによれば、神の知恵はこの世の知恵と神を知ろうとする人の知恵を愚かなものにしてしまう（一・二〇、二一）。「神の愚かさは人よりも賢い」（一二五節）から、神の知恵の前にあっては、人の知恵はひとたまりもなく打ち砕かれる。神がひねり出した知恵は、「宣教という愚かな手段によって信じる者を救おうと」（二一節）することであった。そしてこの宣教とは、「十字架につけられたキリストを宣べ伝え」（二三節）ることであり、キリストを宣べ伝えることそのものが、神の知恵（二四節）なのである。

結局のところ「この知恵」は、ここまで述べてきた内容すべてを含む。まとめると次のようになるであろう。神は、愚かにも人となるという行動をとり受肉して、イエス・キリストとなった。イエスはその後磔にされたがやがて復活した。救いの福音がここに秘められていることは（それをパウロはわたしの福音と言って憚らない）、もともとミュステリオンだったのでこれまでは、ずっと隠されていた。それは人の眼には愚かにさえ映った。けれどもこれこそが、神の計り知れない知恵だったのだ。神のミュステリオンは、とうとう沈黙を破って世に顕れ出た。このことは以前から預言の書を通しても告知されてきたが、今や神の命令となって異邦人たちにまで知らされるほど広まった。神は、かくなる深い知恵をもってあなたがたローマの教会の人々をも強くしてくれる。「この知恵ある唯一の神に、イエス・キリストを通して栄光が世々限りなくありますように、アーメン」。

参考文献

松木治三郎『ローマ人への手紙――翻訳と解釈』日本基督教団出版局、一九六六年

新約聖書翻訳委員会訳『新約聖書』岩波書店、二〇〇四年

P・アクティマイアー『ローマの信徒への手紙』（現代聖書注解）村上実基訳、日本キリスト教団出版局、二〇一四年

『ギリシア語新約聖書釈義事典』教文館、一九九五年

〈執筆者紹介〉掲載順

佐々木　潤（ささき・じゅん）　日本基督教団武蔵野教会牧師
加藤　常昭（かとう・つねあき）　日本基督教団隠退教師、説教塾主宰
徳善　義和（とくぜん・よしかず）　ルーテル学院大学・日本ルーテル神学校名誉教授
吉村　和雄（よしむら・かずお）　キリスト品川教会牧師
鈴木　浩（すずき・ひろし）　ルーテル学院大学・日本ルーテル神学校名誉教授
石井　佑二（いしい・ゆうじ）　日本基督教団遠州教会牧師
橋谷　英徳（はしたに・ひでのり）　日本キリスト改革派関教会牧師
小泉　健（こいずみ・けん）　東京神学大学教授、日本基督教団成瀬が丘教会牧師
高橋　誠（たかはし・まこと）　日本ホーリネス教団八王子キリスト教会牧師
楠原　博行（くすはら・ひろゆき）　日本基督教団浦賀教会牧師
蔦田　崇志（つただ・たかし）　インマヌエル金沢キリスト教会牧師
浅野　直樹（あさの・なおき）　日本福音ルーテル市ヶ谷教会牧師
片柳　弘史（かたやなぎ・ひろし）　カトリック・イエズス会司祭
徳田　宣義（とくだ・のぶよし）　日本基督教団桜新町教会牧師
小副川幸孝（こそえがわ・ゆきたか）　九州学院副院長・チャプレン

初出
『説教黙想　アレテイア』（日本キリスト教団出版局）
No.87（2014年）～No.91（2015年）

説教黙想　アレテイア
ローマの信徒への手紙

2018年6月22日　初版発行

編　集　日本キリスト教団出版局
発　行　日本キリスト教団出版局
169－0051　東京都新宿区西早稲田2丁目3の18
電話・営業03（3204）0422、編集03（3204）0424
http://bp-uccj.jp/

印刷・製本　三松堂印刷

ISBN 978-4-8184-1003-9　C1016　日キ販
Printed in Japan